大屠杀

The Holocaust
History and Memory

历史与记忆

［英］杰里米·M.布莱克（Jeremy Black）著　　荀峥 译

图书在版编目 (CIP) 数据

大屠杀：历史与记忆／（英）杰里米·M. 布莱克著；荀峥译．—北京：中央编译出版社，2018.8
ISBN 978-7-5117-3565-2

Ⅰ.①大… Ⅱ.①杰… ②荀… Ⅲ.①第二次世界大战－反犹太主义－研究－德国 Ⅳ.① K516.440.7

中国版本图书馆 CIP 数据核字 (2018) 第 156915 号

The Holocaust: History and Memory, by Jeremy M. Black
Copyright©2016 by Jeremy Black
Chinese simplified Character translation rights licensed from the original English-language publisher, Indiana University Press. All rights reserved to Indiana University Press.
Simplified Chinese edition copyright©2018 CENTRAL COMPILATION and TRANSLATION PRESS.
All rights reserved.

The simplified Chinese translation rights arranged through Rightol Media（本书中文简体版权经由锐拓传媒取得 Email:copyright@rightol.com）

大屠杀：历史与记忆

出 版 人：	葛海彦
出版统筹：	贾宇琰
责任编辑：	曲建文
责任印制：	刘 慧
出版发行：	中央编译出版社
地　　址：	北京西城区车公庄大街乙 5 号鸿儒大厦 B 座 (100044)
电　　话：	(010) 52612345（总编室）(010) 52612368（编辑室） (010) 52612316（发行部）(010) 52612346（馆配部）
传　　真：	(010) 66515838
经　　销：	全国新华书店
印　　刷：	北京紫瑞利印刷有限公司
开　　本：	880 毫米 ×1230 毫米　1/32
字　　数：	273 千字
印　　张：	12.75
版　　次：	2018 年 8 月第 1 版
印　　次：	2018 年 8 月第 1 次印刷
定　　价：	46.00 元
网　　址：	www.cctphome.com　邮　箱： cctp@cctphome.com
新浪微博：	@ 中央编译出版社　微　信：中央编译出版社 (ID：cctphome)
淘宝店铺：	中央编译出版社直销店 (http://shop108367160.taobao.com) (010) 55626985

本社常年法律顾问：北京市吴栾赵阎律师事务所律师　闫军　梁勤
凡有印装质量问题，本社负责调换，电话：(010) 55626985

献给我家族中
从未谋面的一支亲属

序　言

杰里米·布莱克（Jeremy Black）先生是一位高产的作家，但是《大屠杀——历史与记忆》并没有因为作者的高产而缺少思想深度。中国人民在"二战"中与犹太民族有着相似的悲惨遭遇，认识"二战"中犹太民族遭受的大屠杀和战后围绕大屠杀展开的国际舆论斗争，对中国人民具有特殊的重要意义。遗憾的是目前相关中文论著和外文译著对此介绍都非常有限，而本书则很好地弥补了这个不足。

布莱克先生的这本著作首先对大屠杀在希特勒和德国的种族主义政策中的核心地位做了很好的阐释。希特勒和纳粹德国对消灭犹太人的偏执和疯狂是很难让人理解的。通过作者的阐述，读者可以认识到，在希特勒的反犹主义思想里，存在着有关犹太人领导共产主义运动和控制西方资本主义的臆想，并把他们视为希特勒控制世界的主要敌人和障碍。"丘吉尔、罗斯福和斯大林被描述为受到犹太人的摆布，如果不是控制的话。"纳粹很容易地就用犹太人"操纵世界的阴谋"来解释社会制度迥异的西方国家能够和苏联结合在一起对抗德国这个事实。于是对希特勒来说，第二次世界大战就变成一场与犹太人的生死对决。为了实现德国控制欧洲的天命，犹太人的威胁必须被消灭，所以，"对希特勒

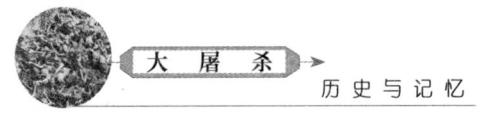

来说，反犹主义是一个超历史的问题，不是设计来实现其他政策目标的'附加硬件'，比如重新分配领土、搜集资金或者凝聚民众的支持。仇恨犹太人变成希特勒心理的决定性因素，也成了他做出决定的基础"。屠杀犹太人劳工明显会伤害德国的战时经济，但是，"拒绝经济性的（和传统的军事—战略性的）考虑正是意义的一部分：追求种族主义的目标比追求传统上认为的实际目标'更高'"。这个观点令人惊讶，但是布莱克的阐述毫无疑问是雄辩的。相信这个观点对大多数中国读者来说，陌生却是发人深思的。

本书系统、详尽地阐述了大屠杀从反犹主义思想根源到"最终解决"的发展过程。想要深入了解大屠杀的中国读者一定能从中获益良多。本书最有价值的内容可能是对战后世界对大屠杀的纪念和反思进行的分析。正如本书所说，"鉴于个体总是倾向于以自我为中心，所以他们习惯性地比思考他人的痛苦更多地深思他们自己经受的痛苦"。战后欧洲普遍存在一个回避、漠视大屠杀的历史阶段。德国人强调他们对法西斯的抵制和自己在战争中经受的苦难；被占领国家则回避自己在大屠杀中与德国占领当局的合作和帮凶作用，更乐于宣传自己的人民帮助犹太人和抵抗德国占领的一面。这使得战后对大屠杀的反思和纪念普遍有一个滞后的现象。但是随着西方社会战后的历史发展，尤其是大屠杀在西方"集体良知"中的地位越来越重要，今天欧美国家在对大屠杀的历史认知上已经达到东亚地区对战争历史的认知难以企及的高度。从本书的论述可知，"Holocaust"今天已经在盎格鲁-萨克逊世界成为描述德国对犹太人的大屠杀的专有名词。各界人

序　言

士都要从政治正确的高度谨慎地使用这个名词。2005年11月1日，第60届联大全体会议一致通过了由104个国家共同提交的一项决议草案，决定将每年的1月27日定为"国际大屠杀纪念日"（这是1945年解放奥斯维辛集中营的日子）；2007年，德国担任欧盟主席时推动欧盟立法将"公开宽恕、否认或者严重地轻视种族灭绝罪行、反人类罪和战争罪"的行为确定为刑事犯罪，而在此前，德国等一些欧洲国家已经单独立法将否认大屠杀确定为刑事罪行了。总之，对"大屠杀"的历史认知已经在国际范围内、在施暴者和受害者之间达成了广泛的和正式的共识。这个过程很值得深陷历史问题争执的东亚国家人民了解和借鉴。

惨绝人寰的大屠杀提出了太多深刻的问题。正如布莱克所说："纳粹是这个问题（大屠杀）的关键，但是更广泛的冲击却要依靠一定程度的合作，这种合作构成了欧洲文化和西方文明的一场真真切切的、更普遍的危机。这说明纳粹主义的挑战作为一种文明坍塌所达到的程度，西方文明里有些东西出现了严重的问题，文明的一个基本的成员群体（古老的希伯来人/犹太人）在被根除。在隐喻的和现实的意义上，他们确实都是被同类吞噬了。那些人自认为是西方文明注定的代表和捍卫者。可以理解，这会提出一个问题，即大屠杀是一个特定的灾难和危机，一个独立的事件，还是某些范围更广的事件———一场西方文明的危机的一部分。在西方文明里，一些根本的导向已经迷失了。"相比之下，南京大屠杀又何尝不是一次"文明坍塌"呢？这种文明的坍塌，20世纪末在前南斯拉夫和卢旺达重演了。它还会重现吗？

问题还有很多。大屠杀幸存者罗丝·克吕格说：原谅不在我们的权利范围里，记忆让我们没有权利原谅。没有原谅的和解可能吗？新纳粹分子用以色列对待巴勒斯坦人的例子争辩说：犹太人一旦得到机会，也会是残忍的。有多少日本人也在这样揣想中国人。大屠杀的幸存者一次次追问"上帝在哪里"？对这个问题的一个回应却是："我想要知道人性在哪里？"是啊，人性在哪里？布莱克先生说这是一个认识论的问题，也是一个哲学问题。对这种"文明坍塌"的反思可能一定要上升到哲学的高度，才能真正触及历史和人性的最深处。也许只有施暴者和受害者都有这种勇气和意愿，上帝和人性才可能浮现。希望本书能引发读者对这些问题的思考。

布莱克先生的这本著作让我有些意外的是，它很少在那些惨绝人寰的具体细节上着墨，完全没有试图用形象化的图景制造震撼感，只在必不可免的时候才进行了极少的描述，却让我深刻地体会到了作者保持理性的克制时那种强烈的悲愤。译者为本书做的大量引注，比较好地补充了本书经常一笔带过的许多关于大屠杀的历史事实和背景，相信能对读者有所帮助。

王健
上海社会科学院历史研究所所长、研究员
上海国际关系学会副会长
上海社会科学院西亚北非研究中心主任
上海犹太研究中心常务副主任

目 录

前　言　　　　　　　　　　　　　　　　001

第一章　巴巴罗萨之前　　　　　　　　010

反犹主义背景　　　　　　　　　　　　010

第一次世界大战和希特勒的出现　　　　023

支持纳粹主义的思想　　　　　　　　　033

纳粹的反犹主义，1933—1939　　　　　035

入侵波兰　　　　　　　　　　　　　　053

结　论　　　　　　　　　　　　　　　064

第二章　走向种族灭绝　　　　　　　　067

德国军队　　　　　　　　　　　　　　068

特别行动队　　　　　　　　　　　　　075

"安乐死"和毒气　　　　　　　　　　　094

一种新地理学　　　　　　　　　　　　097

一个重要的转折点	100
国际环境	104
朝向大屠杀的主动性	111
万 塞	113
种族灭绝和战争	116
莱茵哈德行动	117
灭绝营	120

第三章　种族灭绝　　135

华 沙	136
抵 抗	137
屠杀的步伐	146
奴隶劳动	149
杀戮的继续	157
德国公众和大屠杀	184
英国和美国	198

第四章　德国的盟国　　210

| 罗马尼亚 | 210 |
| 克罗地亚、塞尔维亚和斯洛文尼亚 | 214 |

匈牙利	216
保加利亚	217
意大利	219
芬　兰	224
日　本	225
被占领的欧洲	226
波罗的海共和国和乌克兰	227
法　国	231
荷　兰	235
比利时	237
波　兰	238
斯堪的纳维亚	239
中立国家	240
结　论	243

第五章　纪念　　244

德　国	247
法　国	281
比利时和荷兰	293
意大利	296

天主教会　　　　　　　　　　297

　　东　欧　　　　　　　　　　　303

　　美　国　　　　　　　　　　　318

　　澳大利亚　　　　　　　　　　330

　　英　国　　　　　　　　　　　333

　　以色列　　　　　　　　　　　338

　　伊斯兰世界　　　　　　　　　345

　　结　论　　　　　　　　　　　350

第六章　大屠杀和今天　　　　353

　　认　知　　　　　　　　　　　354

　　否　认　　　　　　　　　　　356

　　贬　低　　　　　　　　　　　357

第七章　结论　　　　　　　　378

　　提出挑战的乐观主义　　　　　382

　　神学和大屠杀　　　　　　　　384

　　今天的欧洲　　　　　　　　　393

　　展望未来　　　　　　　　　　394

前　言

面对不断出现的试图否认大屠杀（Holocaust，希伯来语为Shoah）的真实性和范围的企图①，我们需要不断回顾大屠杀的历史。2005年，大卫·欧文在奥地利因为否认大屠杀被逮捕，这清楚地反映了大屠杀的历史容易引起争论这一特征。②就在那一年，伊朗新任总统马哈茂德·艾哈迈迪-内贾德公然加入大屠杀否认者的行列。事实上，阿道夫·希特勒决心让欧洲摆脱犹太人，摆脱在他看来犹太人以各种形式展现的犹太主义思想，这种决心是他建立一个千年帝国（德意志帝国）的终极目标里的核心问题。"二战"早期德国实现了大范围的征服，为实现这个目标提供了机会。大屠杀的历史在某种程度上恰恰属于那场战争的历史。尽管这个观点似乎是明显的，但是对这场战争的各个方面进行的一

---

① 大屠杀：希伯来语 Shoah；英语 Holocaust。按照作者的用法，本书所有地方的"大屠杀"都是专有名词，仅用于指纳粹德国及其合作者对犹太人的大屠杀。下文中"Shoah"和"Holocaust"一般都译为"大屠杀"。——译者注（本书注释未标明为译者注则为原著注释）

② 大卫·欧文（David Irving，1938—）。英国大屠杀否认者和"二战"军事和政治历史作者。著有《德累斯顿的毁灭》和《希特勒的战争》等书。他认为希特勒不知道对犹太人的灭绝行动，或者，如果他知道，他是反对这样做的；大卫否认犹太人在奥斯维辛集中营被用毒气毒死。他的修正主义观点从未得到学术界主流的承认。——译者注

系列研究却对它提出了挑战,这些研究轻描淡写或者忽视大屠杀和其他关于犹太人的主题。① 我在2007年编辑出版了一部关于战争的七卷本的书,由各类学者的文章和短文构成。我在那本书中确实故意加入一卷关于大屠杀的内容。目前的这本书是以2008年出版的一本书为基础的。写作这本书某种程度上是对持续的否认大屠杀的事件做出的反应,同时也是因为需要一项简短的介绍性的研究。

20世纪90年代和本世纪的前10年,出现了洪水般的否认大屠杀的潮流。这成了清澈响亮的号角,召唤我写作和出版了2008年的那本书。写作那本书的环境是这样的:在某些欧洲和非欧洲的学术圈子里,在大屠杀问题上模棱两可、轻描淡写甚至否认大屠杀的情况不断加剧;这些无理取闹的发展趋势对西方文明提出了挑战;我对这些怪癖行为对文明社会预示的信息感到忧惧。2008年以后隐含在这些发展后面的意味甚至变得更加容易察觉了,这是令人担忧的。反犹主义在某些欧洲国家变得越来越明显了。这本书试图通过直接的、详尽的和以主题为线索的文章引起读者的注意,让他们关注大屠杀的背景和事件,关注对大屠杀的记忆和视角的历史发展,从而教育读者和那些可能变成大屠杀怀疑论者的人。大屠杀是现代社会和第二次世界大战中最具有决定性的事件之一。这本书要警告他们忽视大屠杀的代价。这项研究清楚地证明了拥抱历史谬论和在历史问题上漫不经心会带来的危

---

① 例如,P. 库克和B. H. 谢泼德:《第二次世界大战中欧洲的抵抗》(Barnsley, 2013);J. S. 科勒姆、O. 莫特斯曼和K. 皮瑞莫:《第二次世界大战和波罗的海国家》(法兰克福,2014)。

前　言

险，还有接受这些谬论会导致的文明将要付出的惊人代价。

　　本书前两章讨论大屠杀复杂的历史根源。德国的种族灭绝政策导致的大屠杀牺牲了大量欧洲犹太人的生命。这种灭绝政策是19世纪强有力的思想潮流经过纳粹主义意识形态的棱镜和希特勒的救世主幻想折射以后达到的顶峰。本书强调了希特勒的军事战略与对犹太人的单方面种族灭绝战争无法相互分割的紧密联系。确实，对犹太人的大屠杀应该是对德国战争行为进行分析的一部分。这项研究在更常见地强调灭绝营里进行的屠杀的同时，也强调了由特别行动队（Einsatzgruppen，机动屠杀小队）对犹太人进行的屠杀的重要性，尤其是大规模的射杀。①

　　第二次世界大战是关于现代主义和现代化的各种想象和实践（例如资本主义、社会主义、共产主义、法西斯主义等）之间进行的一场残酷竞争，而大屠杀则反映了这场竞争的激烈程度。纳粹主义意识形态是反现代主义的，因为它试图摧毁关于现代主义和现代化的其他愿景和实践（例如它既反对西方资本主义，又反对苏联的共产主义制度），但是，纳粹主义意识形态又同时以自己的方式拥有现代主义的愿景和实践。在纳粹的头脑里，犹太人在同一个时间里，一方面以其传统的习俗和与现代统一国家的隔绝代表和体现着一个过时的往日的形象，但是另一方面，而且更

---

①　作者在书中把集中营明确分为以监禁和强制劳动为主的集中营（concentration camp）和以屠杀为主要目的的灭绝营（extermination camp）两类，但行文中有时又用集中营（camp）泛指两者，请读者注意。——译者注

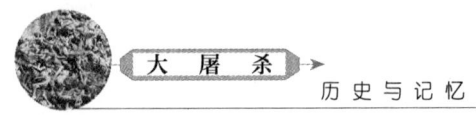

危险的是，他们又代表和体现着一种不同的现代化。① 更精确地说是多种现代化，因为纳粹认为犹太人在资本主义、共产主义、世界主义、自由主义、社会主义和许多现代文化和思想运动中都非常突出，而且如果不是指导着这些运动，就是塑造着这些运动。纳粹的这种偏执确实把握到了犹太人遍布这个世界许多地方的事实，特别是把握到了所谓犹太人在美国——这个世界上最具有支配地位的经济体和最活跃的文化体——拥有的重要地位。而且，尽管许多犹太人不是现代化的一部分，但是，特别是在那些被同化的犹太人中间，有很大一部分人恰恰是因为被卷入现代的和自由主义的事业，因而具有了很大的影响力。犹太人在物理学界和在好莱坞扮演的角色是他们在更大的领域里发挥作用的一个指标。

　　大屠杀有着各种不同的意义。它不仅是反犹主义最残忍的情节，也警示着最愚蠢的态度可以导致什么样的结局。它还是创建以色列国家和塑造以色列这个国家的民族气质的背景。大屠杀也

---

① 犹太人长期保持以《圣经·旧约》为经典的犹太教信仰。相当一部分犹太人恪守教规，宗教信仰非常虔诚，穿着传统的犹太教民族服装，在现代以前普遍较少参与所在国家的政治和社会生活。大部分犹太人不与外族通婚。男性会行割礼。这些特征都显得与现代化的世俗主义文化格格不入。但是也有一部分犹太人改宗基督教或者放弃了宗教信仰，在现代科学、艺术、思想领域和资本主义工商业中表现优异，无论是在资本主义世界还是共产主义国家都取得了非凡的成就。例如，爱因斯坦、弗洛伊德、马克思都是犹太人。犹太民族获得诺贝尔奖的比率远远超过他们在世界总人口中所占的比率。所以作者说犹太人一方面"与现代统一国家"隔绝，"代表和体现着一个过时的往日的形象"；另一方面，"又代表和体现着一种不同的"甚至多种现代化。——译者注

前　言

是一种提示，说明关于国家的种族主义和有机主义的观念①会发展到什么境地。需要对这本书处理大屠杀的方式做出解释，因为书中如此多的篇幅被用来阐述战后对大屠杀的讨论、纪念（很长的第五章）和今天对大屠杀的思考（第六章）。强调这些并不是为了追求什么荒谬的后现代主义的相对主义，而是因为大屠杀这个主题同时包括由德国人及其盟国对犹太人犯下的残忍的大规模屠杀的罪行，以及战后对这场屠杀的思考。对这些思考的讨论不会以任何方式淡化大屠杀。这些讨论清楚地注意到，当个人的记忆由于一代人的离去而褪色时，大屠杀是通过这些思考被人们把握的。例如，正是诸如《辛德勒的名单》(1993) 这类战后电影如果不是更好地，也是和战时的摄影一样有效地让人们形象化地理解了大屠杀，而且这个过程越来越重要了——首先是因为在当前的社会里，视觉的东西正在代替文字成为思想的手段和中介；其次也是为了应对普遍的历史震撼感的消逝。鉴于德国文献在现存关于大屠杀的官方来源的书面文献中的支配地位，后来的回忆性出版物和影像描述甚至具有更大的重要性。在美国的学校里免费放映《辛德勒的名单》显然使它成了关于大屠杀的权威"文本"。

---

① 有机主义观念（organic notion），这里作者指的可能是有机主义国家主义，或译为有机主义民族主义（organic nationalism）。这是近代欧洲民族主义的一个分支，与浪漫主义民族主义（Romantic nationalism）几乎是同义词。有机主义国家主义认为国家的政治合法性来源于它统治的那些人的团结导致的一种有机的结果。这种国家观认为国家是由拥有一种共同文化、共同的行为方式、语言、种族、文化、宗教和民族习惯的人构成的一个有机体，而不是由社会成员利用政治法律制度等建立起来的社会生活组织。这种政治思潮从启蒙时代以后就在欧洲政治思想中发挥作用。因为它的思想内容太宽泛，所以有学者认为几乎可以把它列为从欧洲民族国家建立到纳粹德国崛起的所有政治事件的推动因素。——译者注

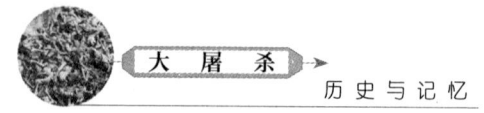

而且,对大屠杀的纪念向战后的社会阐明了第二次世界大战容易引起争论的性质,以及反犹主义的顽固。无论对大屠杀的纪念(由于大屠杀发生在遥远的过去、当事人的去世)就其本身而言多么与历史无关,对大屠杀的纪念还是在人们认识那些使大屠杀变得不仅可能而且成为可怕现实的各种政策和态度时,提供了一些指引。因此,大屠杀不仅是一个事件,也是一个有短期和长远意义的过程。它还是一种历史情境,因为大屠杀不仅反映了短期的因素(例如纳粹德国的政策或者希特勒个人的态度),而且也反映了在时间上绵亘得更遥远的多重因素(例如长期存在的反犹主义)。

后来的几代人如何对待这个情境和过程具有最重要的意义。非常明显的是,德国和它战时的盟国在战后为了试图漠视自己当初默许或者接受对待犹太人的那种方式这个问题,经常会压制或者极度忽视对大屠杀的承认。

在我 2007 年写作的研究成果基础上,特别是作为我访问保加利亚、爱沙尼亚、法国、德国、希腊、匈牙利、罗马尼亚、俄罗斯、塞尔维亚、斯洛伐克和乌克兰的结果,我有机会做了一些额外的研究工作。欧洲到处充满了纪念地和不断增加的纪念馆、博物馆。这些纪念地和纪念馆每个都与众不同——萨洛尼卡(Salonika)不是巴黎。它们不仅反映了当地犹太人与别处差异巨大的经历,也反映了纪念行为的多种形式和环境。其中共同的主题是损失:个体生命的丧失,犹太社区的消逝和欧洲受到的损失。

写作关于大屠杀的作品时表现出情绪的激动是恰当的——还

前 言

能怎么对待种族灭绝呢?这个抽象的词意味着把活生生的婴儿的小脑袋在墙上撞得粉碎——不过,情绪化的反应同时比历史故事更重要,也更次要。

和大屠杀这个主题的恐怖相比,地名问题产生的影响小一些,而且肯定不是我在研究和写作这本书时遭受的持续而令人痛苦头疼的原因。然而,如果有些人似乎发现地名的拼写是一个更为严肃的问题,那么重要的是要指出,地名的拼写法是专横的现实,其中灌注了隐含的国家或者民族的叙事。这些东西如果不是与其他国家或者民族的叙事完全对立的话,也经常是有分歧的。东欧地名的拼写会自然而然地被认为是对另一个民族的不幸的轻描淡写、忽视甚至是诋毁。怎样敏感地表述对苦难和记忆具有多样性的叙事,同时又不故意低估那些被人民牢记着的集体性历史记忆,不因为地名选择这个总是专断的决定过程造成冒犯,从这个问题我们就能对东欧历史这个谜团有所认识。① 这个问题没有容易的解决办法。因为典型的情况就是,每个事物都有一个名字,名字确实意味着一些东西,而且我们必须选择一个名字。东欧遭受苦难的重要性可以压倒历史学家们最谨慎的辞典编撰学和语法学方面的规则。

以考纳斯(英语:Kaunas,考纳斯;意第绪语:Kovne;波兰语:Kowno;俄语:Kovno,科夫诺)② 这个地名为例,这个城

---

① 东欧国家历史上经常被俄罗斯、普鲁士和奥匈帝国侵略或者统治,因此它们的城市往往有不同语言的不同名称。使用某种语言的地名往往有历史或者政治含义,容易对另一些国家的民族情感造成伤害。——译者注

② 意第绪语是中东欧犹太人及其在各国的后裔说的一种从高地德语派生的语言。——译者注

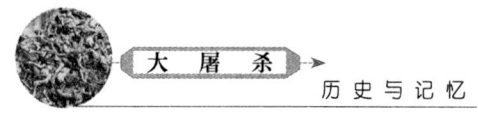

市目前是立陶宛仅次于维尔纽斯（英语：Vilnius，维尔纽斯；意第绪语：Vilne；波兰语：Wilno）的第二大城市。考纳斯在两次世界大战之间是立陶宛的首都。在我去访问的时候，科夫诺（考纳斯的俄语名称）这座城市是令人愉快的，这却让人有些困窘不安，因为它就像维尔纽斯，是一次大屠杀的发生地，因而深深刻印在犹太人的记忆之中。但是，历史学家通常采用当前基于最新地图的政治—行政区划和任何统治着那个特定地方的政府使用的地名。因为考纳斯从立陶宛这个国家1918年建立开始到立陶宛苏维埃共和国存续期间被命名为考纳斯，一直被称为"考纳斯"（Kaunas），所以就应该使用考纳斯，而不是科夫诺（Kovno）。考纳斯这个地名更古老，可以追溯到至少13世纪；科夫诺大屠杀则是一个专业术语，用来表示1941年在考纳斯发生的对犹太人的大屠杀。①

从可能的读者的情况出发，这本书的脚注参考文献仅限于英语文献。在德语世界也有大量的和重要的学术研究，其中许多近些年的研究都是这方面文献中质量上乘之作，属于这个从精神角度讲很困难的学术主题中出现的令人振奋的标志性作品之列。想要追踪这个主题的相关文献的读者可以利用本书关于英语文献的脚注和参考书目。

---

① 1941年6月25日德军占领考纳斯前后，立陶宛反共主义者在考纳斯城内攻击犹太人，后来又把犹太人关进城里的一个集中营。近四千名考纳斯犹太人死于那个集中营。整个战争期间，考纳斯有近五万人死亡，其中犹太人约为三万人。东欧犹太人使用的意第绪语里考纳斯的地名是与俄语名称相近的Kovne (קאָװנע)，所以犹太人称考纳斯发生的屠杀为科夫诺大屠杀。因为"二战"前的立陶宛共和国和苏联时期考纳斯一直是官方地名，而使用行政区划地名和政府规定的地名又是正常的做法，所以作者在这里强调应该使用考纳斯这个名称。——译者注

前 言

我从皮特·布朗（Pete Brown）、盖·切特（Guy Chet）、戴维·科恩（David Cohen）、乔纳森·邓特（Jonathan Dent）、罗伯特·弗里德曼（Robert Freedman）、比尔·吉布森（Bill Gibson）、曼弗雷德·亨宁根（Manfred Henningen）、彼得·霍芬博格（Peter Hoffenberg）、杰里米·诺克斯（Jeremy Noakes）、山姆·罗森（Sam Rosen）、瑞克·施耐德（Rick Schneid）、丹尼尔·斯诺曼（Daniel Snowman）对本书早期草稿和伊恩·比克顿（Ian Bickerton）、赫布·伦敦（Herb London）对部分草稿的评论中获得了益处。我要感谢彼得·巴伯（Peter Barber）、罗恩·布鲁默（Ron Blumer）、戴维·卡萨里尼（David Caesarini）、罗伯特·吉尔蒂（Robert Gildea）、罗布·摩根（Rob Morgan）、路易莎·夸特梅因（Luisa Quartermaine）、考希克·罗伊（Kaushik Roy）、萨摩信介（Satsuma Shinsuke）和尼克·特里（Nick Terry）对一些特别的问题给予的建议。我非常感激这些帮助做出的贡献和消耗的大量时间。我要感谢迈克·莫斯巴赫（Mike Mosbacher）允许我使用我2008年为社会事务部（Social Affairs Unit）做的关于大屠杀问题的研究中的材料。我对有机会在夏威夷大学就这个主题举行讲座心存感激。

这本书献给我家族的一个分支。对这个分支我只是从我祖母公寓里忽隐忽现的一些记忆和褪色的照片中略知一二。她是一位可爱的女士和非常和善的祖母及曾祖母。

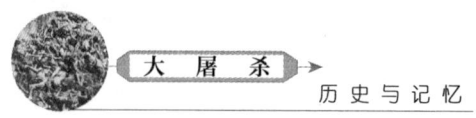

第一章 巴巴罗萨之前

反犹主义背景

大屠杀，尤其是灭绝营和集中营，以一种令人毛骨悚然的方式证明一种持久和广泛使用种族主义概念的做法，目的是给民族划分等级，并提升和表现民族的凝聚力。这种做法在20世纪的政治思想和实践中的应用比一般认为的要更加常见，它在国家的构建和创建新的政治效忠的过程中特别重要。

在欧洲，到19世纪末，支持关于国家的越来越引人注目的有机主义观念的人如果不是去创造，就是比从前更加愿意利用一种常常是神秘的认同感。这种认同感存在于人民和地域，或者像更常见的那种表述，存在于种族与国家之间。关于国家的有机主义观念吸收了或者持有一系列强有力的政治、文化观念和思想，包括浪漫主义和社会达尔文主义。反过来，有机主义的国家观也给早期的法西斯主义提供了营养。与之相应的主张就是，各民族的思想和行为不会遵循普遍的和不受时间影响的模式，而是会受到时间和地点的塑造。这种主张把自己引向文化差异性的观念。对差异性文化的这种强调可以成为一种反人道主义意识形态的一部分，尽管后者就像在纳粹主义这个现象中表现的那样，更多的是从声称种族特征不受或者可能不受时间影响的这种主张中产生

第一章 巴巴罗萨之前

出来的，因为种族特征是受最明显地威胁"血统纯洁性"的那些变化支配的。

对文化差异性的这种强调，会潜在地破坏普世主义（universalism）的观念、宽容的思想和有利于他人的权利。这种破坏在纳粹主义的案例中当然是明显的。组织起来的叙事取代上述的东西变成了国家。尽管在一个特殊的文化里，这种方法可以包括一种对宽容的坚定恪守，但是对文化差异性的强调，常常使历史作为一种过程和学科的功能变成提供某一单一民族肩负国家天命的幻觉，这种天命把过去、现在和将来联系了起来，而且要求为之做出牺牲。对国家的强调和对某个民族的信仰联系起来了，后者尽管并非总是却常常被描述为与其他民族不同，并且高于其他民族。这种强调影响了这个民族对某些人群的态度，因为那些人被他们视为并且定义为会对自己的民族产生削弱作用的人群。这些"内部的敌人"使这个民族应对外国的敌人变得更困难了。国际间的对抗鼓励了这种分析。

关注"内部的敌人"和偏执狂式的政治是联系在一起的。18世纪法国大革命时期的战争在欧洲把各种阴谋论推动了起来。在那个时期，欧洲相信存在着各种秘密社团，有些秘密社团据说存在了很长时间。这种想法影响了后来对当代政治和此前不久的政治的阐释。早期对这种秘密的运动的关注，尤其是对共济会和光明派①的关注，从18世纪90年代开始通过一种新语境发挥作用。

---

① 光明派（Illuminati），最早指的是1776年在德国巴伐利亚建立的一个秘密会社。他们的宗旨是反对迷信、蒙昧主义、宗教对公共生活的影响和国家权力的滥用。多次被巴伐利亚政府立法禁止。据称光明派对法国大革命的爆发起过作用。后来"光明派"泛指很多据说与原光明派有联系的社团。关于光明派的阴谋论说他们在政府和企业里安插成员，试图争取政治权力和影响力，建立一个新的世界秩序。——译者注

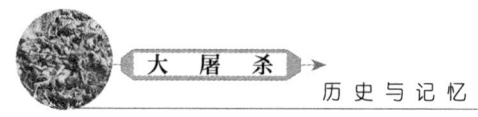

共济会和光明派据信都对法国大革命产生了影响。很大程度上通过印刷文化和不断增长的识字率,这些关注变得更加开放和更加"民主"了(有更多的人可以通过媒体注意到这些秘密社团)。①

对秘密社团的这些看法证明了应对各种焦虑的一种最简单的方法。这些焦虑来自政治、经济、社会和文化的变化。这些变化的程度让人们没有预料到,变化的特点也不受人们欢迎。这些变化从19世纪晚期开始变得相当明显了。②越来越多的舆论断言一种种族关系紧张的感觉。这在一定程度上反映了不断增长的移民率,同时也在一定程度上反映了固有的种族竞争的思想。人们在关注外来移民的同时,也关注着在自己国家内部各个地区之间发生的移民问题。与大规模都市化社会的变动不居相伴的是从前的社会联系模式因为经济圈的破坏作用而崩解,很大程度上导致种族主义。一方面,有一种理解和修复社会模式的渴望;另一方面,种族主义可以表达、聚焦和公式化社会上的恐惧、焦虑和仇恨。

阴谋论导致一种对不断的社会变化和意识形态极端化的感觉,它反过来又对意识形态的极端化产生了推动作用。例如,在法国,德奥多尔·加尼尔(Théodore Garnier)神父在1892年建立了全国联合会(Union Nationale)。这个民粹主义的法团主义政党③(错误地)声称犹太人、共济会和新教徒正在操纵法兰西

---

① J. M. 罗伯茨:《秘密社团的神话学》(伦敦,1972)。
② J. 欧斯特汉默:《世界的转变:19世纪全球史》(普林斯顿,纽约,2014)。
③ 法团主义(Corporatism)也称为阶级合作主义(corporativism)。这种理论认为一个社会的社会政治组织是由一些主要的利益集团在共同利益的基础上组合而成的。这些利益群体包括农业集团、商业集团、军事集团、种族集团、科学组织和劳工阶层等。法团主义认为一个社区就是一个有机的实体,所以构成它的那些集团可以在共同利益上组合成一个社会政治体。法团主义的词根是拉丁语"corpus",意思就是"身体"。法团主义或者阶级合作主义反对主张阶级斗争的社会主义学说。——译者注

第一章　巴巴罗萨之前

第三共和国(1870—1940)，他们的统治应该被推翻。而且，加尼尔经常提到一个（实际上并不存在）阴谋。据说这个阴谋是1846年由第三世帕默斯顿子爵、英国外交大臣亨利和（据加尼尔说）一个犹太人（实际上这个人不是犹太人）制定的。① 据称这个阴谋试图利用犹太人和共济会摧毁法国和天主教。加尼尔还散播天主教杂志《当代》1881年在法国广泛散布的一种错误想法，即前一年召开的一个犹太人的秘密会议已经决心要为历史上犹太人受到的压迫进行报复。1791年的法国革命解放了犹太人。② 加尼尔把这个事件描述为一个精心的、反天主教的步骤，应该归咎于犹太人和革命分子。③ 其他一些著名的天主教社会人物，例如莱昂·德翁神父（Abbé Léon Dehon）也是瞩目的反犹主义者。这种来自天主教的对第三共和国和犹太人的攻击毫不掩饰地希望"二战"期间的法国维希政府与纳粹德国合作，而且强有力地证明天主教的反犹主义立场为怂恿种族屠杀的语境做了准备。

在19世纪，那些可以被排除在主体民族历史叙事之外的人

---

① 亨利·约翰·坦普尔（Henry John Temple，1784—1865），第三世帕尔姆斯顿子爵（3rd Viscount Palmerston），又译帕麦尔斯顿、巴麦尊，英国外交大臣（1830—1834，1835—1841，1846—1851）和英国首相（1855—1858，1859—1865）。从1830年到1865年去世，他几乎一手包办英国的对外政策。在他的任期内，英国镇压了印度民族大起义，发动克里米亚战争，积极支持美国内战时期的南方奴隶主。他还是第一、二次鸦片战争时期英国对华侵略政策的制定者。——译者注

② 解放犹太人（emancipation of Jews），指的是欧洲国家从法律上取消专门针对犹太人的各种限制，授予他们平等权和公民权的过程。这个过程在启蒙时代以后，在欧洲发生于18世纪晚期到20世纪早期。在解放之前，大多数犹太人在各国都居住在与其他人群隔绝的格都等居住地。解放以后很多犹太人在政治上和文化上都更积极地参与了社会活动。许多犹太人前往能提供更好的经济地位的俄国和法国。——译者注

③ V. 卡朗：《世纪末法国的天主教政治动员和反犹主义的暴力：全国联合会事件》，《现代历史杂志》2009年第8期。

如果没有面对暴力，有时也会面临迫害。犹太人经常被指是与其他民族不同的，他们是被排除在民族叙事之外的一个主要的类别，根本不考虑在法律上对他们的解放和解放带来的机会。这种法律上的解放在德国发生在 1871 年。[①]19 世纪晚期，一些民族主义的团体，例如俄罗斯人民联合会（Union of the Russian People）给屠杀提供了环境：1881 年至 1884 年和 1903 年至 1906 年在俄罗斯发生了非常引人注目的大规模反犹主义暴乱。沙皇亚历山大三世（1881—1894 年在位）反对非俄罗斯人的政策给俄罗斯人民联合会和大屠杀创造了环境。作为围绕俄罗斯民族主义巩固俄罗斯国家政策的一个方面，亚历山大三世的政策由他的儿子沙皇尼古拉二世（1894—1917 年在位）延续下来。俄罗斯的这种发展证明在政治政策和暴力性的社会后果之间的联系。但是在 19 世纪晚期和 20 世纪头 10 年的德国，犹太人与德国社会的整合相对较好，那里可能会有反犹主义的暴乱，但没有俄国那种规模的反犹主义的屠杀。

种族主义会利用对身份同一性的本质主义（本质先于存在论）的观念。[②] 种族主义为支持自己的政治特征和表现进行了广泛的斗争。作为这种努力的一个方面，19 世纪下半叶，民族主义经常在人们认为的进步的和自由主义的形象与呈现"鲜血与土地"[③]式特征的形象之间发生变化，而且 19 世纪后期的几十年里这种

---

① 这之前实际上普鲁士等邦已经解放了境内的犹太人。——译者注
② 简单地讲，本质主义表现在种族主义里，就是认为一个种族的优秀特征是由血缘决定的，不受时间和环境等因素影响。后裔的优秀品质早就存在于他的祖先的血统中，所以两个血统纯正的雅利安人生育的后裔必然具备雅利安人的各种优秀特征。——译者注
③ 纳粹主义的口号。——译者注

第一章 巴巴罗萨之前

变化愈发明显了。其他国家和民族成了首要的攻击目标,但是同时也存在一个对一些群体进行区分歧视的过程。这个过程针对的是那些可能会提出明显不同的价值观的群体,还有那些被认为与他们不同的公民。因而,也产生了对具有全国性和地方性政治表现的国际运动的反对,例如对工会和天主教会的反对。这种反对也为后来对共产主义的敌意做好了准备。

19世纪后期和20世纪早期的反犹主义的增长一定程度上也是因为那个时代的特定环境。在这个民族主义的时代,一种反犹主义勃然兴起。除了传统的反犹主义主题,这种反犹主义还把犹太人称为一个外国的民族,关注着外来的犹太移民和犹太人的文化运动。就其本身而言,社群(community)的概念是包容性的,有可能成为进步的代表,并不是一种本质上与种族相关的或者种族主义的观念,而纳粹后来却将它定义为这样一种与种族相关的或者种族主义的观念。纳粹把如此定义的"社群"概念用来作为移除外来者的一个基本理论,为实践他们的意识形态提供基础。社群这个概念经常被用来暗示一种凝聚力的内在价值,这种凝聚力是与同质性相邻接的,相应地,也就暗示着一种对现代生活的批评,因为人们相信这种现代生活服务于毫无价值的世界主义,导向个体社群的原子化分裂。从19世纪80年代起,反犹主义在全欧洲更加有力了,它变成一种社会评论和批判的语言的核心部分。这种评论和批判的语言对许多人来说,变成一种自动的反应。他们对社会的、经济的和文化的变化感到不悦。[1]犹太人被

---

[1] M.米凯利斯:《法西斯主义,极权主义和大屠杀:反思当前对国家社会主义的反犹主义的阐释》,《欧洲历史季刊》,1989年第19期。

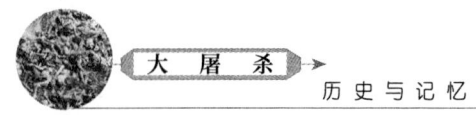

描绘成世界主义者和财阀。这种批判和那种把犹太人视为倒退的传统主义者的批判很不相同。反犹主义很容易证明它能够包罗并加剧非常不同的和经常是对立的态度和倾向。这种情况煽动了大屠杀,而且影响了后来对大屠杀的各种态度。种族主义似乎也得到包括自然选择的概念和人种学的发展在内的科学的背书,因而看上去好像是进步的观念。同时它又诉诸反科学主义的反现代主义,而反现代主义是那个时期非常有力的一个特征。

种族主义靠它对不变的特征的强调,还为旧的身份认同和偏见的传递提供了载体,特别是许多基督徒对犹太人宗教上的厌憎。这对长期存在的反犹主义是非常重要的。① 各种荒谬的关于犹太人亵渎圣餐礼上的无酵饼和杀人献祭的说法导致展示各种审判和屠杀,而且成了几个世纪以后公众当中流传的各种神话的一部分。② 正因如此,在布鲁塞尔市中心的圣米迦勒(St. Michael)

---

① W.I. 布鲁斯坦:《仇恨的根基:大屠杀以前欧洲的反犹主义》(剑桥,2003);W. 拉克尔:《反犹主义从古代到当前不断变化的面孔》(纽约,2008);D. 尼伦伯格:《反犹主义:西方传统》(纽约,2013)。

② P. 比恩鲍姆:《路易十四时代关于祭祀杀生仪式的一个传说:1669 年对拉斐尔·李维的审判》(斯坦福,加利福尼亚,2012)。

* 拉斐尔·李维(Raphaël Lévy)是法国梅斯(Metz)的一个犹太居民。1669 年 9 月 25 日(这一天是犹太新年前夜),一个小女孩在梅斯东边一个村庄外的森林里失踪了。当天有人看到李维骑马前往梅斯。尽管李维有不在场的证明,但是他还是被指控诱拐了这个孩子。审判之前在森林里发现了一具被动物吃过的小孩尸体,但是损毁太严重,无法判断是不是那个失踪的孩子。梅茨的市议会对李维进行了审判,指控他进行仪式杀生献祭。尽管进行了刑讯,李维还是拒绝供认有罪,却仍然被判处火刑。法庭给了他一个机会皈依基督教,他回答说自己活着是犹太教徒,死了也要做一个犹太教徒。李维于 1670 年 1 月 17 日被处以火刑。梅斯市的犹太教社区此后在犹太历的这一天都举行斋戒。梅斯的市议会向法国国王路易十四请求驱逐 95 个犹太家庭,但是国王禁止就这件事采取任何进一步的行动。——部分注释中 * 号以前为原注,* 号以后为译者补注,下同不赘。

第一章 巴巴罗萨之前

和圣古杜拉（St. Gudula）教堂①，人们会在神迹圣餐台前纪念圣餐无酵饼。这些圣餐无酵饼据说在 1370 年被犹太人亵渎了，据说它们在被刺戳时神奇地流出了鲜血。

1871 年，布拉格德国大学的一位天主教神学教授奥古斯特·罗林（August Rohling）出版了一本《塔木德犹太人》(The Talmudic Jew)②，让杀人祭祀的指控复活了。就像 1902 年至 1903 年之间的一本俄国伪书《锡安长老会纪要》③报道说犹太人计划统治世界一样，在罗林的这本书里，虚构的东西伪装成了历史事实，和粗糙的哗众取宠的内容重叠在一起。吓唬人的文字通过制造冲突来肯定认同感。例如，这种东西对俄国在复活节周经常发生的屠杀就起到了推动作用。

整个 19 世纪和进入 20 世纪的那些年，天主教会的统治集团因为对待犹太人的态度发生了分裂。1926 年，一个神职人员的协会"以色列之友"建立了起来，目的是通过把反犹主义排除出天主教会推动犹太人皈依天主教，但是，1928 年，当这个协会向教皇庇护十一世请愿，要求从耶稣受难日祈祷书中去除为"背信弃

---

① 圣米迦勒是《圣经·但以理书》提到的大天使。圣古杜拉是死于约 668 年的一位女圣徒。这个教堂是现在的布鲁塞尔天主教堂。——译者注
② 《塔木德》(Talmud) 是古代犹太教的基本典籍，是犹太教律法的汇集。——译者注
③ 《锡安长老会纪要》(Protocols of the Elders of Zion) 是一本伪造的反犹主义的文件，目的是捏造一个犹太人控制全球的计划。这个文件最早于 1903 年在俄国出版，后来翻译成多种文字在 20 世纪初广泛传播。一些出版者声称这是 19 世纪末一个犹太领导人会议的记录。据称这些犹太领导人试图颠覆异教徒的道德，控制新闻媒体和世界经济，从而建立犹太人的全球霸权。福特汽车的创始人亨利·福特 20 世纪 20 年代曾出资印刷了五十万份《锡安长老会纪要》在美国到处散发。尽管《泰晤士报》1921 年就揭发说这是一份伪文件，但是它至今仍以无数种文字在印刷和流传，在因特网上散播。——译者注

义的犹太人"做的祷告时，因为梵蒂冈的天主教廷信理部①的压力，请愿提出的要求不了了之。信理部的领导人强调了犹太人历史上的一些"事实"，包括对谋杀耶稣犯下的集体罪行和据称对那个时代的基督徒进行的商业剥削。②

在两次大战之间的年月里（1918—1939年），许多天主教徒为教会在俄罗斯、西班牙和其他一些地方受到的粗暴对待③而谴责犹太人。这种观点把传统的反犹主义和犹太人操控了共产主义这一观点糅合了起来。这种态度有助于解释为什么这么多的人会首先接受经验性的和暴力的反犹主义说辞，然后用那么暴力的手段反对犹太人。基督徒的民族共同体和基督徒的文化这些概念被用来排斥犹太人和利用一种长期的反犹太的或者非犹太的社会实践。这个概念在欧洲各地采取了不同的形式，并且在各处导致基督教民族主义，例如，在匈牙利、葡萄牙和西班牙。有人特别强调与犹太人的种族差别（而非宗教信仰差异），把种族差别作为反犹主义的理由和形式。在犹太人皈依基督教这个问题上，基督教民族主义同这些人之间也存在冲突。但是无论如何，实际上，强调皈依基督教导致大多数犹太人被排除在教会的关注之外（因为大多数犹太人拒绝放弃犹太教信仰）。

在关注大屠杀的学术研究中，就像皈依基督教的犹太人糟糕

---

① Congregation for the Doctrine of the Faith 或 Congregation of the Holy Office，教廷最重要的九个圣部之一，源于1542年教宗保罗三世于罗马建立的异端裁判所，1904年改为至圣部（Supreme Sacred Congregation of the Holy Office），1965年改名为神圣信仰教理部(Sacred Congregation for the Doctrine of the Faith)，1985年名称中去掉"神圣"一词。

② W. 帕奇：《天主教会，第三帝国和冷战的起源：历史证据的功用和局限》，《现代历史杂志》2010年第82期。

③ 可能是指苏联和西班牙共和国对天主教会的压制政策。——译者注

第一章 巴巴罗萨之前

的命运表明的，人们主要强调的是种族主义问题。[1] 就纳粹主义而言，这样做是正确的（因为他们在犹太人问题上是彻底的种族主义者，根本不在意其他因素），但是，一系列基督徒的反犹主义对大屠杀也是重要的。不仅在解释大屠杀的背景时是这样，包括对犹太人的孤立和在德国、奥地利对一些犹太事物的憎恶，而且在解释被占领国家和支持轴心国的欧洲一些地方对大屠杀的反应时也是这样。因此，1941年，面对由克罗地亚法西斯主义运动掀起的乌斯塔沙（Ustasha，克罗地亚人组织的法西斯组织）恐怖时，皈依了天主教的克罗地亚犹太人没有被杀害，但并不是德国给了这些犹太人这个选择。把注意力引向克罗地亚强调了本书试图把德国进行的种族灭绝和德国的某些盟国进行的种族灭绝整合在一起的努力，从而提供了一个对那些汇入大屠杀的事件、通敌卖国者和从法国到波罗的海东部及巴尔干被占领地区伪政权之间相互联系的全视角观察。例如，1941年6月，罗马尼亚这个几十年里都以反犹主义著称的国家加入对苏维埃俄国的入侵，宣称要进行一场解放比萨拉比亚的"圣战"。这个地区是苏联前一年从罗马尼亚攫取的。在这场战争里[2]，罗马尼亚人残酷地对待犹

---

[1] 因为皈依了基督教的犹太人并没有因为改宗逃过大屠杀，可见种族主义者重视的主要是种族差异，不是宗教信仰差异。——译者注

[2] 比萨拉比亚（Bessarabia）是德涅斯特河、普鲁特河—多瑙河和黑海之间的一块三角地带。主体民族摩尔多瓦人和罗马尼亚人是亲缘民族。历史上一直和罗马尼亚是一个国家。中世纪晚期被奥斯曼土耳其帝国征服。1812年，沙俄通过对土战争的胜利，夺取了比萨拉比亚。1918年"一战"结束后，比萨拉比亚根据民族自决原则与罗马尼亚合并。1940年，苏联迫使罗马尼亚割让了比萨拉比亚，成为苏联的摩尔达维亚苏维埃加盟共和国。"二战"期间，罗马尼亚参加轴心国的对苏战争，夺回了比萨拉比亚。战后苏联又重新收回了比萨拉比亚。1991年，比萨拉比亚宣布独立为摩尔多瓦共和国。国内沿德涅斯特河地区俄罗斯族和乌克兰族较多的一个地区后来宣布独立，建立了德涅斯特河沿岸摩尔多瓦共和国。俄罗斯至今在这个地区驻军。——译者注

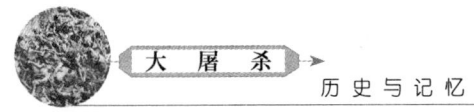

人,导致大批犹太人的死亡。

基督徒的反犹主义在战后被轻描淡写地处理了,因为焦点被放在纳粹行凶者身上,这也是战后西欧"正常化"和为发起西欧"正常化"而建立与之相适应的新的历史叙述尝试的一个方面。把关注集中在大屠杀的纳粹主义源头和指导上似乎更加必要,而且也证明更容易。然而,如果把焦点放在那些"旁观者"——他们的接受、共谋和赞成帮助大屠杀变得可能——和由德国的盟国进行的屠杀上,那么情况看上去就不同了。尽管一系列因素,例如权宜之计在个人对大屠杀的反应中扮演了一个角色,但是,对许多人来说,在让他们觉得犹太人是异己者、外国人和一种威胁的过程中,宗教上的反犹主义发挥了重要作用。

和强有力的宗教主题在一起的还有一系列其他的反犹主义因素。这些因素包括仇恨对犹太人进行同化的努力,还有与社会达尔文主义相联系的生物学种族主义的生存竞争能力问题。反犹主义以生物学种族主义观点为基础复活了。很大程度上以此为基础的反犹主义的崛起在19世纪晚期和20世纪早期已经相当明显了。评论家们把世界主义,也就是外国人的影响和犹太教联系在一起。对这种影响的民族主义仇恨就像觉得犹太人是一个不受欢迎的,事实上是具有威胁性的现代主义中心这样一种感觉一样,是很重要的。[①] 因此,大屠杀也被视为希特勒对现代世界的厌恶的一部分。尽管在词藻上和实践中,他都只是在抗拒现代世界的某些方面。

---

① S. 阿尔莫格:《现代欧洲的民族主义和反犹主义,1815—1945》(牛津,1990)。

第一章 巴巴罗萨之前

具有讽刺意味的是，有一种习惯性的看法认为犹太人是反对进步的。这种看法并非始于 19 世纪。18 世纪 80 年代哈布斯堡土地（这些领土后来变成奥地利、匈牙利、捷克斯洛伐克、罗马尼亚西北部、波兰南部和意大利北部的部分地区）的统治者、皇帝约瑟夫二世是"开明专制"的模范。他把自己视为宗教宽容的支持者。但是他给那些希望保持一种单独的身份认同的犹太人留的余地却相当小。那些犹太人的这种希望引导他们追求比宗教信仰自由更多的东西。当时，人们相信对犹太人的解放不仅终止了政府方面在法律上对犹太人的限制，而且也结束了犹太人在习俗上的做法，比如穿传统服饰，还终止犹太人自治的公共机构。这些东西都被视为犹太人整合进社会的障碍。自由主义的德国社会评论家们受到一种感觉的影响，即犹太人反对这些评论家关于进步的概念，尤其是 19 世纪 70 年代以后。当评论家们审视东欧犹太人社区时感觉尤其如此。确实，那里的犹太人社区比德国和奥地利的犹太人社区更保守，更少被同化。从这个视角看，东欧的犹太人被视为通过在进步中合作走向发展和同化的障碍，他们的（保守的、封闭的）社区也是一个证据，证明在他们那里发展和同化都没有发生。这是一个醒目的例子，证明了一种更普遍的对东欧和南欧的成见。这种成见在新教信徒的盎格鲁日耳曼人群中尤其普遍。

日耳曼民族主义在 19 世纪导致一个强大的国家，即德意志帝国——在 1871 年战胜法国以后马上宣布成立。德国控制了欧洲大陆最强大的经济体。有人认为这个国家应该以日耳曼民族（Das deutsche Volk, the German people）的社群为基础，但

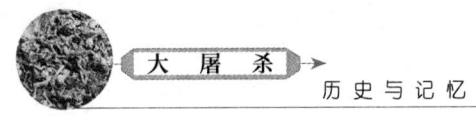

是在奥托·冯·俾斯麦看来这种想法是令人厌恶的,而他在建立德意志帝国的过程中起了至关重要的作用。他有效地管理这个帝国 20 年,1890 年才辞去首相的职务。种族主义的民族主义是由泛日耳曼联盟(Pan-German League,德语:Alldeutscher Verband)推广开的。这个组织出现在 19 世纪 90 年代,它吸收了各种种族主义的民族主义的无耻论断。这些论断后来都将会出现在学校的课本和地图上。[①] 这些观点在受过教育的中产阶级中的影响越来越大,而且到了 1914 年,它们在保守主义中也变得更加重要了。此外,出现了一种不断增长的"日耳曼民族主义的基督教中心主义感觉",这种感觉排斥犹太公民。[②] 反犹主义在奥地利,尤其是维也纳也很盛行。

但是,作为在第一次世界大战中战败的结果,德意志帝国,或者叫第二帝国(第一帝国是中世纪的神圣罗马帝国,1806 年覆灭于拿破仑之手,它的覆灭激发了日耳曼民族主义思潮),崩溃了。帝国的崩溃伴随着统治家族的坠落,例如巴伐利亚的维托斯巴赫(Wittelsbachs)家族。同时效忠也从各个王朝,尤其是统治第二帝国的普鲁士的霍亨索伦王朝那里转向别处去了。德国的主要盟国奥地利也被击败了,结果哈布斯堡帝国崩溃了。

---

① J.D. 汉森:《把日耳曼人画进地图:统计科学、制图学和日耳曼民族的可视化,1848—1914》(牛津,2015)。

② O. 齐默:《"文化战争"之下:德意志第二帝国时期的基督圣体节游行和相互迁就》,《现代历史杂志》2010 年第 82 期,333—334 页。

第一章 巴巴罗萨之前

第一次世界大战和希特勒的出现

德国的战败导致对德国人民的历史,以及德国人民因为战败遭受的困苦和掠夺的强调,这种强调的语调很大程度上是阴郁的。对许多人来说,民族主义变成他们理解和面对这段历史时的一种关键方法。1805年至1807年,德国被拿破仑击败了,但是继之而来的却是1813年被描述为"德意志解放战争"的一场战争。这场战争让普鲁士和奥地利迅速走向成功。1918年的情形却与之非常不同。当时,战败被右翼的民粹主义者描述为不应该的,是内部叛卖的结果,特别是犹太人和共产主义者叛卖的结果。这种描述转移了人们的视线,让人们不去关注实际上德国的战败是因为德国在西线完全被英国、法国和美国的军事力量击败了。1918年春天和夏初,伴随着俄国被击败和德国在西线发动进攻,胜利似乎已经在德国手中,但是后来形势却急转直下。这个情况鼓励了那种认为德国军队被国内的叛徒"在背后刺了一刀"的想法。

在这种描述中,诸如阿尔弗雷德·罗森堡[1]这样的批评家反复地将犹太人和共产主义者联系在一起,因为一些著名的共产党人,包括马克思和托洛茨基确实是犹太人,尽管大多数犹太人并不是共产主义者。而且,犹太人对国家的事业也做出了响应。超过10万名德国犹太人和32万名奥匈帝国犹太人战士在战争中服

---

[1] 阿尔弗雷德·罗森堡(Alfred Ernst Rosenberg,1893—1946),波罗的海沿岸日耳曼人的后裔,纳粹党最重要的理论家和思想家。在纳粹党政府中担任过多个要职。他是纳粹党的种族主义、迫害犹太人、生存空间理论、拒绝凡尔赛和约和反对堕落的现代艺术等理论的主要创造者。1946年被纽伦堡国际法庭判处绞刑。——译者注

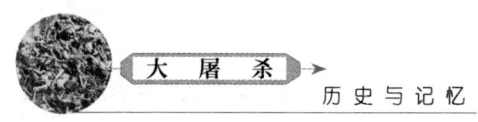

役,而且其中每8个人就有一个人死亡。大多数犹太人不是和平主义者,而且民族主义的号召、义务和荣誉鼓励着他们投身军事服务。但是到了1916年,反犹主义在国内增长起来,伴随着的是一种模模糊糊的指控,即犹太人做出的贡献和牺牲与他们的实力不相称。在军队里也有反犹主义。①

事实上,战争被证明是反犹主义发展过程中一个关键的经验。直到1919年,战壕里德国军队中那个奥地利出生的经验丰富的士兵——阿道夫·希特勒(1889—1945)才描画出他的恶毒的反犹主义观点。许多在后来的纳粹政权中扮演了重要角色的党卫军军官都是由战争和战败的经历联系起来的。战争和战败的经历创造了一代充满仇恨的纳粹支持者。②

1919年其他地方的法西斯主义和反犹主义的情况也是一样的。战败导致来自共产主义的挑战明显加剧了,既有来自苏联共产主义的挑战,也有来自不受外部操控的国内共产主义的挑战。1919年,共产主义者短暂地接管了匈牙利和巴伐利亚的政权,这鼓励了那种误导的、把共产主义与犹太人联系在一起的想法。布达佩斯激进的同时也是资本主义和世界主义的特色促使反对共产主义的地主平民主义者仇视这座城市,而这座城市里就生活着许多匈牙利犹太人。

奥地利背景对希特勒的思想是很重要的。希特勒部分地吸收了奥地利的反犹主义思想。明显是出于对迅速变化的奥匈帝国变

---

① P.阿佩尔鲍姆:《忠诚的儿子:世界大战中德国军队里的犹太人》(伦敦,2014)。
② C.因格劳:《信任和毁灭:党卫军战争机器里的知识分子》(剑桥,2013)。

第一章 巴巴罗萨之前

动不居的社会和经济状况做出的一种回应,奥地利反犹主义思想在"一战"之前的 20 年里变得越来越强大了。对犹太人的仇恨本身就是重要的,同时它也是关注哈布斯堡帝国内非日耳曼人的角色和要求的一种方式。这些角色和要求看上去因为会导致帝国的解体而对哈布斯堡帝国构成了威胁。① 奥地利和德国的战败以及(奥地利)哈布斯堡家族的霸权在部分斯拉夫欧洲地区的瓦解构成了一个棱镜。希特勒的种族主义设想代表了 1914 年前的右翼民族主义者和种族主义者的观点透过这个棱镜发生的折射。斯拉夫民族因为奥匈帝国的解体广受指责。1918 年人们不仅见证了战败的哈布斯堡王朝的崩溃,同时也目睹了在东欧一系列新国家的诞生——南斯拉夫、捷克斯洛伐克和波兰——尽管新波兰的领土只有三分之一来自哈布斯堡王朝的帝国。这些新国家领土的其他部分来自俄国和德意志帝国。更普遍的情况是,东欧国家的边境不断变化,伴随着对认同感和社会等级制度的挑战。1917 年俄罗斯帝国瓦解了,布尔什维克(共产党中胜利的一派)曾经成功地在俄罗斯重建了整个国家,但是后来失败了。俄罗斯帝国的崩溃和布尔什维克的失败确保了芬兰、爱沙尼亚、拉脱维亚和立陶宛变成独立国家,尽管共产党人后来征服了乌克兰。

德国的战败和在"一战"中的损失激发了希特勒的反犹主义思想,给他的反犹主义思想提供了能量,并且帮助他的反犹主义思想凝聚了焦点。因此,希特勒渴望从伦理上和领土上都反转德

---

① 奥匈帝国的人口由奥地利和匈牙利两大民族和诸多日耳曼、斯拉夫少数民族构成,匈牙利等非日耳曼民族的民族主义诉求是奥匈帝国内部政治纠纷的一个主要原因。——译者注

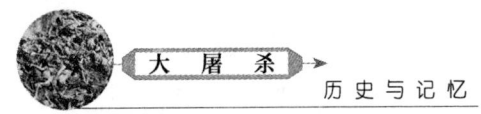

国的失败,重建一个可以接受的(德国支配的)欧洲。这特别需要通过控制东欧来实现。在那里,必须为日耳曼人夺得生存空间(living space,德语:Lebensraum)。尽管在纳粹的观点和保守主义的地缘政治学观点之间存在一种紧张关系,但是希特勒的论点利用了长期存在的一种民族主义信念,即德国的宿命包括支配东欧。这种信念部分来自普鲁士的态度,尤其是在针对波兰的时候,但是同时也得自奥地利的政治设想的一种转型。这些与种族相关的曲折变化的焦点集中于一场假想的、在日耳曼人和非日耳曼人之间的竞争上。在这场竞争中,优点、进步和天命属于谁是毫无疑问的。对希特勒来说,在这场竞争中谁是反派人物也是毫无疑问的。他把犹太人看成反对德国的阵营背后一支活跃的力量,而在他的眼里,其他的民族,例如斯拉夫人、罗姆人(吉普赛人)在没有被犹太人煽动起来时,要消极得多。

对德国的天命和拯救的信仰有一种神话的和意识形态的维度和动力,帮助塑造了对德国的利益做出的更加独特和实用的民族主义表述。那些神话性的内容对纳粹主义的天命创造者很有吸引力。因此,东欧给民族主义和法西斯帝国主义提供了合流的前景,德国征服那个地区就可以使这个前景变得可行。追求一种雅利安主义地理学的努力有一些令人惊异的方面。在1924年的《发现天堂》中,弗兰茨·冯·温德林(Franz von Wendrin)论证说伊甸园就在德国,而犹太人谎称它在亚洲。在地图上提出这种主张的同时,他还论证了从下等种族手中解放德国的必要性。地图册表明德国受到犹太人和共产主义者的威胁。例如,1931年版的《F.W.普茨格斯学校历史地图集》(*F.W.Putzgers*

第一章 巴巴罗萨之前

Historischer Schul-Atlas）是典型的学校用历史地图册。在这本地图册的开篇处就有一幅地图把德国描绘成欧洲文化防御亚洲游牧民族的壁垒。这些亚洲游牧民族被称为匈奴人、阿瓦尔人、阿拉伯人、马札尔人、突厥人、蒙古人、犹太人、沙皇俄国和共产主义者。于是，过去被召唤来为现在服务，而且和种族概念和意识形态融合在一起。一些人想要证明雅利安文化和经济优于其他民族的文化和经济，其中也包括一些考古学家，而且海因里希·希姆莱也将会对考古学产生兴趣。

20世纪20年代，这些主题都被有力地呈现出来成为推翻"一战"以后凡尔赛和平安排的决心的一个方面，取代凡尔赛体系的是要保证德国对中东欧，而后是对整个东欧的支配权。重新安排东方的种族主义计划包括将据称的不良分子从德国驱逐出去。这种计划不是希特勒的发明，这些思想早已广泛流传，这给了希特勒不少帮助。这些思想的流行让他的愿望实现起来容易多了，特别是这些思想的泛滥能让那些反对它的力量灰心丧气。

德国给希特勒表述的中欧民族主义和在许多方面，为他塞进中欧民族主义的东西提供了载体，因为他的民族主义是一种特殊形式的日耳曼民族主义。这是西欧形制的民族国家在多民族的东欧地区出现的一个后果。在这个过程中犹太人将是首要的受害者，但不是唯一的。尽管有歧视，但是犹太人此前因为多民族的哈布斯堡帝国提供的机会获得了相当大的好处，在巴尔干的奥斯曼土耳其帝国里也是如此。希特勒民族主义的中欧因素在"二战"中把德国的反犹主义政策与像斯洛伐克和克罗地亚那样的仆从国的反犹主义政策联系起来了。作为希特勒摧毁捷克斯洛伐克

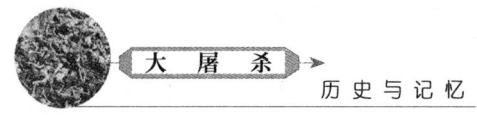

和南斯拉夫的一个后果，这些国家在 1939 年和 1941 年之间分别独立了（作为德国的附庸国）。这些国家和德国其他的仆从国，比如匈牙利和罗马尼亚，都从希特勒的支持中获得了好处。希特勒不仅支持他们获得了按照民族划分的统一的疆域，而且支持他们以其他民族的损失为代价获得利益。奥地利提供了一个关键的联系，因为它给德国孕育了一个"更加极端的中欧民族主义"和实行大屠杀的那些关键人物。①

种族主义和大屠杀是纳粹德国的中心驱动力。它们和其他一些因素都吸引了人们注意力。其他的因素包括法西斯主义政治理论或者把纳粹国家作为一个政治体制进行分析的各种理论。我们这里讨论的这种侵略性的种族主义民族主义也是积极反对自由主义的，特别是因为它反对对各种自由权利和自由主义性质的宽容态度的自由主义保护。这些保护和宽容保证所有人的权利，给个人主义和少数民族保留了空间。结果犹太人的命运就成了欧洲自由主义危机的一个方面。希特勒把欧洲的自由主义说成德国和更大范围里的虚弱的原因和产物。他对德国的拯救要求一种信念，即重新设计一个更强大的民族和国家。

尽管希特勒自己做过一些表述，明确拒绝个人崇拜，但是他却做出更多举动来接受和推动对他的个人崇拜。实际上，国家社会主义需要依靠这样一种个人崇拜，即使这不能说是一种政治宗教。国家社会主义的基础是元首（领袖）这个关键人物，还有一

---

① C.因格劳：《大屠杀的革命性源头》，见《革命的欧洲的联合：论文选，1997》（塔拉哈西，佛罗里达州，1997）：32；P.帕尔泽：《德国和奥地利政治反犹主义的崛起》（剑桥，马萨诸塞州，1988）。

第一章 巴巴罗萨之前

种混乱的、实在是不合逻辑的种族主义、民族主义和通过暴力实现现代化的信念的混合物。暴力当然从一开始就赋予希特勒的政权一个特色，就是对待那些被判断为不可接受的人的残忍态度——这种态度在对犹太人的种族灭绝式的攻击中达到顶峰。希特勒的态度是一种恶毒的反犹主义，这种反犹主义不会满足于种族歧视。对希特勒来说，必须进行迫害，而且这种迫害不能是纳粹统治的一个不间断的方面，它必须是一个决定性的和总的步骤，它要结束在希特勒看来的犹太人的挑战。对希特勒来说，反犹主义是一个超历史的问题，不是设计来实现其他政策目标的"附加硬件"，比如重新分配领土、搜集资金，或者凝聚民众的支持。仇恨犹太人变成希特勒心理的决定性因素，也成了他做出决定的基础，给他的辞藻和外交政策的目标提供了动力，而且，确实也给他的领土扩张提供了动力。明显的个人崇拜是和一种历史使命感联系在一起的。对希特勒来说，历史是由他具体表现出来的一个活的过程，所以他个人的生命戏剧就变成德国人民具有历史意义的——从而也就是历史的和永恒的使命的一个方面。对希特勒来说，种族的纯洁性从方法和目标的角度来说，都是这个历史使命的一个核心方面。

科学的进步会阐明种族同一性的复杂性，并将不断阐明这种复杂性，但是希特勒对此不感兴趣。科学进步对种族同一性的复杂性的阐释就是，没有哪个种族会拥有一系列独立的种族特征，种族内部的遗传变异比种族之间的遗传变异更大；造成种族形态特征，比如肤色的基因是不规则的（非典型的）。实际上，种族

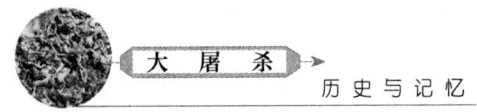

概念通过建构形成的程度和通过描述形成的程度是相同的。① 纳粹对雅利安人种和犹太人种的种族概念建构都是这样。但是，纳粹确信种族的基本特征，忽视他们在多么大的程度上是通过概念建构来确定种族的定义。因为对日耳曼民族的有机主义概念，希特勒强烈反对跨种族通婚和多种族共同体，这些事物都有助于强调种族同一性的易变性，而且会对种族的分类提出挑战。

仇恨犹太人确实是希特勒的思想必需的组成部分。在希特勒1933年1月30日夺取权力之前，他的政策还没有明确，但是他肯定已经希望犹太人从德国迁移出去了。在他的眼里，犹太人提出的挑战支持了共产主义。希特勒把共产主义看成是对犹太人目标的一种掩饰。1923年，希特勒试图推翻巴伐利亚政府。暴动失败以后，1924年他在监狱里口授了《我的奋斗》。在这本书中，清楚地勾画了这场斗争的双重性（指反犹和反共产主义）。希特勒因为德国在1918年的战败和此后出现的问题责备犹太人。在纳粹政权统治下，政府希望每一个德国人都阅读《我的奋斗》。希特勒把犹太人看成是有广泛危害的民族，要对针对德国、欧洲文化和人类的激进的、政治的、经济的、财政金融的和文化的威胁负责。

确实，对于读过《锡安长老们的教仪》的希特勒来说，犹太人的无处不在已经是明显的了，因为那本书提出犹太人要对工会

---

① 这里说的"建构"指的是人为地把一个种族的部分特征确定为一个种族的基本特征，而把另一部分特征排除在外，并以此为标准来确定一个人是否属于这个种族的定义方法；而"描述"则是全面地概括一个种族的各种特征出现的概率，从而科学反映种族特征复杂性的一种定义方法。——译者注

第一章　巴巴罗萨之前

激进主义和财阀的压迫负责任。苏联是共产主义的中心，而且据希特勒说是犹太－布尔什维克阴谋的中心。如果犹太人像据称的那样在苏联很有权势，希特勒也就声称他们在别处也一样拥有权势，例如在法国。① 于是，犹太人的广泛分布和他们在各地展现的同化的程度，对希特勒来说就成了他们构成的威胁的一个方面，因为可以指责他们要对任何在希特勒看来构成威胁的国际力量负责，最终，要对所有这样的国际力量负责。在"二战"中当德国与一个看上去内部差异性非常大的同盟国阵营发生冲突时，希特勒理论的这种适应性为他解释这个问题提供了很大帮助。对希特勒来说，犹太人给他提供了一个线索，让他可以用对德国的敌意把英国、苏联和美国联系起来。丘吉尔、罗斯福和斯大林被描述为受到犹太人的摆布，如果不是控制的话。这说法会让那三个人都感到吃惊。

尽管希特勒的意识形态和词汇表经常是模糊的，但是他在犹太人问题上没有表现出暧昧，同时他争论说，在德国的思想和社会领域没有含含糊糊和模棱两可的空间。在德国的国家使命与这个使命的敌人之间进行着一场斗争，这场斗争是攸关存亡的。对希特勒来说，含含糊糊和模棱两可都会使这种攸关存亡的性质被模糊化。在这场斗争中含含糊糊和模棱两可都是个人主义的一种表现，而希特勒谴责个人主义是对他所说的一种必要的盲从的威胁。几乎不会让人吃惊的是，对希特勒来说，讽刺和模棱两可一样不受欢迎。1933年10月24日，希特勒接待了（普鲁士帝

---

① L. 沃丁顿：《希特勒的十字军：布尔什维主义、犹太人和犹太人的国际阴谋的神话》（伦敦，2009）。

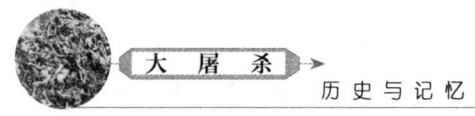

国)霍亨索伦王朝的代表威廉·冯·多梅斯将军(Wilhelm von Dommes)。这个人强烈要求复辟霍亨索伦王朝。希特勒的答复是强调需要从布尔什维主义和犹太人的控制下拯救德国,他还怀疑君主制能否有力到可以承受这样的计划将要带来的血腥冲突的压力。希特勒补充说,犹太人要对布尔什维克主义负责,而且必须被淘汰。①

希特勒对于犹太人命运的长远看法和短期内因为形势发展面对的机遇、问题和焦虑是相互作用的。所以,在1939年9月1日德国入侵波兰引发第二次世界大战之前,国际关系是一个关键问题,特别是对希特勒来说。为了进一步实现他的目标,希特勒寻求减小国际上对他的敌意。当激进的纳粹分子推动反犹主义的时候,希特勒试图淡化它。例如,1936年的柏林奥运会期间,德国试图避免激起国际间的批评,从而凸显希特勒明白他那种形式的反犹主义在其他许多国家是不可接受的。而且,作为机遇和问题所起作用的一个例子,一些重大事件——特别是1939年至1941年间希特勒德国的不断推进中卷进纳粹德国统治之下的犹太人的人数——对于大屠杀的大事年表和轮廓描绘是非常重要的。

机遇、问题和焦虑并不是抽象地存在的,它们被感觉到,被创造出来,而希特勒的观点在很大程度上设定了这个过程的条件。尽管对希特勒的观点进行清晰连贯的阐述是困难的,但是,作为一个长期的目标,他确实相信根除共产主义的苏联是他的使命。他认为苏联是由犹太人控制的,消灭苏联可以确保他关于种

---

① J.C.G. 勒赫尔:《威廉二世,坠入战争和流亡的深渊,1900—1941》(剑桥,2014):1253。

族优越性和生存空间的观念。消灭苏联必须伴之以去除犹太人，这两个行动可以创建一个德国主导的欧洲。日耳曼民族将成为斯拉夫人和其他民族之上的优等民族，从而能够作为一个世界力量去行动，有能力抗衡其他的世界力量。在一个激进的乌托邦式幻景中，德国将攫取东方的资源。这个幻景与共产主义者的乌托邦愿景有不同的性质，它必然涉及大规模的屠杀。确实，对纳粹分子和其他许多德国人来说，斯拉夫人被认为如果不是一个类人类的民族，也是一个劣等民族，但是犹太人明显更具有威胁。因而，德国在东欧的支配地位就会具有一种相互联系的政治和种族色彩，成为一种把纳粹主义的观点和德国先已存在的、从各种视角产生的对东欧的思想结合在一起的展望。

支持纳粹主义的思想

然而，单单希特勒个人是不会成为问题的。在被称为"种族战士"的那些人当中对根绝所有的犹太人有广泛的支持。一些集团和阶层则狂热地支持纳粹政权。这两种支持相互作用，平行发展着，特别是因为那些集团和阶层对纳粹政权的支持给"种族战士"们提供了实现（根除犹太人的）愿望的机会。希特勒经常插手消灭犹太人这一事务。在这个事业上希特勒有一大群狂热的追随者，他们当中的许多人都愿意非常积极地行动，把可能性的边界向前推。这有助于确保一个意识形态的命令转变成一个运作体制。对纳粹分子来说，犹太人（因为他们的宗教信仰、种族特征、风俗习惯等）是不同的，但不是分离的（他们生活在德国人身边），这种状况必须结束。

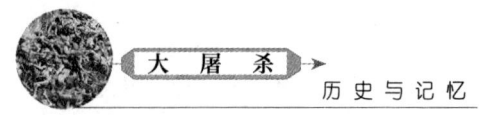

事实上,就像种族灭绝政策的起源各不相同一样,支持种族灭绝政策的基础也是各不相同的。大屠杀中的一个关键角色——阿道夫·艾希曼在20世纪50年代用第三人称这样描述自己说:"这个狂热的、为血统的自由而战的战士走到那个谨小慎微的官僚身边,而我也来自那个血统。"① 纳粹主义意识形态有反现代主义的方面,特别是对象征和仪式的神秘的关注,还有对成为未来和控制未来强烈的渴望。纳粹在一些方面自觉地使自己的信仰现代化,例如利用人口统计学和优生学,但是这些努力却把他们导向反现代主义的目的,或者被利用来为反现代主义的目的服务。例如,关于怎样最优地处理流行病和消灭寄生虫的思想曾经在医学思考中起过作用,现在却被用来专门对准犹太人。"二战"以后这些思想的共鸣一直在持续。例如,威廉·希尔(Wilhelm Schier)的地图集《奥地利通用和历史地图集》(*Atlas zur Allgemeinen und Osterreichischen Geschichte*)(1982)用同一幅地图来表现犹太人在中世纪的迁移和瘟疫——黑死病的蔓延。实际上这两者之间并无联系,但是犹太人和疾病之间的联系却是纳粹思想的中心,而且使他们那些明确的种族净化的观念聚焦起来。这些观念吸收了20世纪20年代的出版物上经常可以看到的反犹主义形象。从1933年开始这种情况更严重了。就这样,犹太人被描绘成丑陋的、低于人类的、坏心肠的和威胁性的。② 很明显,必须阻止犹太人,而且据称只有粉碎和根除他们代表的力量

---

① M.罗斯曼:《种族灭绝的思想、环境和追求》,《伦敦德国历史学会学报》,25(2003):73。

② E.D.魏茨:《魏玛德国:前景和灾难》(普林斯顿,新泽西,2007):321。

第一章　巴巴罗萨之前

才能实现阻止犹太人的目标。纳粹分子视此为他们的天命。

党卫军的领袖希姆莱把党卫军建成了纳粹最核心的施加压迫的力量。他试图把党卫军建成一支雅利安种族的"纯洁"军团，这种企图的基础就是对雅利安人必胜的信念。这些做法，包括到中亚尤其是帕米尔和西藏的丛山去探寻，试图发现雅利安主义的根源的努力，都涉及许多伪科学（1976年我访问阿富汗时注意到了这次探寻的一些遗迹）。

纳粹主义态度的许多特征在其他一些国家也是很明显的，尤其是在保卫领土的天命问题上持咄咄逼人的立场，用一种种族主义的态度关注国家的地位，对被描述为外国人、具有威胁性和掌握了过分权力的犹太人的强烈仇恨。"一战"结束时，当国家被重新划定，边界发生争议的时候，我们看到了"种族清洗"。这些种族清洗为种族同质性的新驱动力和思想提供了一个例子，尤其是在罗马尼亚。①

纳粹的反犹主义，1933—1939

在控制德国（1933年）和奥地利（1938年）之前，纳粹暴徒参与了一场高强度的、特别针对犹太人的恐吓威胁和暴力攻击的行动。经常发生针对犹太人或者被认为与犹太人相关的目标的攻击。1932年，奥地利的党卫军试图暴力阻止在舞厅里演奏探戈舞曲和摇摆舞音乐。他们说那些音乐是犹太式的和非日耳曼的。

---

① 诺曼·奈马克：《仇恨的火焰：20世纪欧洲的种族清洗》（剑桥，马萨诸塞州，2001）；V.索罗纳瑞：《净化民族：纳粹盟国罗马尼亚的人口变化和种族清洗》（巴尔的摩，2009）。

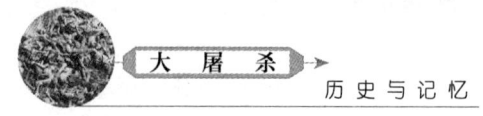

1933年，在奥地利发生了数不清的对犹太会堂和犹太人拥有的商店和电影院的攻击。纳粹分子阐述日耳曼民族主义的时候常常使用"人民"（德语：Volk）这个词汇，而且全神贯注于和非雅利安人，尤其是犹太人的种族对抗。纳粹把犹太人当作对"德国性"的有机主义和种族主义定义的一种威胁，同时也把他们当作对纳粹的民族共同体（Volksgemeinschaft，人民的或者民族的社群）这一目标自然而然的对立面。

这些都是当时德国出版的著作的主题。康拉德·弗伦策尔（Konrad Frenzel）和纳粹"知识分子"约翰·冯·利尔（Johann von Leers）的地图集《1914年至1933年的德国历史》（1934）一开卷就是一段《我的奋斗》的引文，另外还包括了一些页眉印着"奴役"的页码（指"一战"后的巴黎和会对德国人民的奴役），以及"犹太人的散布"和"混乱"等内容，最后还写了赔款和通货膨胀的问题。利尔"二战"以后逃到了埃及，变成纳赛尔的戈培尔，换了一个阿拉伯名字，成了纳粹主义和阿拉伯民族主义之间的许多种联系之一。弗里茨·艾伯哈特（Fritz Eberhardt）编辑的《新德国的历史和文化地图集》（1937）强调了"印欧语系"民族和闪米特民族在古代世界的冲突，而犹太人则被描述成一个赘疣，对现代德国的一个威胁。在伯恩哈德·库姆斯泰勒（Bernhard Kumsteller）的《变化和发展，以人民为基础的历史地图集》（1938）中，日耳曼人被视为文明的支撑，而犹太人则被描绘成一种挑战。

纳粹对犹太人在日耳曼价值观中起到的卓越文化作用，事实上，是对犹太人承担的所有角色和工作发动攻击。在捏造这样做

第一章 巴巴罗萨之前

的理由时，他们把犹太人的世界主义描述为民族主义的对立面。这样做据说就是在保卫日耳曼艺术、音乐等的真正价值。文化被纳粹占为己有而且按照纳粹的眼光进行分类。1937年和1938年对"堕落的"艺术和音乐进行了非常严苛的批评性展览。这些艺术尤其因为其中的犹太性质受到矫正。科学和艺术中都清除了明显的犹太影响，西方传统被说成内在地和必然地是反犹主义的。[①]

对种族的强调导致对种族意义上的"外人"的批评和真正的非人化，雅利安人和非雅利安人（"血统上的敌人"）被当作界限鲜明和相互敌对的类别来对待，事实上，是被当作超人和类人种族来对待。犹太人与现代性的联系也被视为一种挑战，尽管一些纳粹分子反过来又把犹太人视为对纳粹主义现代性的一种原始的牵制。这两种认识在一个思想上结合在一起，就是认为犹太人正在阻止日耳曼人成就他们与生俱来的潜能，阻止他们实现他们必然的天命和使命，而且犹太人还是故意这样做的。

在专心致志于建设一个雅利安民族的同时，纳粹分子贬低早先学习古典文化（即非日耳曼文化）的传统对德国历史的影响。而且，对"人民"的强调在颂扬和保护自我这个方面，对个人主义和自由进步这些观念提出了挑战，这些观念都是和当时受到诅咒的自由主义和个人主义联系在一起的。聚焦于雅利安人使得德国国内严重的地区、政治、宗教、社会、经济差异和分隔被刻意

[①] A.E.斯坦恩魏茨：《纳粹德国的艺术、意识形态和经济学：帝国音乐、剧院和可视艺术议事会》（查珀尔希尔，北卡罗莱纳州，1993）；D.B.丹尼斯：《非人性：纳粹对西方文化的阐释》（剑桥，2012）：84—105；M.哈斯：《被禁止的音乐：被纳粹禁止的犹太作曲家》（纽黑文，2014）。

地轻描淡写。这是对1871年德国建立第二帝国的那个过程的极度强调,这个第二帝国是用早前的身份认同和效忠包裹起来的。纳粹关于国力和种族意识的议事日程适应了同样的历史意识和历史联系。对明显的外部威胁的强调和在一个新整合起来的和自信的德国内部必要的去政治化的目标联系起来了。[①]这种去政治化实际上是一种极权主义的内驱力的产物。纳粹分子利用了俾斯麦的"文化斗争"[②],重新给它确定了方向。"文化斗争"是俾斯麦在1871年至1887年实行的一种反天主教的政策。

然而,在纳粹统治下,过去那些民族历史的主题也和一种非常不同的证明雅利安人的优越性,同时又把这种优越性视为理所当然的事物的决心结合起来。按照纳粹的地缘政治学观点,民族和种族的主题是相互啮合的。在一个已经确定了的过程中,历史被用来给长期存在的关于德国在东欧的历史角色和天命的神话提

[①] 去政治化指的是抹杀种族内部的阶级分化等政治问题,用种族联系来团结日耳曼人。——译者注

[②] 文化斗争,德语:Kulturkampf,指1871至1887年德意志帝国俾斯麦政府与天主教会及其代表中央党的斗争。1871年德意志帝国成立后,德国天主教会和南部、西南部小邦的反普鲁士势力,不满信奉新教的普鲁士在德意志帝国中的统治地位,要求享有更多权利。俾斯麦为巩固自己的权力,在普鲁士资产阶级—容克的支持下,决定将天主教会置于国家管理之下,颁布了一系列反教权主义的法律,其中:1871年的《布道规章》禁止教士利用讲坛发表政治观点;1872年的《学校监督法》和《耶稣会士法》使全部教会学校接受国家监督,并将耶稣会士赶出德国;1874年的《平民结婚法》规定全国一律采用世俗结婚仪式;1875年又宣布解散所有教团。在文化斗争的最高潮时期,普鲁士王国一半的天主教主教被关进监狱或驱逐;四分之一的天主教区没有神父;天主教修士和修女有一半离开了普鲁士;三分之一的修道院被关闭;1800名天主教教区神父被监禁或驱逐,数以千计帮助神父的人被监禁。俾斯麦的文化斗争没有提出教会同国家分离、学校同教会分离的问题。随着德国工人运动的发展,俾斯麦同天主教会妥协,至1887年帝国已废除和放宽大部分反天主教的立法,转而与天主教会共同镇压工人运动和社会主义运动。——译者注

第一章 巴巴罗萨之前

供力量。① 对纳粹分子来说,当前被定位为对过去的一种幻景的推进,这个幻景同时是国家的和种族的。这不是纳粹独有的理论,但是在纳粹的计划里有一种强烈的千禧信仰②的味道,在他们对这些计划的贯彻中还有一种极端主义。纳粹政策的一个中心内容,即切割犹太主义不仅事关控制当前和未来,而且事关通过消灭过去深深印刻在犹太教和《圣经》中的象征性的权威来建设一种种族主义的文明。犹太人被说成是世界历史的敌人和危险的操控者。③

短期来看,1939年欧洲的"二战"爆发之前,反对德国超过五十万犹太人(大约占总人口的0.75%)的宣传、立法和行动提供了各种机会来使德国社会朝着纳粹的目标变得更加极端化,同时也把社会的关注从希特勒发起的、野心勃勃的重整军备行动导致的经济压力上面转移开了。德国社会广泛存在着把犹太人和共产主义联系在一起,而且把其中的每一个都视为更大的威胁的倾向。希特勒把这两者联系起来的做法利用了这种倾向,然后又刺激了这个倾向,尽管总是有很多德国人拒绝纳粹的思想和政策。尤其是有人基于自己的政治立场反对纳粹,反对服从他们。许多基督徒也没有像其他基督徒那样服从纳粹。

多数的德国犹太人不是共产主义者。他们在政治上是自由主义的和左派的。他们视自己为爱国者,而且认为自己已经和德国社会同化了。就像在奥地利和匈牙利那样,许多犹太人都是"一

---

① V. G. 留勒夫希尔思:《关于东方的德国神话:1800年至今》(牛津,2009)。
② 相信人类未来会有一个幸福和平的千年盛世。——译者注
③ A. 康菲诺:《为什么纳粹要烧毁〈希伯来圣经〉? 纳粹德国、过去和大屠杀的代表》,《现代历史杂志》2012年第84期,376—399页。

战"的老兵。犹太人的组织努力说服纳粹政权相信他们的良好意图时就会强调犹太人的这种爱国主义。在德国犹太人当中,锡安主义运动(对以色列的兴趣和对以色列是犹太人的家园和国家这个思想的支持)① 很薄弱,而异族通婚很多:大约四分之一的男性犹太人和六分之一的女性犹太人是与异族通婚的,在某些城市,尤其是汉堡这个比率还要高。

然而纳粹的立法和权力运作把德国犹太人变成受迫害的民族和外来者,而且速度比犹太领导人预想得要快得多。但是,许多人都设想纳粹的政权不会持久。短命政权是前魏玛共和国政府必然的模式。人们最初没有普遍意识到纳粹反犹主义的程度和目标,而且人们也没有预料到大多数基督教人口对纳粹的服从和对纳粹暴行的漠不关心。因为他们的服从和对暴行漠不关心,以及纳粹对犹太人的放逐和隔离,只有很少的人站出来保卫德国的公民文化,所以公民文化崩溃了。延续了魏玛共和国时期由纳粹暴徒进行的令人震惊的暴力行为,从希特勒的统治一开始就存在数不清的针对犹太人个体的身体攻击。这表明纳粹政权即使在和平的年代里也具有非常暴力的性质。试图使用法律体系惩罚这些行为的努力失败了。

当(日耳曼人)"民族共同体"建立起来的时候,民族歧视和民族排斥的过程本质上是凭借立法和行政行为进行的,例如1933 年的《恢复专业行政服务法》(*Law for the Restoration of the Professional Civil Service*)。而且这个过程还是依靠体制上的和公

---

① Zionism,锡安主义,即犹太复国主义。——译者注

第一章　巴巴罗萨之前

众的接受进行的，如果不是热情欢迎的话。1933 年，犹太人从许多职业生活中被驱逐出去了，中小学和大学里的犹太学生数量受到限制，犹太人被禁止拥有土地或者做记者。这种做法在其他地方也可以看到。在罗马尼亚，1938 年有了相似的立法。在罗马尼亚化的努力中，使用立法推进排除罗马尼亚犹太人的行动使犹太人被剥夺了基本公民权，被从公共部门里驱逐了出去。那一年，在匈牙利，犹太人也被驱逐出某些职业领域。

　　立法行动的步伐在德国是有所变化的。1934 年或者 1936 年柏林奥运会前的几年里只有不多的歧视性立法。这个时期纳粹分子特别关注他们的国际声誉。这种情况却实实在在地鼓励了心怀不满的激进纳粹分子施加压力，要求更多的反犹主义举措。在集中营里监禁的数量也有明显的变化，不过，在那个当口，这种变化主要不是因为犹太人的因素。但是，为了确保种族"净化"这个希姆莱的关键主题，政策对犹太人充满仇恨的猛烈排挤和这些政策对犹太人的应用都是明白无误的。在立法中，1935 年 9 月 15 日的《纽伦堡法》特别重要。① 它规定祖父母和外祖父母中至少有三个犹太人，或者其中有两名犹太人，而且他们都是犹太教

---

① 《纽伦堡法》（Nuremberg Laws），纳粹时期最著名的反犹主义法律之一。1935 年 9 月在纳粹党纽伦堡党代会上提出。《纽伦堡法》包括《日耳曼血统和荣誉保护法》和《第三帝国公民权法》。前者规定禁止犹太人和日耳曼人之间的婚姻和婚外性行为，禁止犹太家庭雇用 45 岁以下的日耳曼女性；后者规定只有拥有日耳曼血统的人才有资格得到帝国公民权，其余人被归为国家臣民，没有公民权。另外，一项补充法令规定了犹太人的法律定义。拥有超过二分之一犹太血统的人都被规定为犹太人，不得享有公民权；拥有三名或以上犹太人祖父母的人被规定为犹太人，不得享有公民权。为了避免国际舆论的批评，按照《纽伦堡法》进行的种族迫害从 1936 年夏季奥运会以后才开始大规模进行。——译者注

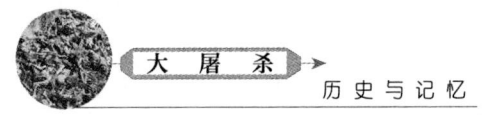

徒，那么这个人就是法律上的犹太人。法案禁止犹太人和非犹太人通婚，与犹太人通婚的非犹太人的公民权受到限制。这被犹太人看成需要移居国外的明确的信号。同样在1935年，犹太人被禁止服兵役。伴随着1938—1939年的一大批反犹主义立法，立法歧视的过程在继续着。这些法律中包括1938年12月的一项法令，强迫犹太人居住在专门指定的犹太人房屋里。1939年5月的一项法令允许废止与犹太人的租赁合同。这种法律面前的不平等是对待犹太人的方式的一个决定性特征。剥夺犹太人的退休津贴鼓励了他们移民国外。慈善业被重新安排，由犹太人提供资金的慈善基金被置于雅利安人的控制之下（这些慈善事业很多实际上也满足着基督徒的需要），犹太人被排除在慈善业的资助之外。这是对公共领域的一个关键性的侵蚀，也是对一种新的、把犹太人打上与众不同的标记的歧视的制度化。在城市里这个举措的意义尤其显著。在那里，慈善事业有助于巩固公民文化和表现公民文化。

而且，伴随着残酷的谋财害命行为，一个警察国家的潜能越来越聚焦到德国犹太人身上了。政治警察制度和政治警察这种实践从19世纪晚期开始，作为对政治不稳定性和社会动荡的关注的一种反应发展了起来。在20世纪，存在着对公众意见和公共信息进行控制的倾向。在极权政体，尤其是像纳粹德国那样专注于推动变革而不是仅仅满足于维持独裁主义控制的政权那里，这种倾向最为显著。纳粹政权把民粹主义的支持聚焦起来，用一种恶魔学说的方式给它提供力量以达成自己的目的。这种恶魔学说用充满敌意的信息和建立在冷酷无情的挑选基础上的千禧年说来

第一章 巴巴罗萨之前

给压迫提供动力。① 这就需要给个体分类,确定蓄意的牺牲品。确实,纳粹的种族主义政策部分是依靠 IBM 公司发展出来的分类、登记、订购、筛选和检索的机械技术才得以实施的。② 1939 年,人口统计上对犹太性的定义从宗教性质转向种族标准。

最初,作为对所谓的犹太问题的反应,在德国有很大的压力要求让德国的许多地方摆脱犹太人。这就要求把犹太人从德国的很多地方,特别是乡下的小城镇赶出去。这些地方特别倾向于成为德国最支持纳粹的一部分地区。③ 犹太人迁往大的城镇或者移民出国了。尽管 1939 年"二战"爆发以后,德国政府不再允许服役年龄的男性犹太人移民国外,但是直到 1941 年 10 月还允许其他犹太人移居国外。作为一种实现种族纯洁性和为非犹太德国人创造机会的手段,纳粹政府鼓励犹太人移民。这是一种迈向"最终解决"途中的"解决"方法。战前对德国犹太人的歧视和残忍导致一些犹太人自杀了,许多人逃走了,从而使驱逐的政策产生了效果。同时作为对所谓"犹太人问题"的解决办法,党卫军的

---

① A. 弗斯路易斯:《新的宗教审判:捕猎异端和现代极权主义的知识源头》(牛津,2006)。
② E. 布莱克:《IBM 和大屠杀:纳粹德国和美国最强大公司的联盟》(伦敦,2002);M. 吕布克和 S. 米尔顿:《确定受害者:对纳粹德国人口普查、列表技术和迫害的概述》,《电子和电气工程师学会计算史年鉴》,16,3(1994 年):25—39。
③ J. 欧娄夫林、M. 弗林特和 M. 辛:《德国魏玛共和国的地区和环境:从地理角度看纳粹党 1930 年的得票率》,《地理学》1995 年第 49 期。

帝国保安服务部^①到1938年产生了强迫移民的概念^②，但是试图移民的犹太人在离开德国时有许多障碍，尤其是官僚主义的障碍。这些障碍限制了这种解决办法的贯彻执行。

不过，到1938年，超过一半的德国犹太人移民出国了。最后，大约60%的人移民了。很多人幸运地到了新世界，其中102200人到了美国，63500人去了阿根廷，或者那些纳粹计划占领，但是后来在"二战"中没有被德国蹂躏的目的地——52000人到了英国，33400人到了巴勒斯坦。巴勒斯坦当时是一块英国统治的领土。此外，26000名德国犹太人去了南非，8600人去了澳大利亚，从而减轻了犹太人定居在欧洲的负担。不幸的是，其他人不得不到后来被德国蹂躏的地方去避难了，特别是30000人（包括安妮·弗兰克^③）去了荷兰，30000人在法国，还有25000人在波兰。这使希特勒让所有犹太人离开欧洲的希望几乎没能实现。

---

① SD，德语全称为"Sicherheitsdienst des Reichsführers-SS"，意为党卫军全国领袖保安服务部。这是最早建立的纳粹党和党卫军的情报机构，被认为是盖世太保的姐妹机构。1933年至1939年帝国保安服务部是一个相对独立的党卫军机构，此后被转到帝国总安全办公室（德语：Reichssicherheitshauptamt；缩写RSHA）领导下。这个机构的首任领导人是莱茵哈德·海德里希（Reinhard Heydrich）。海德里希曾经想要将每一个第三帝国治下的个人都"置于持续的监控中"。帝国保安服务部战后和盖世太保、帝国总安全办公室一起被纽伦堡国际法庭宣布为犯罪机构，海德里希的继任人恩斯特·卡尔滕布伦纳（Ernst Kaltenbrunner）也被法庭判处绞刑。——译者注

② S. 弗里德伦德：《纳粹德国和犹太人：迫害的岁月1933—1939》（伦敦，1997）；彼得·凯内兹：《大屠杀的到来：从反犹主义到种族灭绝》（2013）。

③ 安妮·弗兰克（Anne Frank, 1929—1944），著名的《安妮日记》的作者。安妮的家庭是世俗犹太人，不遵从犹太教的习俗。1933年他们在希特勒夺取德国政权以后前往荷兰，1941年他们失去德国公民权，成了无国籍人。1942年7月他们全家躲进安妮父亲工作场所一个书柜后面被封闭的房间，1944年10月或11月被盖世太保捕获。安妮一家只有他的父亲奥托（Otto）幸存下来。——译者注

第一章 巴巴罗萨之前

移民国外的机会是受限制的：决定移民的比率和目的地的重要因素是移民过程的开销和找到工作以及住所的可能性（这种可能性部分来自现存的联系，尤其是家庭联系）。在许多国家，对移民入境都是有限制的——这些限制反映了世界经济萧条的严重程度和它导致的高失业率。在世界经济处于严重衰退的时候允许移民入境是非常困难的。潜在的移民目的地国家广泛存在仇外情绪。作为这种情绪普遍和明显的，而且经常是充满恶意的一个表现，反犹主义在限制德国向外移民的过程中也发生了作用。

在一些国家，对难民数量的关注导致加强了对移民的限制，例如在英国和美国。这个问题在这两个国家战后的研讨中都被极度忽略了。犹太难民在他们可以逃往的国家面临困难的处境，例如在法国和波兰。在法国，1933年和1938年都有很大的反对移民的内部推动力。美国的反犹主义是普遍存在的，在美国国务院里也有反映。从1930年开始，国务院对美国的驻外领事有一个长期的指示，就是不要给那些"可能要靠政府救济生活"的人发放签证。这样的人需要财政支持，而且德国政府对犹太人实行的没收政策使这类人的数量增长了。美国国务院向它的驻外领事施加压力，要在发放签证时谨慎行事。忽视这个指令的人会在职业生涯中面临压力。[①] 当时美国著名的反犹人士包括1938年至1940年的美国驻英国大使约瑟夫·肯尼迪。[②] 他是一位野心勃勃的政治

---

① B. 楚克尔：《搜寻难民：纳粹德国的犹太人和美国领事们，1933—1941》（伦敦，2001）。

② 约瑟夫·肯尼迪（Joseph Kennedy），美国政治家、商人。富兰克林·D. 罗斯福总统任命的美国证券交易委员会首任主席。后来的总统约翰·F. 肯尼迪、美国总检察长和参议员罗伯特·F. 肯尼迪和资深参议员爱德华·M. 肯尼迪三兄弟的父亲。——译者注

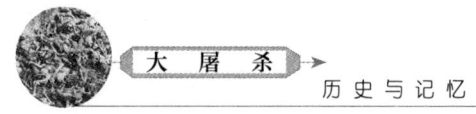

家，想要在 1940 年的总统大选中竞逐民主党总统候选人。同时，所有想要移民的人，无论他们的宗教信仰是什么，都发现在大萧条时期移民美国、加拿大和其他国家非常困难。

一定程度上因为外国的限制，在德国的犹太人担心能否在异国他乡成功地重新开始生活。这种担忧加剧了他们不愿意抛弃在德国拥有的财产的念头。德国政府不允许犹太人随身携带货币或者其他财产。更加常见的是，在年轻的犹太人中间移民比率更高，相反，在年老的犹太人中间，特别是在那些希望坚持到这场危机的尽头，相信纳粹分子会改变政策或者被取代的人，或者那些对在外国重新开始的信心更低的人中间，移民的比率则更低。在纳粹政权最初的那些年，因为纳粹在各种问题上表面上实现了某种稳定，有一些犹太人又从国外移民回了德国。许多犹太人，尤其是老兵们，还保留着对德国的爱国主义，而且这种爱国主义常常是强烈的。

犹太人的移民给德国政府和平民提供了夺取财产或者用很低的价格获得财产的机会。在更大的程度上，纳粹政权称之为雅利安化和去犹太化的政策，通过歧视政策（在税收和其他很多地方）和驱逐政策赶走了犹太企业家。有一种改造整个市场的企图。这个政策给贪婪和嫉妒提供了许多机会，更具体地说，给银行和像弗里德里希·弗里克这样的工业家提供了很多机会。① 这个

---

① 弗里德里希·弗里克（Friedrich Flick，1883—1972），德国著名企业家。"二战"结束后，他和他的弗里克公司的 5 名高管因为使用奴工和掠夺罪在纽伦堡法庭受到审判。弗里克被判定犯有反犹战争罪，处 7 年有期徒刑。他出狱后很快重整旗鼓，到 50 年代已经成为西德最富有的人之一，获得了无数荣誉。去世时，他的集团有 330 家公司和约 30 万名雇员。——译者注

第一章 巴巴罗萨之前

政策也给许多普通的小生意人提供了很多机会。他们通过国家获取了空出来的遍及全国的犹太人的不动产。他们当中有的人是机会主义者，有的人是反犹主义者，许多人则同时是这两种人。[①]有人向当局告发犹太人以便分配到他们拥有或者占有的房产，在这些人中间就可以看到这两种动机的结合。[②]作为雅利安化的一个方面，新的经济和财政行动被有利可图地确立起来：例如，银行收购中的中介活动，还有他们在经管犹太人的银行账户中的角色。[③]这些账户因为政府的命令被冻结了。为了政府允许的目的，比如移民出国动用这些账户时，银行要收取高额的手续费。（对犹太人的剥夺）远不止是政府政策产生的结果，许多商业家都因为剥夺犹太人的步子太慢而感到沮丧。相似的过程在德国的仆从国里也可以看到。在罗马尼亚，国家银行经管着没收犹太人财产事务的经济方面的事务，而国家银行是传统的经济和财政机构中的关键要素。

反犹主义的立法和犹太人移民出国很大程度上也让那些从种族歧视中获利的人的财富池大大地扩张了，因为对犹太人的歧视拓展了工作岗位。例如，纳粹一直关注着犹太人，把他们当作"内部的敌人"，而且是非常强有力的敌人。作为对这种关注的一

---

① P. 海耶斯：《大企业和德国的'雅利安化'，1933—1939》，《反犹主义研究年鉴》1994年第31期，254—281页；L. M. 斯多尔包莫：《大企业和对犹太人的迫害，战前的弗里克公司和对犹太人财产的'雅利安化'》，《大屠杀和种族灭绝研究》1999年第13期，1—27页。

② J. 康奈利：《民族共同体的用途：写给纳粹党地区领导人艾森纳赫的信，1939—1940》，《现代历史杂志》1996年第68期，926页。

③ H. 詹姆斯：《德意志银行和纳粹针对犹太人的经济战争：没收犹太人拥有的产业》（剑桥，2001）。

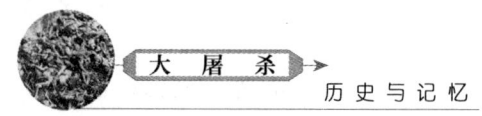

种证明,纳粹分子痴迷于一个想法,觉得教育给犹太人提供了用自由主义思想污染年轻人的机会。因此,犹太人被从高等教育机构清除出去了,从而给许多聚集在纳粹主义旗下的二流"知识分子"提供了机会。这又鼓励了他们推销他们的观点,并把他们的观点当作标准。

在这个阶段,针对犹太人的政策还不是大规模谋杀,但是即使不能称之为残忍,政府和它的支持者的麻木不仁也已经相当明显了。暴力行为也指向个体的犹太人。1938年3月12日,德国兼并奥地利的事件涉及许多在维也纳针对犹太人和他们的财产的暴力行为,而且还鼓励了在德国的更多针对犹太人的暴力。特别是戈培尔鼓动的对仍然留在柏林的犹太人的暴力行为,而柏林有当时德国最大的犹太人社区。谋财害命的行为变得标准化,而且越来越有组织了。这种行为最显著地表现在"水晶之夜"——"碎玻璃之夜"——这是1938年11月9日至10日在德国发生的大屠杀。这场屠杀是在希特勒的命令下发生的。这场屠杀一定程度上利用了德国吞并奥地利以后在奥地利发生的反犹主义迫害,它反过来又被用来减少对新的暴力行为的阻碍,而且把参与者和旁观者拉进一张共谋的网络。这个过程以前有过,例如在柏林。在"水晶之夜",全德国境内的犹太会堂和犹太工商业、犹太人的家都被攻击、摧毁和损坏,没有警察对此进行干预。这是一个深思熟虑的行动,不仅是为恐吓犹太人,从而加速他们移民出国的速度,而且也是为了摧毁他们在社区里的存在,从而废除他们在德国的身份。大约1000个犹太会堂被摧毁,还有多达7500家工商企业被攻击。损失和人员伤亡的数据都不清楚。有相当大规模的

第一章 巴巴罗萨之前

洗劫,还有许多蓄意的破坏财产的行为。洗劫就是抢夺商品和勒索金钱。此外,德国犹太人还被"罚款"10亿德国马克。① 个人的暴力行为、偷窃、腐败和国家的暴力、偷窃、腐败结合在一起。保险公司试图缩小自己的赔付责任。

用摧毁犹太会堂的方式攻击犹太社区是通向大屠杀的重要先导,因为它公开试图破坏犹太人的凝聚力,并且邀请非犹太人口参加反犹主义的暴力活动。它还试图摧毁犹太社会的存在,这种存在与德国社会不同,同时又有形地整合进德国社会的核心部位。这种行为1938年6月发生过。当时纳粹在上巴伐利亚的领导人阿道夫·瓦格纳(Adolf Wagner)命令摧毁了慕尼黑最主要的犹太会堂(对希特勒来说这是个"眼中钉")。这个犹太会堂在赫尔佐格-马克斯大街(Herzog-Max-Strasse),紧邻慕尼黑老城最主要的广场玛丽恩广场(Marien platz)。这是瓦格纳想要彻底摧毁的最主要的一个建筑;他想代之以一个停车场。德国犹太文化和活动的其他中心也被摧毁了,例如德累斯顿的大犹太会堂。这是一个有组织的过程。和犹太会堂一起被摧毁的还有神圣的"摩西五经"②的卷轴和其他物品,包括犹太男子晨祷时披的披巾。这些暴力行为既是残忍的也是象征性的,既是羞辱性的也

---

① A. 诺尔岑:《纳粹党和它针对犹太人的暴力,1933—1939》,《以色列犹太人大屠杀纪念馆研究》2003年第31期,245—285页;U. 格哈特和T. 卡尔劳夫编:《碎玻璃之夜:目击者对"水晶之夜"的描述》(剑桥,2012)。
② "摩西五经"(Torah),希伯来语词汇,译者未见中文正式译法。意思是"指令""教训",指《圣经·旧约》之首五卷《创世记》《出埃及记》《利未记》《民数记》和《申命记》,姑且译为"摩西五经"。——译者注

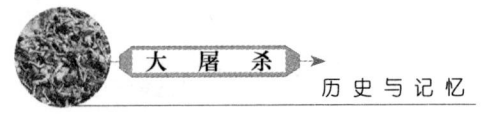

是彻底的。①

"水晶之夜"里可能有好几百人被杀害。那之后，集中营里的犹太人数目迅速增加了大约 3 万人。集中营里杀害犹太人的行为也迅速增加了。"水晶之夜"以前只有不到 100 人在集中营里被谋杀，而在之后的 6 个月里可能有 1000 人被杀害。而且，"水晶之夜"以后，针对犹太人的经济措施升级了，特别是 1938 年 12 月，德国政府开始没收犹太人的工商企业。犹太人拥有的工商企业的数目迅速下降。鼓励移民的措施也在推进，但是希特勒在这个阶段拒绝了莱茵哈德·海德里希让犹太人穿有犹太人标志服装的想法，他也拒绝了戈培尔关于建立格都（犹太人居住区）的建议。直到 1941 年 9 月 1 日，一项法令才要求德国犹太人穿上有黄色星星的衣服。

集中营是讨论大屠杀时的中心问题，但是当集中营在 1933 年 1 月希特勒夺取权力以后建立起来时，主要被用作监禁那些纳粹希望监禁起来的人的拘留中心，而不是针对犹太人的一场战争的中心地点，更不要提种族灭绝了。集中营的"保护性拘留"意味着不经审判的拘留。最初这种拘留主要是聚焦在那些纳粹分子的政治对手的身上。到 1935 年夏天，1933 年 3 月开设在慕尼黑附近的那个最著名的达豪（Dachau）集中营里只有 3500 名囚犯。但是，集中营制度从 1935 年开始膨胀起来，特别是为了利用被拘留的数量更大的强制劳动力。这些人是纳粹政权真正的或者明显的敌人。主要的集中营包括 1936 年建立的萨克森豪

---

① A. 康菲诺：《一个没有犹太人的世界：纳粹从迫害到种族灭绝中的幻想》（纽黑文，2014）。

第一章 巴巴罗萨之前

森集中营（Sachsenhausen），1937年建立的布痕瓦尔德集中营（Buchenwald），1938年（德国吞并奥地利以后）在奥地利建立的毛特豪森集中营（Mauthausen）。集中营的发展将会给"最终解决"的制度性起源提供一个重要的因素。①

奥地利1938年3月被德国占领以后随从了强迫犹太人移民的政策。德奥合并以后，德国的反犹主义立法被相当成功地用在奥地利。不管怎样，奥地利也是一个具有强烈反犹主义倾向的地区。在党卫军的帝国保安服务部负责军官阿道夫·艾希曼②冷酷无情的压力下，16万奥地利犹太人中超过10万人在1938至1939年间移民出国了，反过来，这个成功又成了德国境内迫使犹太人移民政策的一个榜样。奥地利犹太人主要移民英国、美国和巴勒斯坦。1938年12月，赫尔曼·戈林宣布希特勒决定要加紧推进强制移民政策。

但是，阿拉伯人在巴勒斯坦给英国人造成的压力限制了向巴勒斯坦移民。巴勒斯坦在"一战"以后是国际联盟委托英国管理的委任统治地。阿拉伯人在那里暴力反抗英国的政策和控制，1929年发动了西墙暴动，1936年至1939年发动了规模更大的阿

---

① N. 瓦赫斯曼：《KL：纳粹集中营的历史》（伦敦，2015）。
* KL是德语"集中营"（Konzentrationslager）的缩写。
② 阿道夫·艾希曼（Adolf Eichmann，1906—1962），党卫军大队长，大屠杀的主要组织者。1960年被以色列情报机构摩萨德在阿根廷抓捕，在以色列被控以战争罪和反人类罪。他在审判中没有否认大屠杀的真实性和自己在其中的组织作用，但是声称自己只是在一个极权体制下服从命令而已。1962年他被判处绞刑。——译者注

拉伯起义。犹太人事务局①积极地赞助犹太人向巴勒斯坦移民，而且，这种移民也确实得到希望犹太人离开欧洲的纳粹政权的批准。英国关注着中东其他地方的阿拉伯人的看法，特别是因为英国在埃及和伊拉克的地位都是脆弱的。白厅还关注着沙特阿拉伯和外约旦地区阿拉伯人的怨愤。在巴勒斯坦部署大量兵力控制阿拉伯起义和英国总的军事需要是不相称的。1939年5月英国提出的关于巴勒斯坦地区未来的白皮书反映了英国当局对巴勒斯坦地区阿拉伯人的立场和外部阿拉伯人对巴勒斯坦问题的立场的担忧。结果，在巴勒斯坦建立一个犹太人国家的想法被搁置了，向巴勒斯坦的移民也受到限制。阿拉伯起义使许多阿拉伯领导人转向支持德国的政策。②

但是，强迫犹太人移民仍然是德国当局推动的一个政策。从被占领地区驱逐犹太人是为波西米亚和摩拉维亚（现代的捷克斯洛伐克）设想好的政策，这两个地方在1939年3月15日被德国占领了。7月份艾希曼被派到布拉格，通过犹太人移民中央办公室从事鼓励犹太人移民的工作，就像1938年他在维也纳做的那样。用"鼓励"来描述这项工作对犹太人的骚扰是误导性的，在这项工作中常常可以看到实实在在的强迫移民和没收财产。

---

① 犹太人事务局（Jewish Agency），建立于1908年，是全世界最大的犹太人非营利组织。它的宗旨是"激励全世界的犹太人和他们的人民、传统、土地联系起来，使犹太人能够建设一个繁荣的犹太人的未来和一个强大的以色列"。犹太人事务局在两次大战间帮助犹太人移民巴勒斯坦的事业上发挥了巨大的作用，在以色列建国的过程中居功至伟。——译者注

② B. 鲁宾和W. G. 西瓦尼茨：《纳粹党人、伊斯兰主义者和现代中东的形成》，（纽黑文，2014）。

第一章　巴巴罗萨之前

入侵波兰

希特勒渴望冲突，而且像 1938 年 9 月 29 日就捷克斯洛伐克的命运达成的慕尼黑协定一样，他下定决心不让冲突阻挡自己的步伐。反过来，波兰人也下定决心不会对德国的压力做出退让。1939 年 9 月 1 日德国对波兰的入侵使英国和法国两天后对德国宣战。波兰有大约 330 万犹太人，人口中犹太人的比例比德国要高。就像对德国、奥地利、波西米亚和摩拉维亚的犹太人那样，德国征服者希望犹太人从波兰移民出去。但是，对波兰犹太人和 1939 年以后德国征服的其他地方的绝大多数犹太人来说，这个政策都是不现实的。

德国的犹太人政策这时还不是种族灭绝性的，而是蓄意谋杀性的。这种目的在 1939 年已经相当明显了。9 月份迅速蹂躏了波兰以后，德国人和苏联人（他们合作征服了波兰。苏联军队从 9 月 17 日开始攻入波兰的东半部分）立刻杀死波兰的领导人和知识阶层，以推进他们创造一个驯服的斯拉夫人群的目的。此外，好几千犹太人在德国攻占波兰期间，或者占领之后很快被屠杀了，其中一些人在犹太会堂里被活活烧死。

对暴行的抑制在不断销蚀，把屠杀作为一种政策手段，并以此作为一种更宽广的政策选项则受到鼓励。在这个过程中，1939 年在波兰进行的屠杀是一个关键情节。9 月 8 日，安全警察、党卫军帝国保安服务部和 9 月刚刚建立的帝国安全总办公室（Reich Security Main Office）现在的头子、党卫军总队长海德里希提到波兰时说："我们不想打扰那个小民族。但是贵族、神

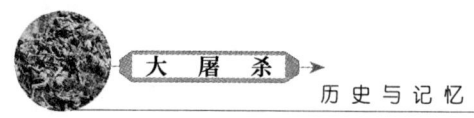

父和犹太人必须被铲除。"在波兰进行的屠杀表明，种族灭绝性质的目的和行动从"二战"和德国占领政策一开始就是明显的。许多军官愿意或者热情地支持对犹太人的屠杀。① 坦能堡行动②在某种程度上就是一个对实施种族灭绝行动在人力资源和所需时间问题上的可行性实验。坦能堡的地理边界为了一个特别的目的被清楚地划定，但是这种划定有更广的适应性。坦能堡行动的命名是有目的的，这个名字是为了报复1410年波兰人击败条顿骑士团的事件，同时也是为了提醒1914年德国对俄国的一次重要的

---

① J. 斯坦伯格：《反思第三帝国：德国在苏联被占领领土上的民政管理，1941—1944》，《英国历史评论》，1995年第110期632页；J. 马特乌斯、J. 伯勒尔和K. M. 马尔曼：《战争、和谈和大规模屠杀，1939：党卫军特别行动队在波兰》（兰汉姆，马里兰州，2014）。

② 坦能堡行动（Operation Tannenberg）是纳粹德国在"二战"初期针对波兰公民实行的一次种族灭绝行动的代号。这个行动是纳粹德国对中欧和东欧进行殖民的《东方总计划》（*Generalplan Ost*）的一个组成部分。坦能堡行动计划1939年5月就制定好了。在1939年9月进攻波兰之前的两年里，盖世太保已经制定了用于这个计划的波兰精英名单，名单上的人数超过61000人，都要被监禁或者枪毙。他们是波兰的社会活动家、知识分子、学者、演员、前官员等。当时居住在波兰的日耳曼少数民族的成员协助制定了这个名单。据估计有近20000名在波兰生活的德国人属于各种德国组织，这些组织参与了在波兰进行的颠覆活动。按照希特勒的命令，在帝国总安全办公室里建立了名为坦能堡的一个特别单位，由它指挥由盖世太保、帝国保安服务部等机构的军官组成的特别行动队进行屠杀。1939年8月，行动的第一个阶段里，波兰少数民族在德国活动的组织的2000名社会活动家被逮捕和杀害了。从1939年9月1日入侵波兰开始，行动进入第二阶段，持续到当年11月。在纳粹国防军的帮助下，特别行动队在760次大规模屠杀中杀死至少20000人。波兰德国侨民组织的自卫团参与了很多屠杀行动。第六特别行动队还在多处医院杀死数以千计的病人。坦能堡行动一直持续到1940年1月。1939年底以前，在波美拉尼亚一个地方，就有36000至42000名包括儿童在内的波兰人被杀害。坦能堡行动比苏联在卡廷森林事件中杀死的波兰人要多，但是远不如卡廷森林事件那样为人所知。——译者注

第一章　巴巴罗萨之前

胜利。① 把 1941 年入侵苏联的计划以中世纪一位勇武的德国皇帝的名字命名为巴巴罗萨计划也是有重要意义的。

征服波兰以后杀戮仍在持续。事实上，1939 年 11 月 11 日，犹太人在奥斯特鲁-马佐维卡② 遭到屠杀。这是战争期间第一次彻底摧毁一个犹太社区并进行大屠杀的事件，它也是一个引人注目的例证，揭示了今后更大规模杀戮的模式。③

在苏联方面也有类似的事例。尽管屠杀不是专门指向犹太人的，但是好几千犹太人被杀害了。1939 年至 1940 年，117 万人从苏联占领的波兰东部被驱逐到苏联的劳动营里。1940 年，又有 12.7 万人从当年苏联占领的波罗的海国家——爱沙尼亚、拉脱维亚和立陶宛被驱逐到劳动营。很多没有被驱逐的人被杀害了。

纳粹分子很高兴看到波兰犹太人在他们占领那个国家的时候逃走流亡，但是，波兰被占领以后，纳粹的政策从 1939 年 9 月

---

① 坦能堡（Tannenberg）是今天波兰瓦尔米亚-马祖里省（Warmian-Masurian）的一个地方。条顿骑士团是 12 世纪末在巴勒斯坦成立的耶路撒冷圣母玛利亚的日耳曼兄弟骑士团（The Order of Brothers of the German House of Saint Mary in Jerusalem），与中世纪德国的历史联系紧密。1410 年，向东欧扩张的条顿骑士团与波兰和立陶宛联军在坦能堡发生了中世纪欧洲最大规模的战役之一。条顿骑士团战败，大量领导人被杀，标志着东欧政治力量平衡的转变和波兰立陶宛的崛起。这场战役也称为第一次坦能堡战役，至今仍是波兰、白俄罗斯和立陶宛国家历史中最重要的胜利。1914 年 8 月底，德军和俄国军队在坦能堡附近发生了一次大战，被称为第二次坦能堡战役。俄军第二军被彻底击败，总司令亚历山大·萨姆索诺夫自杀。战役为德国元帅兴登堡赢得了巨大声誉。——译者注

② 奥斯特鲁-马佐维卡（Ostrów Mazowiecka），今波兰东部的一个小城。1939 年 11 月 11 日，德军借口当地民众首先向德军开枪，在这里屠杀了 500 至 800 名犹太人。——译者注

③ R. 贝塞尔：《第二次世界大战中的死亡和幸存》，见 M. 盖耶和 A. 图兹编：《剑桥第二次世界大战史：第三卷，总体战》（剑桥，2015）：259—260。

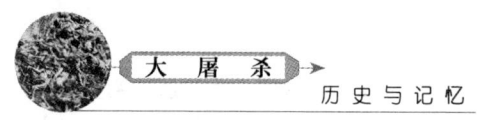

开始就转而要求对波兰犹太人进行全面转移。这是欧洲迄今最大规模的对平民的转移行动之一。犹太人要从1938年到1939年被德国吞并的地区——奥地利、捷克斯洛伐克和波兰西部——转移到波兰总督府①所辖地区，也就是波兰中部被德国占领但是没有被吞并的地区和波兰东部边境地区的犹太人保留地。

在波兰总督府辖区，犹太人要被送到城市里的格都（犹太居住区）里居住，受到管制。这种中世纪的种族歧视和种族排斥的做法，19世纪就结束了：布拉格的格都1852年被废除，罗马的格都是1870年废除的。1939年10月在彼得库夫②建立了第一个新格都。在其他城市，罗兹（Lódź）的格都是1940年4月建立的，华沙是同年11月建立的。华沙的格都安置了这个城市当时三分之一的人口，即38万人，占整个波兰总督府辖区人口的2%强。把犹太人放逐到这些狭小、拥挤的格都去还需要从同一个城市的其他地区转移大量的犹太人（包括已经皈依基督教的犹太人）。尽管使用犹太人的长老理事会来进行内部管理和担任犹太人与德国当局的中间人减轻了一些压力，但是这种转移仍然是德国行政当局非常沉重的负担。从1939年12月1日开始，波兰犹太人也必须戴上有大卫星的臂章，以便从人群中区分出来。

格都里的居民面临非常严酷的生活条件，特别是有限的食

---

① 总督府，德语：Generalgouvernement；英语：General Government。是德国和苏联占领波兰以后，德国在没有被德国和苏联合并的波兰中部领土上建立的一个独立的民政机构。这个机构完全由纳粹德国操控，不与波兰人分享权力，不是一个傀儡政权。——译者注

② 彼得库夫（Piotrków），波兰中南部的一个城市。——译者注

第一章 巴巴罗萨之前

物、糟糕的卫生状况和在残酷环境下的强迫劳动,而且情况还在继续恶化。这些困苦还伴随着恶毒、随意的暴力行为。[①] 所有 12 至 60 岁的犹太男性都有义务参加强迫劳动,而且 1939 年 11 月开始强制劳动营建立起来。试图从 300 个格都或者 437 个劳动营逃跑,或者试图穿越边界逃往苏联占领的波兰领土的人,被德国人抓住就被杀掉了。其他人则在格都和劳动营里饱受折磨。此外,一些德国犹太人被驱逐到波兰的格都里。这些格都和劳动营,就像后来的集中营一样被证明是流行病导致的高死亡率的温室。这些流行病里最突出的是斑疹伤寒,因为居民面临严重的营养不良、过度拥挤、完全不足的供暖、严重的水供应短缺和卫生问题,而且还缺少药品供给。

这样的生活条件又肯定了德国领导人的反犹主义偏见。据称负责监督占领地区"公共健康"问题的德国医生把犹太人看作疾病的自然携带者,他们的态度和行为反映出这个职业领域受到纳粹多么深的渗透,而且在很大程度上,他们还热切地盼望纳粹的这种渗透。受到严酷对待的犹太人变得穷困潦倒。他们的困苦处境又被用来证明对他们的虐待是正当的。

在某些方面,这些是通往"最终解决"计划中更加深思熟虑的屠杀道路上大约半程的一个阶段。极度的饥饿肯定在不断实现着这个目的(最终解决),尽管在格都的管理者层面上,多数负责的德国人试图给犹太人提供充足的食物,主要是为了保证格都

[①] M. 福尔布鲁克:《靠近奥斯维辛的一个小城:普通的纳粹分子和大屠杀》(牛津,2012)。

里的人口都能工作。① 这种情况在集中营里也能看到。这是一个重要的和启发性的例子，说明德国的政策常常有相互对立的倾向。到 1941 年 6 月，在华沙格都，每月有 2000 名犹太人死于饥饿（在罗兹是 800 人）。到了 8 月，华沙每月的死亡人数是 5500 人。实际上，在整个大屠杀期间，很大数量的犹太人死于饥饿或者疾病，而这是很容易遏止，或者很容易治疗的。格都里的生活是一种慢性死亡，同时又提供了大量的强制劳动力，这在德国战时经济里是一个关键性的和影响不断发展的因素。因此，罗兹的格都得以专门为德国军队制作军服（1941 年 6 月，希姆莱访问了那里的军服制造厂）和其他的军需品。② 在劳动营里，也有大量的人死去。希姆莱不仅是党卫军的首领，而且从 1939 年 10 月开始，他也是强化日耳曼民族性的帝国委员会委员（Reich Commissar for the Strengthening of German Nationality）。

格都最初只是被作为通向清除犹太人道路上的一个阶段，实际上，这是一个准备的阶段。1939 年 9 月，德国人从占领的波兰地区驱逐数以千计的犹太人到苏联占领区。希姆莱在这个阶段反对大规模屠杀犹太人。这个阶段，更强调的是在波兰东部边境地区建立犹太人保留地，这是希特勒从 9 月底开始鼓吹的一项政策。于是波兰土地上的新的苏德边界在 1939 年 9 月 28 日进行了修正。10 月 6 日，希特勒告诉帝国议会，欧洲的新秩序包括重新安置各个民族和给犹太人问题制订规则。这给艾希曼提供了机

---

① 克里斯托弗·勃朗宁：《纳粹在波兰的格都化政策，1939—41》，《中欧历史》1986 年第 19 期，365 页。

② 关于格都里的生活，见 M. M. 舒特尼克编：《被发掘的记忆——亨里克·罗丝拥有的罗兹格都照片》（纽黑文，2015）。

第一章 巴巴罗萨之前

会,来实现他把犹太人驱逐到波兰东部边境地区的计划。他这时仍然是指挥犹太人移民中央办公室的党卫军军官。获取生存空间看上去就在眼前了。

尼斯科(Nisko),今天波兰中部桑河岸边的一个城镇和它周边的地方首先被指定为犹太人迁移的目的地。德国人把那里看作犹太人保留地,犹太人可以被驱逐到那里,然后再进一步向东迁移。但是这个计划失败了,部分是因为(定居的)土地方面的竞争压力和铁路运输问题部分是因为汉斯·弗兰克(Hans Frank)的反对。汉斯是新近任命的波兰总督府总督,他希望控制事态的发展。① 而且,犹太人许多来自维也纳,被分派到这些贫瘠地区,受到虐待的同时缺乏必要的农业工具,更不要说农业经验了。有些人被射杀或者送到苏联的领地去了。接续尼斯科实验的是1940年的卢布林计划。犹太人被送到卢布林,住在集中营的房子里,被当作奴工使用。这是希姆莱的一个党卫军门徒奥迪路·格洛波奇尼克②制订的一项政策。这个人在后来作为大屠杀残忍的组织者非常突出。

作为希特勒混乱的官僚政治的达尔文主义的一个方面——也就是说,授予相互竞争的主官们广泛的和压倒性的权力——组织得很糟糕、管理得很残忍的驱逐犹太人去东欧的计划和用德国定

---

① J. 莫塞尔:《尼斯科,驱逐的第一次试验》,《西蒙·维森塔尔中心年鉴》1985年第2期,尤其是17—21页。
② 奥迪路·罗塔利奥·格洛波奇尼克(Odilo Globocnik, 1904—1945),一个出名的奥地利纳粹党徒、党卫军领导人,在下文将要叙述的莱茵哈德行动中作用突出。被历史学家称为"最邪恶组织里最邪恶的一个人"。1945年5月在奥地利山区被英军捕获后服氰化物自杀。——译者注

居者充实被占领地区人口的竞争性计划陷入冲突之中。这些德国定居者来自苏联统治区的德国难民,即由德国政府和苏联合作从苏联遣返回来的德国人。这些计划吸收了长期存在的由右翼分子指导的农业浪漫主义思想。这种思想后来又由纳粹分子来指导,关注的中心就是强化德国的边界和所谓日耳曼种族。从事农业被看作更健康的建设日耳曼优等民族的方法。希姆莱作为强化日耳曼民族性帝国委员,也同时负责德国境外日耳曼人的安置问题。他试图寻求以党卫军为基础的、一个由农民和战士构成的人口群来作为消化新领土的方法,同时也是发展他个人权力的一种方法,而发展他个人的权力才是他追逐的关键目标。在实践中,希望定居在波兰的德国人并不多,但是希姆莱一再视此为给那些将被遣返回国的、有德国血缘的人提供土地的一个机会。有时这些人是不情愿地从更东面的社区被遣返的。遣返是为了保证他们不会生活在苏联的控制之下。在这个计划里犹太人是不受欢迎的,这极大地限制了他们的选择,因为他们很多人是从指定给德国定居者的地区被迁移出来的,特别是在瓦尔特高(Warthegau)。[1]这个地方以前属于波兰,现在被德国吞并了。

1940年讨论了把欧洲犹太人驱逐到法属殖民地、印度洋里的马达加斯加去的选项。希特勒于6月份批准了这个计划。法国在这个月向德国入侵者投降了。一个以维希为根据地的亲德国的法国政府接管了法国没有被德国占领的部分,而且一开始也控制了大多数法国殖民地,包括马达加斯加,直到这个岛1942年被英

---

[1] 今天波兰中西部的大波兰省(Greater Poland Voivodeship),首府波兹南。

第一章　巴巴罗萨之前

国夺走为止。把犹太人驱逐到马达加斯加去的想法借鉴了一种久已存在的想法，即欧洲的殖民扩张应该提供一个解决方法，让犹太人能建立一个与其他民族分离的犹太人家园。这个家园可能的地点是英帝国的殖民地乌干达。

一个分离的犹太人家园的概念一定程度上是一个亲犹太的概念。这个概念强调为犹太人提供一个安全港，让他们能够逃避19世纪晚期和20世纪早期在俄罗斯发生的反犹主义屠杀。这个想法和犹太复国主义在巴勒斯坦建立一个犹太家园的目标是紧密相连的。但是，一定程度上这个概念强调的问题也是反犹主义的，而且其目的是方便把犹太人从欧洲赶出去。希特勒在1938年11月与戈林的谈话和1939年1月与波兰外交部长约瑟夫·贝克（Joséf Beck）的谈话，也是在这个意义上使用这个概念的。海德里希1940年6月就这个想法给外交部长约阿希姆·冯·里宾特洛甫写了信。他们希望维希法国政府同意把马达加斯加割让给德国，用来安置被驱逐的犹太人。

这种驱逐可不想给被驱逐者提供什么令人愉快的放逐生活，尤其因为马达加斯加出了名的不利于健康的环境。就像19世纪90年代中期法国人征服那个岛屿的时候在法国人中发生的情况那样，那里的黄热病尤其致命。而且基础设施和经济也无法支持要被遣送到那里去的数百万犹太人。相似的，后来的计划打算把犹太人赶到西伯利亚去，从而完成对苏联的侵略。德国政府不打算让德国人到西伯利亚去定居，把犹太人人赶到那里去也是为了让他们在那里死掉。

但是，马达加斯加这个选项被英国海军搞得不可能实现了。

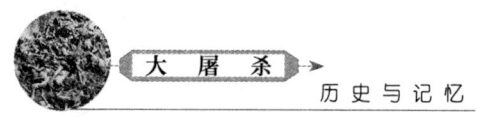

英国海军在1942年5月到11月从法国维希政府手里征服了这个岛屿,行动的原因就是希特勒驱逐犹太人的马达加斯加计划。结果,德国政府转而考虑把马达加斯加作为战后可能的迁移犹太人的目的地。1941年7月21日,希特勒会见克罗地亚的斯拉夫科·科瓦特尼克元帅(Marshal Slavko Kvaternik)时,就这个问题,和马达加斯加一起还提到了西伯利亚。非洲的其他地方有时也会被提及。1942年5月29日希特勒告诉戈培尔,中非是一个合乎情理的犹太移民目的地,特别是因为那里的天气有利于削弱犹太人。

希特勒在1941年2月明显希望把犹太人从轴心国驱逐出去[①],但是,这个想法不可行。同时,从1940年4月9日开始德国征服了丹麦(1940)、挪威(1940)、卢森堡(1940)、荷兰(1940)、比利时(1940)、法国(1940)、南斯拉夫(1941)和希腊(1941)。到1941年5月,这些征服把大量的犹太人置于德国的控制之下,或者至少是由德国通过盟国和仆从国进行的指导下。最大的一个犹太人群体在法国——283000人,在荷兰是126000人。

除了出生或者成长在这些国家的犹太人,许多犹太人从德国、奥地利和其他地区逃走,但是现在又落到德国人的手里。同时,难民潮继续在德国支配的欧洲发生着。犹太人们离开了一些地区,特别是德国和奥地利,因为他们的命运在那些地方看上去会非常晦暗。他们向其他地方——法国和比利时、荷兰、卢森堡

---

① 克里斯托弗·勃朗宁:《纳粹的再安置政策和寻找犹太人问题的解决方法1939—1941》,《德国研究评论》1986年第9期515页。

第一章　巴巴罗萨之前

逃去。他们希望从那里前往不被德国控制的地区。有人设法到了中立国——葡萄牙、西班牙、瑞士和土耳其。还有的人离开了欧洲，如那些和中立国公民结了婚的人。当时中立国还包括美国。为了离开德国控制的地区，常常需要不顾一切的权宜之计。

在德国，因为推翻了凡尔赛和约和减少了失业，纳粹政权的支持率已经很高了，现在又因为战胜法国这样一个在"一战"期间未能取得的成功而得到巩固。同时，为预定于1941年6月发动的由德国及其盟国对苏联的进攻而进行的准备工作已经升级。原来为让苏联留在原地（不要干预德国在欧洲的战争行动）的战争制定了军事方案和应急计划，现在这些方案和计划按照希特勒的指示，被纳入一场更大的战争里去。这场战争的目的是按照希特勒的希望摧毁犹太—布尔什维克主义，建立一个新的德国领土秩序，这个秩序要能保证实现"新秩序"，达成德国领导欧洲和拯救文化的目标。①

在准备这些工作时，对犹太人的所有安排似乎都是过渡性的，因为这场进攻将改变国际环境，提供更多的土地。如果土地真的能提供一个解决办法的话，那么这些新的土地就可以成为"犹太人问题"的解决办法。但是，在德军向前推进并在苏联领土上对犹太人进行大规模屠杀时，在欧洲其他地方驱逐犹太人出境的计划遭遇失败或者困难，而对苏联的进攻也不能给德国解决欧洲其他地方的犹太人问题提供办法。这些因素结合在一起，导向对立刻展开大规模屠杀计划的强调，为的就是创造一种犹太人

---

① R. D. 缪勒：《东方的敌人：希特勒入侵苏联的秘密计划》，（伦敦，2014）。

问题的"解决方案"。战争中的征服使党卫军取得了更大的权力和更强的向心力,另外,在德国国外,对屠杀制度和实际上的限制都比德国国内更小,这些因素都产生了同样的影响。征服通过镇压的实践和意识形态增强了纳粹暴力的程度,也提升了乌托邦式的纳粹思想和计划的可能性。在这个结合的过程中,军事行动和占领政策被联系在一起。

结　论

已经提到的这些计划反映了德国走向种族灭绝道路的模糊不清的轮廓。对待犹太人的政策是德国政策特征的一个方面。对待犹太人的政策集混乱、分裂、随意、残忍等特征于一身。宏大但缺乏清晰规划的反犹主义愿望和它确实具有的连贯性之间又是比例失衡的。而且,在另一方面,对待犹太人的政策在优先秩序和执行上也缺少明晰度。同时,德国国内政治、社会和文化的变化,特别是对犹太人的孤立和排斥已经去除了反犹政策的障碍——首先是针对德国同胞和其他犹太人进行积极和暴力的民族歧视的障碍,最终,这导致对他们的大规模谋杀。于是,司法和新闻舆论被置于纳粹的控制之下,警察已经军国主义化,对杀戮

第一章　巴巴罗萨之前

的法律限制被消除了。1941 年初 T4 行动①的医生们被派进集中营。那些从集中营里挑选出来的囚犯被送到 T4 收容所用毒气毒死了。

这些变化与意识形态上的压力和国际形势的发展相互作用，使大屠杀似乎不仅可能和可以接受，而且还是必要的了——事实上，是必不可少的了。1939 年 1 月 30 日希特勒告诉帝国议会说："如果欧洲和欧洲以外的犹太人的国际资本势力成功地使各民族

---

① T4 行动（Operation T4 或德语：Aktion T4），是战后为纳粹德国用非自愿安乐死进行的大规模屠杀指定的一个名称。T4 是德语"Tiergartenstraße 4"的缩写。这是柏林蒂尔加滕（Tiergarten）区的一个街道地址。1940 年纳粹德国在这里设立了一个部门，招募参与 T4 行动的人员，并在这里向他们支付报酬。1939 年 10 月希特勒签署《安乐死法令》（*euthanasia decree*），授权他的元首府主任菲利普·鲍赫勒（Philipp Bouhler）和他的私人医生卡尔·勃兰特（Karl Brandt）对那些"被认为患有不可治愈疾病的人，经过最严格的医学检查以后"施行"仁慈的死亡"。这个项目在官方层面从 1939 年 9 月执行到 1941 年 8 月。这期间根据记录有 70273 人在位于德国和奥地利以及被占领的波兰的精神病医院灭绝中心被安乐死。大约一半的死者来自教会运作的收容机构。1939 年 8 月 18 日，按照希特勒的命令，建立了遗传病和先天病科学登记帝国委员会，登记有出生缺陷的新生儿和有病的儿童。到 1941 年秘密杀死超过 5000 名儿童。最后一名死于这个行动的儿童理查德·杰内（Richard Jenne）1945 年 5 月 29 日死于巴伐利亚的考夫博伊伦·伊尔塞（Kaufbeuren-Irsee）州立医院。这时美军已经占领这个城市三星期了。为这些屠杀行为提出的理由包括：优生学、怜悯、减少痛苦、种族卫生、成本效率和福利预算的压力。这个行动在官方名义上终止以后，德国和奥地利机构中的医生继续用药物和相似的方法进行这种杀戮，直到德国战败。这个政策的非官方持续又导致到 1941 年末有 93521 个医院床位"空了出来"。在 T4 行动中发展出来的杀人技术，特别是使用毒气进行大规模屠杀的技术后来被帝国内政部的医学部门接收了，他们还接收了参与和发展这些杀人技术的人员。后来这些人参与了莱茵哈德行动。这些技术和人员都成为纳粹种族灭绝行动的工具。值得一提的是，对那些患有遗传疾病和表现出遗传性的反社会行为的人施行强制绝育手术的想法在 20 世纪初曾经被广泛接受。加拿大、丹麦、瑞士和美国都在德国之前就通过了强制绝育的法律。20 世纪 20 年代进行的研究甚至反映德国对引入强制绝育的立法非比寻常地不愿意。战后，T4 行动的负责人菲利普·鲍赫勒 1945 年在美军拘留营里自杀；卡尔·勃兰特被美军的一个军事法庭在 1948 年判处绞刑。——译者注

再次陷入一场世界大战，结果将不会是世界的布尔什维克主义化和犹太人的胜利，而是犹太民族在欧洲的灭绝。"这是对"一战"的结局做出的阐释，同时也是对第二次世界大战的一个计划书。希特勒后来在1941年提起这次演讲，而戈培尔则在1942年3月的日记中记录说这个计划已经开始变为现实了。

1939年当纳粹期待争取生存空间的行动在波兰迈出第一步时，灭绝犹太人的前景已经清晰可见了。但是，实现这个目标的方法和实践仍然处于争议之中。当时在考虑几种方法，特别是驱逐和大规模的屠杀。在纳粹看来，马达加斯加和西伯利亚的重新安置计划就是把犹太人置于一个有着糟糕的气候和致病环境的地方，以此代替杀死犹太人的一种方法。1939年在波兰对犹太人进行的屠杀和1939至1940年为屠杀精神病患者进行的T4安乐死屠杀项目，使大规模屠杀的概念不再是政策上和行动上难以跨越的鸿沟了。于是，问题不再是消灭欧洲的犹太人，而是要决定怎样更有效率地杀死他们。这些问题最后发展演化成了"最终解决"。

世界大战把大多数欧洲犹太人生活的地区都置于希特勒控制之下，加剧了纳粹主义实现千禧年信仰的压力，鼓舞希特勒给自己的志向和恐惧加以致命的动力，同时还有一种紧迫感。这种紧迫感反映了他对德国面临的挑战的感受和对自己不能长寿的预感。屠杀犹太人成了一个主要的战争目标。这场战争在希特勒看来是一场为了种族、文化认同感和优越性进行的攸关存亡的斗争。实际上，这种认同感被说成是优越性的保证，它只能通过从日耳曼人支配的欧洲迅速、彻底和不可逆地消灭犹太人来实现。

第二章　走向种族灭绝

当德国的武装力量运用策略在比亚韦斯托克（Bialystok）附近击败苏联西线集团军群时，德国的军事集团取得了迅速的成功。比亚韦斯托克直到1939年还是波兰东部省份，后来变成苏联的一部分。1941年6月27日，比亚韦斯托克被占领之后，德国人立刻攻击城市里的犹太人。德国警察部队屠杀了犹太医院里的病人。他们在犹太会堂里塞满犹太人，然后付之一炬，射杀那些试图从里面逃出来的人。

德国1941年对苏联的入侵——开始于6月22日的巴巴罗萨军事行动计划——把诸多被希特勒判定为不合时宜的人口，包括犹太人和斯拉夫人置于其控制之下，这提供了机会来实现纳粹的计划。这些计划包括贯彻关于德国的天命的看法，而更紧迫的是在那些挑战这些计划和德国的天命的问题一旦出现时，立刻解决它们。对苏联的战争从一开始就被构想为一场种族灭绝战争。德国国防军和德国民政当局，诸如东部领土和农业部门协作，计划好了三千万苏联人的死亡。估算出这个死亡数部分是为了实现对苏联进行彻底的种族和地缘政治重塑的计划，部分则是因为更加直接的原因，就是要保证入侵部队的粮食供应。

重点聚焦在杀死犹太人这个问题上。鉴于德国不打算占

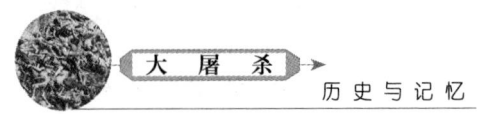

领这个地区，他们计划挑选并驱逐犹太人到遥远的西伯利亚去。他们认为那里是遥远的亚洲。同时党卫军的特别行动队（Einsatzgruppen）从入侵开始就紧跟在部队后面，杀死犹太人和苏联军队的政委，以及其他被认为"不受欢迎的"人。[①] 其他党卫军部队也起了重要作用，特别是指挥部旅（Kommandostab brigade）。而且，德国的特别警察部队在杀戮中发挥了突出作用，在波兰加里西亚地区发生的大规模枪杀中也发挥了同样的作用。例如，特别警察部队在科罗米亚市[②]就曾经射杀了大约15000名犹太人。党卫军和警察都曾经为此目的接受反犹主义教化。

德国军队

一般而言，军队在屠杀中是合作的。相比而言，在乌克兰，德国军队抱怨残忍对待乌克兰人的做法，但是支持屠杀犹太人，而且他们把犹太人视为抵抗的关键力量来源。当然，犹太人并不是这种力量的来源。当时许多军队指挥官给部队发布的命令中那些残忍的内容和语调没有鼓励士兵们合理地对待犹太人、共产党员和囚犯。实际是，许多军官号召部队消灭希特勒的攻击目标。党卫军特别行动队特别嗜杀，但是，军队也杀死了许多人。在塞尔维亚尤其如此。1941年和1942年早期，犹太人在塞尔维亚被大规模地射杀。他们成了对塞尔维亚游击队行动进行报复时被枪

---

① Y.洛佐维克：《C特别行动队的早期活动》，《大屠杀和种族灭绝研究》1987年第2期，221—241页。

② 科罗米亚（Kolomea），"二战"前属于波兰，现在是乌克兰西部的一座城市。——译者注

第二章 走向种族灭绝

毙的主要群体,因为军官们接受了纳粹对共产党员和犹太人的定性,而且他们乐意枪毙后者是因为抓不到前者和游击队员。在苏联,当德国军队1942年向前推进时,前线部队经常杀死犹太人。这种做法明显是对战役中遇到的困难做出的反应,但并不仅仅是这个原因。这些困难导致德国人在担心游击队和共产党员时,把屠杀犹太人作为对敌人进行打击的一种方式。把反对的矛头指向"犹太—布尔什维主义"鼓励了一种残忍的反应方式,这种反应方式在年轻的士兵中尤其显眼。一个德国士兵后来回忆说,步兵连队中的同事在里达(Lida)——一座属于波兰但是1939年被苏联占领的城市里抓住了20名犹太人:

> 他们被用步枪的枪托殴打,用刺刀折磨;血从他们的鼻子和嘴里流了出来。然后他们在进一步的虐待下被迫挖了一个坑。坑挖好以后,他们不得不在坑前面一个接一个站好,就在所有人面前被枪决。这次屠杀没有任何理由。[①]

还有,在希腊和法国,军队在驱逐和谋杀犹太人的行动中扮演了一个角色。陆军元帅威廉·李斯特(Wilhelm List)是1941年驻巴尔干德军的司令官。战后他因为在巴尔干地区犯下的战争

[①] D.怀尔德穆斯:《谁杀害了里达的犹太人知识分子?对纳粹国防军卷入大屠杀的'第一个小时'的案例研究》,《大屠杀和种族灭绝研究》2013年第27期,9页,并见该文第9页脚注54。

[*] 里达(Lida),今天白俄罗斯格罗德诺州的一个城市。两次世界大战之间属于波兰。这个城市从16世纪开始就有一个犹太人社区。在大屠杀前夜这个社区的犹太人接近8500人。"二战"中,这个犹太社区几乎被纳粹德国屠戮殆尽。

罪行，特别是在谋杀性的反游击队的战事中下达的指示，被一个美国军事法庭判处终身监禁，但是在1952年被赦免并释放了。这是一个很典型的事例。

德国军队的暴力行为让人们想起德国武装力量近期在欧洲和海外的行事传统。最关键的是，普法战争（1870—1871）不像1866年以奥地利的痛苦为代价的那场胜利，它没能获得迅速和代价低廉的胜利。1870年至1871年的问题包括供给上的困难、法国人持续的抵抗和来自一个充满仇恨的居民群体的反抗。德国人粗暴地对待法国游击队员、法国逃兵或者反击的法国公民。对待他们就像对待罪犯而不是战士。草率的处决有助于抑制这场战争中的敌对力量，但是也成为德国人残忍行为模式的一部分。这种模式包括抓捕人质、射杀嫌疑人（包括那些被俘虏时确实有武器的人）、残损囚犯的身体、摧毁城镇和村庄，例如沙托丹①这座城市。一定程度上，这种做法反映了心怀仇恨的法国平民志愿者给德国人造成的麻烦。那些法国志愿者不穿制服，一旦扔掉步枪就不可能辨别他们的身份。作为回应，德国人采纳一种社会类型学做法，就是把所有"蓝色工作服"都作为潜在的游击队员来对待。这是法国工人习惯性的服装。这种做法预示了下一个世纪德国的做法。②

反过来，1914年第一次世界大战爆发时，在比利时和法国，

---

① 沙托丹（Chateaudun），法国北部城市。1870年10月，普鲁士军队与法国军队在这里进行了一场战斗。遭受巨大损失的普鲁士军队攻占沙托丹以后大肆放火杀人，制造了普法战争期间普鲁士军队最大的一次暴行。——译者注

② G. 瓦洛：《普法战争：1870至1871年德国对法国的征服》（剑桥，2003）：264—265，288—289。

第二章 走向种族灭绝

德国人谋杀性质的暴行似乎部分地反映了德国人的暴怒，因为比利时人出乎意料地抗拒德国的进攻，影响了德军顺利前进的步伐。德国在比利时正规军手里遭受的损失导致对平民进行报复和杀死军事囚犯。同时德国部队中比率很高的醉酒、混乱和"友军误射"则直接导致他们相信自己处于平民的攻击之下，这又强化了他们的态度，即对无辜者进行报复是可以接受的，实际上是合乎情理的。1914年德国军队和政府组织实施的欺骗策略和宣传都为这种做法进行了辩护。[①] 在奥地利军队那里，1915年占领塞尔维亚以后紧接着就是游击队的反抗，导致军队杀死了许多平民。

尽管有指示意义，但是这些事例和我们在第二次世界大战中看到的操作性和种族灭绝性的战争行为的重叠部分有很大的不同。早先，针对平民的暴力行为不是德国的目的，而是对不确定性和恐惧的一种反应。德国人无法在心理上接受这种不确定性和恐惧。对涉嫌进行敌对行为的平民经常性地使用暴力手段一旦被视为必需的，并且变成一种自动的反应，它就会是致命的，但是，在1941年以前，这只是德国军事力量在欧洲的行动中一个相当次要的方面。

和这个问题关系更大的一个背景是德国在非洲进行的战役，特别是20世纪最初10年进行的那些战役。当时德国人有一些导致种族灭绝后果的反社会的实践，例如在德属西南非洲（今天的纳米比亚）把当地人赶进没有水的荒野。作为对1904至1905年德属西南非洲发生的赫雷罗人起义（Herero rebellion）、1890

---

① J. 霍恩和 A. 克雷默：《德国在1914年的暴行：战争的意义和记忆》（纽黑文，2001）；J. 利普克斯：《复述：德国军队在比利时，1914年8月》（勒芬 [比]，2007）。

年和 1905 至 1909 年发生的那马部族起义（Nama rebellions）、德属东非（今天的莫桑比克）发生的马及马及起义（Maji Maji Rebellion）的反应，德国军队变得习惯于把整个种族视为敌人，并且发展出种族冲突式的做法。被送进监狱和劳动营的赫雷罗囚犯受到非常残忍的对待，以至于大量死去：事实上到 1908 年，大约 45% 受到军事监禁的人死亡了。在镇压马及马及起义的过程中大约有 25 万人死亡。

一定程度上，德国对敌人的这些想法和做法在 20 世纪转用于欧洲，并首先在"一战"中德国在比利时进行的大屠杀里表现出来，然后在"二战"中的东欧以更大规模、更加清楚、连贯、暴力地表现出来。"一战"中德国在东欧的多次战役里出现了一些残暴行为。它们可能是德国在"二战"中东欧政策的一个关键前奏。德国人对受践踏的人民的轻蔑感变得普遍了，特别是把他们视为软弱的、肮脏的和带有疾病的民族。这种态度不仅是对征服的人民的种族主义和文化的反应，而且也是对那片广袤的、现在必须在心理上加以了解和战胜的土地的反应。在被德国征服的俄国边境地带，犹太人在人数方面非常突出。战争把暴力变成东欧犹太人的经历，而俄国边境地带犹太人的命运则作为一个方面，反映了这种经历的残暴程度。俄罗斯帝国当时包括了波兰的中部和东部、立陶宛和乌克兰。所有这些地区在 1915 年至 1918 年都被德国征服了。这被认为对德国人针对被征服民族的仇恨和暴力行为的发展发挥了重要作用。这种仇恨和暴力的行为是德国战争政策的一个主要方面。

但是，这种思路可能一定程度上体现了一种反溯式的视角，

第二章 走向种族灭绝

获得这样的认识一定程度上要归功于我们知道了后来在"二战"中发生的事情。实际上,现在已经出现了一种对德国军队在"一战"中的行为批评色彩不那么强烈的观点,而且,尽管"一战"中德军经常粗暴地对待平民,但是当然,没有达到纳粹主义那种残暴程度。①

而且,比之于强调种族主义,伊莎贝尔·赫尔②争辩说针对赫雷罗人的种族灭绝行动是从标准的德国军事实践和军事设想中发展而来的,所以在西南非洲进行的种族灭绝在任何意义上都不是意识形态的产物,而是体制行为的结果。这是对德国军队在一场歼灭战中追求压倒性胜利的努力做出的一种有启发性的结论。尽管强调对德国的敌人进行惩罚,而且是不受国际法制约的惩罚性对待,但是从这个角度出发,平民不是一个重要的问题。"一战"中被击败加剧了德国军队的残忍,包括德国军队中的奥地利部队。③

"二战"中,德国人在1939年向波兰展示了种族暴力。军队处决了16000名波兰人,同时在为加强控制进行的谋杀性行动中与党卫军进行了紧密的配合。而且,德国正规军和党卫军1940年在法国屠杀大约3000名法国非洲裔士兵的行为也表明,德国的军事力量同样倾向于在西欧拥护关于种族主义战争的纳粹主义

---

① D. 肖沃尔特:《东方没有给予任何回报:第一次世界大战和德国军队在俄国》,《历史协会杂志》2002年第2期,15—16页。

② 伊莎贝尔·赫尔(Isabel Hull, 1945—),美国康奈尔大学德国史教授。——译者注

③ 伊莎贝尔·赫尔:《德属西南非洲的军事战役,1904—1907》,《华盛顿德国历史学会学报》2005年第37期,41—42页;B. 谢泼德:《巴尔干的恐怖:德国军队和游击队的冲突》(坎布里奇,马萨诸塞州,2012)。

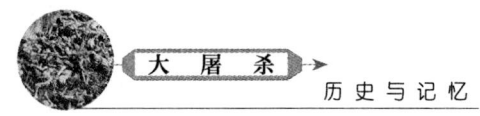

观念,以及这种观念谋杀性质的实践。这些屠杀虽然反映了自1914年以来,针对法国使用非洲裔士兵进行的纳粹主义意识形态和宣传的影响,但它们不是因为响应官方的政策而发生的。它们是不定时发生的,是来自下层的种族暴力的产物。

在1941年以后的东线战场,按照在"二战"期间东线最早的战场波兰进行征服和统治的先例,德国军队有组织的冷酷无情被纳粹的意识形态加强了。结果,德国军队漠视国际法的倾向更突出,更愿意几乎是本能地采取一种残忍的行为方式。这反映出一种信念,即那些人的进化是低于人类的,因而德国的暴力是恰当的。许多德国军队的成员看上去已经接受了这样的认识和把犹太人与共产主义者归并在一起的看法。这种归并是从反犹太主义中稳步滋生出来的,是纳粹主义意识形态的中心内容。这种归并除了关系到纳粹给德国设计的计划书,也同样关系到被征服和占领的地区。这种归并被阐释为屠杀犹太人可以确保削弱共产主义,从而巩固德国的征服并确保更容易地维持占领。

德国的将军们也从征服和占领中获得了个人利益,因为希特勒感觉有必要贿赂他们,特别是用德国犹太人和波兰人的财产来贿赂他们。这是希特勒和他的军事精英之间紧密关系的一个方面。军事精英们在战后和历史学家们一样,都对这方面轻描淡写。尽管海军也给这个纳粹政权提供了热心的支持,但是党卫军在建立军事单位——武装党卫军——的过程中所起的重要作用,反映了在意识形态和德国的战争努力之间最终存在的紧密关系。超过80万人在武装党卫军里服过役,而且武装党卫军成了德国战斗部队中一个重要的部分。尽管是一个分立的组织,但是武装

第二章 走向种族灭绝

党卫军却在军队的作战指挥下服务。

特别行动队

巴巴罗萨计划开始后的 6 个月里,也就是在受到广泛关注的 1942 年 1 月 20 日召开的万塞会议①之前,接近一百万犹太人在德国征服的土地上被杀害了。这段时间是战争中在被征服的苏联土地上屠杀犹太人最集中的时期。大多数受害者是被德国人杀死的,尽管罗马尼亚人也在他们的占领区行凶作恶。他们在敖德萨屠杀了数以千计的人。敖德萨是德国人厌恶的国际都市之一,因为这些大都会带有受到德国人谴责的世界主义色彩。维也纳、萨洛尼卡和里加是另一些例子。如果埃及的亚历山大港 1942 年被德国占领的话,它也将是其中之一。犹太主义的世界主义在主要城市里是源远流长的。1772 年,孟加拉军队中的一个军官迪安·穆罕默德②在描写加尔各答港这个英国人给孟加拉确定的首

---

① 万塞会议(Wannsee conference),1942 年 1 月 20 日在柏林郊外的万塞召开的纳粹德国高级官员和党卫军领导人会议。会议由帝国总安全办公室领导人、党卫军总指挥莱茵哈德·海德里希召集。会议的目的是保证政府各部门在执行对犹太人问题的"最终解决"计划中的合作。纳粹德国外交部、司法部、内政部和党卫军的代表参加了会议。会议上,海德里希规划了将欧洲犹太人集中起来送往波兰总督府辖区的灭绝营进行屠杀的行动。海德里希在会上强调,一旦驱逐计划完成,党卫军将全权负责灭绝行动。会议的另一个目标是明确正式的犹太人定义,从而决定种族灭绝的范围。会议拟定的方案有一份副本保存了下来。1947 年罗伯特·肯普纳(Robert Kempner)从战后缴获的德国外交部文件中发现了这份文件。这份文件在纽伦堡审判中成为有力证据。召开万塞会议的建筑现在是一座大屠杀纪念馆。——译者注

② 迪安·穆罕默德(Dean Mahomet),即萨克·迪恩·穆罕默德(Sake Dean Mahomed),1759 年生于印度比哈尔邦的帕特纳(Patna)。他是一位英国殖民地的旅行家和商人,也是最早进入西方世界的非欧洲人之一。他把南亚的烹饪法和香波浴介绍进欧洲。1769 年至 1782 年他曾经在英印殖民军队里服役。——译者注

府时写道:"除了来自印度最遥远地方的贸易商、制造业者和零售商,由英国人、法国人、荷兰人、亚美尼亚人、阿比西尼亚人(今天的埃塞俄比亚人)和犹太人组成的最大的群体汇聚在这里。"[1] 日耳曼帝国主义无法接受这种情况。

在立陶宛、白俄罗斯、乌克兰和拉脱维亚,德国人得到当地人很大的支持。尽管这些地区的反犹主义暴力行动都是在德国的监督下发生的,或者受到德国人积极的鼓励或者纵容,但是这些行动并不总是需要德国人介入。德国人能唤起广泛的反犹主义,就像在利沃夫。在那里,乌克兰人干了很多屠杀的勾当。波兰东南部塔诺波尔省佐洛乔夫(Zloczów)的一个德国目击者1941年7月3日报告说:

> 我看见在大约5米深、20米宽的壕沟里,站着和躺着大约60到80名男人、女人和儿童,主要是犹太人。我听到孩子和妇女的哭泣和尖叫声,手榴弹在他们中间爆炸。壕沟外面有好几百人等待着被处决。壕沟前面站着10到20个人,穿着平民的衣服(右翼的乌克兰民族主义者)。他们在往壕沟里扔手榴弹。[2]

武装党卫军在这种特别的屠杀中也非常活跃。

---

[1] M. H. 费舍尔编:《迪安·穆罕默德的旅行——18世纪一次穿越印度的旅行》(伯克利,1997):58。

[2] 塔杜兹·派楚罗斯基:《波兰的大屠杀:种族冲突、第二共和国时期与占领军和种族灭绝行动的合作,1918—1947》(杰斐逊,北卡罗莱纳州,2007):221。

第二章　走向种族灭绝

德国向前推进时大规模的屠杀也在进行，特别是从7月1日开始。7月1日那天海德里希访问了格罗德诺（Grodno，白俄罗斯西部城市）。他要求更加积极地行动。从1941年8月中开始行动确实更加积极了。除了按照指令行事，指挥官的特定决定也是重要的，因为他们执行命令的完美程度和执行相关指示的个人主动性都会对执行命令的成效产生影响。所以尽管有人提出大屠杀是1941年11月到12月巴巴罗萨计划迟滞的产物，或者是这个计划后来失败的产物（这个计划的迟滞明显使德国人不得不面对与棘手的苏联的缠斗），但是情况并非如此。相反，大屠杀是在令人陶醉和情绪乐观的日子里开始的（对一些德国人来说那些日子是令人愉悦的）。那些日子里，装甲车辆（武装的交通工具，特别是坦克）在向前推进，表面上胜利正在迫近。从海德里希那里发出得到希姆莱支持的手令。地方上的大屠杀受到鼓励。希特勒肯定要求并得到特别行动队的报告。从8月开始，最初集中于成年犹太人的屠杀升级到了包括大量妇女和儿童。这仍然是对希姆莱和海德里希的指令的回应。传达指令时伴随着一种确信，即他们得到希特勒的支持。8月初，希姆莱命令杀死所有平斯克（Pinsk，白俄罗斯城市）的犹太人。大规模的屠杀现在看上去成了那些屠杀者的现实选择。[1]和1939年在波兰发生的事情不同，这种屠杀是种族灭绝性质的。

相似的，尽管在这个阶段游击队造成的真实威胁很小，但是德国人却对那些他们认为的游击队员或者游击队的支持者采取了

---

[1] 克里斯托弗·勃朗宁：《纳粹进行大规模屠杀的决定：三种解释。胜利的欢欣鼓舞和最终解决，1941年秋》，《德国研究评论》1994年第17期，473—481页。

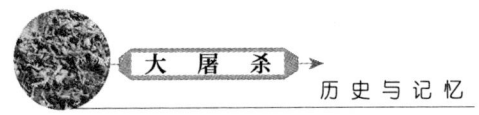

无差别的残忍态度。在反游击队的行动中，德国人例行公事地屠杀并非游击队员的犹太人。这是在"普通"德国人中间广泛传播的反犹主义信念和假想的一个重要方面。

　　同时，从一开始巴巴罗萨计划就证明比预想的更加困难，德国人的伤亡也比预期更高。受意识形态和种族主义的轻蔑态度、早期的胜利尤其是对法国的胜利之后严重的过于自信和对他们的武装部队在所有方面都更优越的信念驱使，德国人严重低估了苏联的能力、效率和决心。苏联在1939年至1940年与芬兰的冬季战争①早期阶段的糟糕表现似乎也肯定了德国人的观点，即苏联军事力量已经被始于1937年的残酷、大规模的清洗严重削弱了。过度自信使德国人对苏军对芬兰最终的胜利和1939年在边界战役中击败日本的事件没有给予足够的重视。让希特勒和他的许多将军们吃惊的是，一些苏联军队从1941年战争爆发之初就战斗得很好而且有效率，抵抗没有被粉碎，德国人的伤亡也比预想的高。②

　　斯大林在1941年6月28日和30日之间有一个精神崩溃的过程，当时推进中的德国人打到了明斯克。斯大林可能考虑过与德国人媾和，签订像列宁在1918年曾经接受过的《布列斯特-

---

①　1939年至1940年苏联与芬兰进行的一场战争。1939年苏联以保护列宁格勒为由，要求与芬兰进行领土交换。芬兰拒绝以后，苏联在1939年11月30日，即"二战"爆发以后3个月，入侵芬兰，战争爆发。1940年3月双方签署《莫斯科和平条约》，战争结束。芬兰在和约中割让占国土面积11%的领土给苏联，超过了战前苏联的要求。当时的国际联盟认为苏联发起的进攻是非法的，并将苏联驱逐出国际联盟。在这场战争的初期，苏联红军表现很差，损失巨大。——译者注

②　C. 哈特曼：《巴巴罗萨行动：纳粹德国在东方的战争，1941—1945》（牛津，2013）。

第二章 走向种族灭绝

里托夫斯克条约》那样的和约。不过无论如何，斯大林还是坚持战斗了。10月中旬莫斯科也发生了恐慌，但是斯大林决定不逃跑。冷酷无情的内务人民委员会的秘密警察被成功地用来恢复了秩序。

苏联的抵抗还使德国此前在进行战略选择时没有能做出决断的后果更加严重。1941年8月25日，菲利波·安福索① 陪同墨索里尼访问了希特勒的司令部——东普鲁士的狼穴。就像他当时注意到的，苏联的空间这个难题没有在概念上被克服。② 当时希特勒告诉墨索里尼，美国总统富兰克林·德拉诺·罗斯福被一个犹太阴谋集团操控了——这个信念有助于使希特勒觉得，甚至在日本袭击珍珠港以前，他实际上已经与美国处于战争状态了。当时，德军的后勤和关键的装甲部队正在遭遇迅速积累起来的问题。而且德国正在因为缺少战略和操作上的一致性遭受折磨。战略目标在强调夺取领土还是击败苏联军队之间不断变换，在推进应该集中在哪条轴线的问题上也摇摆不定。德国政策缺乏一致性导致1941年9月向莫斯科的中心突进发生了延迟，部队当时被派往南方去占领乌克兰，摧毁那里的苏联部队。这两个目标都实现了，但是向莫斯科推进的延迟在德国恢复这个方向的运动时造成了阻碍。而且，希特勒没有向苏联提出可能打开和平之路的媾和条件。

在立陶宛，与只屠杀成年的男性截然相反，1941年8月德国人开始屠杀所有犹太人。食品和安全问题与关于这种屠杀，值得

---

① 菲利波·安福索（Filippo Anfuso），法西斯意大利的外交部官员。——译者注
② S.科尔瓦亚：《希特勒和墨索里尼》（纽约，2001）：236。

期望的各种种族主义构想交织在一起,但是后者是最重要的。那里的屠杀不是在集中营里,而是在开放的乡村进行的,其中立陶宛人扮演了主要的角色。1941 年 12 月 1 日,卡尔·耶格尔(Karl Jäger)提供了一份从 7 月 2 日到 11 月底每天杀死的犹太人的名单。这个人当时指挥着一支 150 人的队伍。这支队伍属于 A 突击队(Einsatzgruppe)第三特别行动队。他提供的名单总人数达到 133346 人,名单里从 8 月开始包含了大量儿童。卡尔宣称"解决了立陶宛的犹太人问题。在立陶宛除了劳动犹太人以外已经没有别的犹太人了"[1]。立陶宛最大的城市维尔纽斯也是犹太人的一个生活中心,被称为"北方的耶路撒冷"。这里的许多犹太人被赶到以前的一个度假胜地——6 英里之外的珀纳瑞(Ponary)——在附近森林里此前苏联军队挖好的燃料池边上,被德国人和立陶宛人射杀,或者被刺死、用木棒打死,婴儿则被扔进坑里。大约 50000 到 60000 名犹太人被杀死在这里。也是在立陶宛,10000 名来自考纳斯(科夫诺)的犹太人被驱赶着行进到七号堡垒[2]和九号堡垒[3],在一些坑边被射杀。1941 年 7 月初在立陶宛大约有 24 万名犹太人,到了 1945 年只剩下 20000 人。1941 年屠杀的犹

---

[1] J. 斯坦伯格:《反思第三帝国:德国在苏联被占领领土上的民政管理,1941—44》,《英国历史评论》,1995 年第 110 期 111 页。

[2] 七号堡垒(Forts VII),正式的名称是波森集中营,德语:Konzentrationslager Posen。这是德国在占领的波兰领土波兹南市(Poznań,波森的波兰语名称)建立的死亡营。死亡营建在一座 19 世纪的堡垒群里。据估计,有 4500 至 20000 名囚犯在这里死亡。主要是波森和周边的波兰人。——译者注

[3] 九号堡垒(Forts IX),是立陶宛考纳斯附近 19 世纪建筑的一个要塞。苏联时期曾用作监狱。德国占领时期被用作灭绝营,主要用于屠杀犹太人、被俘的苏联人和其他人。——译者注

第二章 走向种族灭绝

太人群数量最大。①

相似的,在乌克兰首要城市基辅郊外的巴比亚尔(Babi Yar)峡谷,得到军队和一些乌克兰人帮助的德国特别行动队记录说,在9月底的三天里屠杀了33771名犹太人——是被机关枪扫射杀死的。德军向前推进时的一种标准手法就是让受害者挖一条壕沟或者一个坑,然后单独或者一组一组地在坑边射杀他们。他们倒下去,接着射杀其他的受害者。这些人倒在坑里尸堆的顶层,使得下面的幸存者窒息而死。例如,9月15和16日,大约18000名犹太人就这样在别尔季切夫(Berdichev)的一个壕沟边被射杀了。就像10月27日在乌克兰的塔甘罗格(Taganrog)1500名犹太人被杀死在峡谷里那样,屠杀时利用峡谷可以不用挖壕沟,从而加快屠杀的进程。

设计这样的屠杀是为了保证被占领的苏联领土上不会像在波兰那样出现大量的格都。不过,当犹太人被关押起来时还是建立了一些格都,特别是在利沃夫和维尔纽斯。杀戮的范围扩大到了床上的病人和老人。当德国人向东推进时,发生了更多大规模屠杀,特别是在1941年10月24日占领哈尔科夫以后。哈尔科夫是苏联第五大城市和东乌克兰的主要行政中心。

那些执行屠杀任务的人足够厚颜无耻,事实上他们感到骄傲,以至于会给自己的谋杀行为拍照,经常还是在尸体旁边摆姿势拍照。这些照片是对暴行的大范围记录的一个部分。通过摆出

---

① S. D. 卡索:《在科夫诺格都里》,见《科夫诺犹太格都警察的秘密历史:由科夫诺犹太格都警察的匿名成员提供》,由S. 夏尔考斯基翻译和编辑(布卢明顿,印第安纳州,2014):1—59。

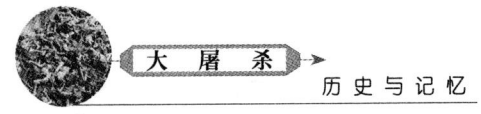

这样的姿势，士兵们经常是在对比展现他们的权力和对受害者的羞辱。杀戮的照片在军营里展出，照片的复制品可以订购。没有直接卷入屠杀的士兵对正在发生的事情是清楚的，尤其是因为大规模的处决是在公开场合进行的。许多在战争中被盟军俘虏的德国人都提到大规模的处决。不仅曾经在陆军服役的德国战俘提到大规模处决，被俘的德国空军成员也提到过。巴比亚尔的消息传布得很快，也传到了驻扎在法国的德国军官那里。一些警察部队成员的妻子和情人是随军的，而且目击了谋杀，包括在露天平台上观看这些谋杀。

大规模的枪杀导致许多现存的格都被摧毁了。1941 年 10 月 20 日，在白俄罗斯，当鲍里索夫（Borisov）格都在白俄罗斯辅助警察的积极协助下被摧毁时，7000 名犹太人被屠杀。11 月 15 日，在立陶宛民兵的积极参与下，明斯克格都的许多犹太人被屠杀。明斯克最主要的屠杀发生在拉托姆斯卡亚峡谷（Ratomskaya）。11 月 30 日和 12 月 7 到 8 日，来自拉脱维亚首都里加格都的 30000 名犹太人中，除了 2500 人以外都被屠杀。同时还有 11 月 30 日用火车从柏林运来的 1500 名犹太人。他们行进到鲁姆布里（Rumbuli）森林，被命令脱掉衣服，然后被赶进坑里。在坑里他们被迫躺在尸体上面，然后背部或者头部遭到枪击。拉脱维亚的合作者帮助德国人干了这些事。11 月 7 日到 9 日，拉脱维亚人还帮助德国人枪杀了从陶格夫匹尔斯（德文斯克，Daugavpils-Dvinsk）来的 3000 名犹太人。小孩子被拎着头

第二章 走向种族灭绝

发提起来射杀,然后扔进万人坑。[1] 9月26日和11月16日间,当埃里希·冯·曼施坦因(Erich von5 Manstein)的第十一军扫荡除塞瓦斯托波尔的克里米亚时,从乌克兰向前推进的D别动队则屠杀了克里米亚的犹太人。在巴克奇萨莱(Bakhchiserai,克里米亚中部城市)和辛菲罗波尔(Simferopol)都发生了大规模的屠杀。

在巴比亚尔屠杀之后,陆军元帅瓦尔特·冯·赖歇瑙(Walter von Reichenau)10月10日签发了一道命令,敦促士兵们支持有计划地杀死犹太人,作为"一项对劣等人类犹太人的艰难但是正义的惩罚"。这个命令是与国际法完全背道而驰的。尽管这个阶段并没有发生显著的游击队抵抗行动,但是赖歇瑙提出,这是对德军背后的抵抗行动夺取先机的一种方法。希特勒赞扬了赖歇瑙的命令。作为军队指挥官中不断增长的共谋性的例证,尽管赖歇瑙的上司、南方集群的指挥官陆军元帅格特·冯·伦德斯泰特(Gerd von Rundstedt)喜欢把屠杀的工作留给特别行动队去干,但他还是签发了一道指示给其他下级指挥官,建议他们签发与赖歇瑙的命令相似的命令。在纽伦堡审判中,伦德斯泰特明确否认自己对这件事有任何了解。

在传统的军事史中,典型的做法是在标准的指导手册里对伦德斯泰特扮演的这种角色只字不提。例如,在特雷弗·杜普伊(Trevor Dupuy)的《军事传记百科全书》(1992)中,伦德斯

---

[1] S. 提阿斯:《盟国的情报机关和大屠杀:从德国战俘获得的情报》,《大屠杀和种族灭绝研究》2008年第22期,10页。

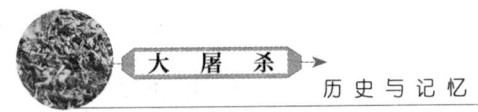

泰特的词条描述他是"旧普鲁士军事指挥官的最佳典范"①。相似的,在查尔斯·梅辛杰(Charles Messenger)关于约瑟夫·"泽普"·迪特里希(Josef "Sepp" Dietrich)的传记作品中,有人认为梅辛杰展示了在进行批判性判断方面令人担忧的失败。这种失败在许多关于武装党卫军的作品中都可以看到。约瑟夫·"泽普"·迪特里希曾经是希特勒卫队的指挥官,1941年至1943年领导党卫军在东部战线的一个分支部队,后来又领导过一个党卫军

---

① 第二章原注15:特雷弗·杜普伊:《军事传记百科全书》,644。关于另一个高级军官——陆军元帅凯塞林对处决意大利平民和美国军人的情况撒谎的问题,见 R. 瑞博:《对伪证的解剖:陆军元帅阿尔伯特·凯塞林,维亚·拉瑟拉事件和杜松子酒行动》(纽瓦克,特拉华州,2008);K. V. 林根:《凯塞林的最后一次战役,战争罪行审判和冷战政治,1945—1960》(劳伦斯,堪萨斯州,2009)。

* 维亚·拉瑟拉事件(Via Rasella),维亚·拉瑟拉是罗马的一条狭窄街道。意大利投降以后,德国军队占领了罗马。为了震慑罗马居民,1944年3月23日,一支德军在维亚·拉瑟拉街附近唱着歌列队行进。因为德军的游行路线是预先确定的,意大利共产党领导的游击队得以在维亚·拉瑟拉街伏击了德军。他们用垃圾箱装着近18公斤炸药制造的炸弹推向德军并引爆,当场炸死28名德军。参加行动的16名游击队员全部混入人群成功地逃走了。当地德军指挥官按照希特勒的命令进行了残酷的报复。在24小时内就决定为每个被炸死的德军士兵杀死10名意大利人。到执行屠杀的时候被炸死的德军达到了33名,所以德军从监狱里找了4名死囚、17名判了长期徒刑的囚犯、167名他们认为"该死"的囚犯、2到4名现场抓住的有嫌疑的平民来处决。因为人数不够,就用75名监禁中的犹太人凑数,但是仍然不够。罗马的法西斯意大利警察负责人彼得罗·卡鲁索(Pietro Caruso)主动提出用意大利监狱里的囚犯充数。最后一共决定屠杀330人,但是出发的时候胡乱之中多抓了5个人。这些人全部被送到罗马郊外阿迪阿提那(Ardeatine)的一个采石场的洞穴里枪毙了。然后德国工程师炸毁洞穴把尸体掩藏起来。这就是著名的阿迪阿提那洞穴屠杀事件。战后,只有彼得罗·卡鲁索被判处死刑。维亚·拉瑟拉事件最后一共炸死了42名德军。

杜松子酒行动(GINNY Mission)是美国战略情报局(Office of Strategic Services,OSS)1944年初在意大利北部进行的两次失败的破坏行动。1944年2月底和3月22日,一支15人的美军小分队两次试图在意大利中北部一个小镇弗拉穆拉(Framura)空降,然后进行破坏交通等活动。但是两次都降落在错误地点。第二次降落后,小分队全部被俘。尽管他们穿着制服,但是3月26日按照希特勒的命令被全部处决。战后美军将执行处决命令的德军军官判处了死刑。

第二章 走向种族灭绝

军团。他后来因为战争罪行两次被监禁。从梅辛杰在出版方面和杜普伊相似的个人经验来看，出版者们不喜欢谈论许多德国国防军指挥官在暴行中严重的共谋行为。

1941年，这种共谋行为在纳粹的同情者如赖歇瑙和并非纳粹同情者的其他人那里都是真实的。赖歇瑙曾经命令杀死5岁以下的犹太儿童，而在他下命令之前一个军官曾试图拖延这个行动。非纳粹同情者包括1942年1月以前的北方集群指挥官、陆军元帅威廉·冯·里布（Wilhelm von Leeb）。他后来被同盟国判处3年监禁。埃里希·赫普纳（Erich Hoepner）将军是第四装甲集群的指挥官。他在1941年5月提到，即将来临的战争要"击溃犹太布尔什维克主义"。他给部队指挥官下达的命令中强调要"彻底消灭敌人"和"俄罗斯—布尔什维克体制"的支持者。① 在1938年那场流产的推翻希特勒的军事计划中，安排给赫普纳的任务是解除党卫军的武装。② 后来他因为参与1944年反对希特勒的炸弹阴谋被绞死。

在将军们中间更为常见的情况是，尽管在个人反应上有分歧，但是他们不仅经常对战争中平民和囚犯的命运缺乏兴趣，而且还希望看到这些人被弄走以便让军事行动可以更容易进

---

① T.安德森：《德国人，乌克兰人和犹太人：南部战线的种族政治，1941年6月至12月》，《历史上的战争》2000年第7期，337页。
② 1938年下半年，希特勒已经计划入侵捷克斯洛伐克。德国军队领导人认为这会导致与英、法的战争，而德国不可能在战争中获胜。他们策划了一场推翻希特勒的军事政变。但是，由于英法在捷克斯洛伐克问题上对希特勒采取绥靖政策，签订了《慕尼黑协定》，希特勒的冒险取得了巨大成功，政变的计划也无疾而终。——译者注

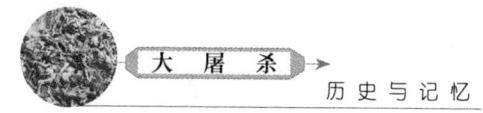

行。① 柏林的高级军事指挥官知道屠杀的事情，特别是因为鲁道夫·悉尼温特中将（Rudolf Schniewindt）从一个陆军少校那里转来了一份报告。这个少校观察了特别行动队在靠近日托米尔（Zhitomir，乌克兰西北部城市）的地方屠杀大约两千名犹太人的过程。无论如何，在德国军事领导阶层的头脑里，反犹主义是重要的，特别是因为他们中间存在一个信念，即"犹太—布尔什维克"阴谋在 1918 年从背后击垮了德国，并且自那以后一直威胁着德国。作为来自苏联的这个挑战的结果，在军事圈子里建立反对犹太人的社会偏见有了清晰的政治和意识形态方向，而且反犹主义的思想在战前就已经在军界传播了。在巴巴罗萨计划里，和这种信念相伴的是羞辱或者管教那些试图在针对犹太人的暴力中洁身自好的士兵。②

在有些情况下，德国的将军们公然违抗命令。1941 年 12 月，希特勒命令伦德斯泰特在罗斯托夫（Rostov）坚守，而不是向西撤退到更好的防御地点以避免被苏联军队的反攻切断。罗斯托夫是伦德斯泰特向前推进到达的最远的地方。结果因为拒绝服从命令，伦德斯泰特被免职，1944 年才被重新任用。赖歇瑙接任伦德斯泰特的职务，但是 1942 年死于心脏病。更常见的情况

---

① D. 怀尔德穆斯：《扩大圈子：维克斯塔尔将军和灭绝战，1941—42》，《中欧历史》2012 年第 45 期，306—324 页。

＊ 瓦尔特费舍尔·冯·维克斯塔尔（Walther Fischer von Weikersthal，1890—1953）。德国"一战"至"二战"时期的职业军人。在巴巴罗萨计划至莫斯科战役期间，维克斯塔尔批准枪杀人质，焚烧村庄，公开绞死据称的游击队员。1941 年在苏军的冬季反攻中因为拒绝执行希特勒不许撤退的命令被解职。

② W. 沃尔弗拉姆：《国防军：历史、神话、真实》（剑桥，马萨诸塞州，2006）。

第二章 走向种族灭绝

是，在苏联开始于 1941 年 12 月 5 日到 6 日的冬季反攻中，面对希特勒"不许撤退"的命令，那些支持撤退的军官被轻视甚至被解职。总计有 35 名将军被调离，包括海因茨·古德里安（Heinz Guderian）、赫普纳和里布。但是，从没有人因为希特勒对待犹太人的方式反对过他。

这些事实可以让战后为德国的将军们做的辩解不得不面对真相。这些辩解包括英国占领当局判定曼斯坦因①犯有战争罪行时，英国国内存在的对他的支持情绪。在那个案件中，他被判处 18 年监禁。他服了 4 年刑期。曼斯坦因作为一个关键将官，1941 年至 1944 年在东部战线服役。1941 年至 1942 年，作为驻扎在克里米亚的第十一军指挥官，他知道屠杀当地犹太人的事情，他还给特别行动队提供支持，包括提供补给。在 1941 年 11 月 20 日的军事命令中，他宣称："必须一劳永逸地根除犹太—布尔什维克主义的体制，绝不允许它再干预我们欧洲的生存空间。"古德里安补充说犹太人是布尔什维克恐怖行动的鼻祖。

英国人巴兹尔·利德尔·哈特（Basil Liddell Hart）是一位有影响的德国将军的前军事支持者。他曾经给 1952 年的古德里安回忆录译本撰写了一篇前言。他在这篇前言里回应英国官修战

---

① 埃里希·冯·曼斯坦因（Erich von Manstein, 1887—1973），德国国防军陆军元帅，"二战"中德国入侵西欧战略的主要制定者。他在入侵苏联的过程中非常活跃，参加过塞瓦斯托波尔战役、斯大林格勒战役、库尔斯克会战等战役。1944 年 3 月因为与希特勒意见不合被解职。1946 年在纽伦堡受到审判。他提交的证词竭力为德国国防军辩护，为后来的所谓"干净的国防军"神话奠定了基础。1949 年在汉堡他又受到战争罪行审判，被判处 18 年监禁，刑期 4 年后于 1953 年获释。50 年代作为西德政府顾问参与了重建西德国防军的工作。他的英文版回忆录《失去的胜利》激烈批评希特勒的军事领导，但是只字不提战争的政治和种族主义背景。——译者注

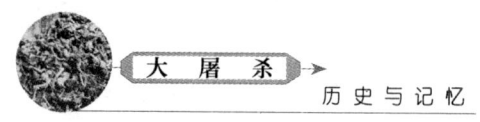

史的编辑者詹姆士·巴特勒先生（James Butler）的指控时强调，服从命令是"军事纪律的本质要求"的一个方面。巴特勒先生曾经写道：

> 例如，19世纪英国和美国的军事指挥官可能会接到命令，要求他们执行一些应该受到谴责的行动。对我来说，在这些行动和古德里安及他的同事们毫无抗议或者没有实际的抗议就容忍的纳粹政府的行为之间，似乎不存在什么可比性。[1]

至于大部分的德国军队，直到1943年都没有感到需要引入国家社会主义的领导军官。这样的军官被设计成纳粹的政委。1941年，军人的信件显示反犹主义的宣传已经在军队里广泛地内在化，变成一种主导的舆论。对于德国人口作为一个整体卷入纳粹主义的程度，这是有启发性的反映。作为应征者，军队是这个社会非常重要的一个方面。那个社会已经目睹了在德国暴力攻击犹太人的情况，而且如果有，也只有很少的人尝试过进行干预。[2]

许多士兵支持自己或者其他人的反犹主义行动。这种支持在国防军里远不是普遍的，却是经常的。而且是一种更加常见的对其他民族的傲慢和蔑视的关键因素，特别是当那些民族被德国征服的时候。确实，1939至1942年的征服鼓舞了种族主义的傲慢和有权利进行统治和指导的感觉，纳粹的意识形态鼓励这种感

---

[1] 伦敦国王学院，利德尔·哈特档案，4/28。
[2] M. 维尔德特：《希特勒的民族共同体和种族主义排斥的动力学：德国地方上的反犹太人暴力活动，1919—1939》（纽约，2012）。

第二章 走向种族灭绝

觉。德国战俘大多知道大屠杀的事情,这是有启发意义的。杀死犹太人成了针对游击队的行动中常见的事情,而且根本不考虑在涉嫌的犹太人和游击队员的游击行动之间有没有联系的问题。独立行动的军事单位1941年秋天开始在苏联杀戮犹太人,这种行动很快变得常见,事实上成了日常性的了。除了军官们起的作用,士兵们也越来越积极屠杀平民,这部分是因为集体动力的因素,同时也是因为许多人信仰这项事业。①

英国人在俘虏德国士兵以后对他们的谈话进行的窃听和记录揭示,他们当中普遍缺少任何悔悟或者责任感。他们中间只是有一种感觉,就是如果屠杀是错误的,那么只是因为这些屠杀是在公开场合进行的,或者是因为在没有取得最后胜利的时候就进行了屠杀。更有甚者,许多被窃听的德国战俘有一种观点,即开枪杀人的人展示了一种值得赞许的决心,而且在有些时候,他们描述大规模屠杀的时候还发出了笑声。一些国防军老兵回忆了不同的态度,但是了解屠杀就意味着多种形式的野蛮。瓦尔特·桑德斯(Walter Sanders)是东部战线的一名通讯军官。他记述了党卫军把活着的犹太人扔进矿井,把人活活打死,以及在向集中营行进的时候把跟不上队伍的犹太人射杀的情况。②

1941年9月1日,乌克兰运动(Ukrainian movement, OUN,乌克兰民族主义组织)的领导人乌拉斯·萨穆楚克(Ulas Samchuk)在《沃林报》(*Volyn*)上宣称:"犹太人问题已经在

---

① W. W. 贝翁:《向黑暗行进:国防军和白俄罗斯的种族屠杀》(剑桥,马萨诸塞州,2014)。
② E. A. 约翰逊和 K.H. 瑞尔邦德:《我们知道的,恐怖,大规模屠杀和纳粹德国的日常生活》(坎布里奇,马萨诸塞州,2005):256。

解决过程中。"乌克兰运动寻求建立一个独立的乌克兰国家。特别行动队和其他杀人者的屠杀行为意义重大不仅是因为杀死的人数,同时也是因为对大屠杀的通常的理解。人们太容易把在战地屠杀犹太人当作根据灭绝营里的"最终解决"编撰的一个前传,从而把焦点都放在后者上面。确实,把注意力主要聚焦于灭绝营里的"最终解决"行动上是公众的关注和纪念活动的一个普遍趋势。这很容易理解。部分是因为灭绝营的资料来源无论多么有限,都比战地屠杀的资料来源更丰富,特别是奥斯维辛灭绝营保留下来成了标志所有灭绝营的中心地点,而且已经被人们参观了。

其他资料来源的因素也是有关系的。幸存者的证词特别关键。因为这些事情的性质(大屠杀灭绝人性,因此纳粹竭尽全力毁灭证据),留下来的灭绝营确实很少,但是,在公众的头脑里,在灭绝营和集中营之间有一种元音省略[1]。这是因为尽管后者非常残忍,而且德国人非常倾向于杀死犹太人,但是集中营还是有幸存者(灭绝营几乎没有)。他们的证言被错误地用来为所有被送到各种营地去的犹太人代言。还有,有些集中营是被美国人或者英国人的军队解放的,但是没有一座灭绝营是由他们解放的。[2] 相

---

[1] 元音省略(elision),语言学、韵律学概念,即省音,元音融合,元音或音节的省略,如 there is 作 there's。这里指公众因为集中营的幸存者和证言远比灭绝营的幸存者和证言多,因而常常忽视集中营(concentration camp)和灭绝营(extermination camp)之间的区别。这两者的区别译者在前言部分的注释中已经提到,阅读下文时请读者注意。——译者注

[2] 本书提到的主要灭绝营都位于波兰等东欧地区,后来都是苏联红军解放的。——译者注

第二章 走向种族灭绝

比之下,由特别行动队和轴心盟国行凶者进行的大屠杀里只有非常少的幸存者。这部分是因为行凶者很注意确保不让任何人幸存下来,部分是因为设法逃脱了 1941 年在苏联领土上的屠杀的犹太人,例如从东白俄罗斯逃走的犹太人此后好几年都面临着恐怖的环境,特别是德国人谋杀式的反游击队扫荡。

但是,1941 年晚些时候的屠杀对大量的犹太人和许多重要的犹太社区来说就是"最终的",特别是对那些基辅和许多白俄罗斯、波罗的海国家的犹太社区来说,这些社区既有大的也有小的(这些屠杀虽然发生在"最终解决"政策形成之前,但是它们彻底消灭了上述犹太社区,所以对这些社区来说,它们就是"最终解决")。因此,在这些屠杀、"最终解决"和人们对大屠杀的一般感觉之间的联系就是意义重大的。在什么样的程度上应该把 1941 年下半年发生的屠杀与后来的工业化屠杀区分开,这个问题是可以进行争论的,特别是因为前者使工业化屠杀的想法在后来实现了。1941 年下半年的屠杀是大屠杀不可或缺的一部分。

尽管在目标上没有分歧,但是特别行动队 1941 年晚期进行的屠杀没有在方法上给消灭遍布欧洲的犹太人提供一个模式。无论许多荷兰人或者法国人可能是多么的温驯、卖国通敌和/或者反犹主义的,很难设想他们的政府中多数会在把阿姆斯特丹和巴黎的犹太人赶到周围的乡村去屠杀这件事情上提供合作。这样一个过程也和德国人对西欧的设想不相符。而且,像 1941 年在占领的苏联领土上那样,在新占领土地上部分居民的合作下,把犹太人屠杀在他们居住的地方,或者靠近他们住处的地方,和把他们运过欧洲的许多地方以便在专门设计的屠杀设施(指灭绝营的

毒气室等）里杀死他们，这两者在组织工作方面是有差别的。

强调灭绝营并不仅仅只是强调它的中心性质，也是强调这些灭绝营就是设计来保证屠杀所有欧洲犹太人的。如果"部分的种族灭绝"可以用来指称杀死某次行动涉及的所有受害者的企图，那么1941年在战地屠杀犹太人只是一次"部分的种族灭绝"。这种差别不仅对于发生的事情是重要的，而且因为后来对大屠杀的纪念变得很重要了。在战地对犹太人的屠杀远比发生在东欧可以用来进行比较的民族屠杀（比如克罗地亚人对塞尔维亚人的屠杀或者乌克兰人对波兰人的屠杀）更加"彻底"，因为，尽管东欧的这些屠杀的方式是谋杀性的和残忍的，但是受害民族中以这种方式被杀死的人数比率比大屠杀小。这一点在纳粹对非犹太德国人的屠杀问题上也是能够成立的。

但是，灭绝营更好地体现了杀戮在重要性上的差异：在奥斯维辛和其他集中营被杀死的绝大多数人是犹太人。结果，大屠杀作为一次种族灭绝行动所达到的程度是独一无二的，而灭绝营则体现了这种独特性。战地屠杀不能体现这种独特性。不过，这个结论也有误导作用，因为就像前面已经指出的，对战地屠杀涉及的那些犹太社区来说，它们经历的暴力和毁灭是可以和灭绝营的效果相提并论的。我们的确需要给这些战地的屠杀更多的关注，应该比公众提及大屠杀时给予它们的关注更多。而且，这些屠杀在灭绝营建立起来以后并没有停止。它们在那以后仍然是重要的，特别是在1942年。当时很多人被以这种方式杀死了，后来也是一样。

而且，战地屠杀说明在灭绝营里可以见到的工业化的杀戮不

第二章 走向种族灭绝

能适用于所有的屠杀。更进一步看,在谋杀式地使用毒气杀人的同时,在奥斯维辛也有大规模的射杀。因此聚焦在战地屠杀上也使关于大屠杀的一个概念成立了,就是大屠杀在某些方面是现代化的一个方面,更具体地说,是新技术和新程序的一个方面——铁路、毒气、应用知识——就像我们在营地的计划和屠杀中看到的,还有我们在纳粹确保有效率的行政管理的努力中看到的。因为现代化通常被视为在某些方面是积极的和进步的,所以除了这个主题令人非常烦恼的伦理道德维度,在这个主题上还存在着基本的经验主义合格性的问题。① 例如,强迫严重营养不良和受到令人毛骨悚然的虐待的犹太人在集中营里劳动远不是现代的,与本质上是自由市场的美国和英国的雇佣劳动,甚至与苏联严酷得多的例子比,效率也相差很远。在苏联,受到控制和强制的劳动也是占主导地位的。后来的事件也同样说明受到管制的劳动力的效率比自由劳动市场要低。而且德国人的屠杀杀死了如此多有才智和有生产力的人口,这很难说明他们在追求效率。尽管因为这番辛劳的一个关键目的是要杀死劳动者,所以我们讨论的是一种不同的、反常的效率。反犹主义是决定性的驱动力。而且,有一个没有澄清的问题,就是在杀死被害者以前对他们进行持续的虐待是怎样被设想为与现代性有关的。

---

① 结合下文,作者这句话的意思应该是指大屠杀在某些方面是"现代化"的一个方面,因为它使用了现代的科技和管理手段,但是从伦理角度看,这样使用现代科技能否被视为一种"现代化"是令人"非常烦恼"的问题;另一方面,纳粹使用这些现代科技手段获得的强迫劳动力效率非常低下;屠杀有知识和生产力的人口,更是对德国的经济有害无利,所以从经验角度讲,这样使用现代科技完全不符合"现代化"的标准,作为现代化的努力是"不合格的"。——译者注

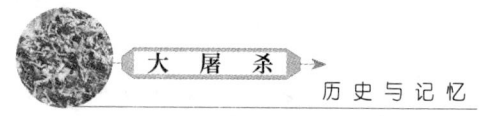

特别行动队的行动削弱了在其他地方对大规模屠杀的约束。这些行动和屠杀的方法,在同一个时刻既是随意的又是系统的,反映了在其他部门,特别是军队非常重要的共谋下,在这个政权的一些关键部门对屠杀的约束已经破坏到了什么程度。士兵们适应了杀犹太人或者在屠杀中提供合作。战役中的混乱和胜利前进的兴高采烈给那些明显的屠杀行为提供了机会。从目标和动机来说,追求这种屠杀的行为模式都是有条理的,绝不是无秩序的。屠杀行为的这种特色可以被归纳出来。实践中,就特别行动队而言,在拘禁和屠杀犹太人的过程中有相当的不一致性和混乱,当然,最基本的混乱恰恰就是在过程和目标中体现出来的。

"安乐死"和毒气

除了早期在波兰和巴巴罗萨行动期间对犹太人的屠杀,"安乐死"项目为新形式的屠杀提供了一个关键背景。这是针对精神疾病患者和无劳动能力的残疾德国人的屠杀项目。1939年7月希特勒口头批准了这个项目,那一年晚些时候他又以手令的方式批准了它。这些都反映了希特勒长期以来对"安乐死"的支持。这个项目说明大规模屠杀的凶手是容易确认的。

在这些杀人行动中可以看到后来大屠杀的许多实际做法,比如它的隐秘性。"安乐死"项目在一些特别指定的精神病医院给这些杀人行动提供了经验。在拥有毒气室和火葬场的哈达马尔医院(Hadamar hospital),1941年超过一万人被屠杀。同样,在东欧则是射杀或者在毒气车里毒杀。使用的毒气是一氧化碳。最初使用的是注射处死的方式,但是从1940年1月开始,因为更

第二章　走向种族灭绝

适合大规模屠杀,所以开始使用毒气。除了毒气车,也使用改装过的淋浴室。按照命令对精神病人和残疾人进行的集中屠杀在1941年8月24日暂停,可能是因为屠杀的消息泄露出去,公众的关注度不断增强,以及明斯特天主教主教克莱门斯·冯·盖伦(Clemens von Galen)批评性的布道。但是,对精神残疾者和病人的谋杀还在延续,特别是从1942年的夏天开始,尽管谋杀使用注射和饥饿的手段(尤其是使用脱脂食谱)而非毒气。

和屠杀犹太人一样,屠杀这些人时不缺少自愿的凶手。促使人们热情支持屠杀政策的是一种歪曲的、通过种族净化实现进步的观点,而不是为了进步不得不接受某些必需的事物这样一种令人感到郁闷的观点。1939年到1940年,与后来转向使用毒气杀死生理和精神疾患病人的"T-4 计划"同时,还存在一种由党卫军对波兰和德国东北部相当数量的精神病患者实施的方式不同的平行屠杀体系。总计有大约212000名德国人在"安乐死"计划中被杀死,还有至少80000名来自德国占领区精神病机构的病人也被杀死。

德国对犹太人的政策还催生了各种研究最佳杀人方法的实验。德国人试图寻找一种毒气杀人方法,这种方法将给犹太人提供很少关于命运的警示,好让犹太人没有反抗的机会。德国人相信他们可以克服任何抵抗,但是不想看到为可预见的屠杀设计好的过程受到破坏。德国人还想要一种相对而言需要更少的操作人员或者杀人者的屠杀方法。在野外大规模杀人被认为太公开了,对相关人员的心理创伤也太大,而且还很昂贵,例如,要使用弹药。这是一种沉浸在鲜血里的成本效益分析。毒气是一种便宜

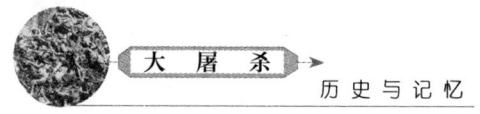

的方法。区别在于要达到目的必须把受害者集中起来，而不是分布在一条线上，或者分布在城市或者城镇里。把受害者散布在战场上严重缺乏效率，而在一个禁闭的空间里使用毒气效率则高得多。

在波兰的一个集中营，即克拉科夫西边用一个军营改建的奥斯维辛集中营，1941年9月5日，用600名苏联囚犯进行了齐克隆-B（氢氰酸）毒气结晶实验。齐克隆-B这种结晶本来是在虱子身上做实验以研究对衣物和房屋进行烟熏法消毒的。从1941年9月开始，德国人也开始使用一种比早期型号更致命的毒气车，这种车使用的是装在瓶子里的一氧化碳。毒气车后部的隔室里使用的是汽车尾气（不是齐克隆-B），受害者会窒息而死。这种车已经在苏联战俘身上试验过了，作为特别行动队杀人行动的一部分，11月份在乌克兰的波尔塔瓦（Poltava）也使用了这种车。其他毒气车则在白俄罗斯、波罗的海各共和国和塞尔维亚使用。

从1941年12月7日开始，在从位于海乌姆诺（Chelmno，波兰北部城市）新开放的灭绝营到附近森林去的路上，开始用毒气车处死犹太人，然后埋在森林里。毒气车作为一种工具早在那一年的早些时候就被苏联内务人民委员会用来杀死政治犯，但是从未达到在海乌姆诺或者其他地方使用时的那种人数规模。就大规模杀人而言，毒气室甚至比在海乌姆诺的效率更高，而后者是此后灭绝营的原型。在海乌姆诺，大多数从罗兹的格都转移过来的犹太人一抵达就被用毒气毒死。那里每天大约可以杀死1000人。除了使用毒气杀人，在海乌姆诺还有来自党卫军守卫的大

第二章 走向种族灭绝

量虐待狂式的暴力行为。最终,大约152000人在海乌姆诺被杀。其中主要是犹太人,但也包括数千名吉卜赛人(罗姆人)和数百名其他人员。只有6个人从那个灭绝营幸存下来。[①]后来其他的灭绝营迅速建立了起来。

一种新地理学

在德国为欧洲的将来准备的计划中,杀掉那些被认为是不需要的人是中心内容。纳粹领导层计划了一种"新秩序"。在这种"新秩序"里,德国位居欧洲体系的中心,而德国人则在种族等级中居于最上层。欧洲的经济要服从德国的兴趣。欧洲的其他部分要按照德国的条件给德国提供劳动力、原材料和食物,同时从德国获得工业产品。两个过程都有助于德国的繁荣。而且,犹太人的财产要被没收。的确,先是在德国,然后在全欧洲掠夺犹太人的财富是德国战争经济和财政至关重要的一部分。从狭义的却是非常重要的一个角度讲,可以给德国和它的盟国以及被占领国家的军火生产提供资金,同时提供强制劳动力;从广义的角度讲则可以向德国和它的盟国以及被德国占领的国家的经济注入现金或者商品,从而延缓短缺造成最坏的影响,巩固轴心国的经济体系。在希特勒对德国领导下的欧洲的设想里,假设了一个内在的竞争性的世界经济体系,美国是争夺在这个体系内进行控制和对这个体系进行控制的权力时最主要的对手。

掠夺并不仅仅是国家行为。政权的成员们也积极地参与了夺

[①] P.蒙塔古:《海乌姆诺和大屠杀:希特勒的第一个死亡营的历史》(伦敦,2012)。

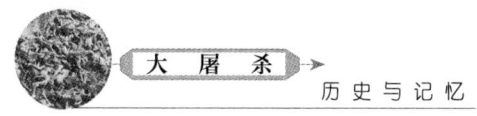

取财产和其他资产的行动,包括搜刮珠宝和画作。① 一些显赫的纳粹成员比如戈林对搜刮珠宝和画作简直是具有图腾般的兴致。而且,许多"普通德国人"也试图从犹太人拥有的财产和其他资产里获益,还试图从驱逐犹太人的过程中获益。这是一个重要的方面,可以反映人们在大屠杀中的参与程度。参与这种行动的程度比参与实际的驱逐和杀戮行为要广泛得多。而且,为了驱逐和杀死犹太人发展出来的理论根据也证明了反犹主义的力量。把犹太人描述成共产主义者、游击队员、食品的消耗者、疾病传播者或者同盟国轰炸的鼓励者的时候,也同样证明了反犹主义的力量。

希特勒越来越致力于屠杀和广泛的重新安置人口的革命。这场革命要伴之以经济上的掠夺,以便给德国的战争努力添加润滑剂。他越来越经常对犹太人发表评论,而且越来越恶毒了。为了向自己和其他人证明他对目的的感觉,他又转向自己在1939年1月做出的预言,即另一场世界大战会导致摧毁欧洲的犹太人。在希特勒的头脑里,不仅有对屠杀犹太人这个目的持之以恒和专心致志的态度,而且有一项因为形势发展变得越来越重要的政策("最终解决")。

政策的发展和实施导致一种屠杀地理学,这种地理学的目的是追求所谓的"净化空间"。这是纳粹人口政策的关键方面,尽管这种思想早在20世纪20年代就有记录了。纳粹设想要占领苏

---

① 戈林收藏的艺术品有的是别人赠送的,有的是买来的,但很大一部分是掠夺来的,包括1375幅画作、250座雕塑和168幅壁毯,总价值达到好几亿帝国马克。见〔德国〕弗兰克·巴约尔:《纳粹德国的腐败与反腐》,译林出版社,2015年版。——译者注

第二章 走向种族灭绝

联的很多地方，当地的人口要进行分类以实现日耳曼化，或者加以灭绝。如果对两者都不合适，就要强迫迁移到西伯利亚去。纳粹不打算占领那里。按照《东方总规划》①，要用从优等民族（统治民族）来的日耳曼定居者代替遍布东欧的斯拉夫和犹太人。克里米亚被纳粹设想为德国的直布罗陀，一个德国的里维埃拉②，或者对希特勒来说，按照他对家乡日耳曼种族起源地的兴趣，一个Gotengau。③那是古代哥特人的土地。在克里米亚，为了满足希特勒的盟友墨索里尼的愿望而从南蒂罗尔④迁出来的日耳曼人将会取代当地的人口。乌克兰将交给由被征服的农民支持的党卫军大庄园（地产）。希姆莱用"禁伐森林"的名字制订了一个计划，要在乌克兰建立一个日耳曼定居者的殖民地。

但是就像马达加斯加计划一样，迁移到西伯利亚的可能性被各种联合起来的反制力挫败了，不再是对犹太人的战争的发展方向。因为这个前景缺乏实现的可能，事实上，是现实鼓励了对犹太人的屠杀，作为让德国的计划立刻生效的明显可行的手段之一。而且，无论德国政策（例如马达加斯加计划和西伯利亚计

---

① 东方总规划，德语：Generalplan Ost。是纳粹制定的对中欧和东欧进行大规模种族灭绝和种族清洗以及殖民主义统治的计划。这个计划一直在修订，现在知道有四个不同时间的版本。在"二战"期间曾经在被占领的领土上部分实行过，但是在斯大林格勒战役失败以后逐渐被抛弃了。——译者注

② 里维埃拉（Riviera），意大利语，意为"海岸线"。意大利和法国南部都有一段海岸线被称为里维埃拉。也泛指一条阳光明媚、地形多样、游客众多的海岸线。——译者注

③ Gotengau，即"哥特人的高尔"（Gau of the Goths）。"高尔"（Gau）是中世纪日耳曼人的地方行政区划，大致相当于英国的"郡"（shire）。——译者注

④ 南蒂罗尔（South Tyrol）是意大利北部阿尔卑斯山区的一个自治省，这里至今仍以讲德语的居民为主。——译者注

划)的长远可能性如何,把西欧的犹太人驱逐到已经人满为患的波兰的格都,暗示了一种越来越感到紧迫的种族地理学。

这样的驱逐也反映了来自官方的一些建议。他们试图处理一些问题,这些问题既有关于反犹主义政策的,例如维持把法国犹太人集中起来的比率,也有关于其他问题的,比如用犹太人的损失来获取住房。住房问题因为盟国的轰炸把德国人赶出了家园变得紧迫起来。轰炸从1941年开始越来越严重,1942年以后影响更大了。官员们在不断增长的残忍的反犹主义意识形态的环境里处理这些问题,推动各种权宜之计,用希特勒的花言巧语和指示来鼓励自己的行为,为自己的行为提供合法性。因此,驱逐犹太人可以被视为解决更多问题的一个方法,而不只是为了解决希特勒看来的根本问题——犹太人的存在。驱逐犹太人解决的既有紧迫的问题,也有长远的问题。

一个重要的转折点

在野外杀人是可怕的,1941年晚些时候一个更加广泛和激烈的"最终解决"正在计划着。最初,波兰被视为一个终点,其实就是一个来自欧洲其他地方的犹太人的堆卸场。在那里可以粗暴地对待犹太人,让他们干活,但是这很快就变成大屠杀的一个场地了。在被征服的波兰,德国人不需要依赖当地政府的合作。在那个被残酷对待的国家,他们能够按自己的选择进行运作。德国人没有多少兴趣寻找波兰合作者,那里也没有卖国贼式的政府来给实施德国的政策制造混乱和分歧。反之,波兰人其实也是德国种族暴力的目标的一部分。而且,波兰的位置和铁路网对从欧洲

第二章 走向种族灭绝

各地驱逐犹太人来说非常便利，特别是从西欧和中欧。对驱逐波兰的犹太人也一样便利。①《奥斯维辛死亡营》描画了波兰集中营所在的位置（纽约，1944）。这是1942年出版的一本波兰语地下小册子的译本。

当这些问题向希特勒提出来时，1941年9月中被证明是一个重要转折点的关键时刻。希特勒在这个时刻决心驱逐西欧的犹太人。9月17日，希特勒决定立刻把德国、奥地利和捷克的犹太人驱逐到罗兹去。人们认为这个决定可能导致他们中许多人在那年冬天死亡。确实，驱逐的想法既是达到那些计划中的目的的一种手段，也是一种骗术。这是两者的典型结合。这个决定是要贯彻执行一个为了新的种族秩序已经存在很久的计划。它是在对战争的进展一片乐观的，还有一些兴高采烈的情绪中做出的。9月16日，德军完成了对苏联位于基辅附近的西南方面军的包围。这场包围战给德军带来665000名苏军战俘，这是那一年所有包围战中最大的俘获数字。根据希特勒的命令，从那些原来属于波兰的外部地区进行的大规模驱逐开始了，即使战争还没有结束。罗兹和海乌姆诺都是扩张以后的德国领土。被转运到那里的德国（和奥地利）犹太人技术上仍然是第三帝国的国民，但是在希特勒政策的谋杀性目的面前这些都毫无意义。

1941年9月中的决定是决定性的，特别是因为它确立了迅速转移所有德国控制的欧洲地区犹太人的政策，从而把更多的犹太人送到大规模屠杀的地点。艾希曼接到命令为新政策做好细节方

---

① L.R.约翰逊：《中欧，敌人，邻居，朋友》（纽约，1996）：219。

本图引自维基百科一下网址，翻译后有改动：
https://upload.wikimedia.org/wikipedia/commons/d/d0/WW2–Holocaust–Poland.PNG

*1：维尔诺（Wilno），今立陶宛首都维尔纽斯（Vilnius）的波兰语名称。
*2：奥斯兰总督辖区（Reichs kommissariat Ostland），"二战"期间纳粹德国于1941年在波罗的海国家爱沙尼亚、拉脱维亚、立陶宛、波兰北部和白俄罗斯西部建立的民事占领当局，名义上受帝国东方占领领土部（Reichsministerium für die besetzten Ostgebiete）领导人阿尔弗雷德·罗森伯格 [Alfred Rosenberg] 领导，实际上由国家专员 [Reichskommissar] 辛利希·洛斯 [Hinrich Lohse] 领导。
*3：诺沃格鲁德克（Nowogródek）：今白俄罗斯城市纳瓦鲁达克（Navahrudak）的波兰语名称，"二战"前属波兰。
*4：布隆那-格拉（Bronna Góra）："二战"前属波兰，现属白俄罗斯。
*5：乌克兰总督辖区（Reichskommissariat Ukraine），"二战"期间纳粹德国于1941年在乌克兰与白俄罗斯交界地区建立的民事占领当局。
*6：卢茨克（Łuck）：波兰语地名，今乌克兰西北部沃伦州首府。
*7：斯坦尼斯拉夫（Stanisławów），波兰语地名，"二战"前属波兰，今乌克兰西部城市伊万诺-弗兰科夫斯克（Ivano-Frankivsk）。
*8：格罗德诺（Grodno），"二战"前属波兰，"二战"后属苏联，今白俄罗斯西部城市。
*9：布列斯特（Brześć），波兰语地名，英语为 Brest 或 Brest–Litovsk（布列斯特-立陶夫斯克），今属白俄罗斯。
*10：科威尔（Kowel）：乌克兰西北部城市科韦利（Kovel）的波兰语名称；
*11：索尔道（Soldau）：今天波兰城市吉奥多沃（Działdowo）的旧德语名。

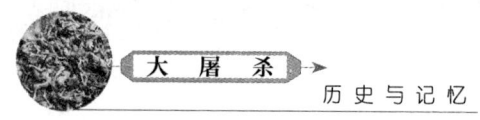

面的准备。他是第六局①所属的种族与移民办公室负责人。10月，他在提到犹太人问题时使用了"最终解决"这个术语，后来这个术语出现在许多文件里。10月从汉堡庞大的犹太人社区第一次驱逐犹太人。汉堡的犹太人社区是德国规模仅次于柏林的第二大犹太人社区。12月，另一个重要的犹太人社区——汉诺威的犹太人被用火车运到了里加。

官方在1941年8月24日停止了安乐死式的谋杀，但是同年又决定鼓励东部战线和被占领的东部地区的自愿杀手以推动屠杀，这两者形成了一种具有启示意义的对比。前者反映了对德国公众意见的一种关注，后者则是对公众意见的一种反应。很明显，对待犹太人的方式在东部战线和德国只会激起微弱的反对。确实，这种情况说明屠杀可能进一步肯定了公众对这个政权的支持，也让政权保持了活力感。从社会里排除犹太人清除了迈向"最终解决"的道路上的障碍。排除犹太人和接受大屠杀利用了广泛传播的各种信念，那就是犹太人是异类，是邪恶的。它还利用了许多德国人获得授权（杀死犹太人）的感觉，这种感觉就是首先从残忍地对待犹太人发展来的。

国际环境

尽管希特勒和斯大林都非常清楚自己卷进一场纳粹主义和共产主义之间的斗争，但是他们都认识到这两种意识形态都是从截然相反的两个方向反对英国和美国的自由主义价值观的。这两种

---

① 第六局（Amt IV），帝国安全总办公室第六局，负责镇压反对活动。由盖世太保第二处和第三处组成。——译者注

第二章 走向种族灭绝

意识形态不仅都仇恨英国的政治立场，而且拒绝它的自由主义和由它调整的全球经济和金融秩序，特别是它的世界主义特征。这种拒斥不仅是反对自由资本主义的结果，也是因为痛恨英国赞同一份国际政治议事日程的结果。这份议程的焦点汇聚在抵制独裁主义的扩张主义上。反犹主义把自由资本主义和犹太人联系起来，谴责它是一种财阀政治。希特勒从1939年8月的《莫洛托夫－里宾特洛甫条约》到1941年6月发动巴巴罗萨行动之间与苏联的合作，可以和1938至1941年间在纳粹的反犹主义中发生的一个反西方转变联系起来。比如纳粹说："在西方反对丘吉尔和罗斯福的战争在意识形态战争的性质上一点都不比在东方为生存空间进行的战争逊色。"[①]对德国的敌人来说也是如此。确实就像1939年9月3日英国下议院就宣战宣言进行简短辩论时，丘吉尔所说的那样：

> 这不是为但泽（Danzig，或译为格但斯克[Gdansk]，波兰城市）战斗或者为波兰战斗的问题。我们要为从纳粹暴政的瘟疫下解救整个世界，为保卫所有那些对人类来说最神圣的东西而战。这不是一场为控制权或者帝国主义的扩张或者获取物质利益而进行的战争，也不是为了让任何国家无法获得阳光和进步的手段而进行的战争。从它的内在本质来看，这是一场要在坚不可摧的基石上确立个人权利的战争，是一场确立和复兴人类精神境界的战争。

---

① P. 维特：《与"犹太人问题的最终解决"相关的两个决定：驱逐到罗兹和在海乌姆诺的大规模屠杀》，《大屠杀和种族灭绝研究》1995年第9期，325—333页。

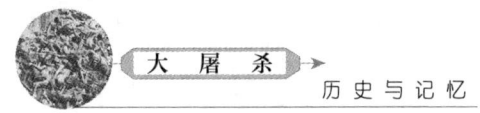
大屠杀
历史与记忆

当德国的盟国和敌人发生变化时,在希特勒的观点和言辞中,据称来自犹太人的威胁却维持不变。他在1941年6月22日对德国人民发表的标志着巴巴罗萨行动开始的广播讲话中,用他典型的方式谴责犹太人要为英国和苏联的政策负责。这种态度影响了一些他最亲近的支持者,例如罗伯特·莱(Robert Ley)。莱是一名"一战"中负过伤的老兵,一个恶毒的反犹主义者。从1933年开始,他就是德国劳动阵线的领导人。在他1945年自杀以前,他把同盟国写成犹太人的工具,把战争写成与犹太人的斗争。印刷品和媒体传播了这个主题。许多德国人受到影响,相信了"犹太人控制"的说法和需要推翻这种控制的宣传。

1941年12月战争的扩展把美国拉进来了。这个发展可能进一步给希特勒对犹太人的态度增加了动力,鼓励了希特勒推进欧洲的大规模谋杀行为。有观点认为1941年8月14日由丘吉尔和罗斯福签署的关于《大西洋宪章》的宣言起了同样的作用。希特勒宣称美国的政策被犹太金融利益集团操纵了,他针对英国也使用了这个错误的论述。1941年3月美国国会通过《租借法案》也曾经在早些时候让希特勒得出过同样的结论。

12月7日日本突袭珍珠港,12月8日美国对日本宣战,德国和意大利则在12月11日对美国宣战。希特勒认为德国和美国在西大西洋实际上已经处于交战状态。在那里,美国军舰为开往英国的船只护航并且成了德国潜水艇的攻击目标。1941年12月22日开幕的美国国会肯定了罗斯福的"德国第一"政策。美国把战争重点放在德国而非日本身上,在希特勒看来,证明了犹太

第二章　走向种族灭绝

人的利益在美国政策中扮演的角色和在更广泛的范围里发生的作用，也就证明了他对犹太人的战争升级的正当性，并且让这种升级变成一种必需的行动。

这场战争对希特勒来说与他的军事和国际政策是不可分的，是同一个方程式的组成部分。从 1941 年 12 月开始，希特勒的讲话、会议和来自其他纳粹领导人的文献都使这一点变得很明显，而且暗示希特勒已经决定煽动种族灭绝。事实上，希特勒 12 月 12 日对地方领导人和国家领袖的讲演被认为对万塞会议来说至关重要。1942 年 1 月、2 月和 11 月，希特勒在广播讲话中都快乐地期待着犹太人的终结。

评论家大卫·欧文争辩说希特勒没有下令进行大屠杀。他提出一个观点，认为大屠杀是潜藏在纳粹主义和反犹主义中的动能和活力的一个产物。现实是，希特勒是第三帝国的核心。次要一些的行动可以在他的明确或者暗示性的批准下进行，但是没有他的直接支持，没有什么重要的行为能够成为可能。"为领袖工作"的思想提供了一种动力。凭借这种东西，大量德国人为了证明自己的立场，实现自己作为德国人的潜能，不仅想方设法去实现他们认为是希特勒的意愿的那些东西，甚至提前致力于希特勒的那些目标。这些目标有的是公开宣布了的，有的则是人们相信希特勒期望的目标。这帮助造就了社会与国家的整合。对这种整合来说，希特勒在社会和国家中的影响力都是至关重要的。这种影响力和处理犹太人的方式是有直接关系的。例如，地方领导人展开竞争，为的是第一个告诉希特勒他的辖区（政府管辖的地区）已经没有犹太人了。地方领导人个人在推动驱逐。在 1940 年秋天，

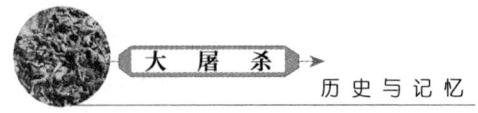

约瑟夫·布尔科（Josef Bürckel）就是布尔科行动的热切的支持者。这是一个从萨尔州（Saarland）和巴拉丁（Palatinate）驱逐犹太人的计划。

没有迹象显示希特勒对大屠杀发布过任何书面的命令，但是戈林和海德里希都称希特勒是大规模杀戮的授权来源。1941年秋天的早些时候是关键时期。希特勒这时不仅授权驱逐犹太人，还允许党卫军获得波兰的控制权，使在那里组织种族灭绝行动具有了可能性。希特勒一直得到关于大规模屠杀的报告，而且"对此进行特别的干预"[①]。1941年12月18日，希特勒告诉希姆莱，犹太人应该像"游击队员"一样被杀掉，用德国的术语说，就是不经任何法律程序或者不受任何约束地立刻处死。

希特勒本人从来没有目睹过杀人的过程。相比之下，1941年8月，希姆莱在明斯克观看了大规模的射杀，而且在那次访问中决定为屠杀犹太人增加人手。在1942年7月对奥斯维辛的视察中，他观看了毒气杀人的过程。1943年，他让人在奥斯维辛武装党卫军的房子里为自己准备了住处，但是他从未占用过这个住地，尽管他1943年7月参观过索比堡灭绝营。1946年，德国外交部长、获得过授勋的"一战"老兵约阿希姆·冯·里宾特洛甫告诉负责监控纽伦堡军事法庭被告的美国军队精神病学家利

---

① S.弗里德伦德：《从反犹主义到灭绝行动》，《以色列犹太人大屠杀纪念馆研究》1984年第16期，48页。

第二章 走向种族灭绝

昂·戈尔德森[①]：

> 希特勒在犹太人问题上是摇摆不定的。他经常告诉我是犹太人导致了战争，在犹太资本主义和犹太布尔什维克主义之间有一个串通的阴谋……确实，我知道犹太人导致了战争和犹太人是如此重要的想法都是胡扯。但这就是希特勒的想法，而且随着时间的流逝他对这个想法越来越着迷了。他还说从历史的角度长远来看，犹太人的灭绝会一直是德国历史的一个污点，但是某种程度上，造成这个污点要归因于希特勒失去了辨别轻重缓急的能力，因为他正在失去那场战争，他在犹太人的问题上变得"狂乱"了。[②]

里宾特洛甫是自私自利的：所有的德国高级领导人都很清楚希特勒的种族灭绝政策。里宾特洛甫觉得没有必要告诉戈尔德森，1943年4月他曾经通知匈牙利摄政米克洛什·霍尔蒂海军上将，犹太人应该被杀掉或者赶进集中营。这发生在希特勒不断强调犹太人面临着劳动和死亡的选择，后来把犹太人比作结核菌之前。把犹太人比作结核菌没有给犹太人进行选择的环境和性质留

---

① 利昂·戈尔德森（Leon Goldensohn，1911—1961），美国精神病学家，立陶宛裔犹太人。1946年1月开始，他负责监控21名纽伦堡审判中的纳粹被告的精神健康状况。在7月离职之前他几乎每天都去见这些战犯。他的笔记后来由历史学家R.格雷特利（R. Gellately）编辑成《纽伦堡访谈：由利昂·戈尔德森进行》。——译者注

② R.格雷特利编：《纽伦堡访谈：由利昂·戈尔德森进行》（伦敦，2007）：188—190。

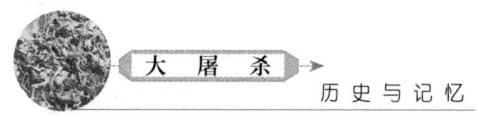

下什么疑问。① 里宾特洛甫 1936 年就被任命为党卫军荣誉总队长（少将）职务。在纽伦堡，他因为在"最终解决"中扮演的外交角色被判处死刑。在纽伦堡，波兰总督府的领导人汉斯·弗兰克（Hans Frank）试图逃避惩罚。他否认自己知晓灭绝营的情况。他也被判处绞刑。

  在德国的政策结构中，部分自治的一些实体贯彻执行着纳粹的信仰，针对问题和他们对问题的看法做出反应。尽管希特勒似乎在 1941 年发出了口头命令，但是政策结构的这种性质保证了对全欧洲犹太人进行大屠杀的问题没有确定一个时间表。尽管希特勒 9 月中旬授权驱逐犹太人和允许党卫军获得波兰的控制权决定很清楚是非常重要的，但是在被占领的苏联的荒野里进行的对男人、女人和儿童的大规模杀戮，没有在任何时刻被确定为对全欧洲犹太人广泛的、工业化屠杀的一个阶段。这种广泛工业化的大屠杀是已经决定了的，它将成为全世界犹太人命运的计划书。但是这些计划的制订则更为即兴，而且屠杀是不断增加和积累起来的。接受了这种背景以后，当意识形态、机会和需要被结合起来，转变就在 1941 年晚些时候发生了，而希姆莱和海德里希则是转变的关键协调者。他们在引入一个新的政策和归纳地区性的谋杀政策并转变为一种战略的过程中起了工具性的作用，但是这个过程是希特勒批准的。②

---

  ① S. 弗里德伦德：《从反犹主义到灭绝行动》；47。
  ② 安恩·科修：《命运攸关的选择：十个改变了世界的决定，1940—1941》（伦敦，2007）：431—470。

第二章 走向种族灭绝

朝向大屠杀的主动性

安恩·科修（Ian Kershaw）在对瓦尔特高地方的研究中指出，在中央的指导和地方的主动性之间存在一种复杂的关系，地方的主动性反映了一系列因素。瓦尔特高是波兰的一部分，1939年作为大德意志帝国的一部分并入德国，而且准备进行日耳曼化。瓦尔特高地区包括了罗兹的格都。这个地区的纳粹地方长官亚瑟·格赖泽尔（Arthur Greiser）同意接收按照希特勒9月17日的命令将要到来的大量被驱逐者，同时获得批准在海乌姆诺建立屠杀的设施。这些设施将由格赖泽尔管理，他将向希姆莱负责。在德国建立的波兰总督府管辖的地区（总督府辖区覆盖了波兰的许多地方，包括主要波兰城市如克拉科夫、卢布林和华沙），人口状况变化了。这种变化的首要原因不是欧洲驱逐犹太人的结果，在欧洲的驱逐行动花了一些时间才发展成为大规模的驱逐。人口状况的变化首先是因为从欧洲把犹太人迁移到苏联领土的确定性终结了。

这个变化导致总督府辖区里的犹太人本来已经极为惨烈的遭遇更加严酷了，还导致残酷暴力的主动性。1941年11月在贝乌热茨（Belzec）修建灭绝营就是一个结果。这个灭绝营是党卫队队长奥迪罗·格洛波奇尼克的主动性的产物。他是卢布林地区党卫队和警察的领导人。据推测，10月13日他会见希姆莱时获得了这种主动性的授权。那些位于政治中心的人了解这些政策，而且支持它们。这确保当他们谈到向东方驱逐犹太人时，意思是屠杀，而不是像早前那样，指的是对犹太人问题的一种虽然严酷却

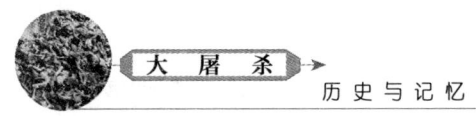

是区域性的解决方法。驱逐这种方法的重要性不断下降,最后并入毁灭,"允许死亡"的说法并入杀死和大规模地杀死。

科修争论说,希特勒允许其他人把他表达的意识形态的命令转变为实际的政策目标的时候是满意的,而且在那些人这么做以让他高兴的时候也是满意的。① 为了让政策具有合理性,官员们声称无论是作为游击队员、黑市商人或者传染病的传播者,犹太人都构成一种威胁,或者说犹太人作为食品和房屋的消耗者、没有效率的劳动者造成了问题。这些说法都是荒谬可笑的。说犹太人是食物的消耗者和他们实际上消耗食物的微小比率形成了鲜明的对比。这些试图使大屠杀合理化的说法反映了官员们的关注,但是这些关注和他们的语境并不仅仅是官僚主义的。反之,意识形态的命令保证了议题会用一种暴力的反犹主义的方式来进行解释。德国的政策使犹太人成了一个问题,然后用大规模屠杀来解决这个所谓的问题,来处理战争的不确定性和对一个新秩序的需要,来满足对暴力解决方案的探求和对通过暴力来解决问题的追求,以推动一个未来的希望和计划——野心勃勃的希望和计划。

最高层确定的纳粹宣传强调,犹太人要被消灭。极度反犹主义的东部占领地区事务部长阿尔弗雷德·罗森伯格(Alfred Rosenberg)在见过希姆莱以后,于11月18日举行了一个新闻发布会。在会上提到对"欧洲全体犹太人的生物学根除"。而戈

---

① 安恩·科修:《即兴创作的种族灭绝,"最终解决"在瓦尔特高地区的出现》,《皇家历史学会学报》,1992年第2期,73页;克里斯托弗·勃朗宁:《德国凶手:来自上面的命令,来自下面的主动性以及地方自治的范围——布列斯特-立陶夫斯克案例》,见克里斯托弗·勃朗宁:《纳粹的政策,犹太工人,德国凶手》(剑桥,2000);116—142。

第二章　走向种族灭绝

培尔则在 11 月 16 日的《帝国报》上写到要消灭世界上的犹太人。这篇文章的题目是《犹太人是有罪的》。文章在德国出版社重印过。对于德国人是否广泛了解大屠杀的这个问题，上述的情况是有指示意义的。对德国政府的政策目标应该没有什么疑问了。（德国政府没有对大屠杀）提出任何基于职业、地域、宗教或者其他标准的限制。犹太人要作为一个种族被灭掉，没有例外。对待犹太人的这种政策目标和对待那些被认为在政治类别上属于敌人的人的谋杀性处理方式是不同的，不过后者也包含令人震惊的残忍和悲惨。

万　塞

1942 年 1 月 20 日，来自相关部门的 14 名高级行政官员在柏林郊区万塞的一个别墅区召开会议。这个别墅区是安全警察的招待所。这个会议帮助协调拟议中的"最终解决"的组织工作。在"最终解决"方案里，所有欧洲的犹太人，包括迄今为止还没有被德国控制的犹太人都要被驱逐到死亡营里并被杀掉。这样一个跨部门专业人员的聚会是重要的，因为希特勒没有用内阁制的政府。有些学者认为在政策制定过程中这个会议是决定性的，但是另一些学者认为这个会议的过渡性更强一些。有争论说会议最初只是让与会者讨论把犹太人驱逐到东方，强迫他们劳动和进行有选择的大规模谋杀的问题。最终的万塞会议备忘录说明尽管当时没有做出决定，但是会议在种族灭绝方面达成了一致。在万塞会议上，海德里希宣布犹太人要被驱逐到东方，然后劳动至死。对那些幸存下来的人要加以处理。他们被视为一种威胁，因为他们

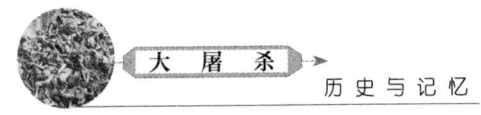

较之那些劳动至死的人更强壮。因此,在纳粹的种族战争中对幸存者进行屠杀被认为具有特殊的必要性。备忘录没有明确说明那些不能劳动的人的命运。① 备忘录显示,会议的很大一部分议程——大约持续1小时到90分钟的一段时间是被海德里希的演讲占去的。他在演讲中强调要协调一个对"最终解决"的高效率的反应机制。他指出戈林委托他负责这个任务。戈林当时名义上是负责犹太人政策的部长。

海德里希通过传达戈林的指示强调了党卫军和他个人的中心作用,会议于是确定党卫军和警察的领导人希姆莱和作为他的代表的海德里希负责这个事务。这是在纳粹的政府管理中非常重要的制度性和个人负责的帝国建设体制的一个首要例证。但是,党卫军扮演的角色也给政府其他部门施加了予以配合的压力。这对纳粹的政府体系来说是很重要的。因为地方竞争,在纳粹政权这个体系中合作是有限的。

召集这个会议反映了在被占领的苏联领土和欧洲其他地方存在的反差。在被占领的苏联领土上,特别行动队可以没有阻碍地运作,而在欧洲的其他地方,党卫军却有必要更多地考虑一系列其他政府部门的情况。党卫军决心控制局面,决心让其他人在种族灭绝行动中与自己沆瀣一气,这可能是万塞会议最重要的目的。万塞会议明确了喜欢多事的弗兰克和东方被占领土部长罗森伯格的从属地位。

在万塞会议上,海德里希回顾了此前的政策,特别是移民出

---

① M. 罗斯曼:《别墅、湖和会议:万塞和最终解决》(伦敦,2002)。

第二章 走向种族灭绝

境以清除德国犹太人的政策,但是他指出,这个政策 1941 年 10 月被希姆莱制止了,因为这个政策造成了一些问题,而且现在出现了新的可能性。现在,犹太人要被驱逐到东欧去准备被最终解决。1100 万犹太人将受到影响。波兰总督府的代表约瑟夫·布勒(Josef Buhler)要求解决办法应该是迅速的,他宣称在总督府辖区对额外的人力没有真正的需求。

德国式对分类的兴趣表现出来的就是这样一个事实:万塞会议备忘录近三分之一的篇幅是关于混合婚姻(跨种族婚姻)和这种婚姻的子女问题的讨论。党卫军想要把所有混合婚姻的后裔(即儿童)和其他犹太人一起送到东方去。这是一种激进的解决方案,而且与内政部的政策不合。内政部希望保护这些儿童。最终,因为担心可能引起公众舆论,希特勒决定不驱逐那些混合婚姻和来自混合婚姻的人,特别是有雅利安亲属的人。[①] 强制解除所有混合婚姻的计划没有得到坚持。许多德国犹太人能够在战争中幸存下来就是因为他们的混合婚姻。在汉堡,5880 名犹太人被驱逐,其中绝大多数走向大屠杀。674 名到战争结束还在这座城市里的犹太人中,631 人属于混合婚姻。[②] 同时,犹太人是一个必须停止生长的类别。1941 年在匈牙利,基督徒和犹太人之间的婚姻被立法禁止。这种婚姻被视为种族和社会感染的源头,不能允许犹太人的血统和特征扩散开去。

[①] 杰里米·诺克斯:《纳粹德国政策向日耳曼—犹太"混血儿"方向的发展》,《利奥·贝克研究所年鉴》1989 年第 34 期,291—356 页。
[②] J. A. S. 格伦维尔:《汉堡的犹太人和德国人:一个文明的毁灭,1790—1945》(伦敦,2012):260。

大 屠 杀
历史与记忆

种族灭绝和战争

决定进行种族灭绝以后,在所有犹太人必须死亡这个核心问题上,只剩下一个执行的问题了。执行的关键应该是强迫劳动至死?在建筑铁路,比如计划中穿越乌克兰的铁路或者在劳动营里?特别是还存在着接管苏联境内斯大林的强迫劳动营的可能性。或者毒气杀人应该成为主要的操作手段?最终,毒气成了首选的执行方法。

到1942年1月20日万塞会议召开时,战争的发展越来越复杂了,传来的消息比迄今任何阶段的消息都更加不受德国人欢迎。德国新的和积极得多的盟友日本正干得很好。1942年1月2日,日本攻取了菲律宾的马尼拉,1月11日攻取了马来西亚的吉隆坡。但是德国对莫斯科和列宁格勒的进攻到12月初完全停滞不前了,而且,12月5日至6日,苏联人发动了一次重要的反攻。这次最初非常成功的反攻表明,德国除了正在忍受后勤供给体系不足的折磨,还没有做好防御的准备。在反攻中还发现德国人很难在防御中很好地作战。而且,苏军的反攻鼓舞了德国后方的游击队活动,因为反攻清楚地说明德国的胜利仍然是不确定的。反过来,游击队的行动又刺激了德国部队更加暴力的行动,特别是当游击队的活动减少了与占领者的合作时。

不过,那年冬天苏联人反攻的影响被削弱了,因为反攻没有聚焦在苏军拥有明显优势的地方。斯大林错误地试图沿着整个战线发动攻击。在这种情况下,再加上苏军不像一年以后准备得那样好,希特勒于12月21日向前进部队下达的"不许撤退"的命

第二章 走向种族灭绝

令稳定了防线,虽然德军遭受了巨大的损失。惨重的损失导致许多德国部队缺少兵员。

进而,希特勒为1942年的夏天计划了一次新的进攻。这个计划打算摧毁顿河以西的苏联军队,夺取高加索的油田,攻取伏尔加河上的斯大林格勒。为了充分利用这些成果,有人建议越过伏尔加河向东北方进军,迂回到莫斯科侧后,或者通过从高加索进军叙利亚和伊朗来给同盟国在近东和中东的势力施加压力,尽管这样做在后勤上有困难。德国和意大利的部队还可以从利比亚入侵埃及,为向叙利亚和伊朗进攻的德军提供支持,因此,前景可以被视为是有利的。对轴心国来说,迄今为止,英国和美国似乎还不能挑战德国对西欧的占领。

莱茵哈德行动

万塞会议有助于向一系列官员指明种族灭绝是当前的政策,而且党卫军被赋予领导地位。接着就是用毒气进行大规模谋杀的实践的升级。此前当来自罗兹格都和附近城镇的那些人在海乌姆诺被屠杀时,这种做法已经出现了。遍布欧洲的犹太人,无论他们住在哪里,都要被扣押起来,关进当地的拘留营,然后用火车送到远离他们居住地的集中营去。在那里他们将被毒气杀死。党卫军根除波兰犹太人和被驱逐到波兰的犹太人的计划被确定了一个代号,即莱茵哈德行动。

保密性会起到关键作用,为的是尽可能减小犹太人可能的抵抗或者批评性的公众舆论反弹。在驱逐犹太人的地方,将会用"重新安置"这个词代替"驱逐",由"特别的重新安置列车"来

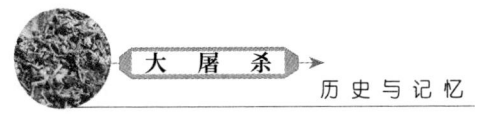

大屠杀
历史与记忆

执行。列车会抵达秘密的营地。涉及屠杀的时候,毒气车要装扮得像是运输犹太人去劳动一样,毒气室要弄得看上去像个淋浴房。这样,走进毒气室看上去就像是犹太人经历悲惨遭遇、极端肮脏的火车旅行之后,来到一个更加可预测和更安全的环境,尽管这里的劳作是艰苦的。

建立了三个新的灭绝营(那时候没有使用"灭绝营"这个名称)——贝尔泽克、索比堡和特雷布林卡来执行莱茵哈德行动。在贝尔泽克,建筑工程开始于1941年11月1日。1942年3月17日,德国人开始在这里用毒气杀死犹太人,每天可以杀1500人。先是来自卢布林的犹太人,然后是来自利沃夫和克拉科夫的犹太人。到最后,超过60万名犹太人在这里被毒死。概括地讲,从1942年3月开始在贝尔泽克杀人,11个月里,将被屠杀的人中有一半被杀死。也是在3月,在索比堡开始建设灭绝营。1942年5月,苏联在哈尔科夫的一次反攻被粉碎,苏军伤亡惨重。就在这个月,一个新的灭绝营在索比堡开放了。大约30万犹太人在这里被杀死。其中多数是来自波兰中部的犹太人,也有来自奥地利、波西米亚和德国的。1942年7月,德国在顿河战役中的胜利让希特勒宣称"俄国完蛋了"。在这个月,特雷布林卡灭绝营开放了。在这个灭绝营被杀的人数超过90万人,是第二大的数字。这些人主要来自附近的华沙格都。来自被占领地区的食物供给压力激发了杀死犹太人的冲动,但并不是杀戮的原因。

莱茵哈德行动的命名是为了纪念希姆莱的副手莱茵哈德·海德里希。1942年5月27日,他被捷克抵抗运动的成员打成重伤(一个礼拜以后死去了)。这次暗杀行动导致德军屠杀了许多捷克

第二章 走向种族灭绝

人,既有关在监狱里的人,也有利迪策村里的人。作为报复,利迪策村按照希特勒的命令被摧毁,为了恐吓抵抗活动,男人和狗被射杀,女人被送往集中营,儿童被挑选出来毒死或者送去进行日耳曼化,村庄被摧毁。这个惨案可以说明德国人屠杀非犹太人达到了何种程度。

行动的命名也被归因于国务秘书弗里茨·莱因哈特(Fritz Reinhardt),一个资深纳粹分子,财政部的关键角色。他也是卷入这个屠杀体系的一个人。行动由党卫军队长奥迪路·格洛波奇尼克领导,他对希姆莱负责。奥地利人卷进大屠杀的人数大得不成比例,格洛波奇尼克也是个奥地利人。

这些灭绝营全神贯注于让到达的犹太人脱掉衣服之后即杀死他们。这些营地不关注强迫劳动。用汽车尾气的方法致死速度很慢,因此被大型柴油发动机的废气取代了。[①] 作为莱茵哈德行动的一部分,还有一些大规模处决的事件,据推测这不仅反映了对杀人的热切,也说明用毒气不可能在速度上满足要求。一些关于大屠杀的流行看法暗示杀人者对使用毒气作为杀死犹太人的方法很专注,但是,他们的专注可能并没有这些流行的看法认为的那样强烈。

---

① Y.阿拉德:《贝乌热茨、索比堡、特雷布林卡:莱因哈德死亡营行动》(印第安纳波利斯,1987)。

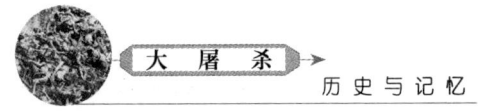

大屠杀
历史与记忆

灭绝营

其他灭绝营不是莱因哈德行动的组成部分。除了海乌姆诺，在靠近卢布林的马伊达内克（Majdanek）建立了一个战俘营。1942年8月，这个战俘营也装备了毒气室，合集中营与灭绝营于一体了。大量犹太人在那里被杀死。特别是1943年11月，在丰收节行动中[①]，仅仅两天里就杀死4万人。马伊达内克还是科学技术局（Ostin dustrie）产业项目的中心。这个项目是党卫军经济计划里的一个主要项目。同时，马伊达内克还是一个存放莱因哈德行动受害者财物的仓库。奥斯维辛也兼具集中营和灭绝营的功能。在这里被杀死的犹太人最多。因为数据缺失，被杀人总数存在争议，但是据统计大概有150万人。1942年到1943年，几乎每个小时都有一列载运犹太人的火车抵达这里。[②]

在奥斯维辛，集中营运作方法的不同反映了德国人进行压迫的不同水平。奥斯维辛有三个营地：奥斯维辛1号营是1940年6月开放的，最初是波兰政治犯的拘留中心，与达豪和布痕瓦尔德集中营类似；奥斯维辛2号营，或者叫比克瑙（Birkenau，这个营地建在原比克瑙村的土地上），开工于1941年10月（尽管在那个阶段它不是作为灭绝营来建设的）。当时建设的目的是要

[①] 丰收节行动（Operation Harvest Festival），是1943年11月3日发生在马伊达内克集中营和它的附属营地的大规模射杀行动。目的是彻底清除波兰总督府卢布林保留地和卢布林格都里剩余的波兰犹太人。行动中大约有43000名犹太人被杀。作为大规模射杀行动，规模仅次于罗马尼亚人1942年10月在今乌克兰城市敖德萨进行的一次屠杀。那次屠杀共杀死了超过50000名犹太人。——译者注

[②] F. 派珀：《奥斯维辛 – 比克瑙集中营的被驱逐者和受难者数量估计》，《以色列犹太人大屠杀纪念馆研究》1991年第21期，49—103页。

第二章 走向种族灭绝

把收容人数提高到十万人；还有奥斯维辛3号营，1942年10月开放。这个营地最初是为了给附近由法本公司①经营的工厂提供强制劳动力的。奥斯维辛最初用毒气杀害的是苏联战俘，接着在1942年2月15日，开始毒杀年老的西里西亚犹太人，这些都发生在奥斯维辛1号营。后来，为了毒杀更多的人，开始在比克瑙修建使用齐克隆B的毒气室，最终，又在这里建了焚尸炉。比克瑙的设计目标想要杀死的人数比它后来实际杀死的人数多得多。在这里进行的第一次毒气杀人发生在1942年3月20日，杀死的也是年长的西里西亚犹太人。②

这是只有在德国的反犹主义中才能见到的工业化大规模谋杀。尽管齐克隆B这种氰化氢混合物仍然要花几分钟时间才能把人杀死，但是它起码比汽车尾气来得快。从毒气室里运出来的尸体和这些人传出来的声音让人们对那些将要死去的人经受的巨大疼痛和可怕的痛苦不可能有任何疑问。除了扭曲的尸体，体液也能说明这一点。

相比之下，除了日本人曾经在中国使用过毒气以外，在第二次世界大战的军事冲突中没人使用过毒气。这和第一次世界大战

---

① 法本公司（I. G. Farben），德国化工和制药企业。1925年由德国一些紧密合作的企业联合创建，全名是"染料工业利益集团"。顶峰时期，法本公司是欧洲最大的公司和世界最大的化学和制药公司。至1950年该公司有多位科学家获得诺贝尔奖。纳粹控制德国以后，法本公司逐步成为政府工程的大承包商。它资助纳粹党，在奥斯维辛使用集中营劳工。战后，在盟国压力下，公司被拆分。目前由法本公司发展而来的主要公司有阿克发公司、巴斯夫公司、拜耳公司和赛诺菲公司。战后纽伦堡审判的12起案件中第6件就是对法本公司24名高管的战争罪行审判。1948年法庭判决其中13人有罪，判处最多8年有期徒刑。他们大多很快出狱，而且很快重回企业工作。——译者注

② Y. 古特曼和迈克尔·贝伦鲍姆编：《对奥斯维辛死亡营的解剖》（布卢明顿，印第安纳州，1994）。

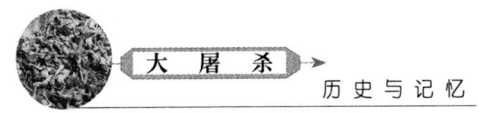

中的情况是不同的。在第一次世界大战中,从1915年开始,毒气被广泛地运用在军事冲突中。开始是氯气,1917年以后则是芥子气,都是首先由德国人使用的。两次大战之间,曾经设想过在未来强国之间的战争中毒气会成为一个主要的手段。而且,两次大战之间,毒气也作为一种武器被使用。特别是西班牙人在摩洛哥、意大利人在利比亚和阿比西尼亚(埃塞俄比亚)都使用过毒气。尽管毒气是作为军事行动的一部分被使用的,但是仍然有平民因之伤亡,特别是因为芥子气炸弹无法进行精确瞄准,而且很多抵抗运动都是由非正规军进行的,无法方便地区分他们和平民。

"二战"爆发时因为害怕德国人进行毒弹轰炸,英国给平民分发了毒气面具。但是人们害怕的事情没有发生,所以毒气面具其实是不必要的。美国对光气(碳酰氯)、氰化氢、氰、氯化物和芥子气有效性的研究同样没有延续。英国人也测试过毒气炸弹和炭疽菌,1944年还短暂考虑过使用这些武器报复德国对英国使用V型火箭(第一枚V火箭是6月13日向英国发射的),但还是没有这么做。因此,在欧洲德国是唯一使用毒气的国家。

为了保证实现"最终解决",杀死大量要屠杀的人口,使用毒气被认为是必需的。毒气还被用来达成其他目的。在进行大规模射杀时,有一些特别行动队的成员清楚地表现出希望用一种不那么明目张胆的方式来屠杀妇女和儿童,使用毒气车和后来的毒气室看上去就提供了这种方式。使用集中营里的犹太囚犯而不是德国人把尸体从毒气室搬运到焚尸炉去,使德国人对灭绝行动的去人性化——受害者和凶手两者的去人性化,或者至少在德国人

第二章 走向种族灭绝

眼中和言辞中对犹太人的去人性化——在营地里明显增强。在杀人行为的残忍的病理学中,毒气似乎是一种现代化和高效率的杀戮方式,而且和纳粹一再重复的犹太人是某种害虫的假想联系在一起。

不是所有的犹太人在灭绝营都被立刻杀死了,在个体上有很重要的差别。然而,屠杀毕竟是目标。从驱逐到屠杀,对待受害者的方式的特点就是麻木不仁、残忍无情、虐待狂和邪恶堕落。把犹太人塞进人满为患的牲畜运输车厢时经常暴打他们。在漫长的火车旅行中,不提供食物、水、光、温暖、卫生条件、空间和床具。那些死在旅途上的人被留在封闭的牲畜运输车厢里。使用牲畜运输车厢具有象征意义,因为营地就是那些被判定为非人类生物的屠宰场,尽管不是为了肉类生产。在旅途中和到达营地时,犹太人都处于剧烈的疼痛、恐惧和迷茫的状态里。而且,那些管理营地的人经常是极端暴力的恶棍,对他们的残忍和专横没有任何约束。暴力和残忍在守卫们中间建立起认同感和驱动力,于是又鼓励了他们对待受害者的残暴方式。

驱逐时已经司空见惯的贬损和羞辱在试图使受害者去人性化和非人化的企图中更进了一步。这不是仅仅关系到生者的事情,在营地里和在杀人的过程中都绝对不仅如此,它还关系到死者。他们的尸体被当作原材料或者垃圾。例如,头发被剃去,用在德国的纺织工业里。金牙的填充物被用钩子撕出来。肢解后的尸体被烧掉,抽出的脂肪用来做肥皂,灰烬变成一袋袋的肥料。眼镜、鞋子、手表、婚戒和假肢属于被系统收集的物品。从焚尸炉里散发出来的味道弥漫在营地里。营地长官鲁道夫·胡斯(Rudolf

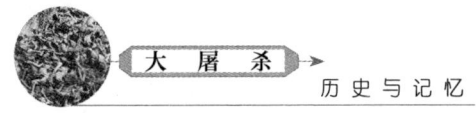

Höss)后来曾经提到"惊人的恶臭"①。

  这种虐待狂式的凌夷是从荒野里的杀戮发展来的。在荒野里杀人时,还让被害者脱掉衣服。部分原因是为了占有他们的财物,而且这种占有没有任何隐私或其他原因的限制;但是这样做还因为一种强烈的愿望:证明被害者的软弱和彻底地羞辱他们。很明显这对杀人者非常必要,而且是他们拍的照片里的一个重要内容。其他羞辱方式包括割掉他们的胡子,因为胡子是正统犹太教信仰的一个标志。还有强迫正统的犹太教徒跳舞,向囚犯小便。妇女被迫用她们的衬衫清理厕所。羞辱正统的犹太教徒和其他在德国人看来具有最明显犹太人特征的人特别让他们高兴。有时德国目击者会感到惊讶,因为所有犹太受害者在他们的眼里都不像犹太人,特别是那些长得引人注目的妇女。

  像许多人一样,妇女如果没有在到达集中营时被杀死,就会被剥光衣服、剃掉头发,有的还会被性侵,尽管纳粹主义严厉反对与犹太人发生性关系。拥挤的妇女营房是一个往往被忽视的地方,妇女不得不面对失去孩子和丈夫的惨境,他们被从身边带走。妇女们生下来的孩子会被立刻杀死,通常会被溺死在水桶里。非犹太人女性强制劳动者生的孩子也经常遭遇这种事,但是她们的情况要好一些。许多女囚生的孩子被带走给德国人收养。性侵是战时常见的一种暴行,德国安全机关对女性进行审讯的时候经常发生这种事。德国军队在战场上的强奸行为经常发生,还残忍地利用妇女进行卖淫活动。德国军队妓院里的妇女伤亡率很

---

① S. 克拉考斯基和 I. 阿特曼:《切尔姆诺死亡营最后的囚犯的遗嘱》,《以色列犹太人大屠杀纪念馆研究》1991 年第 21 期,105—123 页。

第二章 走向种族灭绝

高；许多人死于性病或者感染了性病。

文学作品里描写了纳粹行政管理和政策制定的无组织性和经常出现的不一致性。在对待犹太人的问题上出现的分歧甚至矛盾，比如在屠杀和强制劳动这两个目标上的分歧或者矛盾，为这种描写提供了例证。然而，营地的建立、相关的后勤保障工作和程序上的步骤都说明，在发动大屠杀这个问题上的高度的统一协调。它们还说明，尽管中层官员并非没有相当的重要性，但是大屠杀并不仅仅依赖中层官员推动的地方主动性。

除了犹太人，在灭绝营里的大量吉普赛人（罗姆人）也在另一场不同的种族灭绝行动里被杀害。相比之下，同性恋者不是大规模毁灭的目标，没有在灭绝营里被杀害。不过，他们被送进了集中营，在那里受到特别残忍的对待，很多人因此死去。这种情况也发生在耶和华见证会派（Jehovah's Witnesses）的身上。因为反对服兵役和反对纳粹的体制，他们受到严厉的迫害。对他们和对政治犯的严厉迫害向我们显示，德国人的屠杀不是仅仅瞄准犹太人的。

还有大约330万苏联战俘在囚禁中死去。他们也同样失去了人格，被剥夺了尊严，而且面临残忍的凌辱。这些主要是因为严重的饥饿和暴露在疾病下造成的——所有这些都完全违背了对待战俘的国际惯例。这些战俘由德国国防军监管，他们对战俘没有表现出任何关怀。战俘们被扔在那里，暴露在严酷的寒冬里，因为他们的厚外套和帽子都被拿走了。相比之下，1945年被苏联俘虏并被送到西伯利亚东部俘虏营的50多万日本军人和平民中，有6万余人死亡。这个比例在轴心国的俘虏那里可能更糟。另

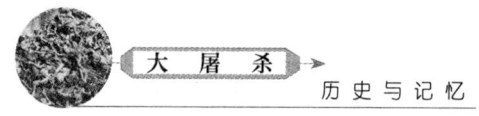

外,在俄国战役中德国的特别命令表现出极度的凶残。命令要求库兹勒尔准将(Küchler)通过轰炸和炮击从地球上抹掉列宁格勒,而且要拒绝任何可能提出的投降条件。

因此,1942年残酷对待犹太人的关键已不再是在野外杀死他们(尽管那种做法仍然是非常重要的),而是越来越着眼于从格都里把犹太人驱逐出去的过程,还有由党卫军负责把他们从西欧运送到集中营的过程,这提升了党卫军在纳粹体制中的中心地位。随着这个政权变成一个杀人机器,它需要可以信任的、不会提出问题的杀人者。党卫军当然不愿意接受官僚主义的限制和约束,例如,混合婚姻的法律地位和其他政府部门的作用造成的限制。1942年1月29日,希姆莱写道:

> 对于东部领土犹太人问题的所有举措都应该贯彻执行,目的应该是欧洲犹太人问题的彻底解决。因此,在东部领土这种通向犹太人问题最终解决和根除犹太人的措施绝不能受到阻碍。

7月28日他继续写道:

> 我急切地要求不要发布带有任何这种愚蠢定义的关于犹太人的概念的法令。我们只是在束缚自己的双手。被占领的东部领土上必须清除犹太人。完成这个非常困难的命令的任务已经由元首放在我肩上。任何情况下都没有人能卸去我的

第二章 走向种族灭绝

这个责任,所以我禁止任何干预。①

那一年晚些时候,德国司法部长奥托·提拉克(Otto Thierack)把他对德国犹太人的责任移交给了党卫军。他是故意这样做的,为的就是让犹太人被根除。

德国人建立的大量灭绝营不仅包括那些使用毒气的灭绝营,还包括使用奴隶劳动的灭绝营。对犹太人来说,这种灭绝营就是尤登拉格。②灭绝营对纳粹的经济非常重要,特别是对军事的供给。1942年春天,集中营的组织发生了变化,以应对经济和劳动力的需要。随着战争的持续,这些需要变得明显增多了。

但是,在德国人严重依赖的强制劳动力中,对待犹太人的敌意要比对待其他人强烈得多。劳动营里多数受到严酷对待的犹太人死亡了(这是严重的营养不良、肉体暴力或者疾病的结果),或者被杀死。除了严酷的工作环境,还缺少足够的食物、衣服、卧具和鞋;那里经常发生流行病,还有残酷的惩罚,包括当众鞭打和绞死,原因仅仅是轻微地违反了专横的规定。点名是一件谋杀性的事情,残忍和戏剧性的处决是长期的恐怖氛围的组成部分。党卫军对灭绝营和集中营负有特殊责任,他们认定多数囚犯在这种条件下无论如何都会在不到三个月的时间里死去,而且他们经常是对的。因此,把这些营地称为死亡劳动营和灭绝劳动营可能更确切。

---

① J. 斯坦伯格:《反思第三帝国:德国在苏联被占领领土上的民政管理,1941—1944》,《英国历史评论》1995 年第 110 期,647 页。

② 尤登拉格,德语:Judenlager。按照维基百科"Sajmište concentration camp"词条,Judenlager 即"犹太人营"的意思。——译者注

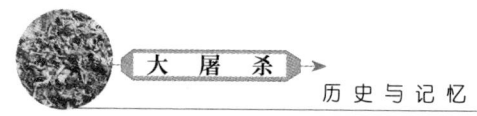

在那些被判断为能够工作,换句话说,就是能够劳动至死的人和那些被挑选出来立刻杀死的人——当然他们中许多人是能够劳动的——进行区别,在德国人看来,是理性的考虑,特别是对于年龄和性别。[①]这些考虑在大屠杀中产生了影响。犹太人被分为这种或那种类别。分类在一系列地点进行,包括格都,那里是向集中营输送犹太人的基地。另外,1942年,载着从德国和斯洛伐克驱逐出来的犹太人的火车会在卢布林停下来,在那里,强壮者被送去劳动。在奥斯维辛,医生会检查被驱逐者。他们被看守用鞭子抽打着从火车站赶过来,排好队等着进入集中营。被挑出来立刻杀死的人包括怀孕的妇女、年幼的儿童和不健康的人。一些抵达集中营的孩子明白会发生什么,他们试着让自己尽可能显得高大些。

杀死儿童和怀孕的妇女不仅因为他们无用,同时也是在显示大屠杀的种族灭绝性质。这和对那些非犹太波兰人、俄国受害者和第三帝国的非犹太受害者的屠杀形成了对比。更普遍的情况是,犹太儿童在整个大屠杀中是主要目标,也表明这场屠杀令人震惊的一个目的。消灭犹太人的努力集中在屠杀儿童(包括婴儿)上,还有杀死怀孕的犹太妇女,以及使犹太男人和女人失去生育能力上。在平斯克,1942年10月,德国国防军的一个无线电操作员亚当·高仕(Adam Grolsch)看到在两天里射杀了25000人:"我看到他们怎样不得不在反坦克陷阱前面脱掉衣服……这个男人怎样抓住一个尖叫的婴儿,把他的头撞在一堵墙

---

① N.特克:《应变力和勇气:妇女、男人和大屠杀》(纽黑文,2003)。

第二章 走向种族灭绝

上直到他死掉……母亲还抱着孩子……他们向她们射击。"① 面对物质匮乏和疾病，儿童比成年人更脆弱，但是德国人深思熟虑的目的使得犹太儿童在战争中幸存的比率比成年人更低，只有那些被基督徒收养和在基督教孤儿院中隐藏下来的儿童才得以存活。

在对食物的可利用率的计算中，可以看到德国人所谓理性标准和在实践中有计划的恶意。这些标准导致一种信念，即杀死犹太人和苏联平民，实际上还有战俘，可以为德国军队和后来的定居者节余食物供给。这个问题在1941年就出现了，1942年变得越发严峻了。但是，这些想法和其他想法都是从属于反犹主义的谋杀逻辑的。② 这场反对犹太人的战争优先于功利主义的考量，比如为德国的战争经济提供有效率的劳动力，或者使用铁路运输来为军事目的服务而不是运输犹太人到集中营去。确实，党卫军发现很难把种族灭绝和从强迫犹太人劳动获取经济利益结合起来。如果强调后者，那么谋杀这些劳动力，对这个目的就不会有什么贡献。而且，"二战"的过程使希特勒本已狂暴的反犹主义更加偏激了。

1942年德国重新向前推进，大部分推进都是6月28日开始的蓝色行动③的一部分。7月4日，德军攻占克里米亚被包围的塞瓦斯托波尔，迅速蹂躏了乌克兰东部，而且冲进库班（Kuban）

---

① E. A. 约翰逊和 K.H. 瑞尔邦德：《我们知道的，恐怖，大规模屠杀和纳粹德国的日常生活》（剑桥，马萨诸塞州，2005）：232。

② O. 巴托夫：《细节中的魔鬼：作为历史建筑的集中营》，《伦敦德国历史学会学报》1999年第21期，39页。

③ 蓝色行动（Case Blue，德语：Fall Blau），是德国国防军事后为1942年夏季在苏联南部发动的战略进攻确定的名称。——译者注

和北高加索。8月5日攻占斯塔夫罗波尔，4天后又攻占迈科普（Maikop）。在北面，8月23日，德军坦克抵达斯大林格勒北边的伏尔加河岸。就希特勒而言，他的军队是在和犹太人战斗，因为共产主义只是犹太人的产物之一。4月26日，在对帝国议会的演讲中，希特勒把战争描述为一场与犹太人进行的斗争。这是帝国议会最后一次开会。

尽管比1939年、1940年或者1941年少得多，但是1942年德军的推进又把一大批犹太人置于德国的控制之下。从乌克兰东部和更远的地方不容易抵达西面很远的灭绝营。很多犹太人在乌克兰西部一带被屠杀。这些1942年发生在战地的屠杀被文献忽略了。例如，在北高加索叶先图基（Essentuki）、基斯洛沃茨克（Kislovodsk）和皮亚提高斯克（Piatigorsk）都分别有超过1000名犹太人被杀。他们被杀死而不是被用来当奴工。德国人把犹太人认定为反对他们的"土匪"（即游击队员），这部分地解释了那些犹太人为什么被杀，但是这个认定是不准确的。德国军队在这些屠杀中扮演了主要角色。[①]1995至1996年举办的一个参与暴行的德国国防军士兵的照片展有一些来自第六军的照片。照片是在1942年的进攻中拍摄的。对高加索的进攻是为了杀死更多的犹太人。希姆莱的"学者们"一直试图确定的"山地犹太人"这个分类制造了一个疑问，但是他们身上展示出来的伊斯兰教印痕却在

---

① W. 比翁：《对谋杀进行协商：一个装甲信号连和皮瑞格卢兹诺的犹太人的毁灭》，《大屠杀和种族灭绝研究》2009年第23期，185—213页。

* 皮瑞格卢兹诺（peregruznoe）是前苏联的一个小村庄。1942年9月，一个德国装甲信号连的成员屠杀了这个村庄附近的30至40名犹太人。本书是一本案例研究，揭示了个体士兵在面对扭曲的选择范围、压力和有组织的文化标准时的处境。

第二章 走向种族灭绝

纳粹那里产生了对他们相对有利的因素。①1942年11月11日,德国军队占领法国维希政权的领土时没有发生可以相提并论的战地屠杀。德国人转而依赖已经建立的驱逐制度,把犹太人从法国驱逐到灭绝营里去了。②

相比之下,在苏联和东欧,同样是在1942年,德军向前推进的时候,在当地屠杀犹太人而不是把他们送到灭绝营去,同样的过程也能在那些已经处于控制之下的地方看到。这显示出,尽管1941年特别行动队已经非常嗜杀,但是他们人手不够充足,不足以杀死全部犹太人。当时"劳动犹太人"没有被杀,而且不管怎样,还有犹太人居住在跨越边界的地区。这种情况在白俄罗斯和波兰东部尤其明显,那里没有可以在西部看到的集中营和灭绝营体系。

结果,大规模的屠杀在1942年仍然持续。例如,在波兰东部的图克钦(Tuczyn),犹太人在夏天被关进一个格都。一个当地居民描述了那年秋天他们被屠杀的情景:

> 几天时间里,我看到乌克兰民兵和德国宪兵大量汇集,是棕色衣领的正规军而不是党卫军。他们设立警戒线封锁了

---

① 山地犹太人(Mountain Jews),是在高加索山脉东坡和北坡上分布的一支古老的犹太人。主要分布在阿塞拜疆、俄罗斯的车臣、达吉斯坦和印古什等地。他们讲一种融合了希伯来语的古伊朗语。他们在今天阿塞拜疆的一个聚居地吉尔米兹嘎萨巴(Qırmızı Qəsəbə,英语:Gyrmyzy Gasaba)曾被称为高加索的耶路撒冷。车臣战争以后,这里的很多山地犹太人移民去了以色列或其他地方。山地犹太人表现出来的伊斯兰教影响让纳粹学者不能确定他们的犹太人身份,从而产生了对他们来说"相对有利"的因素。——译者注

② H. 普林格尔:《总计划:希姆莱的学者们和大屠杀》(伦敦,2006)。

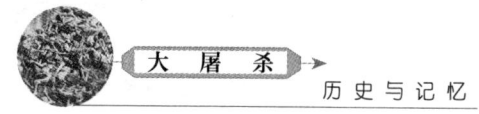

格都……乌克兰民兵领着大群犹太人走出格都进入瑞泽克孜卡（Rzeczyca）村……在那儿有人告诉他们挖壕沟、脱衣服。然后当他们沿着壕沟跪下以后，背上或者头上遭到射击。

尸体把壕沟填满，一直填到壕沟的边缘。然后盖上石灰，再铺上一层薄薄的土壤。尸体腐烂发出的恶臭弥漫整个地区，根本无法形容。不知道从哪里跑来数不清的恶狗，围着巨大的坟墓以人类的肌体果腹。①

这是和灭绝营一样恐怖的反乌托邦②的现实。

在白俄罗斯，被摧毁的格都包括于1942年3月5日摧毁的巴拉诺维奇（Baranowicze）格都，9月3日摧毁的拉克瓦（Lachwa）格都。在这两个地方分别有3300名和1000名犹太人被杀。拉克瓦格都是经过抵抗以后被摧毁的。1942年7月斯摩棱斯克格都被摧毁时有接近2000名犹太人被杀。在波兰东部，主要的屠杀有10月发生在布列斯特－立陶夫斯克和11月发生在比亚韦斯托克的屠杀。在布列斯特－立陶夫斯克，10月15至16日"清理"格都时，16000至20000名犹太人（德国人的估计有分歧）被射杀。在立陶宛珀纳瑞，大规模的屠杀在持续着。③维尔纽斯的一个大格都在1943年8月16至22日被摧毁，妇女、儿童和老人当场被杀，年轻的男子被送去从事奴隶劳动。我在20

---

① 塔杜兹·派楚罗斯基：《波兰的大屠杀：种族冲突，第二共和国时期与占领军和种族灭绝行动的合作，1918—1947》：31.
② 指与乌托邦正相反的糟糕社会。——译者注
③ K.萨克维茨：《珀纳瑞日记，1941—1943：一个旁观者对一次大屠杀的叙述》，由 Y.阿拉德编辑（纽黑文，2005）.

第二章 走向种族灭绝

世纪 90 年代中期访问那里时,在当年的格都所在地,已经看不出多少当年的痕迹了。

犹太人也经常在对游击队的扫荡中被杀害,这种屠杀在 1942 年早期变得越来越具有重要性,而且规模也越来越大。有些屠杀牵涉好几个师。扫荡部队穿过的地区,导致大量平民被屠杀。民众逃进大片森林和沼泽地带。1942 年 8 到 9 月在普利佩特河沼泽(Pripet Marshes)的沼地热行动(Operation Swamp Fever)中,有超过 8000 名犹太人被杀。这种对犹太人的屠杀在战争期间的反游击队行动中一直持续着,因为这样的行动给屠杀所有被判定为不可接受者提供了机会,而且在这种行动中残忍和不加区别的暴力是首当其冲的。军队对这种行为的限制很少。1995 年至 1996 年举办的参与暴行的德国国防军士兵照片展中,就有发生在白俄罗斯的这类行动的照片。

对犹太人的屠杀,在军方的战略性和操作性的计划制订过程中也产生了影响。因此,如果埃尔温·隆美尔指挥的非洲兵团把英国人从埃及赶出去了,就像他们在 1942 年 7 月和 9 月曾经尝试但没能成功的那样,那么计划就是穿过苏伊士运河进入巴勒斯坦。进军巴勒斯坦的部分目的是要在移交给意大利之前摧毁那里的犹太人定居点:在巴勒斯坦有大约 47 万犹太人。在那之前,如果成功地占领了埃及,就应该屠杀另一个国际都市亚历山大港的犹太人。但是最终,他们没能占领亚历山大港和入侵巴勒斯坦。早些时候,犹太战士对加强英国在近东的地位发挥了作用,包括参加 1941 年征服法国维希政权控制的叙利亚和黎巴嫩的苦战。如果德国非洲军团向前推进,会发现他们将与巴勒斯坦地区的犹太人防御组织哈加纳发生战斗。在巴勒斯坦，没有德国人在波兰遇到过的食品供应和驱逐人口方面的压力，因此计划屠杀巴勒斯坦的犹太人更突出了德国种族灭绝政策的特征。

这种特征在欧洲展示得非常清楚。保罗·罗瑟（Paul Roser）是一名法国战俘，因为试图逃跑被关在波兰的拉瓦-卢斯卡（Rawa-Ruska）惩戒营里。他对纽伦堡军事法庭说：

> 德国人把利沃夫-拉瓦-卢斯卡地区变成某种巨大的格都。那里的犹太人本来已经很多了，他们还把来自欧洲所有国家的犹太人运进那个地区……1942年7月的一个晚上，我们整夜都听到冲锋枪的射击声和妇孺的呻吟声。第二天早晨，成群的德国士兵穿过我们营地边上的黑麦地。他们的刺刀向下指着，在搜寻藏在田地里的人。那天出去劳动的同志告诉我们，他们看见镇上、排水沟里、谷仓里、房子里到处都是尸体。我们的一些看守也参加了行动。他们后来开玩笑解释说那天晚上有2000名犹太人被杀了，借口是有两名党卫军士兵在这个地区被谋杀了。①

---

① 《对主要战争罪犯的审判》，第6卷（纽伦堡，1947）：293。

第三章　种族灭绝

他来自奥斯维辛,在那里他的工作是把新到的人分进将要劳动致死的人群和直接走向毒气室的人群。我问他如果可能他是否还会做那个工作,让我吃惊的是他回答说是的。

——埃里克·布朗(Eric Brown)上尉回忆 1945 年他对贝尔根贝尔森(Bergen-Belsen)集中营指挥官、党卫军上尉约瑟夫·克拉默(Josef Kramer)的审讯。克拉默后来因为战争罪行被绞死。[①]

希特勒曾经努力让自己的预言生效。他在 1943 年 2 月 24 日说:"雅利安种族不会在这场战争中被毁灭,将要毁灭的是犹太人,他们将被根除。"这个预言并不新鲜,但是现在德国的政策被明白无误地设计来让这个预言立刻实现。确实,在屠杀来自欧洲其他地方的犹太人的同时,1942 年的主要努力被放在清除波兰的犹太人上。这是德国控制下最大的犹太人群,比德国犹太人的数量大得多。那一年,作为莱因哈德行动的一部分,单单在贝乌热茨、索比堡和特雷布林卡就杀死大约 170 万犹太人。这是为了

[①] 《每日电讯报》,2015 年 6 月 27 日。

清除波兰总督府辖区内被判定为不适合劳动的犹太人口。

华 沙

在希姆莱和希特勒进行了一次会议以后，屠杀的步伐从1942年7月16日开始加快。所有总督府辖区内的犹太人到1942年末都要被杀死。① 1942年7月到9月，单是从华沙就驱逐了30万名犹太人，多数人被送往65英里外的特雷布林卡死亡营。把犹太人从华沙迁移出去的过程，说明面对党卫军，犹太人的选择是有限的。1942年7月22日至30日，格都的犹太人当局在劝说和强迫犹太人前往所谓"再安置"转运中心时扮演了非常重要的角色。犹太人委员会（Judenrat）和格都警察（Ordnungsdienst）自愿与德国人合作。尽管7月23日犹太人委员会的领导人亚当·杰尼亚科夫（Adam Czerniakow）因为没有能拯救孤儿自杀了，但是他们还是相信德国人只是在追捕"过剩的"或者失业的、贫困的犹太人。

1942年上半年，信息和谣言开始渗透进华沙的格都。尽管有许多故事在流传，说正在发生最糟糕的事情，但是对驱逐仍然存在巨大的困惑。不管怎样正常的生活将会在德国的占领结束以后重新恢复的想法已经无法让人相信了。格都里的警察现在正和党卫军及其附属机构一起工作。从8月中旬开始，当华沙犹太人得

---

① 克里斯托弗·勃朗宁：《希特勒为"最终解决"做出的最后决定？对格哈特·瑞格纳电报的再思考》，《大屠杀和种族灭绝研究》1996年第10期，3—10页。

* 格哈特·瑞格纳电报是1942年8月8日世界犹太人大会秘书长格哈特·瑞格纳发给该组织驻纽约和伦敦办公室的一封电报。电报确认了此前传到西方的关于德国意图大规模屠杀欧洲犹太人的消息。见本书第四章。

知特雷布林卡的真实情况以后，恐惧加重了，于是，集中犹太人以便转移变得更加困难了。

反过来，纳粹的指挥官们更加依赖党卫军部队和绝对的恐怖。德国人对格都的警察采取惩罚措施，他们所起的作用完全不是自愿的了。如果他们没能输送某个定额的犹太人，他和他的家人就要被送到特雷布林卡去。在驱逐的最后阶段，从1942年9月初开始，格都警察的作用就是次要的了。在行动最后的日子里，2000名格都警察被裁减到大约400名。

抵 抗

1942年8月上半月，新组成的犹太地下组织在华沙向格都警察宣战了。8月21日，开始散发反对格都警察的传单，因为他们帮助大规模处决犹太人。由于软弱和德国当局的政策，犹太人当局利用自己脆弱的地位为犹太社区谋福祉的努力将彻底失败。德国的政策没有给缓和和妥协留下空间，是否有其他的行为能改变悲惨的结局是可疑的。格都警察的行为是可耻的。① 在考纳斯，格都警察也同样面临着德国人的要求、格都的愤怒和恐惧以及自身的恐惧。1942年，格都警察还负责给当地的飞机场提供工人，同时帮助党卫军把犹太人驱逐到里加的格都。②

在华沙的犹太人战斗组织决心抵抗，开始积蓄武器，这突出

---

① I. 古特曼：《华沙的犹太人1939—1943：格都，地下，反抗》（布卢明顿，印第安纳州，1982）。我非常感谢大卫·斯萨雷尼的建议。

② S. 夏尔考斯基翻译和编辑：《科夫诺犹太格都警察的秘密历史：由科夫诺犹太格都警察的匿名成员提供》（布卢明顿，印第安纳州，2015）。

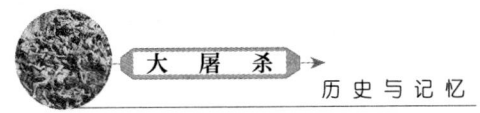

了犹太人面对德国人的迫害做出反应的多样性。1942年7月28日建立的抵抗组织被德国人8月和9月的行动破坏严重。但是,华沙犹太人在1943年1月对强迫迁移进行了武装抵抗以后——他们对德国的护送队进行了一次攻击——德国人撤退了。这个阶段德国人需要所有可以利用的部队支撑正在崩溃的东部战线。当苏联在1月13日发动一次新的进攻时,被包围在斯大林格勒的德国军队在2月2日投降了。苏联军队试图向哈尔科夫进军,进入乌克兰,同时挺进罗斯托夫,切断德军从高加索撤退的道路。苏军很快获得成功,攻占了沃洛涅什(Voronezh,1月26日)、库尔斯克(2月8日)和哈尔科夫(2月16日)。

受益于苏军的筋疲力尽,陆军元帅埃里希·冯·曼斯坦因(Erich von Manstein)凭借高超的指挥艺术稳住了防线,并且从1943年2月20日起发动反攻,3月15日重新占领了哈尔科夫,18日又占领了别尔哥罗德。4月19日,德军还发动了一场摧毁华沙格都的战役。尽管处于毫无希望的境地,人数少于敌军,只有不多的武器,但是千余名犹太战斗组织和犹太军事联盟的成员在掩体和地下进行战斗,抵抗到5月16日,杀死大约400名德国人。尽管面临德国人致命报复的巨大危险,在大屠杀中还是有很多波兰人向波兰犹太人提供了帮助,但是华沙格都起义的处境却更差。他们从波兰抵抗运动那里得到的支持很少,无论是直接的援助还是对德国人发动的分散压力的攻击都很少。波兰抵抗运动本来可以做得更多。第二年的华沙起义可以证明他们的力量,但是也反映了他们面对德国人反击时的弱点。1943年5月,犹太人的反抗被德国人镇压以后,许多犹太人被烧死在藏身处。幸存

第三章 种族灭绝

的华沙犹太人被送到特雷布林卡和马伊达内克,走向死亡,犹太会堂也被拆毁。接着格都被夷为平地。[①] 镇压起义的过程说明缺乏兵员不是德国人极端暴力的理由,因为在这个事件中,当德国人占有明显军事优势时残暴仍然非常明显。

犹太人在比亚韦斯托克、明斯克和至少18个其他格都也进行了武装抵抗,包括克拉科夫、卢布林、利沃夫、卢茨克和维尔纽斯。作为对诗人阿巴·科夫纳[②]发表的一项宣言的回应,犹太人终于在1942年1月建立了联合的游击队组织。科夫纳的宣言宣布,德国人的目标是要杀死全欧洲的犹太人,他倡议进行武装抵抗。有一种说法宣称,德国人大规模屠杀犹太人是因为据说他们支持了苏联人。科夫纳的宣言是对这种误导的驳斥。

面对德国的实力,大多数抵抗都是不成功的,但是一些犹太人能够逃脱并加入农村的游击队。德军的进攻和德军反游击队战争的残酷使游击队的幸存率不高,但还是比格都的幸存率高。例如,1942年8月,一支游击队的大部队击败了波兰东部科索夫(Kosow,意第绪语:Tcosov,乌克兰语:Kosiv)和附近地区的德军以后,许多犹太人得以逃进游击队控制的乡村。这支游击队里就有一个那年夏天组建的犹太人单位。

各格都里面的情况有很大的差异。不过,在许多格都,主要都是在格都内进行抵抗。在有些格都里为与游击队取得联系而逃

[①] Y.古特曼:《抵抗:华沙格都起义》(波士顿,马萨诸塞州,1994)。
[②] 阿巴·科夫纳(Abba Kovner,1918—1987),犹太人希伯来语诗人、作家和游击队领导人,现代以色列最重要的诗人之一,以色列共产党领导人迈尔·维尔纳(Meir Vilner)的堂兄弟。——译者注

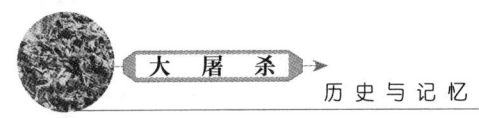

跑是有可能成功的。在白俄罗斯的主要城市明斯克尤其如此。明斯克的格都使用带刺的铁丝网隔离,而不是砖墙,距离被游击队控制的茂密森林很近。而且,明斯克附近共产党领导的抵抗运动积极支持招募和收容犹太人。结果就是明斯克格都里的10万人中将近一万名犹太人在战争中幸存下来。① 在法国,犹太人在抵抗运动中扮演了重要的角色。

犹太人在其他地方也进行了抵抗,规模要小一些,包括在奥斯维辛、索比堡和特雷布林卡的灭绝营。鉴于双方力量的不对称,抵抗都被镇压。这不令人惊讶。1943年8月2日在特雷布林卡,15名守卫在一次主要的暴动中被杀,大约400名犹太囚犯逃了出去,尽管他们中大多数被抓回来处死了。在索比堡,1943年10月14日,一场暴动杀死了一些守卫,大约600名囚犯逃走,但是他们中的多数也很快被抓回来处死了,这在一定程度上是因为持反犹主义立场的波兰村民的帮助。1944年10月7日,在奥斯维辛2号营发生了一场大规模的暴动。掀起暴动的是被迫处理尸体的犹太人。一座焚尸炉在暴动中被炸毁,大约250名囚犯逃走,但是后来他们都被杀死了。在海乌姆诺和珀纳瑞的集中营也发生过暴动。

囚犯拥有的选择只是在纳粹政权崩溃以后才有了改善。在布

---

① S. 斯佩克特:《犹太人在波兰东部地区小城市的抵抗》,载 N. 戴维斯和 A. 波隆斯基编:《波兰东部和苏联的犹太人 1939—1946》(伦敦,1991); B. 谢泼德:《荒凉东方的战争:德军与苏联游击队》(剑桥,马萨诸塞州,2004); H. H. 诺尔特:《白俄罗斯的游击战争,1941—1944》,载 R. 奇克林、S. 福斯特和 B. 格雷纳编:《全面战争中的世界:全球冲突和政治毁灭 1937—1945》(剑桥,2005):264、268; B. 爱泼斯坦:《明斯克格都,1941—1943:犹太人的抵抗和苏联的国际主义》(伯克利,2008)。

第三章 种族灭绝

痕瓦尔德，1945年4月11日囚犯们在美国军队抵达前发动了成功的暴动。①这种独立的行动在纳粹政权崩溃以后继续发生，特别是在一些营地里还杀死了守卫（例如在贝尔根-贝尔森）。这些暴动简化成为报应性的正义。此外，被自己所见深深震撼的盟军部队也杀死了一些守卫。

但是，在大多数情况下，德国控制能力的迅捷和彻底保证了不可能出现武装的犹太人抵抗行动。这有助于解释为什么没有更多的抵抗行动。德国人残忍的报复，特别是大规模的射杀，可能也对抵抗产生了抑制作用。但是，在抵抗和报复之间不仅没有任何相称性，而且也没有什么暗示表明德国政权最高层命令进行的这些报复行动有意让犹太人把报复视为服从的理由。②报复的动力就是要杀死犹太人，所有的犹太人。德国人的攻击不是大屠杀的

---

① 原第三章注释7。Y. 鲍尔：《他们选择了生命：犹太人在大屠杀中的抵抗行动》（西雅图，1973）；J. 格拉斯：《犹太人在大屠杀中的抵抗行动：符合道德标准地使用暴力和意志》（贝辛斯托克，2004）；R. 萨考斯基：《华沙格都抵抗运动的两种形式：云格布鲁姆档案的两种功能》，《以色列犹太人大屠杀纪念馆研究》1991年第21期，189—219页；S. 埃尔佩尔，《奋斗和幸存：德国反法西斯抵抗运动中的犹太妇女》，《德国利奥·贝克犹太人研究所年鉴》1992年第37期，397—414页；R. 罗尔里奇编：《抵抗大屠杀》（牛津，1998）。

＊ 云格布鲁姆档案（Ringelblom Archives）是"二战"中华沙格都一个以"安息日的欢愉"（以色列希伯来语：Oneg Shabbat, Hebrew: עונג שבת）为代号的小组在华沙格都里收集的文件。这批文件后来以小组的领导者、犹太历史学家伊曼纽尔·云格布鲁姆（Emanuel Ringelblum）的名字命名。这批文件包括短文、日记、绘画和海报以及其他反映华沙格都生活的材料。文件收集时间从1939年9月到1943年1月。云格布鲁姆将文件放进三个牛奶桶埋藏在格都的三个地点。1946年和1950年其中两个牛奶桶被发现，第三个迄今没有找到。找到的档案包括6000件文件，约35000页，目前收藏在华沙犹太人历史研究所。"安息日的欢愉"小组只有三人幸存下来。云格布鲁姆逃出了华沙格都，但是1944年和家人一起被捕，连同藏匿他们的人都被处决。1999年，云格布鲁姆档案被联合国教科文组织列入世界记忆名录。

② 他们只是为了报复，犹太人服从与否都要被消灭。——译者注

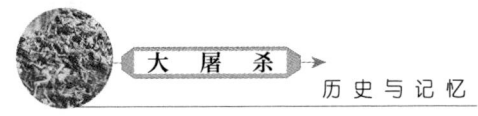

大屠杀
历史与记忆

一个新回合,一个会让犹太社区深受重创但是不会摧毁犹太社会的回合(大屠杀是"最终解决",不会有反复和间歇)。的确,在大屠杀与19世纪晚期和20世纪早期的屠杀之间的对比,强调了德国战时政策和实践与众迥异的特征(19世纪晚期和20世纪早期对犹太人的屠杀是一定条件下反犹主义的突然发作,总还是会停息的。大屠杀不会,它会持续到杀死所有犹太人)。这与第一次世界大战的对比也是很明显的。

1942年5月18日在柏林市中心的路斯特加登(Lustgarten)爆炸了一个小型燃烧弹,这是支持共产主义的赫伯特·鲍姆小组①干的,这个小组有犹太人成员。结果,这个行动导致枪毙鲍姆小组成员和作为报复对监禁在萨克森豪森集中营的250名犹太人的枪决。爆炸还让希特勒注意到了戈培尔的建议,即驱逐柏林的犹太人,包括那些参加军工生产的犹太人,此前已经指示要把这些犹太人拘留起来。1943年,华沙、特雷布林卡和索比堡的起义导致希特勒下令杀死犹太工人,包括184000囚禁在马伊达内克的犹太人。他们在11月3日被屠杀。

多数犹太人没有抵抗,包括那些被强迫处理尸体的人。他们自我调整以忍受一个严酷的毁灭性环境。在这个环境里,他们充

---

① 赫伯特·鲍姆(Herbert Baum, 1912—1942),德国反法西斯运动的犹太成员。鲍姆是一个电气技工。青年时期就参加左翼政治运动和犹太人青年组织。1931年加入德国青年共产主义联盟。纳粹党上台以后,鲍姆和妻子玛丽安以及朋友组成了一个小组,从事抵制纳粹的活动。1940年,鲍姆被捕并强迫进入西门子公司从事电气工作。1941年,他在厂里组织了一个犹太人奴工小组,逃出集中营到柏林潜伏。本书提及的这次袭击以后,鲍姆小组的大量成员被捕,20人被判处死刑。鲍姆和妻子玛丽安22日被捕。鲍姆于6月11日被刑讯致死。盖世太保报告说他是自杀。玛丽安于8月18日被处决。——译者注

第三章 种族灭绝

满恐惧的选择少得令人怜悯:"有个误导的假设就是人们有能力选择是否在一开始就被剥夺尊严。"① 德国人的欺骗也起了一些作用。被送到灭绝营的犹太人或者走出城镇去被枪毙的犹太人不会被告知他们将被杀,相反,被告知是转移去工作。因此,灭绝营里的淋浴室装扮得像是分派犹太人去进行奴隶劳动之前的杀菌消毒。在"消毒"以前,衣服和鞋子挂在有数字的钩子上,似乎还会被主人领回。至于被谋杀的那些受害者会受骗到什么程度,现在存在争议。

随着对大多数人来说,任何生活下去的选择都被终结,对相对较少的一些人来说,尽管推迟甚至逃避或者逃跑的机会都太小了,但是幸存的可能性还是有的。机遇起了关键的作用:有一些潜在的受害者能够躲起来或者逃走,但是这样的机会只属于很少的人,而且这些机遇都被德国人谋杀性的行动弄得非常危险。自杀是犹太人经常用来拒绝德国人试图控制他们的另一个手段,因此,也是一种抵抗行动,但同时也是绝望和恐惧的行动。同样的抵抗行动包括试图向外界传送关于屠杀的消息,甚至记录正在发生的事情。确实,日记被视为对德国人不利的证据和拒绝德国人控制的一种方式。汪达尔主义(故意破坏财物)和在工业生产中进行破坏也是重要的抵抗行动,而且影响了德国战时经济的效

---

① S. 吉尔伯特:《大屠杀中的音乐:在纳粹的格都和集中营里面对生活》(牛津,2005):200。要参阅什洛莫·威尼茨(Shlomo Venezia)强有力的叙述,可以看他的《在毒气室里:在奥斯维辛尸体处理特遣队里的八个月》(剑桥,2009)。什洛莫·威尼茨作为奥斯维辛搬运被毒死的尸体的特遣队幸存了下来。

* 作者的意思是,有人认为犹太人可以选择抵抗甚至自杀来拒绝被德国人剥夺尊严,但是在恐惧和德国人的欺骗下,这种选择实际上是不太可能的。——译者注

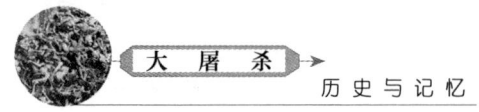

率。当战争持续的时候这些因素似乎变得更加重要了。有一些形式的抵抗比我们感觉的更加经常发生。在格都里面,这些形式的抵抗比在集中营里更容易,因为德国人在格都里的控制尽管严密,却是间接的。在格都里还有可能保持犹太文化的核心因素,特别是教育和遵守宗教信仰。① 后者是证明信仰的方式,前者则确保了持续性,而且两者都肯定了犹太人的身份认同和真正的永恒。对永恒的信仰对抗了希特勒关于历史的观点。

缺少大规模的犹太人抵抗运动的资料,困扰着后来的历史评论家,他们当中许多人对受害者明显的宿命主义感到困惑。这种宿命主义和犹太人强烈的宗教信仰有关系,和没有能理解当时正在发生的事情也有关系,或者和一种觉得不可避免和绝望的感觉有关系。目睹犹太人被大规模射杀的旁观者会谈论犹太人表现出的宿命主义与那种对命运不可避免和绝望的感觉之间的联系。因为这种宿命主义,犹太人的反抗非常有限。结果,人们今天只会纪念那些为人所知的犹太人抵抗行动。马丁·吉尔伯特(Martin Gilbert)在《犹太历史地图集》(1969年)里提供了一幅地图,标示了犹太游击队和抵抗战士的位置,后面一页则是犹太人暴动的地图。他在其中把它们描述为"属于不仅是犹太史上,也是世界史上最高尚的和最有勇气的插曲"。他后来又出版了一本《大屠杀地图集》(1988年)。

在限制抵抗行动的因素中,最关键的是德国人镇压行动的规模。在评估犹太人对威胁他们社区的行动进行抵抗的程度时,除

---

① G. 科尔尼:《希特勒的格都:一个来自被围困的社会的声音,1939—1944》(伦敦,2002)。

第三章 种族灭绝

了大屠杀,在其他一些事例里我们也必须考虑对犹太人进行镇压的规模问题。例如,20世纪早期在俄国发生的对犹太人的屠杀。1903年在基什尼奥夫(Kishinev,摩尔多瓦共和国首都)发生的残酷屠杀使犹太人组织了自卫团体并且武装起来。但是,1919至1921年,当俄国内战导致对犹太人更加致命的新一轮屠杀时,至少50000名犹太人被杀。帮助进行这些屠杀的白军的实力相对来说太强大了,尤其是在乌克兰,以至于进行自卫不是一个可行的选择。① 而且,犹太人的军事经验本质上都是在国家军队那种环境里的经验(没有非正规军事斗争的经验)。②

非犹太民众对驱逐和屠杀进行破坏的努力也很少,尽管在全欧洲,很多个人承担了帮助犹太人躲避追捕的责任。他们向犹太人提供避难所和食物,帮助他们伪装或者逃跑。而且,他们提供帮助的时候都面临着巨大的个人风险。这些帮助要面对德国人的监视,有被出卖和遭受德国人残忍报复的危险。1943年4月19日,在博尔特梅尔贝克(Boortmeerbeek),一列载运被驱逐者去奥斯维辛的列车在途中很不寻常地遭到攻击。博尔特梅尔贝克在比利时的梅赫伦(Mechelen)和勒芬之间(Leuven)。三名年轻人用红纸罩住一个马灯,让列车停了下来。他们用剪线钳打开了一节货车车厢,释放了17名囚犯。尽管欧洲各处有很多人帮助过遭到驱逐威胁的犹太人,尤其是犹太儿童,但是这样勇敢和令

---

① P.凯内兹:《俄罗斯内战中的屠杀和白色意识形态》,见J. D.克列尔和S.兰布洛扎编:《屠杀:现代俄国历史上的反犹主义暴力》(剑桥,1992),293—313;O.布德尼茨基:《红军和白军之间的俄国犹太人,1917—1920》(费城,2012)。

② D.J.彭斯勒:《犹太人和军队:一本历史》(普林斯顿,新泽西州,2013)。

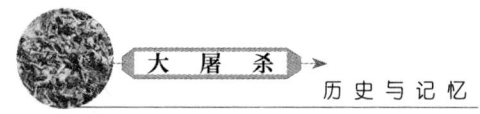

人印象深刻的行动终究是异乎寻常的。许多被救的犹太儿童被当作基督徒收养,既有收养在孤儿院里的,也有个人收养的,目的就是给他们提供避难所。向犹太人提供任何帮助都会遭受可怖的报复。我们很有必要注意到波兰,但是不仅在波兰那些基督徒遭受的这种报复。除了对犹太人的偏见,害怕如果帮助了人类同伴肯定会招致死亡,特别是如果导致别的什么人死亡,是帮助犹太人的主要障碍。那些帮助过犹太人的人的证词记录了他们的恐惧,这种恐惧反映了纳粹德国统治的性质所代表的价值观的彻底颠倒。

屠杀的步伐

与此同时,德国人不仅被恶毒的意识形态驱使着,也被他们现在控制的庞大人口和广袤地域造成的一种面对挑战的感觉驱迫着,因而出现了一种自相矛盾的现象:在个体行凶者的层面上,经常性的残忍和虐待狂特色给行凶者提供了愉悦,以及在追求一种新的事物时,针对麻烦的现状的权力感;而在大屠杀这个层面上,发挥主要作用的因素却是德国人的脆弱。屠杀是为了完成一种种族主义的偏执,也是为了克服它。这种偏执使得德国人缺少意愿和能力去争取被占领的东欧领土上除了一些指定要与德国合作的群体以外其他人的赞同。在1941年驻塞尔维亚的德国军队身上已经看到这种情况了。1995年至1999年关于德国国防军暴行的展览,展示了对平民进行大规模屠杀的照片。[①] 屠杀平民的标准是为每一个被杀的德国人杀死100个平民。

---

① 克里斯托弗·勃朗宁:《纳粹国防军的报复政策》,35。

第三章 种族灭绝

受到挑战的感觉反映了一种对犹太人潜在的力量的信念。1940年10月，帝国安全总办公室发布了一项法令，禁止波兰犹太人移民出国，因为这样会让犹太宗教领袖前往美国，使"世界犹太人可以持续地在精神上获得再生"，从而造成威胁。① 在把美国视为犹太人的关键保护力量这个问题上，这项法令具有指示意义。发布这项法令还有一个原因就是，宗教影响被描述成对犹太人的生存能力至关重要的一个方面。

希特勒把犹太人和共产主义联系在一起反映了他对两者的恐惧，也给这些恐惧提供了一种特征。他特别担忧犹太人领导和激励的共产主义会导致20世纪最初10年欧洲共产主义崛起的挑战重现。在希特勒看来，当时在德国内部发生的煽动活动提供了一种警示，因为他相信正是那些煽动活动导致德国在"一战"中的失败，这说明，德国人是可以被共产主义感染的。希特勒说，德国人被共产主义感染这种威胁需要犹太人在其中发挥媒介作用。对所谓由犹太人造成的内部威胁的恐惧，是德国人对任何可以与犹太人联系起来的反抗迹象做出的反应——例如对1942年5月18日在柏林路斯特加登（路斯特花园）发生的爆炸的反应。这次爆炸是赫伯特·鲍姆小组干的。确实，这次行动和在布拉格刺杀海德里希（这不是犹太人干的）似乎鼓励了希特勒和希姆莱加紧推进"最终解决"。② 戈培尔1943年2月28日在体育宫发表了一篇重要演讲，他强烈要求进行"总体战"（total war）和攻击

---

① R. 布雷特曼：《种族灭绝的缔造者：希姆莱和最终解决》（伦敦，1991），142。
② S. 弗里德伦德：《灭绝行动的岁月：纳粹德国和犹太人，1939—1945》（纽约，2007），350。

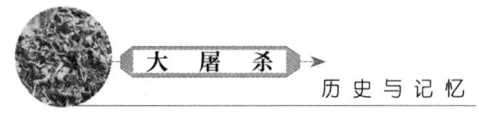

犹太人以控制德国的敌人。

1943年3月和6月,克拉科夫和利沃夫的格都分别被摧毁,但是要被杀死的不只是波兰犹太人。波兰的灭绝营也被用来处理从欧洲其他地方驱逐来的犹太人。德国人用"疏散到东欧去"这类委婉的说法代替"屠杀"这个词。1943年6月,希姆莱命令摧毁白俄罗斯和波罗的海国家残存的格都,然后把犹太人驱逐到灭绝营。比利时、法国和荷兰的犹太人已经集中起来被关进集中营(分别位于马利纳/梅赫伦[Malines/Mechelen]、德朗西[Drancy]和韦斯特博克[Westerbork])①,然后被运送到波兰以及考纳斯和里加的灭绝营处死。1942年,从西欧驱逐犹太人变得更加重要了。法国的犹太人从3月开始被驱逐到奥斯维辛,荷兰的犹太人从7月14日开始,比利时从8月4日开始,挪威则从10月开始。接下来从1943年3月开始驱逐希腊的犹太人,10月开始从意大利驱逐他们。多数战争期间死去的法国和荷兰犹太人是在那一年被杀死的。

大多数情况下都是使用毒气室杀死犹太人,但是在海乌姆诺、里加、靠近贝尔格莱德的泽蒙(Zemun)和靠近明斯克的马利-特罗斯特那茨(Maly Trostenets)灭绝营,使用的是毒气车。在贝尔泽克、马利-特罗斯特那茨、索比堡和特雷布林卡,绝大多数犹太人一抵达就被处死,即使他们可以劳动。只有一小部分非常适合劳动的人在特别分遣队的严密监管下留下来,为的是让他们分拣死者的财物或者在火化的时候搬运尸体,然后,

---

① 马利纳/梅赫伦,比利时城市,马利纳是法语名,梅赫伦是荷兰语名。德朗西是巴黎东北郊的一个社区。韦斯特博克,荷兰城市。

第三章 种族灭绝

他们也会被杀死。

奴隶劳动

1942年建立奥斯维辛2号营（或者叫比克瑙）和马伊达内克营的时候，优先性有了不同：两个营地都同时是集中营也是灭绝营。到了那个时候，情况已经清楚，战争不会像1941年秋天认为的那样，可能甚至非常可能迅速以德国的胜利告终。相反，现在与德国作战的苏联已经能够在1941和1942年间的冬季发动大规模反攻了。德国还面对美国空前的工业能力，同时还要帮助意大利。情况显示战争将是令人筋疲力尽的，这就使得关注点聚焦到工业生产上，因此也就集中到劳动力问题上。

奥斯维辛在这种新的军事和地缘政治规划中有自己的位置，因为不像其他的灭绝营，奥斯维辛位于盛产煤炭的上西里西亚一个重要经济区域。"一战"末期确定波兰和德国的边界时，对这个地区的控制权曾经引起很大的争议。除了有煤矿，这个区域还是一个主要的和与周边有良好联系的工业区，也是一个需要大量奴隶劳动力的地区。这种需求因为德国人越来越多地为军队征召自己人变得尤其强烈了，特别是在遭受1941年和1942年的严重损失之后。于是，奥斯维辛成了希姆莱和阿尔伯特·施佩尔之间合作的枢纽。施佩尔从1942年2月开始担任武器和军需品部长。这种合作对于面对美国和苏联的力量维持战争的能力太重要了。

在靠近奥斯维辛的地方建立的巨大的法本工厂生产合成橡胶和油品，是最大的德国工业项目之一，也是生产上述产品的最大工业企业。合成橡胶和油品对于德国的战争经济至关重要。巴巴罗萨计划使 1939 年至 1941 年间对德国意义重大的、从苏联进口石油的供给被切断了，这使得油品的生产对德国来说更加重要了。这个工厂蓄意利用当地的奴隶劳动力。希姆莱当初也是以这些奴工来说服法本把工厂建在那里的。用以说服法本的还有当地可资利用的煤炭资源。① 法本工厂使工人筋疲力尽，特别是每天要行进到工厂去劳作，使工厂的经理们在 1942 年末建议在莫诺维茨（Monowitz）附近建立一个营地（后来变成奥斯维辛 3 号营）。党卫军对这个额外的设施不很热心，但是他们接受了这个要求，守卫这个实际上是私人集中营的营地。营地里的艰苦和残酷使许多人病倒了，病倒的人中没能很快恢复的，就被送进奥斯维辛 2 号营的毒气室。

如果奥斯维辛代表了德国灭绝营政策的顶峰，那么也有必要注意到，使用奴工（劳动至死而不是送进毒气室）在残酷处置犹太人的另一种叙事中是最终结局。从 1938 年开始强迫劳动成为一个重要的问题，特别是在德国，诸如夺取犹太人的企业和截断犹太人的就业渠道，使操纵犹太劳动力成为可能。在把犹太人迫害到失业以后，就让他们以有损尊严的条件接受雇用，以此作为向他们提供国家福利的前提。设计那些恶劣的雇用条件，目的是把他们从一般德国人当中排除出去。于是，犹太人被逼去从事处理垃圾或者被隔离在营地里工作了。

从 1939 年开始，因为军队对非犹太德国人力资源的需要上

---

① M.T. 艾伦：《种族灭绝的商业经营：党卫军，奴隶劳动力和集中营》（教堂山，北卡罗莱纳州，2002）；P. 海耶斯：《产业与意识形态：纳粹时代的 I.G. 法本公司》（剑桥，1987）。

第三章 种族灭绝

升，这个计划扩展了。非犹太的妇女被鼓励留在家里，生孩子或者养育儿童，这被说成是加强德国社会的方法。帝国劳工办公室为熟练工种征召犹太人，这个工作一直都是重要的，而且在1941年从德国大规模驱逐犹太人之前，征召犹太人的事务不受党卫军的控制。甚至在那之后，一些犹太工人仍然被一些有影响的雇主留在德国，例如在德国军队的军备部门里。直到1943年2月他们才最终被全部逮捕并驱逐。那年6月，德国宣布"摆脱犹太人问题"了。

实际上，可能有10000至12000名德国犹太人藏了起来，其中3000至5000人在战争中幸存下来。他们被称为"U型潜水艇"（德国潜艇的一种），面临非常危险的环境。一些德国人给他们提供了避难所，他们知道庇护的是犹太人，这样做是非常危险的。其他人揭发了躲藏的犹太人。盖世太保用惊人的精力搜寻这些藏匿的犹太人。犹太人缺少食物，没有医疗保障，一些人死去了。有的人被盟国的空袭炸死了，不过，对另一些人，轰炸提供了最好的机会来解释他们把身份证件弄丢了，那些可以揭穿犹太人身份的证件。

情况变得越来越清楚：这会是一场漫长的、艰难的和全面的战争，于是使用犹太劳动力的问题对德国人也变得更加重要了。犹太劳动力的问题对并入德国的波兰瓦尔特高地区和波兰总督府辖区特别重要。尽管在上西里西亚，即后来奥斯维辛所在的地方，从战争一开始党卫军就控制着犹太劳动力，并且从中获利，但是在波兰使用了大量强制劳动力，而且不受党卫军把持的劳动力部门的控制。随着"犹太人问题"向"最终解决"的发展，党

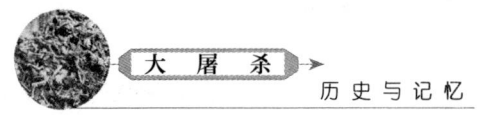

卫军在其他地方对犹太劳动力的控制居于支配地位了。分配犹太人去接受屠杀或者去工作成为党卫军力量发挥作用的中心手段和方法。对波兰犹太人和从其他地方被驱逐到波兰的犹太人来说，这种分配变得越来越紧迫和直接了。①

在某些方面，就像在屠杀方面一样，强制劳动是一个连续的统一体，不仅仅包含犹太人。数以百万计的外国工人，特别是苏联人、波兰人和法国人都被送到德国，同时在被占领的欧洲其他地方，平民被迫在他们的祖国，经常是在恶劣的工作条件下劳作，却是为德国生产物资。除了战俘，1944 年 8 月，在比以前更大的德意志帝国有 570 万外国劳工登记在册。加上战俘，710 万男人和女人一共提供了 24% 的劳动力。② 而且，从 1942 年开始，被归类为反社会或者社会适应不良的德国囚犯也被分配给党卫军，然后被强制劳动至死。他们中许多人只是小偷、害怕工作的人、流浪汉和酒精成瘾者，或者只是被如此归类的人。这也反映了希姆莱"净化"日耳曼社会的冲劲。

这幅图景似乎使犹太人的苦难这个问题淡化了一些。如果焦点放在 1940 或者 1941 年早些时候，尤其可以采取上述观点。特别是因为在那个阶段，德国人还没有明确决定，至少到战争结束可以重新强制犹太人移民国外之前，要在强迫劳动之后对犹太人进行"最终解决"，也就是彻底的屠杀。尽管在选择谋杀还是奴隶劳动之间，党卫军的态度从 1941 年开始是左右摇摆的，但是

---

① W. 格鲁纳：《纳粹统治下的犹太强制劳动力：经济需要和种族主义目标，1938—1944》(剑桥，2006)。

② U. 赫伯特：《希特勒的外国劳工：第三帝国治下的强制劳工》(剑桥，1977)。

第三章 种族灭绝

在犹太人问题上，1941 至 1942 年间，在立即杀死犹太人和让剩余的人劳动至死这两个方向上都将发生重要转变。而且，让犹太人劳动致死被描述为一个明确的目标，而不是经济剥削的副产品。必须进行灭杀，迅速或者缓慢，但是必须灭杀。

相比之下，对囚犯劳动力的需要导致德国在 1941 年 10 月停止了对苏联战俘的屠杀，尽管他们的工作条件是如此之差，以至于造成很高的死亡率，而且是故意的。糟糕的工作条件包括，从 1944 年开始，每天供应不足 1000 卡路里热量的食物（对德国公民这个数值是 2100 卡路里）。这种"静静的杀戮"是精心策划的。与此相对，苏联战俘中的犹太人则被立即屠杀了。这种对比确保了任何时候在强调德国人（和他们的盟国以较小的规模）屠杀大量非犹太人时，都必须相应地要求密切关注犹太人和罗姆人（吉普赛人）与众迥异的命运，特别是犹太人，因为在纳粹主义偏执狂的世界里，被认为比罗姆人的威胁大得多。

对英国和美国军队中的犹太士兵采取了例外的做法，包括他们军中的巴勒斯坦旅。这些士兵得到和其他英美战俘一样的对待，包括 1944 年末党卫军接管战俘营以后。这种反映德国人愿意遵守日内瓦公约关于战俘的规定，但是这种意愿没有延伸到波兰和苏联战俘那里。与此相联系，德国人对与英美在遵守日内瓦公约的基础上交换战俘感兴趣。[1]

奥斯维辛的劳动力不只是犹太人，但犹太人在其中是重要的一部分。那些被认为不能胜任艰苦劳作的人一到达就被毒死，强

---

[1] 阿里耶·柯查威：《面对囚禁：英国、美国和他们在纳粹德国的战俘》（查珀尔希尔，北卡罗莱纳，2005）。

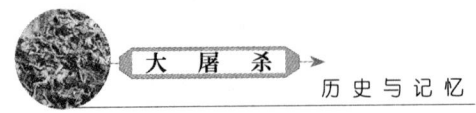

健的男人和妇女被挑选出来劳动。他们的前臂被刺上一个序列号,这个纹身后来成为他们经历过的苦难的象征性标记。然后他们被送进拥挤的营房,工作期间他们就生活在那里。大多数人后来被杀,或者生病时被毒死,或者劳动至死。党卫军看守和非犹太囚犯担任的监工大多数都是罪犯,他们对待犹太人通常比对待其他囚犯更恶劣。① 在整个纳粹的暴行和监禁体系里都可以看到对待犹太人非常严酷的方式,不仅是在生命和死亡问题上,还表现在很少见的一些放松的场合中。例如,在集中营里非常有限的音乐活动中对待犹太人也很残忍。②

把德国人的强制劳动政策说成"奴隶劳动"是有问题的,最主要的一个问题就是德国人故意忽视犹太人的境遇,特别是因为这个术语可以用来暗示与其他奴隶制度的可比性,比如欧洲人控制的地区和伊斯兰地区的非洲奴隶,实际上还有非洲世界的奴隶。这样的对比是不恰当的,因为那些奴隶有清楚的通过出售和购买反映的价值。还因为他们能完成生产任务,让他们生存着是有用的。实际上,从有孩子的奴隶那里还可以获得额外价值,而且阉割奴隶只在伊斯兰世界才是正常的。有一些种族主义者像纳粹分子曼弗雷德·泽尔(Manfred Sell)就在他的《黑人移民》一书中反对奴隶贸易,因为奴隶贸易可能导致人口的异族通婚和脱离原生环境。

---

① F. 派珀:《奥斯维辛监狱的劳动力:作为劳动力对奥斯维辛集中营囚犯的组织和开发》(奥斯维辛,2002)。

② S. 吉尔伯特:《大屠杀中的音乐:在纳粹的格都和集中营里面对生活》(牛津,2005)。

第三章 种族灭绝

把犹太奴工和国家奴隶制度相比也是不切题的。这种对比在大量由德国人部署的强迫劳工那里一定程度上是有意义的，而且也看出国家奴隶制度对生产主义而非资本主义的强调、对商品而非利润的强调。但是在犹太人的问题上，有一个独特的种族灭绝的目的。因此奴隶劳动只描述了犹太人经受的控制非常片面的性质，却不能显示犹太奴隶劳动与其他奴隶劳动制度的任何等值关系。对德国当局来说，犹太人确实有可观的经济价值，就像他们抗议杀死熟练工人的时候所反映的那样。德国当局之间围绕这个问题的冲突突出了这个事实，那就是，对一些狂热的党徒来说，拒绝经济性的（和传统的军事—战略性的）考虑正是意义的一部分：追求种族主义的目标比追求传统上认为的实际目的"更高"。

靠近工业地点的大量卫星集中营都从奴隶劳动中获得利益，但是从犹太人身上获得利益的方法并不仅仅是奴隶劳动。大量德国公司也从建设、维护和供给集中营中获取利益。一些公司，像爱尔福特（Erfurt）的火葬场专业公司托普夫和众子公司（Topf and Sons）都在这些业务中有明确的角色，但是实际上，数以百计的公司都卷了进来，就像这些公司的银行家、供应商和保险公司一样。[①] 这些都显示了德国人对大屠杀和大屠杀中的利益的了解程度，事实上这是很重要的。收益和了解经常是联系在一起的。奥斯维辛是一个主要的运输中心，像海乌姆诺一样，也附属于德国的领土，并不是位于设想中模糊的"东方"的一个地方。

把交通运输和奴隶劳动这两个问题联系在一起的不仅仅是

---

① G.D. 费尔德曼：《安联集团和德国保险业，1933—1945》（剑桥，2001）。

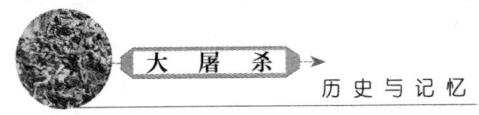

运载犹太人到集中营和灭绝营这个目的。除此以外，纳粹追求的"新秩序"需要新的交通网络，特别是为了把原材料和食物运到德国去。1941年到1942年冬天不同寻常的寒冬暴露了苏联西部领土上道路系统的严重缺陷。这些缺陷使得德国人在1942年春天开始修筑一系列战略公路来支持部队和把他们的领土连结起来。作为一个野心勃勃的交通网的一部分，一条被命名为DG四号（DG IV）的交通干线是最重要的。这条公路的设计目的是把利沃夫和斯大林诺（今天乌克兰的顿涅茨克）连结起来，同时有一条铁路支线穿越克里米亚和刻赤海峡，伸展到高加索。因为希姆莱参与了这条公路的建设，它也被称为"党卫军公路"。这些公路建设也被视为一种通过严酷的强制劳动杀死犹太人的方式，于是乱葬岗就把这条线路标记了出来。作为"现代化"所起作用的一个例子，这条公路也被视为新的模范城镇的附属环境。① 可以相提并论的残酷的强制劳动在一些国家也可以看到，特别是在20世纪30年代苏联和50年代罗马尼亚的运河建设过程中。在那两次建设中，数以万计的人死去了。

德国的宣传，例如流行电影《欧姆·克鲁格》（*Ohm Kruger*, *1941*）提到英国人在1899年至1902年间的第二次布尔战争中建立集中营的问题。这场战争发生在英国和德兰士瓦、奥兰治自由邦的布尔人之间。这两个共和国后来成为南非联邦的一部分。这种比较完全是误导性的，因为两种集中营的目的有很大的差别。为了消除民众对布尔人游击队的支持，英国人把布尔人家庭赶进

---

① G.H. 班尼特：《"党卫军公路"上的纳粹分子，画家和被遗忘的故事》（伦敦，2012）。

第三章 种族灭绝

了拘留营。总共有27927名布尔平民因为疾病死在拘留营里,但是当时并不存在对平民的有意虐待。英国军队也经受了严重的疾病折磨。而且这些拘留营在英国受到批评,特别是因为那里发生的死亡事件。这些批评可以自由地公开发表,这种自由在纳粹德国几乎是不存在的。确实,当时在英国公开反对布尔战争的自由也几乎是没有的,而且政府也不愿意在1900年面对一场普选。德国电影批评的目标并不是集中营,攻击的是把布尔人关进拘留营的做法,认为这是不可接受的。纳粹官员注意的是布尔人巨大的死亡数字而不是英国政府建立集中营的目的。德国政府以及纳粹政权为了转移视线使用阴险的模糊视线的论证方法歪曲了英国政府的目的,事实上,英国政府的目的和他们的歪曲宣传有很大的差别。实际上,"二战"中德国的政策和公众态度与英国在布尔战争中的政府政策和公众态度形成了鲜明的对比。在本书第六章我们将讨论一些错误的对比。德国和英国的政策和公众态度对比是一个戏剧化的例证,证明了我们在关于错误的比较这个问题上的立场。

杀戮的继续

屠杀消息的散播几乎无法被限制。而且,1943年在焚尸炉投入使用之前,在奥斯维辛被谋杀的人的尸体是在露天被焚烧的。被烧过的尸体有一种独特的味道。确实就像前面已经提到过的,奥斯维辛营地长官鲁道夫·胡斯称之为"惊人的恶臭"。他的这种说法是因为自己的罪行而责备受害者的一个再典型不过的例子了。一些家庭拜访过党卫军守卫或者和他们一起生活过,据估计

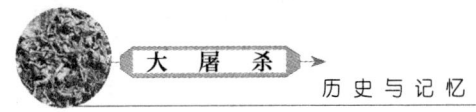

他们观察过或者至少明白部分正在发生的事情。大规模屠杀的传言在德国广泛传播。

除了提供劳动力,奥斯维辛的处理系统还被设计来确保那里没有犹太儿童:将近150万年龄在14岁以下的犹太儿童在大屠杀中被杀。屠杀儿童的数字是最让人惊心的。相反,非犹太德国妇女却被鼓励生孩子。这种政策是和国内政策联系在一起的,德国国内政策用明确的种族主义概念来理解所谓的"更加健康的种族"。从1939年开始,有妇女就因为生有许多孩子获得德国母亲荣誉十字奖章。①于是,大屠杀和德国后方战线都走上了种族战争的前线。

为了保证没有犹太儿童,希姆莱敦促医生发展一种方便的绝育方法。这个残忍事例反映了广泛存在的纳粹主义和医学的同流合污。约瑟夫·门格勒在奥斯维辛做的医学实验,库尔特·海斯梅尔②为了推进他的肺结核病研究对儿童(年龄在5岁到12岁之间)进行的注射和其他许多医学实验,都是残忍的、谋杀性质的

---

① M. 穆顿:《从培育德意志国家到净化日耳曼民族:魏玛共和国和纳粹的家庭政策,1918—1945》(剑桥,2007)。

② 库尔特·海斯梅尔(Kurt Heissmeyer,1905—1967),纳粹党卫军医生。海斯梅尔认为注射活的肺结核芽孢杆菌可以发挥疫苗性质的作用,这个论点当时已经被证伪。海斯梅尔还以纳粹伪科学的种族理论为基础,认为种族因素在结核菌的发展过程中会产生影响。他利用担任党卫军将军的叔叔和其他一些私人关系,在诺因加默(Neuengamme)集中营的20名犹太儿童身上进行实验。这些儿童和他们的四名保育人员后来在汉堡被绞死了。战后,海斯梅尔躲过追查,回到东德的家乡成了一名成功的医学专家,1959年才被发现并逮捕。1966年被判处终身监禁。法庭上,海斯梅尔说:"我不认为集中营里的囚犯具有完全的人类价值。"当法庭讯问他为什么不使用豚鼠时,他回答说:"对我来说人类和豚鼠之间没有根本的差异",后来他纠正说"在犹太人和豚鼠之间"。——译者注

第三章 种族灭绝

和完全没有必要的。这是一种更普遍的理性堕落的表现，但不是唯一的表现。其他科学类别也被用来支持纳粹的主旨。例如，人类学家布鲁诺·贝格尔（Bruno Beger）1943年被派到奥斯维辛去进行犹太人头盖骨的研究——为进行这项研究，86名犹太人被杀害。[①] 在德国的计划和行政管理中的种族主义政策中，"专家们"起的作用展现了赋予德国犹太人政策特征的所谓理性主义维度所达到的程度。实际上，这和真正的理性主义完全背道而驰。无论表面的语言是如何理性，就意图而言，它们的目的和手段都是谋杀性质的；就特色而言，它们是野蛮的。

奥斯维辛2号营是专门为犹太人和罗姆人建立的，这是对犹太人和罗姆人政策的一个方面。在这个政策中他们受到比其他德国受害者更加严酷的对待。在小屋和营房旁边，奥斯维辛2号营还包含毒气室和相连的焚尸炉。1942年7月17至18日希姆莱视察这里以后，它迅速地扩张了。列车把被占领的欧洲各地的犹太人运送到这里，把这个集中营塞满了。其中第一批是1942年3月26日抵达的来自斯洛伐克的犹太人。在这里被屠杀的犹太人包括经过长途火车旅行，从萨洛尼卡（塞萨洛尼基，

---

① 布鲁诺·贝格尔（Bruno Beger，1911—2009），纳粹种族主义人类学家。他为1935年建立的纳粹原始智慧历史和德国祖先文化遗产研究会（Ahnenerbe）工作。这个组织后来成为希姆莱个人对神秘主义兴趣的伪科学研究工具。贝格尔1938年前往西藏考察。"二战"中，他在奥斯维辛集中营挑选超过一百名各种族的囚犯提供给党卫军少校、斯特拉斯堡帝国大学主席奥古斯特·赫特（August Hirt），供他建立一个犹太人头盖骨标本库。这些囚犯主要是犹太人。他们被送到纳茨维勒（Natzweiler）集中营，由党卫军军官约瑟夫·克拉默（Joseph Kramer，这个人本书第三章开头部分提到过）用毒气毒死，然后送往斯特拉斯堡。1974年，贝格尔因为在这个罪行中所起的作用被一个德国法庭判处3年监禁，但他从未在监狱里服过刑。——译者注

Thessaloniki)运送来的一个大型犹太人社区的犹太人。这是德国反犹主义暴力在希腊迈出的关键性一步。① 代表一些萨洛尼卡犹太人出面斡旋的意大利外交代表被拒绝了。这个行动也是萨洛尼卡作为一个多民族社区衰落过程中受到的最严重的打击。多民族特色曾经给萨洛尼卡带来一种特别的活力和文化重要性。那里犹太人的住宅区仍然保持着几分幽灵般的气质,生活的热情没有搅扰那里的寂静。在奥斯维辛被屠杀的另一个希腊社区的人是从科孚岛运来的1800名犹太人。

犹太人被德国人隔离在格都里。结果,除了德国政策意图残忍邪恶的性质,被隔离的犹太人在受到攻击、被驱逐和谋杀的时候比非犹太人口脆弱得多。如果后者被驱散到农村,犹太人和他们相比处境就更脆弱了(在农村非犹太人比犹太人更容易躲藏起来)。这有助于解释两者之间抵抗水平的差距,但是,不管种族暴力的程度有多大差别,带有普遍性的是德国人在和他们鄙视的那些人口进行任何协商以达成某些结果,或者寻求任何有意义的妥协这个问题上,都是无果的。

这推动了德国人更加广泛的失败。特别是从1942年开始,德国无力应对因为缺乏资源、过分拉长的战线、敌人的战争生产能力和战斗能力上升造成的困难,很大程度上是因为德国政策的内在不合理性和邪恶性。因为存在内在缺陷的决策过程被纳粹意识形态上的狂妄自大和战略上的痴心妄想进一步扭曲了,纳粹政

---

① M. 马佐韦:《军事暴力和国家社会主义价值观:纳粹国防军在希腊,1941—44》,《过去和现在》1992年第134期,129—158页。

第三章 种族灭绝

权完全迷失了方向。[①] 德国人不仅不能充分考虑他们的政策可能的反应（也就是被镇压人群的抵抗），而且无法使操作性的计划和可行的战略目标匹配起来。他们的战争能力在操作性和战略性两方面都是有严重缺陷的。德国人残酷地对待被征服的人民，特别是对犹太人进行大屠杀，而且还屠杀一些其他民族的人群。这种做法是他们的狂妄自大和痴心妄想的体现，因为它预设合作是不必要的，一个新秩序无需以人们接受它为基础，无论这种接受是怎样压迫出来的。

这个特征在当时那种环境里对纳粹德国是没有帮助的，因为它针对实际上是意识形态性质的某些东西（主要是极端偏执的反犹种族主义），为纳粹德国设定了一个功能性的目标（认为消灭犹太人就能战胜西方资本主义和苏联的共产主义，为德国赢得霸权，实际上这两者之间没有必然联系——译者）——而这个意识形态的维度对纳粹德国来说远不是一种可以选择或者放弃的附属品。1976年在阿富汗当我不得不听一个德国武装党卫军的评论时，我向他指出如果德国人没有攻击犹太人，他们会干得更好。我想要激怒他，我的话对这个目的确有帮助。但是这样讲也只不过是明知故犯的愚蠢，因为对犹太人的攻击是德国政策的中心。确实，攻击犹太人优先于德国各部门之间的紧张关系和竞争，因为他们在屠杀犹太人这件事上是相互合作的，尽管这样做会使得支持奴隶劳动以建设一个新欧洲的目标更加困难。[②] 对希特勒

[①] H. 布格、W. 拉恩、R. 斯通普夫和 B. 韦格纳：《德国和第二次世界大战：第五卷，全球战争》（牛津，2001）。

[②] W. 洛厄：《纳粹帝国的建设和在乌克兰进行的大屠杀》（查珀尔希尔，北卡罗莱纳州，2005）。

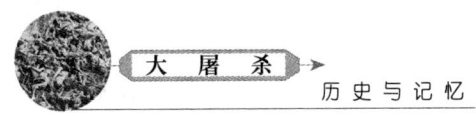

来说,与犹太人的战争是一场事关生存和超越历史的斗争,德国人在这场斗争中肯定能争取到他们的生存权利和胜利。而且,考虑一个不追求种族灭绝的德国会使一种政治化的现代主义成为必要,因为那种政策考虑会集中在至少是含蓄地集中在一个能忍耐苏联、与苏联共处的这样一个想法上。而当德国是一个纳粹国家的时候,这种想法是不可能的。希特勒的种族主义偏执狂和目标赋予德国在"二战"中的政策一种与众不同的特色,保证了德国在1944年没有像1918年在被击败的过程中和被击败以后曾经做过的那样,与同盟国就结束战争进行协商。

杀戮一直持续到战争结束。这个情况在德国的一个盟国——匈牙利很显著。它1941年6月参加了对苏联的战争。1941年8月,从波兰逃难到匈牙利的犹太难民被匈牙利警察扣留并交给党卫军屠杀。尽管有大量犹太人被送到参加入侵苏联的匈牙利军队中做强制劳动力,而且他们当中许多人在1942年至1943年苏军的反攻中被杀,但是匈牙利政府的态度导致较少屠杀犹太人的机会,从而使得在1944年之前没有广泛地屠杀匈牙利犹太人。1944年3月19日,德国占领匈牙利。把犹太人从匈牙利驱逐到灭绝营大多发生在德国占领这个国家以后。既是为了阻止匈牙利向同盟国变节投降(这种潜在的变节反映了德国在东线近乎崩溃的境遇),也是为了德国可以更有效地利用匈牙利的经济。①

从5月15日开始,437000名犹太人被德国人驱逐到奥斯维

---

① R.布雷厄姆:《种族灭绝的政治学:在匈牙利的大屠杀》(纽约,1981);大卫·斯萨雷尼:《种族灭绝和营救:在匈牙利的大屠杀,1944》(牛津,1997);R.布雷厄姆和S.米勒编:《纳粹最后的受害者:在匈牙利的大屠杀》(底特律,1998)。

第三章 种族灭绝

辛。有些人在那里被用作劳动力，但是大约四分之三的人在当年夏天很快就被屠杀了：平均每天大约超过 8000 人被杀。这里修建了一个铁路扳岔口以便列车可以直接开到奥斯维辛 2 号营。这个铁路扳岔口有助于发挥奥斯维辛 2 号营在屠杀中的作用。从 1943 年春天那里的大型新焚尸炉开始运作以后，奥斯维辛 2 号营的工厂式屠杀就在以前所未有的速度进行着。在一定程度上，其他灭绝营因此而被关闭，奥斯维辛 2 号营则维持着。

匈牙利的犹太人被驱逐时，战争进程日益变得对德国人非常不利。在 1943 年 12 月 24 日发起的第聂伯河东岸／乌克兰战役中，苏联人证明自己的作战非常成功。1944 年 3 月在乌克兰的突破性进攻迫使德国人后撤，苏联军队还在 4、5 月间收复了克里米亚。至此，苏联人向前推进的时候还没有包围和摧毁过德国军队，但是从 1944 年 6 月开始，苏联人有了更多推进包围然后摧毁德国军队的成功作战。这很大程度上是因为苏联人军事行动的有效性提高了，苏联军队还获得所需的作战工具（包括美国给的卡车），而且发展出实现目标的军事理论。苏联不仅在一个轴线上向前推进，而且在从黑海到波罗的海以及芬兰的整个战线上向前推进。苏联的推进让德国人不祥的感觉越来越强烈了。

在苏联的成功面前，对匈牙利犹太人的处理反映了希特勒的战争战略和对犹太人的战争之间持续的政策协同，以及他确保这种协同的努力。直到这时，尽管有严重的反犹主义行动，但是匈牙利人拒绝执行一种变相的"最后解决"。然而一旦被占领，匈牙利官员就热心地提供合作了。没收犹太人财产的收益曾经推动德国人屠杀犹太人，现在这个因素也推动了匈牙利政府驱逐和屠

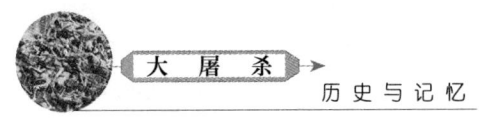

杀犹太人。战后匈牙利的共产主义政权拒绝归还查没的资产,这种做法是很典型的。①

在其他地方,没收财产同样在鼓励与大屠杀进行积极合作方面发挥了作用。例如,那些赏金猎人就是为了这个目的去捕捉荷兰犹太人的。被他们抓住的许多人被送到波兰,在奥斯维辛或者索比堡被杀。作为赏金猎人,荷兰人干得比比利时人更起劲,这反映了各个国家在这些行动中存在的差异。②

没收财产补偿了大屠杀的代价,德国官员们热心于计算并相互证明这是他们对政策进行的合理化的一部分。没收财产也被设计用来帮助德国的经济。当苏联和美国成功地施放他们的经济实力时,战争变得更困难了。战争导致的紧张局面使德国的经济面临巨大的压力。因为这些,大屠杀成为通过大规模的暴力转变欧洲,尤其是东欧社会经济结构的企图的一部分。这没有使邪恶的政策成为某种扭曲的现代化的一部分,只是突出了政权方面对于掠夺的冲动在何种程度上给大规模屠杀提供了背景。尽管这个政权有关于文化的荒谬可笑的主张,但是它的手段和目标都是非常原始的。这个因素也反映了德国人参与大屠杀的程度。2015年一个德国法庭对奥斯卡·葛瑞宁(Oskar Gröning)的定罪判决让人们理解了这一点。这个人参与了从抵达奥斯维辛2号营的犹太人那里掠夺金钱。

在非犹太德国人口中分配从德国和外国犹太人那里没收来的

---

① R.茨威格:《黄金列车:犹太人的毁灭和第二次世界大战中最可怕的掠夺》(伦敦,2002)。

② A.D.冯·利姆普特:《希特勒的赏金狩猎:对犹太人的背叛》(牛津,2005)。

第三章 种族灭绝

财物是为了进一步加强公众和政权的结合,也为了对公众承担的战争负担提供补偿,特别是因为英美轰炸遭受的损失。1943年7月27至28日之间的晚上,汉堡遭到英国的轰炸,在一场大火中破坏严重,轰炸还造成大量人员伤亡。这造成公众对纳粹政权的信心危机。戈培尔负责处理城市遭到轰炸的后事。他特别关心平民的士气。把平民疏散到乡村显示了对德国脆弱性的警觉。那年11月,英国空军对柏林的攻击开始了,而且持续到1944年3月末。最初,作为一种机会主义的掠夺方式,遍及全德国的市政当局没收了犹太人的财产。这种机会主义的掠夺把战前年月为了强迫获得商品而对税收和其他财政标准已经很专横的态度进一步强化了。接着,这种没收的过程变得系统化了。没收商品的分配指明了掠夺制度的范围,而且导致来自下层进行更多掠夺的压力,也显示了犹太人被虐待的程度:从法国被驱逐犹太人的公寓里劫夺的674列车家用物品被送往德国。① 从犹太人那里抢来的衣物、家具和卧具被提供给在盟国的轰炸中丧失财物的德国人。提到这种形式的"补偿"时,描写"在盟国的轰炸中失去一切的德国人"太方便了,但是这些英文词句几乎不能反映这个现实:那些得到没收收益的人,那些小偷和杀人者活着,而大多数曾经拥有被劫物品的犹太人却被杀害了。这两者中间没有等值关系。

重新分配没收的物品反映了维持平民士气的企图,而且符合1940年11月30日制定的《战争损害法》。这项法律规定对平民在未来经受的任何战争损失都要进行充分的赔偿。这是为了对抗

---

① S. 根斯伯格:《目睹对犹太人的抢劫:一本摄影集,巴黎,1940—1944》(布卢明顿,印第安纳州,2015)。

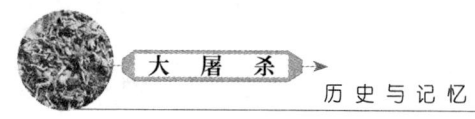

盟国的轰炸，也是为了在悲痛时刻提供支持，向德国社会展示和为纳粹党提供合法性。于是，社会秩序就要用分赃制度来保证了。

这种"种族主义的危机管理形式"①是一个更广泛的劫掠制度的一部分。德国人的生活因此"受益了"。这是在写到这个题目时太过容易地又一次误用的语言。②例如，从克里米亚犹太人那里劫夺来的手表被用于军事目的。格都和集中营管理部门的文件里有许多士兵、警察和公务员请求获得手表和珠宝的内容。③其他许多东西则只是被没收了。

在德国的盟国，特别是罗马尼亚，可以看到用没收犹太人的财物为手段把人民和政权、政权的事业结合起来，让人民支持战争。受到谋杀性质的反犹主义、种族主义—国家主义的社团主义和希望避免"一战"造成的社会阵痛等动机的驱使，罗马尼亚独裁者安东内斯库元帅把犹太人的财产既看作一种问题也看作一个机会。在实践中，猖獗的贪念从上到下影响了这个政策。多数财产不仅被国家从它的犹太公民那里抢走了，然后被国家的代理人和其他人从国家那里偷走了。在这个过程中经常看到腐败，也有很多对腐败案件的审判。贪婪和攫取的机会在罗马尼亚支持了在迫害犹太人时高水平的地方主动性和在没收犹太人财物时的各种

---

① D.苏斯对圆桌会议的贡献见他的著作《来自天空的死亡：英国人和德国人是怎样在"二战"的轰炸中幸存的》（牛津，2014），又见《英国和世界》2015年第8期，116页。

② 关于语汇的误用，见维克多·克伦佩勒：《第三帝国的语言：一位语言学者的笔记》（伦敦，2000）。

③ H.洛伊：《无家可归者在大流散时期的家：博物馆和失踪者与被找到者的圈子》，见《伦敦德国历史学会学报》2012年第34期，49页。

第三章 种族灭绝

变异的做法。①

大屠杀中的盗窃一面,就像谋杀那一面一样,把旧的反犹主义主题和更近的一些想法结合了起来。旧的反犹主义主题在这里是对犹太人秘密的和令人难以置信的富有的信念。更近的思想则是对自由市场的仇恨;把犹太人作为所谓共产主义第五纵队,对他们似是而非的暴力反对。而且,在这个过程中,中央政府的力量和地方政府的主动性都扮演了一个角色,就像国家和那些并不为国家部门工作的人都扮演了一个角色一样。匈牙利政府和一些基督徒人口都企图从征用和掠夺犹太人的财物中有所收获,这对匈牙利犹太人1944年的遭遇产生了重要的影响。②

没收财产的过程千差万别,就像卷入其中的人的身份千差万别一样,无论他们是作恶者、旁观者还是受害者。因此,没收财产像镜子一样反映了大屠杀。作恶者不仅有国家、政党、军队和警察部门的官员和代理人,也有邻居、前朋友和其他当地人。对那些失去财产(经常还有生命)的人的继承人来说,这种盗窃因

---

① J. 安塞尔:《罗马尼亚犹太人经济的毁灭》(耶路撒冷,2007)。
② G. 卡达尔和 Z. 瓦吉:《财政自给的种族灭绝:黄金列车,比彻案件和匈牙利犹太人的财富》(布达佩斯,2004)。
* 比彻案件指的是库尔特·安德里亚斯·恩斯特·比彻(Kurt Andreas Ernst Becher, 1909—1995)的案件。比彻是一个中级党卫军军官,1944年担任驻匈牙利党卫军司令部经济部门的负责人,负责处理没收匈牙利犹太人的财产,出售和使用它们,包括出售和使用犹太人身体的部分,如头发和金牙。他收集了大约价值860万瑞士法郎的财宝,装在六个大箱子里,被称为"比彻宝藏"。1945年他被盟军逮捕监禁在纽伦堡。因为匈牙利犹太人的一个领袖作伪证为他辩护,他逃脱了审判。他携带的宝藏只变卖了55000美元。有人说是因为匈牙利纸币严重贬值,也有人认为是比彻匿了宝藏。1945年5月24日,美军在比彻曾经住过的一所房子的床下面发现了18.7磅黄金、4.4磅铂金和一些犹太珠宝。战后比彻在西德成为一个成功的商人。1961年他在德国的家中为在耶路撒冷进行的对阿道夫·艾希曼(Adolf Eichmann)的审判担任了证人。

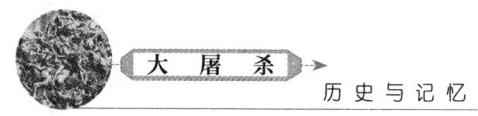

为战后的环境会是非常复杂的问题。因为在德国和奥地利,官僚、法院和财产的占有者(特别是这些人),而且不仅这些人,使归还和赔偿财产非常困难。这种追索的背景经常是一种持续的反犹主义,导致纳粹年代合法化的盗窃重新发生一次。例如,他们争辩说那些逃走的人是"自愿"离开的。战后在东欧也可以看到对犹太人的掠夺。

我们已经注意到,战争中的掠夺不仅涉及对犹太人的财物、工作的剥夺,还包括他们的身体。真实的细节值得我们反复叙述以便把发生的事情理清。私人的珠宝,比如婚戒被没收,牙齿中镶嵌的黄金填充物是用钩子和钳子取出来的。而且,死者的头发和皮肤也被利用。身体烧成灰烬,有时被用作肥料。合成汽油也是一种产品。有详细的清单记录了在集中营和在处理犹太人的其他阶段掠夺的物品,这些清单说明凶手们对收益的关注,还说明了一种想法,就是保存这样的记录是需要的。不过,尽管这样的列表记录似乎展示了管理上的复杂和老练,但是实际情况远不是这样的。

使用奴隶劳动也是一种对资源进行原始的、粗糙的掠夺的一部分,特别是因为获取这些奴隶劳动力是作为制度的一部分进行的,而这个制度包括要摧毁有技能的犹太人力资源,更普遍的情况是,要精心消除犹太人在欧洲经济中的作用。这种对奴隶的掠夺在战争持续的过程中对德国人变得越来越重要了,反过来,也在处理犹太人时变为更具有支配地位的一个因素。① 德国的军事力

---

① U.赫伯特:《劳动力和灭绝营:经济利益和国家社会主义中世界观的首要地位》,见《过去和现在》1993年第138期,144—195页。

第三章 种族灭绝

量在1942年晚些时候停止向前推进（除了在一些区域性的反攻里），因此不再有通过征服获取更多犹太或者非犹太强制劳动力的可能了。这就意味着必须小心地使用现存的奴隶劳动力，包括（对德国人来说）不受欢迎的奴工种类，像犹太人和俄国战俘。

然而，小心是一个非常相对性的词汇。德国人以残忍的方式对待送到劳动营的犹太人，而且确保犹太人会毫无阻碍地遭受虐待，抵抗的机会很少；他们把犹太人隔离在不同的群体里。食物是有限的，而且质量很差；营房里没有取暖设施；卫生设备是原始的；衣物不充足；工作艰苦到残忍的地步；工作的时间很长；不关注安全；许多工人缺少相关的经验；工人经常遭到殴打和射杀——那些生病或者因为筋疲力尽而崩溃的人被射杀。

不仅受党卫军控制的犹太人的工作情况是这样，那些在德国其他部门控制下劳动的人也是这样，特别是受托特组织①控制的奴工。这是一个为德国战争机器服务的关键的建筑代理商。1942年开始由阿尔伯特·施佩尔领导。托特组织负责一系列战争建筑项目，包括大量为了保障武器生产免受盟国空袭威胁建设的地下设施。在纽伦堡针对施佩尔的审判提到（但是没有特别提到犹太人）："他建议在军火工厂里使用来自集中营的被拘留者。现在鉴于囚犯们糟糕的身体状况，从这个措施里除了消灭这些囚犯以外不可能期待获得任何别的好处了。"②1944年犹太工人从奥斯维辛

---

① 托特组织（Organisation Todt, OT），第三帝国的一个民用和军事工程机构。"二战"前和"二战"中，这个机构在德国和被占领地区承担了大量工程项目，而且因为使用奴工恶名远扬。该机构的名称取自它的创始人弗里茨·托特（Fritz Todt）。——译者注
② 《对主要战争罪犯的审判》（纽伦堡，1947）第7卷，89。

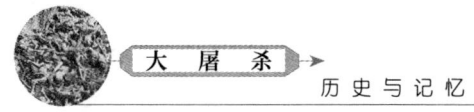

和匈牙利的布达佩斯被派去建设考弗灵（Kaufering）和缪尔多夫（Mülhldorf）的设施。这两处是达豪集中营的卫星营，靠近慕尼黑。工人们遭遇悲惨，许多人被杀。9月到11月，剩下的犹太人被运到奥斯维辛毒死。也是1944年，在上奥地利的古森（Gusen），从上一年开始的飞机部件的生产加速了。从毛特豪森集中营来的囚犯被用于在采石场发展位于地下的制造业。可怕的生活和工作条件使囚犯的死亡率很高。1945年，从奥斯维辛来的犹太人被派到米特堡（Mittelbau）集中营，目的是在地下的北豪森（Nordhausen）工厂里生产V系列武器（火箭）。这些火箭大部分发射至盟国控制的安特卫普和伦敦。

大量犹太奴工被用在私人工业里，那里的死亡率也很高。这是大屠杀几乎无法向公众隐瞒的一部分，尽管战后这个情况大多被忽略了。匡德特家族就这样隐匿了和纳粹的密切联系。[1]这个家族使用强迫劳动力来制造武器和U型潜艇使用的电池，其中有些劳动力来自卫星集中营。许多劳工死亡了，其中一些人是因为暴露在有毒金属面前。为了阻止播放一部有关电视纪录片，该家族做了一次不成功的努力。这部纪录片——《沉默的匡德特们》在

---

[1] 匡德特（Quandt）家族是德国的一个企业家族。这个家族在"一战"中经营纺织业，为德国军队提供军服，获利丰厚，壮大成为一个多产业集团。匡德特企业在"二战"中使用集中营劳动力，但是战后并不为人所知。1959年，匡德特家族掌门人赫伯特·匡德特（Herbert Quandt）在宝马汽车公司处于困境中时，增持公司股票至50%，并且领导宝马推出新车型和技术，获得极大成功。2007年，《沉默的匡德特们》播出后仅5天，该家族四名成员就声明资助一项研究，审查该家族企业在纳粹时期的行为。2011年，历史学家提出了1200页的调查报告，明确指出匡德特家族"和纳粹的罪行存在不可分割的联系"。但是自2008年开始，该家族没有做出任何赔偿、道歉，甚至没有任何纪念活动。该家族迄今一直在媒体面前非常低调，家族财富没有准确的数据。——译者注

第三章 种族灭绝

2007年播放了。

尽管德国人的意愿在程度上有很大的不同,但是作为个体和一个群体,犹太人都经受了德国人想要施加的虐待行为。这些虐待行为被德国人视为对犹太主义的惩罚。于是,虐待性不仅是公共政策,而且也被认为是出于种族正义和必要性被批准。强加痛苦于犹太人看上去是净化这个世界的一种责任,同样,它也明显是被彻底的控制权召唤来的大量虐待狂,那些被德国的军事成功和纳粹的意识形态放纵的人的一种娱乐。这种虐待狂在目击者对集中营和处理犹太人过程中各方面的叙述中清楚地显露出来。例如,谈论集中营里对工人们的"虐待"(mistreatment)不仅使用了净化过的误导性语言,而且不足以说明那里的真实情况①。

德国及其盟国对犹太民族的攻击还包括蓄意摧毁犹太文化和遗址,例如祈祷书、仪式性的物品、犹太会堂及其装饰物和犹太教灯台。所有这些东西都被摧毁了。犹太会堂被炸毁。在德国的城市里,防空避难所建在犹太会堂的遗址上。犹太教的墓地没有受到太多的亵渎,不像今天在新纳粹那里经常发生的情况,但是也被摧毁了。墓碑被用于建筑材料。在萨洛尼卡,墓碑被用于建筑道路和修建一个军事用途的游泳池。对其他社区的纪念物和文化也进行了破坏,例如德国人和苏联人对乌克兰进行的类似的破

---

① 按照《朗文当代高级英语辞典》的解释,mistreat(虐待)指 badly,即"不适当地、恶劣地、不怀好意地、有害地"对待动物和人类,特别是以一种 cruel,即"残酷的"方式"不适当地、恶劣地、不怀好意地、有害地"对待动物和人类。和这些词汇的含义相比,纳粹对待犹太人的方式邪恶、残忍到了无法形容、不可思议、泯灭人性的程度,根本无法用人类的语言来恰当地形容。所以对大屠杀使用那些词汇实际上是一种"净化"后的描述,是误导的。——译者注

坏。这是更大范围对乌克兰人的虐待的一部分，但是没有达到对待犹太人的那种程度。[1] 东欧犹太人的意第绪文化遭到沉重的打击，所以在意第绪语里大屠杀被称为"毁灭"。[2] 德国人决心摧毁犹太人的过去，和那些被认为是犹太人借以操控现在和威胁未来的东西。上述做法就是德国人这种决心的一部分。

具有讽刺意味的是，在相同的时期，德国人又企图收集犹太文化的范本，就像人类学家试图收集死亡的文化的样品一样。这种企图并不打算把犹太文化作为一个部分纳入一个详尽的解剖分析过程。劫掠犹太人财物行动的另一个方面就是要把犹太人的"精神力量"收集起来。纳粹创建了犹太物质文化博物馆，特别是位于布拉格的犹太中心博物馆。博物馆里的收藏品旨在庆祝对犹太人的毁灭，用来彰显德国人的辉煌胜利。他们是新的"选民民族"，将要控制未来，将要保有犹太文明的遗迹。这个目标反映了对纳粹思想来说，被认为犹太人问题的那些事务具有的核心地位。

犹太人在欧洲文化中的作用也要被摧毁。这包括根除犹太人对欧洲科学和艺术做出的贡献，重新命名带有犹太名字的学术机构、建筑物和街道。焚烧犹太书籍尤其具有象征意义。当时还有一种企图就是要消除对犹太文明遗产的热爱。1942年，德国人摧毁了位于洛林（Lorraine）地方吕内维尔（Lunéville）的阿比·亨

---

[1] P.K. 格瑞姆斯蒂德：《战争和帝国的战利品：乌克兰的档案遗产，第二次世界大战和有关赔偿的国际政治》（剑桥，马萨诸塞州，2001），196—209；K.C. 伯克霍夫：《收获绝望：纳粹统治下乌克兰的生活和死亡》（剑桥，马萨诸塞州，2004）。

[2] "Churban"，毁灭，这个词原指巴比伦及罗马人先后在公元前587和公元70年摧毁犹太人在耶路撒冷的圣殿事件。——译者注

第三章 种族灭绝

利·格里高利(Abbé Henri Gregoire, 1756—1837)的塑像。格里高利是启蒙思潮晚期的一个关键人物,曾经为犹太解放运动做过很多努力。格里高利在维希政权领导下的法国是一个不受欢迎的人物。

把犹太人妖魔化以后,德国人(就像他们之前其他反闪族主义者一样)处在一个危险的地位,他们同时感受到拥有力量的感觉和脆弱的感觉。相信共产主义是由犹太人领导的,使犹太人更像妖魔了。确实,考虑到所谓犹太人在苏联占领期间的作用,以及真实的、所谓的或者明显是推测的共产主义暴行,杀害犹太人的行为得到一些作恶者,特别是希特勒的盟国如乌克兰、立陶宛和拉脱维亚通敌者的赞同。犹太人支持共产主义这个主题在"二战"后继续(或仍然继续)被表述着,但是它有多重的缺陷,特别是在均衡性和对绝大多数犹太人的特征描述的不准确性上。

目标明确以后,德国人能够计划和进行野蛮的周而复始的屠杀。这种周而复始的屠杀反映了在力量对比上一面倒的特点:行凶者没有任何肉体上的风险。① 当事实揭示希特勒对意志力的依赖在他制订战争政策时于事无补,特别是这种依赖没有能让他确定合理的军事和政治目标时,屠杀犹太人就成为说服他相信自己仍然拥有意志力,能够利用这种意志力实现一些目标的一种恶毒方法,因为希特勒感到自己不得不这么做。从1942年夏末开始,因为害怕最终的胜利如果不是已经失去的话,也可能会失去,希特勒决心继续战斗,摧毁欧洲的犹太人,为他关于日耳曼民族的

---

① M. 列文和 P. 罗伯茨编:《历史上的大屠杀》(牛津,1999)。

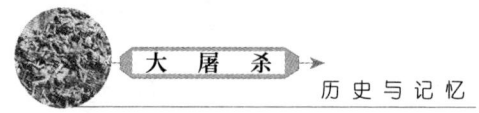

观念赢得一种精神胜利。①

此外,不断增加的困难导致军队的极端化,因为纳粹主义的献身精神在任命和提拔时起了更大的作用。在1944年7月20日不成功的炸弹阴谋中,一群德国军官差一点就杀死希特勒并推翻他的政权。他们当中有些人对大屠杀感到义愤填膺。阴谋失败以后,大多数军队指挥官仍然团结在希特勒一边,而且军队的纳粹化由新的总参谋部领导人海因茨·古德里安推进了。此外,由希姆莱领导的纳粹的监视系统(他从1943年开始担任内政部长)对不满和任何"失败主义"的迹象的镇压确保了德国在1918年的崩溃不会重演。同时德国司法体系显著地加强了判决的严酷性,自愿地响应了希特勒。②

作为对1944年7月下令进行总体战(total struggle)的动员,人民冲锋队,一支由16至60岁的男子组成的义务地方防御民兵被交给希姆莱和党务秘书马丁·鲍曼控制,而不是接受军队的指挥。这支民兵旨在给推进的盟军部队造成伤亡,从而使他们的士气——德国人相信——无法提高,还要向平民灌输关于总体战的思想。

确实有人辩解说,受到纳粹意识形态的灌输,德国的领导层,或者至少是部分的领导层在1944年的夏天以后仍然相信他们会赢得战争。胜利被认为要依靠更坚定的意志,还有新的技术,诸如火箭和喷气式飞机。这些东西和经过改进的坦克、潜水

---

① B. 韦格纳:《自我毁灭的意识形态:希特勒和对失败的精心策划》,《伦敦德国历史学会学报》2004年第26期,26—33页。

② N. 瓦赫斯曼:《希特勒的囚犯:纳粹德国的法律恐怖》(纽黑文,2004)。

第三章 种族灭绝

艇要在地下工厂里躲开空袭,在谋杀性的工作条件下由强制劳动力安全地建造出来。在希特勒描述的"一场为生存进行的斗争中"和希姆莱描述的"一场人民战争中",这种坚定的意志力被认为存在于日耳曼民族的种族潜力之中。希姆莱说,在这场"人民战争中一个民族和一个国家想要而且必须消灭另一个(民族和国家)"①。关于反对犹太人的战争的思想仍然是核心的。相信同盟国是被犹太人集团控制的开启了一种可能性,即英国和美国占多数的雅利安人民会醒悟到他们不应该为犹太人和共产党牺牲生命,或者被想象为受犹太人操控的英美领导层会发生恐慌。

1944年12月16日,通过从东部战线向西线抽调部队,德国在阿登高地发动反攻——警戒莱茵行动(Unternehmen Wacht am Rhein,这是德国官方的称呼,盟国方面称之为阿登反攻[Ardennes Counteroffensive]或突出部战役[Battle of the Bulge]),发生了一场战役。为了这次行动,德国拼凑了近20万军队。行动的目的是击败英美军队,从而可能使他们的战斗意志崩溃。当然,这是对德国前景的一种严重误判。它提供了另一种语境,使对犹太人的持续屠杀显得恰当:在德国一旦战败的情况下创造一个没有犹太人的欧洲,如果德国人胜利了,也是一样。

但是,随着战争的持续,可供屠杀的犹太人减少了。部分原因是许多犹太人已经被杀,在波兰这是一个重要原因。从那里向

---

① D.K. 耶尔顿:《一个民族站立起来:德国的人民冲锋队和纳粹的战略,1944—45》,《军事历史杂志》2000年第64期,1067、1071页;G.L. 韦恩伯格:《德国,希特勒和第二次世界大战》(剑桥,1995),274-286;霍华德·格里尔:《希特勒,邓尼茨和波罗的海:第三帝国的最后希望,1944—1945》(安纳波利斯,马里兰州,2007)。

灭绝营驱逐犹太人持续到1944年，因为德国人把已经拘禁起来的人都杀掉了。1944年夏天，超过67000名犹太人被从罗兹运送到奥斯维辛2号营，按照希姆莱6月10日的命令，罗兹的格都在8月底被摧毁。这个命令导致对更多杀人设施的需要，靠近海乌姆诺的第一个灭绝营又重新开放了。①

更普遍的情况是，1944年狂热而系统的杀戮步骤反映了纳粹帝国的崩溃，但是也反映了仍然非常强烈的消灭犹太人的决心。这种决心是大屠杀地形学中的一个核心方面。②在1944年3月和4月对乌克兰的突破性进攻中，苏联迫使德国人撤过布格河（Bug）、德涅斯特河和普鲁特河（Prut）。6月23日苏联向德国中央集团军群发动的毁灭性巴格拉基昂行动征服了白俄罗斯，把德国人赶回了波兰中部。7月23日卢布林被苏军占领，7月27日利沃夫被占领。向北，9月22日苏联人占领了塔林（爱沙尼亚的首都），10月15日占领了里加。罗马尼亚在8月23日向苏联投降（罗马尼亚在这之前已经不太重视反犹主义政策了），9月2日芬兰签订了停战协定。在推进的红军的威胁下，保加利亚9月5日向德国宣战。10月11日，匈牙利和苏联达成初步停战协定。

与此同时，德国仍然在坚持屠杀。1944年5月26日，希特勒在对国家社会主义党的领导官员发表讲演时强调这样做的必要性。除了对罗兹犹太人的屠杀，一万名斯洛伐克犹太人于1944年8月到10月被驱逐到奥斯维辛。2015年，前党卫军人员奥斯

---

① L. 多布劳斯基编：《罗兹（波兰城市）格都的编年史》（纽黑文，1987）。
② A.K. 诺尔斯、T. 科尔和A. 佐丹奴编：《大屠杀的地理学》（布卢明顿，印第安纳州，2014）。

第三章 种族灭绝

卡·葛瑞宁因为在奥斯维辛共杀死 30 万人受到审判。斯洛伐克犹太人马克斯·艾森（Max Eisen）出庭作证。他在 1944 年被送到奥斯维辛。他说自己在奥斯维辛 1 号营首先被送去洗淋浴：

> 那里有一个从我的城市来的男子，二十多岁年纪。他带了一副很厚的眼镜。水喷出来的时候他的眼镜掉了。他四肢着地去找眼镜。一个党卫军守卫过来踢他，不停地用脚踩他。我记得他的肋骨断裂了，就在那里把他杀掉了。①

为了欺骗观察员，德国人最初打算给"模范"集中营特莱希恩斯塔特集中营（Theresienstadt）的囚犯更好的待遇。从这个集中营把囚犯运往奥斯维辛的过程一直持续到 10 月底。在 141162 名送到特莱希恩斯塔特的犹太人中，33456 人死在那里，88162 人被送往灭绝营。在 1943 年 9 月德国人占领之前，爱琴海上遥远的罗兹岛是意大利的领地。在那里，1944 年 7 月，犹太妇女和儿童被抓起来用船送到雅典的港口比雷埃夫斯，然后用火车送到奥斯维辛。就这样，当帝国伸展得最远的领地崩溃时，在德国人退走之前犹太人要先被杀掉。德国人花了相当大的力气来抓捕罗兹岛上的犹太人，而且是在交通工具有限的情况下。11 月 28 日，奥斯维辛仍在进行了毒气杀人，此后只有在苏军的推进对上西里西亚构成威胁时，作为一种反应才进行毒气杀人。但是实际上，经过夏天的进攻以后，面对不断增加的伤亡和后勤补给的

---

① 《泰晤士报》，2015 年 4 月 24 日。

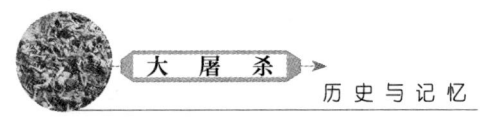

历史与记忆

困难,加上战线越来越靠近德国,德国人的抵抗越来越强硬。苏军的进攻在 1944 年晚些时候慢下来。这尤其是因为德军仍然盘踞在苏军进攻部队的侧翼。

为了降低潜在的屠杀受害者的数量,很重要的一件事是把德国侵略者赶回去。在一些地区,赶走德国人意味着和游击队在一起或者藏匿的犹太人现在可以出来了。但是,这样做可能会让他们暴露在苏联内务人民委员会怀有敌意的关注中。他们对游击队和可能和游击队有联系的人有很重的疑虑,特别是在波兰。①

其他一些有大量犹太人幸存的地区也被盟军占领或者重新占领了 1943 年到 1944 年许多意大利的地方被盟军占领,1944 年法国和比利时也被解放。最后一次从法国向奥斯维辛转运犹太人三天以后的 8 月 25 日,巴黎的德军指挥官投降。9 月 3 日,布鲁塞尔解放了。1944 年 6 月 5 日罗马被美国军队控制,8 月 4 日佛罗伦萨也被美国军队控制。于是在这些地区和城市,不再有德国人要求驱逐犹太人的压力了,对犹太人的驱逐也不可能有更高的效率了。德国的盟国转而效忠同盟国,或者有这种转变的迹象,也同样降低了大屠杀扩展和加剧的可能性。在保加利亚和芬兰都是如此。尽管德国人在匈牙利很久以来就掌握了主动权,足以保证屠杀大量的犹太人,但是,匈牙利直到 1944 年之前都没有被德国征服,所以对犹太人的大规模屠杀只是从那一年才开始的。匈

---

① 1939 年 9 月 17 日,苏联从东部进攻波兰,占领了波兰东部领土,实际上和德国一起瓜分了波兰。1941 年德国进攻苏联后,苏联与英国伦敦的波兰流亡政府建立了外交关系。1942 年,流亡政府在波兰国内建立了自己的抵抗力量国民军,苏联则支持波兰共产党人建立了波兰工人党和人民军。苏联始终支持波兰工人党对抗英美支持的波兰流亡政府和流亡政府在波兰国内领导的抵抗力量。——译者注

第三章 种族灭绝

牙利犹太人幸存的比率比波兰高。

杀戮特别是大规模的射杀一直持续到战争结束,而且对关押在集中营里的囚犯的漠视,以及因营养不良和传染病造成很高的死亡率。传染病的影响特别严重。同时,苏军的推进占领了灭绝营或者其所在地——马利-特罗斯特那茨、索比堡、马伊达内克和特雷布林卡在1944年夏天的巴格拉基昂行动中被苏军解放,奥斯维辛于1945年1月27日也被解放。

但是,德国人在被迫撤离的时候往往把灭绝营夷为平地。德国人在马伊达内克没有来得及销毁证据,而在1943年11月索比堡和特雷布林卡被关闭以后销毁了证据。摧毁集中营是欺骗伎俩的一部分,这种伎俩被战争朝着对德国越来越不利的方向发展的趋势推动着。到了1944年11月底,希姆莱已经开始为希特勒倒台以后自己的地位进行筹划。他下令摧毁奥斯维辛的毒气室。党卫军也毁掉了驱逐的日程表,这使得后来要在受害者数量的问题上达成一致变得困难了。1943至1944年,为了毁灭证据,那些被杀之后掩埋的尸体被挖出来焚毁。例如在维尔纽斯附近的珀纳瑞,1943年9月到1944年4月就发生了这种事。1945年2月16日,有命令要求毁灭与大屠杀相关的文件,以免落入同盟国手中。

1943年7月在克拉斯诺达尔(Krasnodar)举行了第一次由苏联主持的审判,审理了一些参与德国战争罪行的指控。这场审判把对犹太人的大规模屠杀公之于众,被判定有罪的被告被公开

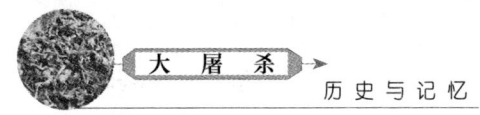

大 屠 杀
历 史 与 记 忆

处决。① 这并没有让德国人停止屠杀,却鼓励了他们毁灭证据,尽管他们并不总是能办到。结果,在毛特豪森集中营,盟军缴获的"处决账簿"昭示了 36318 名受害者。苏联对纳粹战犯进行的审判和犹太人在每一个盟国都能施展影响力的想法,使纳粹领导者感到他们已经深陷大屠杀之中,没有改变命运的可能了。同时,毁灭大屠杀的证据永久地泯灭了被谋杀者的情况,这样就更难以追踪许多人的命运了。

同盟国坚持要求无条件投降,并且在 1943 年 1 月 14 日至 24 日的卡萨布兰卡会议上清楚地阐明了这一点。这使任何妥协的和平前景都变得不可能,更加强了纳粹分子的献身感。(德国人在战争的最后阶段仍然继续致力于大屠杀。)但是,无论以何种方式把这种行为归咎于盟国要求无条件投降,作为德国人关于自己也是受害者叙事的一个例证,指责同盟国无条件投降的要求都是愚蠢的。实际上,德国人的献身精神是以意识形态狂热的固执和不愿意接受失败为核心的,这两者都可以在德国人愿意继续战斗并承受巨大的人员伤亡的行动中看出来。盟国的坚持是一种"军事上的绝对主义",在性质上与德国的邪恶这种"道德上的绝对主义"是不同的,而且盟国的"军事绝对主义"对后者也缺乏充分的了解。希特勒下定决心要战斗下去,为他关于日耳曼民族的观念赢得他认为的一种伦理上的胜利,通过包括摧毁犹太人在内的暴力行动和给盟国造成无法承受的伤亡来实现一种英雄般的神

---

① A.J. 柯查威:《纽伦堡的序幕:同盟国的战争罪行政策和惩罚的问题》(查珀尔希尔,北卡罗莱纳州,1998),65;J. 希克斯:《灵魂毁灭者:苏联对纳粹种族灭绝和克拉斯诺达尔(俄罗斯西南部城市)及哈尔科夫审判中的种族灭绝行凶者的报道》,见《历史》2013 年第 98 期,530—546 页。

第三章　种族灭绝

化过程。同时希特勒也希望能分化盟国从而实现单独媾和。

德国人强迫犹太人从苏联军队马上要攻占的地区迁走,让他们能够继续获得强迫劳动力和进行种族灭绝行动,这对反映德国人的长期态度是具有启示意义的。从奥斯维辛迁移的行动开始于1945年1月18日。尽管有一些犹太人在混乱中冒着死亡的风险逃走了,还是有大量的犹太人在行进途中被射杀或者死亡。守卫们反复进行的虐待,特别是对那些掉队者的虐待是令人震惊的。1946年在纽伦堡法庭上宣读了关于1944年3月发生在白俄罗斯的情况的证词。这些证词描述了对妇女和儿童的屠杀,当时他们正被迫从一个集中营向另一个集中营行进:

> 一个女人和她的三个孩子正在走着。其中一个孩子摔倒了。德国人向他射击。母亲和另外两个孩子吓坏了,回头看去。野兽般的守卫把他们一个接一个射倒。母亲痛苦不堪地叫喊起来,但是她的尖叫被射击声打断了。①

除此以外,囚犯们被迫忍受惩罚性的行军,配给的食物量很少,晚上也少有能够庇身之所。他们单薄的衣物无法抵挡严酷的寒冬。集中营的供给系统不管多么糟糕,现在也崩溃了。

屠杀、寒冷、疲惫和饥饿一起杀死了许多人。不清楚有多少人死在这样的迁移中,部分原因是德国人残忍的记录体系终结了,实际上是崩溃了。犹太人的死亡数量可能介于25万到近40

---

① 《对主要战争罪犯的审判》,第七卷(纽伦堡,1947),579。

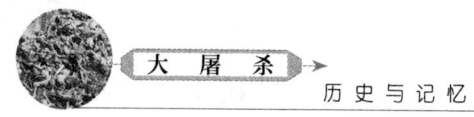

万人之间。他们是这种迁移的主要群体。除了徒步行进,许多犹太人乘坐露天火车车厢。他们冻得要死,特别是当火车经常被困在铁路侧线上无法动弹,而"旅客"被扔在那里没有食物的时候。有的列车载着犹太人去了德国的集中营,比如布痕瓦尔德和达豪集中营。病得严重无法行动的人被杀掉。① 在盟军到来之前,德国人把英美战俘迁走了。他们在途中得到好得多的待遇。那些虚弱无法行走的战俘被用马车或者卡车运走了。他们有食物,而且看守也不太凶恶。②

除了途中对犹太人的杀戮,包括射杀或者用木棒打死,还有广泛传播的疾病,在路上和集中营里都是如此。像许多人一样,安妮·弗兰克1945年在贝尔根贝尔森集中营死于斑疹伤寒。

胜利对德国人来说已经不可能了。这个时候在路上和集中营里对犹太人进行杀戮展示的不是一种无意义,相反,是种族战争对纳粹政策的核心意义,特别是因为其他选择都已经因为战败被排除了。1945年1月和2月,德国人仍然在制订计划,打算把混合婚姻的犹太人和这类婚姻的孩子驱逐到残存的集中营去。

而且,杀人还在继续着。例如,1945年初,警察、人民冲锋队和希特勒青年团员在"外面的街上"谋杀被运送到毛特豪森的匈牙利犹太人。就像在集中营里一样,犹太人受到的对待比其他死亡行军中的人,比如战俘要残酷得多。这种态度很大程度上

---

① S.克拉考斯基:《集中营疏散期间的死亡行军》,见Y.古特曼和A.萨福编:《纳粹集中营》(耶路撒冷,1984),475—491;D.布拉特曼:《死亡行军;1945年1月至5月:谁应为此负责》,《以色列犹太人大屠杀纪念馆研究》2000年第28期,155—201页。

② P.格林:《向东方进军1945:IX A/H号和IX A/Z号沃夫拉格(Oflag)战俘营最后的日子》(斯特劳德,2012)。

第三章 种族灭绝

反映了那些按照自己的主动性行事的官员们的观点和决心,部分也是为了掩盖他们在大屠杀中的罪行和共谋行为。因为纳粹政权的渐趋崩溃,屠杀的核心推动力懈怠下来。就像从黑尔姆布雷希茨劳动营(Helmbrechts)到捷克斯洛伐克的普拉哈季采集中营(Prachatice)的迁移那样,对犹太人的杀戮和谋杀性质的待遇持续到1945年4月,甚至到了5月初。

这反映了面对盟军的进攻,特别是苏军4月16日发动的进攻,纳粹行动持续的情况。尽管希特勒先是被苏军包围在柏林(4月25日),然后在4月30日打开通向地堡的道路时希特勒自杀了,但是纳粹的行动仍然在持续。① 在自杀前一天口授的"政治遗嘱"里,胡言乱语的希特勒坚持说犹太人要对战争负责,因此也要为对德国进行的毁灭性轰炸负责,而且要为对犹太人的屠杀负责。这和威廉二世皇帝对德国在"一战"中的失败做出的反犹主义反应非常相似,而且和许多其他德国人对在两次世界大战中的失败做出的反应非常相似。到了战争末期,德国的陆军部队还在杀死逃兵,在野外进行屠杀,例如屠杀被俘的波兰部队,在荷兰海岸线外的特克赛尔岛屠杀投降的格鲁吉亚和荷兰平民②,还试

---

① J. 拉塞尔:《没有胜利游行:被遗忘的1945年4月的战斗》(伦敦,1994)。

② 特克赛尔岛(Texel)是荷兰北部的一个岛屿。1945年4月驻扎在这里的是德国军队中的格鲁吉亚军团第882步兵营。其中有近800名苏联红军战俘中的格鲁吉亚士兵、400名德国士兵,军官主要是德国人。4月5日午夜开始,882营的格鲁吉亚士兵发动暴动,杀死了岛上除了水兵之外的几乎所有德国士兵。他们得到荷兰抵抗组织的支援,并且准备迎接盟国登陆。但是登陆没有发生。德军进行的镇压一直持续到5月8日德国投降以后。暴动中共有565名格鲁吉亚人、至少812名德国人和120名特克赛尔岛居民死亡。幸存的228名格鲁吉亚人战后被交还给苏联,绝大多数人被送进劳改营。50年代中期还活着的人恢复了名誉。1991年苏联解体前夕苏联驻荷兰大使第一次前往该岛致祭,称他们为"苏联的英雄"。2005年,独立后的格鲁吉亚总统米哈伊尔·萨卡什维利前往他们的陵墓凭吊。——译者注

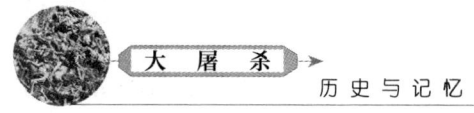

图冲破苏军的包围解救柏林的希特勒。这些都凸显了纳粹意识形态狂热持续的作用。无论如何，5月7日，德国人无条件投降，第二天投降生效。

德国公众和大屠杀

屠杀一开始，就不是所有的德国指挥官、部队和官员都在用同样的残暴方式对待犹太人。尽管有来自同伴的压力，还有对不肯参与的人进行惩罚的案例，但是那些不服从命令的人普遍没有受到惩罚。然而，没有记录显示曾经有任何人因为拒绝加入活跃在集中营里的特别行动队或者党卫军单位而受到惩罚。同样，尽管在大多数案例中私人公司都试图获取集中营的囚犯来做劳动力，但是拒绝这样做的公司没有受到过惩罚。这反映了在大屠杀中主动参与共谋的程度。而且，在大屠杀中除了行刑者，还有屠杀的计划者、组织者、执行者（例如在铁路系统里的人）和辩护者。①

在德国和奥地利，没有参与迫害集中营的犯人，相反帮助过他们的人通常都没有受到严厉的惩罚。这和东欧的情况不同，在那里，惩罚是野蛮的，而且经常立刻施行。帮助过犹太人的波兰人在灭绝营里被杀。这种不同的反应更强调了个人的责任问题，而且也让那些有罪的人不能有效地辩解说，某种程度上，他们是一个法力无边的体制和意识形态的受害者。希特勒并没有公开宣布要进行"最后解决"，所以对大屠杀的知晓和共谋的问题就浮

---

① I. 哈尔和M. 法尔布什编：《德国学者和种族清洗，1919至1945》（纽约，2005）。

第三章 种族灭绝

现出来了。思想灌输的问题也是这种情况，比如那些希特勒青年团或者德国少女联盟的年轻人接受思想灌输的问题。①

一个很有价值的研究说明，德国城市奥斯纳布吕克（Osnabrück）（这个城市对犹太人的驱逐发生在1941年12月13日）的人民知道正在发生的对犹太人的迫害，尽管他们中只有少数人参加了反犹主义的行动。奥地利城市毛特豪森也是一样。毛特豪森附近就有一个集中营。② 更普遍的情况是，公众接受了对犹太人进行排斥的政策，这也波及那些有至少一名犹太祖父母的人。③ 同时，混合婚姻让许多人的反应变得复杂了。混合婚姻保证了一些犹太人得到日耳曼同伴的帮助，但是这没有让他们对其他人的困境伸出援手。但是，在个人层面上，奥斯卡·辛德勒的战时经历为个人行动的可能性提供了例证。辛德勒是1980年托马斯·肯尼迪（Thomas Kennedy）的小说《辛德勒的方舟》的主人公，也是斯皮尔伯格1993年一部非常成功的电影《辛德勒的名单》的主人公。最初作为获利的一种手段，腐败的辛德勒监管1300名强壮的犹太人劳工。后来他以昂贵且危险的方式把他们从大屠杀中解救了出来。辛德勒的策略获得了成功，因为那个阶段一些党卫军机构更强调奴隶劳动而不是杀死犹太人。这表明视觉形象或者更具体地讲电影的影响力。现在前往克拉科夫的游客会

---

① M.H. 卡特尔：《希特勒青年团》（剑桥，马萨诸塞州，2004）。
② P. 帕乃：《一个德国城镇里的受害者、行凶者和旁观者：第三帝国之前、之中和之后的奥斯纳布吕克（Osnabrück）的犹太人》，《欧洲历史季刊》2003年第33期，451—492页。
③ J.F. 滕特：《在大屠杀的阴影里：纳粹对德国犹太人基督徒的迫害》（劳伦斯，堪萨斯州，2003）。

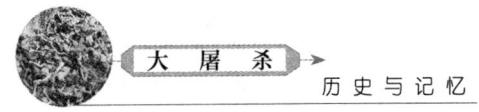

被带去看影片的拍摄地。

许多德国人战后申辩说他们对大屠杀缺乏了解。一些案例可以证明这是不确切的。莱尼·里芬斯塔尔①1933年到1936年间拍摄了一些纳粹宣传电影,"二战"中她仍然是一个宣传电影制作者。她后来否认知道纳粹的屠杀,但是证据表明她是一个说谎者。有两个情况证明了这一点。1939年,在波兰,她在一个叫康斯基(Konskie)的城镇看见30名犹太平民在城镇的广场上挖好一个大坑以后被杀。这是一次非常公开的屠杀行动。里芬斯塔尔否认她当时在那里,但是一个德国士兵拍摄的照片证明情况正好相反。1940年,她使用来自一个临时集中营的罗姆人(吉普赛人)儿童做临时演员。这些儿童后来被送回集中营。里芬斯塔尔后来声称他们都幸存下来,但是事实上,他们大多在奥斯维辛被杀。②

显然,对大屠杀的了解程度是有差别的。但是德国人在战争中并没有被相互隔绝,特别是放假回家的士兵、商人和其他在被占领地区穿行的人,都目击了杀人。关于在"东方"和格都里进行屠杀的消息和传闻散布得很广。灭绝营远远不是当时人们最关注的问题,但是传闻的流传是很广的。转运犹太人的铁路工人也不是生活在真空里。而且,就像在德累斯顿一个工厂里工作的维

---

① 莱尼·里芬斯塔尔(Leni Riefenstahl,1902—2003),德国著名电影导演、出品人、编剧、编辑、摄影家、演员和舞蹈家。20世纪30年代,里芬斯塔尔执导的《意志的胜利》和《奥林匹亚》两部著名的纳粹宣传片,赢得了广泛的声誉,在战后导致对她的严厉抨击。有学者认为她和希特勒之间有亲密的朋友关系,被认为是纳粹的同路人和同情者,但是她到死都否认知道大屠杀。——译者注

② S.巴赫:《莱尼:莱尼·里芬斯塔尔的生活和工作》(伦敦,2007)。

第三章 种族灭绝

克多·克伦佩勒一样（他和一个非犹太人结了婚）[①]，在公共场合工作的犹太人受到明显的歧视，然后是虐待。后来他们中许多人被驱逐后消失了。而且，逮捕和驱逐经常是公开进行的，政府的宣传毫不掩饰地把犹太人描述成要被消灭的敌人。德国人通过漠视邻居和其他犹太人内化了这些意识形态[②]，而且因为德国人的漠视，犹太人被阻挡在空袭掩体外面，并用其他方式被隔离了。战争最后的几个月里，集中营囚犯进行死亡行军的时候，人们都是可以一览无余的。

在战争结束的那一年，犹太人的威胁在德国的宣传中变得更突出而不是更小了。犹太人不仅被描述成共产主义的源泉，也是英国和美国富豪统治集团的人员来源。而德国人认为英美富豪统治集团要对轰炸德国负责。党卫军帝国保安服务部（SD）的报告揭露说，公众认为空袭是对德国迫害犹太人的一种反应。这种信念说明，认为犹太人如果不是在决定英国和美国的政策，也对其政策拥有影响力这种想法到了何等谬误的地步。这么多德国人认为空袭是对反犹主义措施的报复说明，他们知道正在对犹太人做的事情，而且，如果不是很详细，那么也至少知道大概情况。

1943年春天，超过70%的无线电广播的焦点集中在所谓的犹太人构成的威胁上。这些威胁包括如果犹太人通过盟国进行报

[①] 维克多·克伦佩勒（Victor Klemperer，1881—1960），德国罗曼语语言学家（Romance languages）。克伦佩勒是犹太人，因为妻子是"雅利安人"，他在纳粹时期逃过了劫难。他1995年出版的日记详细记录了他在德意志帝国、魏玛共和国、纳粹德国和德意志民主共和国的生活，是纳粹德国时期社会生活的重要史料。战后他在东德加入德国统一社会党，是东德文化界的重要人物。——译者注

[②] A.S.柏格森：《非常时代的普通德国人：希尔德斯海姆的纳粹革命》（布卢明顿，印第安纳州，2004）。

复,德国人(非犹太德国人)将要面临的可能的下场。英美的轰炸和波兰军官在卡廷被苏联内务人民委员会枪毙的例子①都被纳粹政权归咎于犹太人的影响。因此德国人要在犹太暴行的威胁下团结起来。这是对犹太人的命运一种匪夷所思的颠倒黑白的说法。这种论调为战后德国人自私自利的、至今仍然流行的关于自己也是受害者的想法做了铺垫,而且也证明当时德国人多么难以听到广播,不理解纳粹政权认为自己已经卷入一场与犹太人进行的、关乎生存的斗争。②

德国人揭发包括配偶和朋友在内的其他人,通过揭发来帮助盖世太保逮捕犹太人,用这些方式自愿地履行个人为纳粹政权的目标服务的责任。③从另一个角度看,广泛存在的这种自愿行动说明,如果要求,那么会有更多的人在迫害犹太人的行动中积极作为。1944年年中,戈培尔收到不少寄来的信件,建议在德国城市把犹太人当作人体盾牌来阻止轰炸,或者建议绞死犹太人(公开吊死),以报复轰炸中被炸死的德国人。战前和战争初期反犹主义的立法和暴力行为被德国人接受的程度说明,一种道德残忍性在战争变得对德国不利以前就出现了(就像许多德国人当时可能已经看到的那样),而且刺激了后来进一步的仇恨,但是上述那

---

① 卡廷森林事件。——译者注
② D.班齐尔:《德国人和大屠杀:他们知道些什么?》,见《以色列犹太人大屠杀纪念馆研究》1990年第20期,及《德国人与最终解决:纳粹主义下的公众意见》(第三版,牛津,2002)。
③ K.M.马尔曼:《社会渗透和警察行动:盖世太保行动项目单里的合作通敌行为》,见《社会史国际评论》1997年第42期,25—43页;V.乔希:《'私人的'变成'公共的':第三帝国里作为告发者的妻子们》,《当代历史杂志》2002年第37期,419—435页。

第三章 种族灭绝

些反应还是被认为体现了德国社会后来更加普遍的道德残忍性。[1] 轰炸还加强了希特勒的反犹主义的偏执,因为他把轰炸也归咎于犹太人。

那些被要求担任刽子手的人大多都接受了命令,这种情况说明广泛存在的参与屠杀的自愿性质,或者至少是对屠杀的宽容态度。[2] 除了这些,人们还广泛持有种族主义—优生主义的思想。这些想法不仅在知识分子中常见,而且在社会上也广泛扩散,特别是因为这些思想以某种形式很容易理解,也容易被现存的偏见比如反犹主义吸收。

种族主义—优生主义的思想而不是种族灭绝思想几乎是那个时期西方思想的一个主要内容。这种思想相信某些特征是属于一些特定种族的。例如,英国人认为一些印度种族是"军事种族",应该被征召入伍,包括廓尔喀人、锡克人、拉其普特人。通常更矮更黑的南方印度人则不具备这些特征,例如泰米尔人。优生主义思想反映了对种族竞争结果的忧虑以及对某些民族"种族健康"的忧虑。特别是都市化及其所谓后果被认为对种族健康构成挑战或者危害了种族健康,而世界大同主义则威胁了种族认同和种族特征。这导致左派和右派对优生学的广泛支持,左派的支持比如在瑞典。这种支持导致的政策包括禁闭那些被认为在身体上

---

[1] N. 斯塔加德特:《轰炸和报复的受害者》,见《伦敦德国历史学会学报》2004年第26期,67—69页。

[2] 克里斯托弗·勃朗宁:《普通人:预备警察第101营和在波兰的最终解决》(纽约,1992)G.L. 韦恩伯格:《在纳粹的种族灭绝中跨越底线:变成和作为一个杀人者》(伯灵顿,马萨诸塞州,1997);M. 曼:《那些种族灭绝的行凶者是"普通人"还是"真正的纳粹分子"?从1500本传记中得出的结论》2000年第14期,331—366页。

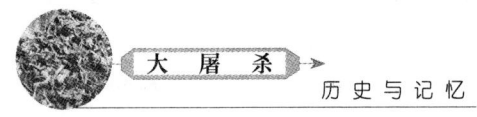

或者/和医学上不合格的人，还有各种阻止他们生育——在某些情况下使他们绝育的措施。

这些都是侵害或者暴力行为。如果说它们在性质和规模上与纳粹的暴力行为完全不同，那么，它们也还是有助于解释在德国或者一定程度上在它的盟国中间，为什么反对与纳粹的屠杀合作的因素会被挫败。官员们和其他人自愿甚至是热情地使自己适应了对犹太人谋杀般的对待方式。而且，许多人发展到了把这种对待方式视为一种对日耳曼种族的命运至关重要的道义责任，从而也就是对欧洲文明至关重要的责任。那些在屠杀场上选择不杀人的人不一定是因为反对屠杀才做此选择；他们经常是因为不喜欢杀人的方式，或者有一种自己与屠杀不相称的感觉。纳粹主义的传布是广泛的。

1944年7月7日提到德国对匈牙利犹太人的处理方式时，伦敦《泰晤士报》称"责任……在德国人民身上"。在德国国内，只有数千犹太人靠非犹太人的帮助幸存下来。这么小的数字会引出一个问题，即尽管我们必须考虑到一个极权主义警察国家的压力，但是否个体的德国人还能做得更好一些呢？因此，在这里需要强调的是，不仅大屠杀是纳粹政权的核心任务，而且大屠杀的执行也要依赖德国社会的特征。这不是说所有的德国人都在大屠杀中发挥了作用，事实远非如此。我们的意思是社会的价值观、道义标准和组织都直接帮助纳粹在这种氛围中的成功。当战局对德国来说江河日下的时候，德国社会的残忍性质甚至变得更加明显，希特勒和希姆莱组织协调了大屠杀，从德国社会的组织力量和各个方面为大屠杀争取到了有利条件。对大屠杀的机能主义的

第三章 种族灭绝

阐释强调官员们会对特定的问题主动做出反应。这种阐释在涉及屠杀的技术细节和一定程度上，涉及时间安排时似乎是切题的，但是，在其他方面，它就不那么有效了。

战后的 1953 年，东德爆发的反共产主义暴动没有成功，1989 年的暴动却迅速成功了。这两次暴动都突出了德国人在大屠杀中的个人和集体责任问题。苏联军队 1956 年在匈牙利很快粉碎了反极权主义统治的暴动，但是这些暴动反映了抵抗极权主义统治的可能性。1989 年罗马尼亚的政府用坦克对付抗议者，但是却没有阻止自己的垮台，尽管代价是牺牲了超过一千名抗议者的生命。尽管暴力程度小得多，但是 1989 年发生在东德的事件说明，极权主义有它的弱点。这不仅引导我们重新思考东德，也让我们重新思考纳粹德国的问题。党卫军帝国保安服务部的报告说明，纳粹的监视系统也有弱点。这就是一个例证，说明后来的事情帮助重新定义那些已经回答过的问题的方式。从 1989 年东欧的变化回溯审视对希特勒政权的反抗，人们就会发现对纳粹的反对多么缺乏公众任何规模的支持。在一个残忍的极权主义的纳粹政权面前保持谨慎的态度，对遏制人们的反抗发挥了作用。希特勒的纳粹主义政权比与之类似的政权残忍和强大得多。但是，人们对这个政权的意识形态上的支持和实际上的支持也对纳粹暴行的畅行无阻起到了作用。

天主教会在战前的东欧，特别是在波兰，但不仅仅是波兰，肯定发挥了作用。它们以某种方式使公众保持了和共产主义的距

离，但是用同样的方式让公众保持和纳粹政权的距离却失败了。[①]这部分是因为纳粹的意识形态和政策的一些方面反映了教会内强有力的纳粹赞助者的愿望，或者至少是倾向，或者可以对这些方面进行符合那些赞助者意愿的阐释。反犹主义正是一些教会思想特别是许多天主教会思想中反自由主义和反共产主义性质的一部分。对反犹主义来说，还有一个核心的宗教因素。所谓的犹太人导致耶稣死亡的罪恶是天主教大斋节这个宗教礼拜期的重要活动内容，也是流行的耶稣被钉上十字架表演中的一个重要内容。维希政府控制的法国在很大程度上是一个天主教国家。在那里，对那些被视为都市主义和世界主义的反对，使经常是恶毒的反犹主义倾向更加尖刻和有方向性了。

而且，在德国及其他地方，许多神职人员更关心的是管理自己的教民而不是社会其他方面的发展。国家恐怖也在这中间产生了影响。1935年，戈林宣称教士干预国家的政策是不能容忍的，这种态度导致盖世太保的一系列逮捕行动。"二战"一开始，对教士反对派的处理就变得严酷得多了。例如，对德国天主教神职人员照顾波兰劳工的反应就是严厉的惩处，包括送往集中营和处决。但是在大多数情况下，并不需要盖世太保对神职人员帮助犹太人采取行动，因为这种情况不常见，而且通常仅限于帮助那些

[①] S.巴拉诺夫斯基：《忏悔的教会、保守主义精英和纳粹国家》（刘易斯顿，纽约州，1986）；R.埃里克森和S.希斯乔编：《背叛：德国教会和大屠杀》（明尼阿波利斯，1999）。

第三章 种族灭绝

犹太基督徒。柏林教区的伯恩哈德·利希滕贝格[①]是一个明显的例外，他在1941年被逮捕了。[②]

神职人员倾向于对共产主义这个无神论运动怀有敌意，对那些在政治上属于左翼的人也是如此。他们可以被视为秘密的共产主义者。因此，那些敌视共产主义和犹太人的人把两者联系在一起，就进一步使犹太人被边缘化了。国家主义和对服从世俗政权的强调促成了在德国和它的盟国里的这种态度。所以，明斯特（Münster）的天主教主教克莱门斯·冯·盖伦在1941年公开批评纳粹的"安乐死"政策，却没有抗议过《纽伦堡法》、"水晶之夜"或者在他的教区驱逐犹太人的行动。在他的布道中，犹太人被描述成因为背弃基督所以否定上帝的真理的人。以我的经验来看，虽然是我20世纪七八十年代访问明斯特的经验，当人们强调盖伦对希特勒的反抗时，他的这些问题并没有被指出来。

天主教知识分子发现纳粹政策的许多方面都对他们有吸引力。[③]同时在奥地利，除了具有较强统治地位的天主教会，小规模

[①] 伯恩哈德·利希滕贝格（Bernhard Lichtenberg，1875—1943），德国天主教神父、神学家。1935年他向戈林抗议集中营政策的残酷。"水晶之夜"后他在柏林教会里警告说："外面燃烧的犹太会堂也是上帝的房子。"直到被捕之前，他一直在每天的晚祷里公开为被迫害的犹太人祈祷，抗议逮捕和杀害病人和精神病人以及对他们施行安乐死。柏林主教康拉德·冯·普莱辛（Konrad von Preysing）委托他帮助柏林的犹太人。他面对纳粹政权的警告仍然在一些集中营外面组织抗议示威。他被逮捕以后，纳粹认为他"不可救药"，准备送他去达豪集中营。1943年11月5日，他在转运途中死于巴伐利亚州的霍夫市（Hof）。天主教会授予他"国际义人"称号，1996年教皇约翰·保罗二世封他为殉道者。——译者注

[②] K.P. 斯派瑟：《抵抗第三帝国：天主教神职人员在希特勒的柏林》（迪卡尔布，伊利诺伊州，2004）。

[③] O. 海尔布隆：《天主教历史学家和天主教历史编纂学在纳粹德国的位置》，《历史》2003年第88期，291—292页。

的新教教会也倾向或赞成德国对奥地利的吞并。1933年初，当德国的新教徒考虑犹太人皈依者问题时，来自埃朗根（Erlangen）神学人士的报告提议教会要求政府机构的犹太人皈依者进行登记。从马丁·路德开始，德国的新教主义就有一种反犹主义的传统。后期圣徒运动的耶稣基督教会（Church of Jesus Christ of Latter-day Saints）、摩门教派都和政府合作，从礼拜仪式和赞美诗集里去除与犹太人相关的内容，而且寻求与政府在这方面合作的手段。战后，在创造对于战时的抵制和各种困难的叙事时，教会的上述行为被忽略了。战后创造的这些叙事很大程度上是误导的。①

人们可以发现，教会尤其是天主教会不仅在它们（针对纳粹主义）的政策上所起的作用，而且也能看到它们在鼓励圈内人和圈外人的观念上起到的长期作用。中世纪教会里的学者争辩说这种（宗教）差别使（对犹太人的）迫害变得正当了，而且使它变得必需和合法了。这种情势对后来迫害的各种表现是重要的。另外在现代早期（16到18世纪）还有平行发展着的公众对宗教审判的支持。尽管受到欧洲新教地区的斥责，并且受到"进步的"天主教知识分子的批评，但是宗教审判似乎得到相当一部分公众的支持。在16世纪和17世纪早期的西班牙阿拉贡王国，按

---

① 约瑟夫·史密斯·大卫·尼尔森：《莫洛尼和纳粹万字符号：纳粹德国的摩门教徒》（诺曼，俄克拉荷马州，2015）。

* 据摩门教的经典《摩门之书》（*Book of Mormon*）记载，莫洛尼（Moroni）是从耶路撒冷迁移到美洲居住的古代尼夫埃特人（Nephite）的最后一个预言家、历史学家和军事领导人。据说于公元4、5世纪之交生活在美洲。《摩门之书》说他将金版授予摩门教的创始人约瑟夫·史密斯，而且《摩门之书》最早就写在这块金版上。

第三章 种族灭绝

照宗教审判的命令,经常发生的对宗教异端分子的火刑就反映了很大一部分天主教欧洲地区的情况,而且很受欢迎,因为受到惩罚的那些人是异己分子。在属于阿拉贡王国的巴伦西亚王国(Valencia),宗教审判试图压制不正确的教义中严重的越轨之处。人们认为这种压制是值得赞赏的。这种努力一直持续到18世纪,展示了它在吸引新的追随者上令人印象深刻的能力。①

如果20世纪40年代从布道坛上仍然散发出反犹主义的信息,无论是明示的还是暗示的,那么在德国和德国占领的欧洲,政府的宣传对它们的鼓吹就要系统得多。这种政府的宣传不仅包括经常的谩骂,例如在广播和报纸上进行的谩骂,还利用了电影,特别是纪录片《犹太人研究》(1940)。②到1943年,已经有超过两千万德国人看过这部影片和《永恒的犹太人》(1940)。③后面这部据说是纪录片的电影把犹太人比作老鼠。《犹太人研究》歪曲了18世纪的一个事件。那个事件的结局是犹太男主人公被公开吊死了。这部电影用历史叙事的形式表达了它的宣传内容。在影片中,一个恶魔般的犹太人放债者觊觎并且恐吓一个善良的雅

---

① R.I.摩尔:《进行迫害的社会的形成》(牛津,1988);W.蒙特尔:《异端的边界:从巴斯克地区到西西里的西班牙宗教审判》(剑桥,1990);S.哈利齐尔:《1478年至1834年巴伦西亚王国的宗教审判和社会》(伯克利,1990)。
② 《犹太人研究》(*Jud Süß*)是1940年由戈培尔资助的一部纳粹宣传电影。这部电影被认为是有史以来反犹主义最严重的电影。战后,这部电影的导演维特·哈兰(Veit Harlan)等主创人员受到审判,但是主创人员辩解说自己是被迫参与。哈兰还辩解说他在拍摄过程中努力缓和了影片的反犹主义立场,因此主创人员获得轻判。——译者注
③ 《永恒的犹太人》(*The Eternal Jew*)是1940年出品的一部纳粹宣传纪录片。戈培尔坚持这部影片由弗里茨·希普勒(Fritz Hippler)执导。战后希普勒受到审判。他在审判中说戈培尔才是这部电影真正的创作者,而且电影的拍摄受到希特勒严厉的监督。——译者注

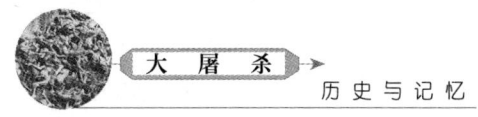

利安处女。这是臆想的对纯洁的德国妇女的威胁的一个例子。在电影里和其他地方,人们被强迫接受关于一场明显是永无止境的德国人与犹太人的斗争的教训。这为有组织的也是发于自然的仇恨提供了一个关键背景。

支持大屠杀是支持纳粹主义这个更广泛的问题的一个方面。这个问题很复杂,因为除了很多而且很严重的极权主义和警察国家造成的压力,纳粹主义对特殊的个人和群体,在不同的时刻,意味着不同的东西。[①] 对非犹太人来说,在大屠杀中达到顶峰的国家的反犹主义也是如此。这种差异保证了关于对纳粹主义支持的各种问题是针对不断变化的研究对象来处理的。情况甚至还不止于此,因为无论纳粹主义多么恶毒,其无系统性和不连贯性与苏联共产主义更大的连贯性和内在逻辑性还是形成了对比。而且,后者施行其政策的时间要长得多,它还从它获得全部权力的彻底程度上获得了好处。苏联政权是在一场内战以后获得的权力,这场内战允许它对真实的或者假想的国内敌人进行恐怖统治。所以,苏联的共产主义权威和力量始于一个与纳粹在德国的权力完全不同的基础。作为控制国家的一个体制,苏联共产主义更加有效:它受到回溯至15世纪的俄罗斯专制主义传统的支持。苏联国家比纳粹德国更有力和更加集权,这部分是因为尽管有1933年的经济萧条,德国较之苏联是一个经济更繁荣的地方。而苏联在1921年共产主义革命和内战结束以后不是这样。

---

① R.格雷特利:《盖世太保和德国社会:不断加强的种族政策1933至1945年》(牛津,1990)和《支持希特勒:在纳粹德国的同意和强迫》(牛津,2001);G.埃利:《希特勒的沉默的大多数?第三帝国统治下的服从和抵抗》,《密歇根季度评论》,389—425。

第三章 种族灭绝

就意大利法西斯主义而言，纳粹主义的内在不连贯性也是它的实力问题的一个方面，因为这种不连贯性导致法西斯运动可以涉及很大一批支持者，部分是靠直接表现自己，或者通过支持者中的中间人从迥然不同的角度来表现纳粹主义的内容。而且，从不同角度涉及支持者的时候，纳粹主义有机会对那些被视为盛行的心理内驱力和不满做出反应。尽管对纳粹主义存在着核心的支持群体和地区，特别是年轻人（不是所有的年轻人）支持纳粹主义，而且对纳粹主义的支持在地区间存在差异，但是这种支持确实遍布德国和奥地利社会，也同样吸引了妇女和老年人。在对一整套意识形态和实践做出反应的过程中，赞同和强制、共谋和竞争都可以看到。这一整套意识形态和实践在情感上可能是扣人心弦的，同时也是有凝聚力和令人恐惧的。[①] 而且，反犹主义根本没有限制对纳粹主义的支持，相反，它为拓展这种支持提供了各种主题。反犹主义不仅有利于争取反犹主义的基督徒，而且还可以吸引持左翼观点的人，因为反犹主义把商业和金融活动不甚诱人的丑陋一面描绘成了犹太主义的。

在德国，对希特勒的抵制是斑驳破碎的。有可能战败导致的不断累积的压力，还有盟国的轰炸已到家门口的失败，除了让社

[①] D. 米尔贝格：《希特勒的追随者：对纳粹运动的社会学研究》（伦敦，1991）；J.W. 法尔特：《对全民党的解析》，见《历史社会学研究》24 卷，1999 年第 2 期，58—98 页；H.D. 安德鲁斯：《三十四名金质奖章获得者：纳粹妇女记得"奋斗年月"》，见《德国历史》1993 年第 11 期，293—315 页；L. 派恩：《培育服从：德国少女联盟对女孩的训练》，见《欧洲历史季刊》2005 年第 33 期，367—385 页；G.L. 埃利：《作为法西斯主义的纳粹主义：1930 年至 1945 年德国的暴力、意识形态和达成一致的基础》（阿宾顿，2013）。

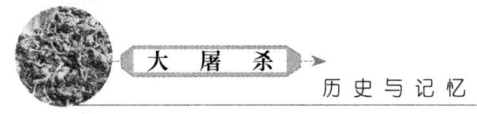

会瓦解到兽性的地步之外，并没有导致对纳粹主义的抵抗。这反映了战争和纳粹主义一样给德国造成何等程度的重大变化。然而，在德国从一开始，除了天命的感觉给纳粹的计划增添了力量以外，政府对公众反应的自信程度是变化的。除了一直持续到战争末期对政权的狂热支持，失败和幻灭也导致士气跌落和意见分歧。在盟国占领时期和占领结束以后，德国公众站在纳粹党的立场上对盟国的抵制是微弱的，但是，这只是反映了纳粹主义最终的不得人心，并不意味着它在早些时候缺少赞同。

英国和美国

长期以来，一直存在一个问题，即盟国的压力在缓和、减慢或者限制德国灭绝政策的实行上可以取得怎样的成效？这个问题在战后被广为提及，特别是在过去的20年里。这20年里有人声称盟国的压力可以而且应该能够限制大屠杀。很大程度上这场争论的焦点是盟国的轰炸是否本来可以瓦解通往集中营的铁路线，而且可以摧毁那些集中营。1961年，英国的一些秘密报告被揭露出来。其中显示有轰炸奥斯维辛的计划，但是最终被否决了。2008年在耶路撒冷的犹太人大屠杀纪念馆（Yad Vashem），美国总统乔治·布什说，盟国没有能对奥斯维辛做出反应："我们本来应该轰炸它。"

尽管法本公司位于奥斯维辛的工厂遭到轰炸，但是在讨论盟军进行的轰炸时，人们经常就轰炸对盟国空军提出的很高的要求和从西方的空军基地到灭绝营的距离轻描淡写。不过，1944年英美空军的飞机为了空投给养，帮助华沙起义，确实抵达了华沙。

第三章 种族灭绝

但是,苏联不愿意西方盟国协助亲西方的波兰国家军[①],所以拒绝西方的飞机在苏联空军基地降落。1943年盟军空军因为P-51D野马战斗机的加入提升了实力。这是一款一流的战斗机,带有外部后机翼副油箱,可以携带更多航油,作战半径达到600英里。它拓展了轰炸机可以获得护航的半径范围,但是对以英国为基地的飞机来说,匈牙利和波兰仍然被排除在这个半径之外。此前,P-47雷电战斗机已经证明美国截击机的优越,现在P-51D野马战斗机进一步证明了这一点。1944年2月末和3月,美国空军对德国截击机展示了这种优越性。它们在晴朗天气里护航英美空军对德国生产飞机和石油的地点进行了攻击,特别是在2月末的"大礼拜"。[②]

尽管盟国空军的轰炸半径增加了,轰炸匈牙利和波兰仍然存在严峻的挑战。虽然可以增加辅助油箱或者减少炸弹载荷来增加作战半径,但是从英国东安格利亚(Anglia,英国东部)起飞的美军B-17和B-24轰炸机的最大正常作战半径是750英里。更大的作战半径意味着增加暴露在德国截击机攻击下的时间,以及

---

① 波兰国家军(Polish Home Army),是1942年建立的波兰抵抗组织。据估计1944年波兰国家军拥有约40万名战士,是欧洲"二战"时期三个最大的抵抗组织之一。由于波兰国家军效忠于在伦敦的波兰流亡政府,所以苏联对其怀有疑虑。波兰国家军1945年1月解散。他们效忠的波兰流亡政府一直拒绝承认战后的波兰人民共和国,在英国依靠15万波兰侨民的支持维持着。1990年,东欧剧变以后的波兰新总统瓦文萨从波兰流亡政府最后一任总统雷沙尔彼·卡丘洛夫斯基(Ryszard Kaczorowski)手里接收了波兰共和国的象征物,包括总统旗帜、总统和国家印玺、总统肩带和1935年宪法的原本,波兰流亡政府才宣布解散。——译者注

② 大礼拜(Big Week):1944年2月20至25日,美国战略空军(USSTAF)对德国工业区进行了一系列轰炸,诱使德国空军进行决战,通过消灭德国空军来获得制空权,保障对西欧的登陆作战。这一周被称为"大礼拜"。——译者注

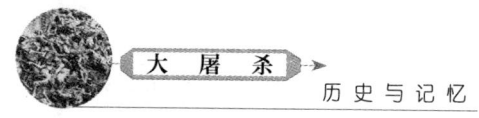

在目标上空更少的飞行时间。而且，就像"大礼拜"显示的那样，在德国不缺少可供盟军攻击的战略目标。

如果大屠杀发生在西欧，就作战半径而不是攻击目标而言，情况会大不相同。但是攻击的重点还是会放在军事和军事工业目标上，特别是在1944年准备进攻法国时。到了1944年，匈牙利已经可以轻松地纳入以意大利为基地的盟国空军的攻击范围了。1943年11月，美国第十五空军航空队已经把基地推进到意大利南部的福贾（Foggia），但是这支强有力的空军力量却把攻击目标对准了德国人的石油供应（特别是罗马尼亚普洛耶什蒂[Ploesti]的油田）、飞机制造工业（特别是奥地利维也纳新城的飞机制造业）和交通运输网，而不是去打击1944年德国人对犹太人的运送。当时攻击的这些重点目标对德国人的战争努力都是至关重要的。目标而非作战半径才是关键的问题，而且，盟国空军的作战半径问题并不是德国人把犹太人运送到波兰去屠杀的原因。①

战争爆发之前英国政府就已经知道德国犹太人受到的虐待。1939年末，针对德国关于盟军暴行和英国在1899年至1902年布尔人战争期间建立集中营过程中扮演的角色的宣传，英国政府做出回应，向国会提交了《关于德国公民在德国受到的对待的文件

---

① M. 吉尔伯特：《奥斯维辛和同盟国》（伦敦，1981）；W. 鲁宾斯坦：《营救的神话：为什么民主主义者无法从纳粹分子手中拯救更多的犹太人》（伦敦，1997）；M. J. 诺伊菲尔德和 M. 巴伦鲍姆编：《对奥斯维辛的轰炸：同盟国应该作此尝试吗？》（纽约，2000）；R.H. 李维：《再谈轰炸奥斯维辛》，见《大屠杀和种族灭绝研究》1997年第11期，129—170页；E.B. 韦斯特曼：《皇家空军和轰炸奥斯维辛》，见《大屠杀和种族灭绝研究》2001年第15期，70—85页；J.R. 怀特：《目标奥斯维辛》，见《大屠杀和种族灭绝研究》2002年第16期，54—76页。

第三章 种族灭绝

1938—1939》。这些文件后来由英国国家文书局印刷出版。这些文件毫无疑问地证明了对犹太人谋杀般的处理方式,特别是布痕瓦尔德集中营的监禁造成的这种结果。文件详细描述了在布痕瓦尔德发生的虐待。文件载明,1939年6月15日抵达那里的2000名犹太人中,有110人在五周内就死亡了。①

不过,外界花了一段时间才充分了解了被德国称为"最终解决"的政策范围及其执行情况。很大程度上,盟国关注的中心在其他问题上。首先而且可以理解,它们关注战争行动。要清楚种族灭绝行动正在进行,清楚杀人是为了贯彻一个系统的计划,而且清楚这个计划的性质,这确实是困难的。②在被占领的欧洲以外,那些身处巴勒斯坦、英国和美国的犹太领导人,还有那些犹太组织,包括戴维·本·古里安领导的旨在为犹太人在巴勒斯坦建立一个民族之家的犹太组织也确实花了一些时间才充分了解了德国人的计划。他们的经验是对历史上的屠杀的经验,不是对种族灭绝的经验。这种历史经验影响了一些犹太人在面对德国统治时的态度和试图理解关于德国的意图的各种传言时的态度。

盟国知道对犹太人进行的屠杀,这部分是通过截获和解读德国人的无线电通讯实现的。这些通讯揭示,从1941年7月18日开始,德国人在苏联运作的一些单位就一直在屠杀犹太人。尽管盖世太保使用的密码无法解读,但是德国普通警察使用的密码可以被盟国解读,而警察在大规模的屠杀中扮演了一个重要的角色。在盟国内部,就是否更大程度地公开使用这些解码得来的消

---

① 《关于德国公民在德国受到的对待的文件 1938—1939》,(伦敦,1939):33。
② A.沙夫:《英国新闻媒体和纳粹统治下的犹太人》(牛津,1964),79。

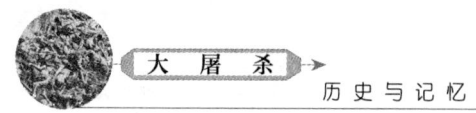

历史与记忆

息存在争论,因为英国迫切需要继续保密以维持截获和解码的能力,最后进一步公开使用这些信息的努力失败了。①

结果,除了不相信灭绝营和彻底灭绝政策的存在,盟国也不了解屠杀的规模。美国政府对1942年8月世界犹太人大会报告的反应就证明了这一点。盟国对要求采取措施或者拯救犹太人的想法也保持着警觉,认为它们可能是德国的计谋。② 当时可能存在一种不情愿的态度,特别是美国国务院不愿意承认德国屠杀犹太人的行动,以免提供一个政策依据,要求美国站在犹太人的立场上采取行动,比如放宽犹太人移民的配额。德国人的欺骗③、相互矛盾的陈述使得证实报告或者拼凑出一个完整的图景变得很困难。传到西方的信息经常是已经发生的事件。④ 无论如何盟国的情报机构把关注的重点放在德国的战略和军工生产上了。德国人的骗术说明,掩藏大屠杀的消息除了有现实的原因,还有对大屠杀的意识形态上的坚持和犯罪性质的心知肚明。

根据伊曼纽尔·云格布鲁姆(Emmanuel Ringelblom)提供的关于在海乌姆诺进行的屠杀的信息,BBC在1942年6月2日

---

① M.史密斯的《布莱切利公园和大屠杀》纠正了R.布莱特曼的《官方的秘密:纳粹计划了什么,英国和美国知道什么》(伦敦,1999)的错误。史密斯的文章见《情报和国家安全》2004年第19期,262—274页。再版见L.V.斯科特和P.D.杰克逊编:《在21世纪理解情报工作》(伦敦,2004),111—121。关于对新闻界的报道进行审查以避免产生接收难民的公众压力问题,见M.弗莱明:《奥斯维辛,同盟国和对大屠杀消息的新闻审查》(剑桥,2014)。

② S.阿龙松:《希特勒、同盟国和犹太人》(剑桥,2004)。

③ M.卡尔布:《介绍:新闻业和大屠杀,1933—1945》,见R.M.夏皮罗编:《新闻界为什么没有大声疾呼:大屠杀期间的美国和国际新闻界》(霍博肯,新泽西州,2003),6。

④ N.特里:《相互冲突的信号,英国通过截获无线电信号和其他来源获得的关于"最终解决的"情报》,《以色列犹太人大屠杀纪念馆研究》2004年第32期,251—296页。

第三章 种族灭绝

进行了报道。① 6月20日，伦敦《泰晤士报》报道了屠杀一百万犹太人的新闻——"用射杀或者故意置于糟糕的生活条件而使其死亡的方法。"7月，一个反对纳粹党的商人爱德华·舒尔特（Eduard Schulte）设法传出了德国人计划对犹太人实施种族灭绝的消息。他的消息是格哈特·瑞格纳（Gerhart Riegner）发给世界犹太人大会的瑞格纳电报的依据。1942年8月，利沃夫的希腊正教大主教向梵蒂冈发出一份关于在乌克兰对犹太人进行大规模谋杀的报告。1942年11月，波兰间谍杨·卡斯基② 抵达伦敦。这个人曾经化装成看守进出过贝热乌茨集中营。他向波兰流亡政府、安东尼·艾登（英国外交大臣）和总统富兰克林·D.罗斯福陈述了屠杀的情况。作为回应，1942年12月17日，盟国政府发表宣言抨击"这种冷血灭绝的兽性政策"。这个时候，犹太事务局也把由它处理的一些事实公开了，同时要求采取行动。11月24日，伦敦的《泰晤士报》报道了在波兰对犹太人进行的"系统的灭绝行动"。接着，12月4日，《泰晤士报》又提到一个德国"精心策划的灭绝计划"。在1942年的圣诞节广播中，教皇庇护十二

---

① 关于伊曼纽尔·云格布鲁姆，见前注。
② 杨·卡斯基（Jan Karski，真名叫杨·柯齐利夫斯基，Jan Kozielewski，1914—2000）。波兰抵抗运动的战士。1942年，他受命前往伦敦向波兰流亡政府报告情况。为了收集情报，他化装后在犹太人的帮助下两次进入华沙格都，还化装成一个爱沙尼亚警卫试图进入集中营。按照维基百科的说法，他只是自以为看到了贝热乌茨灭绝营，实际上他只是设法接近了一个向贝热乌茨转运犹太人的临时集中营，地点在卢布林和贝热乌茨之间。后来据说他自己也认可了这种说法。卡斯基1943年7月28日在白宫椭圆形办公室见到了罗斯福。罗斯福会谈期间问到波兰的马的处境，却没有提一句关于犹太人的问题。卡斯基还见了一批美国的要政。其中美国最高法院的法官菲利克斯·法兰克福特（Felix Frankfurter）后来说："我没有说他在撒谎，我是说我无法相信他，这不是一回事。"——译者注

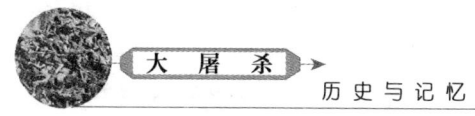

世宣布:"人类对那些数以十万计的人亏欠了一份庄严的承诺。那些人自己没有任何过错,有时仅仅因为他们的民族归属或者种族归属,就被置于死地或者被置于缓慢灭亡的境地。"

人们知道了大规模的虐待甚至种族灭绝以后,盟国却仍然不愿意关注这个问题,这部分是因为这个问题似乎不是对德战争的中心问题。事实证明美国政府尤其不愿意强调大屠杀。在国务院和政府的其他部门,包括部分军事领导层中存在的反犹主义也许产生了一定的影响,但是其中也存在政策问题。除了对美国广泛存在的反犹主义的忌惮,美国政府还担心这场战争可能被说成是一场犹太人的战争,从而为美国孤立主义者的政策提供支持。还有争辩说,关于"一战"中德国在比利时的暴行的报告就是误导的,或者产生了事与愿违的结果。盟国希望在纳粹党的政府和德国人的政府之间进行区别,大屠杀与这个政策目标无法呼应。把纳粹政府与德国人民区分开来对于美国公开宣传的战争目标和战后计划是重要的。美国的战争目标和战后计划渴望纳粹党人无条件投降,而投降应该导向德国人民的复兴。①

还有一种感觉(在苏联也有这样的感觉)就是犹太人是德国人众多的牺牲品之一,不应该把注意力从美国正在从事的战争上转移开。需要报道的战争新闻内容太广泛了,这些广泛的内容包括报道一场与日本人进行的艰苦的战争。这给新闻界造成了压

---

① S. 弗里德曼:《被压迫者没有避难所:美国对犹太难民的政策 1939—1945》(底特律,1973);D.S. 怀曼:《对犹太人的抛弃:美国和大屠杀,1941—1945》(纽约,1984);H. 范戈尔德:《援救的政治学:罗斯福当局和大屠杀 1938—1945》(新不伦瑞克,新泽西,1986)和《作出证明:美国和美国犹太人是如何对大屠杀做出反应的》(锡拉丘兹,纽约,1995)。

第三章 种族灭绝

力。部分是因为不愿意转移注意力,更常见的则是因为上述新闻报道造成的压力,所以像《纽约时报》这样的报纸不仅不希望,也做不到把焦点放在大屠杀上。① 不过 1943 年 3 月 9 日,国会还是通过了一项决议,谴责"对犹太男子、妇女和儿童的大规模谋杀",并且要求对其进行适当的惩罚。与此同时,国务院发表了一份记录对欧洲犹太人进行的"冷血灭绝"的报告。

在英国,人们全神贯注于战争新闻和他们自己熬过战争的努力,公众看上去好像普遍缺乏对大屠杀的兴趣。② 尽管 1943 年 3 月 11 日伦敦《泰晤士报》报道 200 万犹太人被杀害了,6 月 1 日又报道屠杀在向巴尔干蔓延,但是人们还是难以了解和相信德国的行动和计划所达到的规模。③ 那一年,在英国进行的大规模观察型调查反映了公众对欧洲犹太人的同情和对政府缺乏站在犹太人立场上行动的关切。④ 然而,政府却担心强调这个问题可能会导致反犹主义的加剧,促使人们支持已经被取缔的英国法西斯主义者联盟,特别是如果德国人把这场战争描述成一场针对犹太人的战争的话。1940 年至 1941 年德国对英国发动闪电战(空袭)时,伦敦流传的谣言说一些犹太人第一批进入防空掩体,而其他犹太人则成功地离开伦敦到乡间去避难了。这说明英国肯定存在潜在的反犹主义。

---

① L. 莱夫:《被〈时代周刊〉埋葬:大屠杀和美国最重要的报纸》(剑桥,2005)。
② T. 库什纳:《大屠杀和自由主义的想象:一种社会和文化史》(伦敦,1994),186。
③ 大卫·斯萨雷尼:《大不列颠》,见 D. 怀曼编:《世界对大屠杀作出反应》(巴尔的摩,1996),606—607,以及《英国和大屠杀》(伦敦,1998),12。
④ T. 库什纳:《固执成见:"二战"期间英国社会的反犹主义》《曼彻斯特,1989 年》,154。

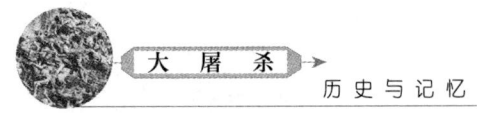

大 屠 杀
历 史 与 记 忆

英国人还担心把巴勒斯坦卷进这个问题。在德国人攻击华沙格都的同时，1943年4月英美召开了百慕大会议。会上，犹太人事务局提出一项建议，要求找到一条通往希特勒的外交途径，从而缓和犹太人的处境，但是建议被拒绝了。同样被拒绝的还有要求英国放松对犹太人移民巴勒斯坦的限制的请求。事实上，会议只是决定在北非开放一个犹太人难民中心，这个举措肯定无法与危机的严重程度相匹配。英国害怕鼓励犹太人向巴勒斯坦移民会激起阿拉伯人的反感，从而帮助德国实现其战略目标。① 这样的移民方案确实被看成德国为了达成那个目的的一个计划。

结果，英国政府没有时间来处理比特摩尔计划（Biltmore）。这个计划是1942年5月美国犹太复国主义者在纽约的比特摩尔饭店召开会议以后发表的。这个计划呼吁作为战后给犹太人提供一个庇护所的一种方法，让犹太人对独立的巴勒斯坦拥有主权。1944年11月6日，英国总参谋部的首长陆军元帅艾伦·布鲁克（Alan Brooke）在日记中记录道："我们在一次艰难的总参谋部会议上讨论了分割巴勒斯坦给犹太人的问题。我们一致反对在战争结束以前宣布任何事情，但是我们的手很可能会被强制。"②

英国政府的关切使之拒绝接受犹太人非法移民进入巴勒斯坦。许多犹太人被迫留在中立国，比如土耳其，或者被拘留在英国的印度洋殖民地毛里求斯。不过，那里的环境比德国人想在附近的马达加斯加给犹太人提供的环境好得多。

---

① B. 沃瑟斯坦：《英国和欧洲犹太人1939—1945》（伦敦，1999）。
② A. 丹切夫和D. 托德曼编：《阿兰布鲁克陆军元帅战争日记1939—1945》（伦敦，2001），617。

第三章　种族灭绝

随着战争的持续，盟国获知更多关于大屠杀的消息。其中包括到1944年夏天和秋天，有了关于奥斯维辛和马伊达内克的可靠报告。① 1944年7月，盟国对匈牙利施加压力使之停止了对犹太人的驱逐。到这时，盟国的成功，特别是从1943年开始从意大利起飞的盟国轰炸机在作战半径方面取得的成功，以及苏联军队的推进造成的形势变化，使盟国施加的压力更加有效了。

1944年初，在获得希特勒的同意以后，希姆莱授权艾希曼贯彻一个想法。艾希曼提出一项解决匈牙利犹太人问题的办法。5月，他通过犹太人救济和援助委员会委员、犹太人事务局的关键人物约珥·布兰德（Joel Brand）向英国建议，用犹太人按比例交换卡车、咖啡、可可粉、茶和肥皂——他承诺卡车将仅用于对苏联的战争。苏联当时正在接收美国提供的卡车。英国人把这个提议看作在盟国之间挑拨离间的企图，拒绝进行商谈。美国人劝说英国人保持这个通讯渠道，希望这有可能帮助到匈牙利的犹太人，但是苏联的反对使这条通讯渠道被舍弃，他们当时还根本不知道关于卡车的商谈。②

实际上，德国人的建议可能确实意在分化盟国或者在它们之间制造猜疑。德国领导人用犹太人来进行交易的意愿只是偶然的，这在他们通常的屠杀犹太人的决心中显得无足轻重。实际上，艾希曼后来批评了为了外交目的放慢屠杀匈牙利犹太人的想法。更常见的情况是，希特勒1939年到1941年愿意和斯大林结盟，但是不会和犹太人做交易，也不会就犹太人问题做

---

① M.索尔特:《美国情报工作，大屠杀和纽伦堡审判》(莱顿，2009)，86—91。
② 约珥·布兰德和A.韦斯伯格:《一项令人绝望的使命》(纽约，1958)。

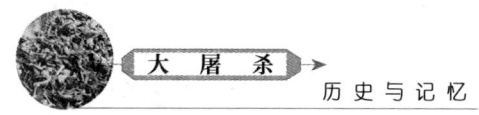

交易。希特勒的态度使希姆莱1944年末和1945年初的一些尝试无法成功。当时希姆莱试图联系瑞士和瑞典的犹太人组织,要做一些交易,包括至少让犹太人得到好一些的待遇。这些联系渠道和希姆莱从1944年开始的不成功和欺骗性的尝试是联系在一起的。看到德国正在走向失败,希姆莱试图谋取自己的利益。1945年他通过瑞典红十字会的副主席福尔克·贝纳多特伯爵(Count Folke Bernadotte)与美英建立了联系。他提出终止"最终解决"的机会主义的建议。这个阶段希姆莱还发出过命令,想把死亡行军中的杀人行为降到最低程度。

战后,在讨论盟国是否可以在大屠杀问题上做得更多时,犹太人的愤怒和英美的内疚与弄清战时政策的实际情况的关切结合了起来。一定程度上,存在着一种误导的倾向,就是把注意力集中在真实的或者假想的英国和美国的错误上,而不是盯住纳粹德国的邪恶或者苏联政府进行的偏执狂般的大规模屠杀——后者与大屠杀主题的直接联系不是很大。无论英国和美国是否应该做得更多,人们还是争辩说,取得战争的胜利在当时确实被认为具有更大的重要性。[1]明确地讲,取得战争的胜利也普遍被宣称为解救犹太人的措施。对很多随着盟军的推进在1943年至1945年获得解救的犹太人来说(如果包括摩洛哥和阿尔及利亚的犹太人,可上溯至1942年末),战争的胜利才是解救犹太人的方法,这确实是事实。尽管许多犹太人就在这时被德国人杀死了。在1942年末被德国军队占领的突尼斯,犹太人的命运比美国和英国军队占

---

[1] Y.鲍尔:《对大屠杀的再思考》(纽黑文,2001),202。

第三章 种族灭绝

领的摩洛哥和阿尔及利亚犹太人的命运更悲惨。这个事实具有更普遍的启发性。直到 1944 年末，都不清楚轰炸集中营能取得什么成果。大多数屠杀已经发生了，而且德国人正在准备拆毁奥斯维辛。1945 年 1 月 27 日苏联军队将会解放那里。

回顾战争爆发之前，人们可能会注意到英国和美国当时拒绝接收更多来自德国和被占领地区的犹太人，然后把这个情况和英美在战争中没有能提供更多的帮助联系起来。在英国对移民巴勒斯坦问题的政策这个特定的案例中，确实存在上述的联系，但是这个联系是否具有更广泛的相关性还远没有弄清楚。考虑到国内的意见，战争期间美英政府都不希望造成这样一种印象，即战争是为犹太人的利益进行的，特别是因为它们害怕这样的印象会帮助德国人进行的宣传。在这种被描述成实用主义的考量里，盟国内部的反犹主义毫无疑问产生了影响，但是核心的事实是，绝大多数犹太人是处于德国的控制下的，而且没有得到任何怜悯。

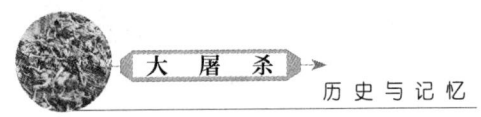

第四章 德国的盟国

纳粹政权对反犹主义的承诺，确保了德国广泛的联盟体系明显地具有这种仇恨性质。这一点并不能使我们有必要对许多德国盟国的强烈、自主的反犹主义冲动轻描淡写，例如对1940年至1944年独裁者杨·安东内斯库统治下的罗马尼亚的轻描淡写。然而，人们不大可能怀疑这些冲动是受到纳粹的鼓励。而且，如果德国采取了一种不同的立场，那么德国在盟国中拥有的力量将会导致相应的压力，影响到最终的结果。如果墨索里尼统治下的意大利在轴心国体系里能够居于领导地位，情况也会如此，因为反犹主义对墨索里尼来说不是关键的驱动力或者政策，而且肯定没有达到在希特勒那里所显示的程度。但是在德国的盟国和德国国内，反犹主义不仅仅或者单独地是一个政府政策的问题，相反，反犹主义吸收和利用了社会和公共文化中一些强有力的要素，特别是把基督教视为民族国家认同的一个关键组成部分的决心。反犹主义还利用了对共产主义的敌意。

罗马尼亚

在德国的盟国当中，罗马尼亚的安东内斯库政府强烈地支持德国的灭绝政策。罗马尼亚人的反犹主义有悠久的传统，而且在

第四章 德国的盟国

19世纪罗马尼亚的外交中一直是一个主题。在1878年处理巴尔干问题的柏林国际会议上，罗马尼亚对犹太人少数民族的政策是最难处理的问题之一。1940年5月和6月，当罗马尼亚改变亲英法的外交政策转向与德国结盟时，罗马尼亚内阁制定了大量反犹主义的立法。特别是在7月9日，内阁决定免除所有行政机构中犹太人的职务。8月8日，又重新定义犹太人的法律地位，目的是剥夺他们的政治和民事权利。从1940年夏天开始，反犹主义暴力行为也变得常见了。在6月发生的多罗霍伊（Dorohoi）屠杀中有大约200名犹太人被杀害。就像那一年夏天发生在加拉茨（Galaţi）的屠杀一样，屠杀是由比萨拉比亚撤退下来的军队进行的。作为1939年签订的《苏德条约》的一个后果，罗马尼亚被迫把比萨拉比亚割让给了苏联。这些屠杀后面紧接着就是当年秋天和冬天由米迦勒天使长法西斯主义军团对犹太人进行的屠杀——特别是1941年1月在首都布加勒斯特发生的屠杀。[①]与此同时，按照1940年10月到1941年3月颁布的一系列法律，犹太人的财产被没收，到1941年底所有的犹太职员被开除了。1941年7月，犹太人被取消了服兵役的资格，这是公民资格的一个标志。相反，18至50岁的男性犹太人都有义务服劳役。[②]

[①] 米迦勒天使长法西斯主义军团（Fascist Legion of the Archangel Michael），1927年至"二战"初期罗马尼亚法西斯主义政党铁卫团（Iron Guard）的另一个称呼。这是一个极端民族主义、反犹、反共和反资本主义的政党，主张正统的基督教信仰。罗马尼亚法西斯独裁者安东内斯库1940年9月上台以后，铁卫团对犹太人进行了屠杀。1941年1月安东内斯库镇压了铁卫团发动的叛乱，摧毁了铁卫团的组织，其领导人大多逃亡德国。——译者注

[②] K.希金斯：《罗马尼亚1866—1947》（牛津，1994）: 483—485。

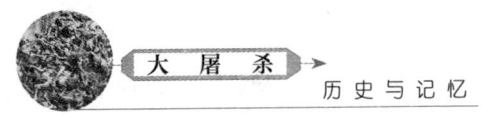

大 屠 杀
历史与记忆

罗马尼亚不像它的邻居保加利亚和匈牙利，安东内斯库政权是屠杀犹太人的热心支持者。对罗马尼亚来说，屠杀犹太人的政策不只是针对被罗马尼亚占领的地区，这与保加利亚和匈牙利的情况不同。相反，在罗马尼亚，屠杀犹太人的政策也在它的国内施行。例如，1941年6月在摩尔达维亚省的省会雅西（Iasi）就发生了一次残忍的大屠杀。至少有4000名犹太人在这次屠杀中被杀害。从这个月开始，在邻近的被罗马尼亚占领的苏联领土上也实行了这个政策，特别是比萨拉比亚（现摩尔多瓦）、北布科维纳（Bukovinia）和德涅斯特河沿岸地区（布格河和德涅斯特河之间属于乌克兰的地区）。为了进一步推进罗马尼亚化的政策，比萨拉比亚和北布科维纳的犹太人被驱逐到德涅斯特河沿岸地区的集中营。在那里，他们被用作劳动力。许多人被屠杀，特别是使用了射击、烧死、饿死等手段。缺少食物、住房或者在德涅斯特河沿岸地区向他们提供的糟糕的医疗条件导致死亡率很高。一份评估认为1941年至1943年有154000至17万名犹太人被送到那里。对那里导致很多人死亡的伤寒没有采取什么措施。

1941年，当敖德萨经过长期围攻（8月10日到10月16日）落到德国人和罗马尼亚人手里时，战胜者在这个重要的世界性都市中的一场凶残的屠杀中杀死至少两万名犹太人。这是大屠杀的一个重要情节，而且是一个没有获得足够关注的情节。罗马尼亚军队在这场屠杀里起了主导作用。除了对敖德萨的犹太人进行大规模的射杀，还有其他的杀人方式，包括活活烧死犹太人。这场大屠杀在罗马尼亚国内没有任何秘密可言。2003年罗马尼亚政府建立的国际委员会得出的结论是，在罗马尼亚控制的领土上，有

第四章 德国的盟国

28万至38万名罗马尼亚和乌克兰犹太人被杀害。

罗马尼亚政府很大程度上是受反犹主义驱动的。在这个地区（和其他地区）的许多暴力行动中，还有一个政治方面的因素。安东内斯库曾经说过，就犹太人问题而言，"根本没有法律"。他宣称，就像罗马尼亚的盟国说的那样，犹太人是支持苏联的，正因如此，犹太人是对罗马尼亚的一个威胁——实际上是罗马尼亚的叛徒。这种态度可以与1915年土耳其对亚美尼亚人的说法相提并论。1941年在雅西对犹太人的屠杀是由罗马尼亚军事情报机构策划的。除了在城市里被杀，许多人因为缺少食物和水死在前往集中营的列车上。1941年8月18日，希特勒对戈培尔说，安东内斯库采取了比德国人更加激进的措施。安东内斯库对罗马尼亚的大屠杀特别感兴趣，他对屠杀下达了直接命令，而且批评他认为太温和的指挥官。实际上，屠杀没有什么困难。士兵们执行了残忍的命令。[1]对一些罗马尼亚人来说，反对苏联在这个方面看上去具有特殊的重要性，对德涅斯特河沿岸地区的德国人也是如此。他们的民兵组织在1941年末杀死多达5万名犹太人。[2]杀死犹太人似乎是一种缓解对共产党人的恐惧的方式。同时，我们也有必要不要忽视反犹主义仇恨的影响。

1942年末，安东内斯库政权把一些犹太人驱逐到德国的灭绝营，但是当战争朝着不利于轴心国的方向发展时，他停止了这个政策。这个决定使大多数瓦拉几亚和摩尔多瓦的犹太人没有被送

---

[1] R. 伊奥奈德：《大屠杀在罗马尼亚：犹太人和吉普赛人在安东内斯库政权下的毁灭，1940—1944》（芝加哥，2000）；D. 迪利唐特：《希特勒被遗忘的盟国》（2006）。

[2] E. C. 斯坦哈特：《大屠杀和乌克兰的日耳曼化》（剑桥，2015）。

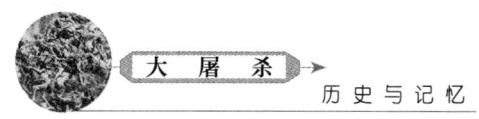

往德国的灭绝营。这些地方1918年以前就属于罗马尼亚。1942年，英雄崇拜者（Heroes'Cult）组织宣称要征用一个布加勒斯特市区边缘的犹太人墓地，而且准备了一个周详的计划，要把所有死者的坟墓都挖开，为当时的战死者建立一个英雄墓地。这个计划最终没有实现。①

克罗地亚、塞尔维亚和斯洛文尼亚

其他盟国也非常乐意与德国的意图合作。德国人1941年在克罗地亚扶植的安特·帕韦利奇②通敌政权及其发起的乌斯塔沙运动在克罗地亚和波斯尼亚大肆屠杀犹太人。这些地区大约80%的犹太人被屠杀，尽管塞尔维亚人是受害者中的主要部分。塞尔维亚人是东正教徒，与信仰天主教的克罗地亚人不同。就像在德国一样，在克罗地亚也强调种族和文化的"纯洁性"是国家民族认同和获得拯救的中心要素。③事实证明克罗地亚政权非常愿意把犹太人驱逐出去，让德国人屠杀他们，但是大部分犹太人已经被杀，而且是被非常残忍地杀死的。犹太人像塞尔维亚人一样被砍死，被活活烧死在谷仓里。杀人的方法和1994年在卢旺达所看

---

① M.布库尔：《过去的大厦，20世纪罗马尼亚的战争纪念物和英雄》，见M.托多洛瓦编：《巴尔干的认同，民族和记忆》（伦敦，2004）：172。

② 安特·帕韦利奇（Ante Pavelić），1889—1959。"二战"中克罗地亚独立国的独裁者。他领导的克罗地亚独立国对塞尔维亚人、犹太人和罗马尼亚人进行种族屠杀，杀死了数十万塞尔维亚人、数万犹太人和罗马尼亚人，以至于德国试图控制帕韦利奇的种族灭绝行动。战后，帕韦利奇逃往阿根廷，在政治上仍然很活跃。1957年遭遇刺杀受伤，1959年在西班牙死于伤病。——译者注

③ R.耶尔曼斯：《灭绝的愿景：乌斯塔沙政权和法西斯主义的文化政治1941—1945》（匹兹堡，2013）。

第四章 德国的盟国

到的一样。

压迫者向犹太人和塞尔维亚人提供了皈依天主教的选择（改宗天主教就可以避免被屠杀），一些天主教神职人员支持了乌斯塔沙运动，从这些现象里我们可以很容易地看到大屠杀的宗教特征。德国人没有提供改变宗教信仰这个选择。总计有接近45000名犹太人被杀或者交给德国人，而且教皇庇护十二世没有对天主教国家的种族灭绝政策进行过公开的批评，尽管那些天主教新国家没有得到外交承认。相反，倒是意大利军队1941年末推进到克罗地亚时帮助终止了种族灭绝行为，并且向犹太人和塞尔维亚人提供了保护。少数犹太人被留下来，然后送往奥斯维辛。

在塞尔维亚，德国人控制了那里，通敌傀儡政权也同样与大屠杀进行合作。1942年8月塞尔维亚宣布"摆脱了犹太人"。

由约瑟夫·蒂索（Jozef Tiso）的人民党领导的斯洛伐克政权也引入反犹主义的立法和强制劳动。蒂索是一个天主教神父，希特勒坚定的盟友。从1942年开始，这个政权开始驱逐犹太人去灭绝营而不是在斯洛伐克屠杀，其中包括那些有犹太血缘但接受洗礼的犹太基督徒。单是1944年8月28日至10月27日，就有一万名犹太人被送往奥斯维辛。德国人用不着对蒂索施加太多的压力让他支持驱逐犹太人，而且他对犹太人的驱逐很少有豁免的情况。蒂索坚信他有义务让斯洛伐克摆脱犹太人，从而保证一个基督教国家的再生。在重生的国家里，天主教会应该成为一个领导力量。对蒂索来说，大屠杀也符合创造一个基督教的斯洛伐克中产阶级这样一个法团主义社会政治目标。这个中产阶级要能够提高国家和民族的自尊，而不是从属于匈牙利或者某个外国的

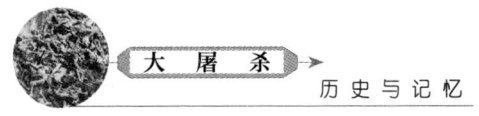

利益。这个政策目标是用一种反犹主义的范式阐释的。

匈牙利

1941年，犹太人生活在匈牙利扩张以后的领土上，包括许多从前属于罗马尼亚、捷克斯洛伐克和南斯拉夫的地方，但是没有匈牙利公民身份的犹太人被送往波兰南部。德国人在卡缅涅茨－波多利斯基（Kamenets-Podolsk）对他们进行了屠杀。1942年3月到1944年3月领导匈牙利的米克罗斯·卡雷（Miklós Kállay）政府虽然是反犹主义的，却拒绝驱逐犹太匈牙利公民。在1942年的万塞会议上，德国人认为匈牙利人的态度是一个问题。匈牙利政府很清楚德国人在试图杀死所有的犹太人，他们尝试追随意大利的更加谨慎的策略。

但是墨索里尼在1943年7月被推翻了，德国在9月接管了意大利中部和北部，这限制了匈牙利的选择。1944年3月19日德国军队占领匈牙利以后，卡雷被德迈·斯托尧伊（Döme Sztójay）将军取代，情况也因之改变了。一个第三帝国的全权代表被安置在匈牙利以确保新的亲德国的政府完全服从德国的要求。4月16日在布达佩斯建立了一个格都，从5月份开始，匈牙利警察积极地协助党卫军把匈牙利犹太人驱逐到奥斯维辛去。在匈牙利官方的积极支持下，大约437000人被驱逐，大部分犹太人被杀，所有犹太人的财产都被没收，投入匈牙利政府预算的徒劳努力之中。事实上，许多被没收的财富都被国家公务员或者其他一些人偷走了。

无论如何，匈牙利的政策后来又改变了。政策的变化部分是

第四章 德国的盟国

因为东欧的战争发展趋势。东欧的局势让罗马尼亚改变了阵营。来自教皇、英国、美国和瑞典的压力加强了对匈牙利犹太人命运的关注。对米克洛什·霍尔蒂上将的压力导致驱逐犹太人的政策在7月终止了。霍尔蒂上将在1920年至1944年之间是匈牙利王国的摄政。1944年8月29日，霍尔蒂任命了一个由戈萨·拉卡托斯（Geza Lakatos）领导的新政府。但是，许多犹太人仍然被箭十字党（Arrow Cross）和其他匈牙利法西斯主义运动杀害了。1944年10月发生了一起特别严重和残忍的屠杀。就在那个月，德国支持的匈牙利法西斯主义者发动了一场政变，建立了一个由维文奇·泽萨拉西（Vevenc Szalasi）领导的箭十字党人的政府。① 在布达佩斯，犹太人在多瑙河的堤岸上排成队被枪杀，尸体坠入或者被扔进河里。布达佩斯直到1943年2月13日才完全被苏联军队占领。②

保加利亚

不是所有德国的盟国都将犹太人迫害致死。在保加利亚，当政府在1940年向德国进一步靠拢时，反犹主义的立法得到通过。这些立法是为了更容易地隔离犹太人。保加利亚这时已经不允许犹太人拥有保加利亚姓名了，也不允许带保加利亚后缀的犹太人姓名。犹太人还被迫戴上黄色的大卫星，而且迁移的自由也受到限制。一项民族净化法禁止了混合婚姻。随着1941年3月1日保加利亚加入轴心国阵营，参加4月6日对南斯拉夫和希腊的进

---

① K.益格瓦瑞：《夺取布达佩斯的战役，"二战"中的一百天》（伦敦，2004）。
② 原文如此，实际上布达佩斯被苏联红军解放是1945年2月13日。——译者注

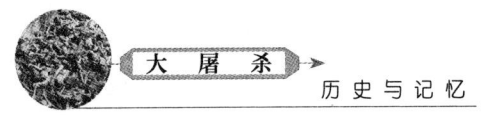

攻,并且从南斯拉夫和希腊割占领土(分别是南斯拉夫的马其顿和希腊的色雷斯),保加利亚与德国的关系更紧密了,对犹太人的压力也更大了。这一定程度上是为了应对阿道夫·海因茨·贝克勒(Adolf-Heinz Beckerle)对保加利亚政府的要求。贝克勒是一个坚定的纳粹党人,他在1941年10月担任德国驻保加利亚的全权公使。犹太人组织被取缔;他们失去了公民权;他们的生意被强制收购。因为德国的压力,犹太人被赶出重要的烟草工业。1942年8月,被占领的色雷斯和马其顿的犹太人被剥夺保加利亚公民身份。第二年3月,他们被驱逐去了特雷布林卡。超过11000人被杀害。

当时还有一个由犹太人粮食供应部的头子亚历山大·别廖夫(Aleksandur Belev)在内阁的默许下草拟的计划,想秘密地从战前的保加利亚,即排除战时征服地区的保加利亚本土驱逐6000名犹太人(在全部55000名犹太人中)。但是这个秘密没能保守住,部分是因为别廖夫义愤填膺的情人透露给新闻界,结果出现异口同声的愤怒声讨。这和在德国、法国、罗马尼亚以及大多数德国盟国和被占领地区的情况形成鲜明的对比。东正教教会攻击建议中的步骤,一批工人组织也是如此,其中包括铁路工人,还有中产阶级的职业群体如医生和律师都发出了愤怒的谴责。政府在国会里的支持者签署了一份反对驱逐的请愿书。请愿书提交给国王鲍里斯三世以后,他否决了从战前的保加利亚国土上驱逐犹太人的计划。

1943年5月,另一次从战前的保加利亚领土上驱逐犹太人的秘密尝试也失败了。当时索菲亚大主教斯特凡(Stefan)很鲜明

第四章 德国的盟国

地站在反对的立场上。对鲍里斯三世和其他人来说,关键问题是国家的主权和保持对公民的控制。① 保加利亚的犹太人被送到国内的劳动营。这些劳动营的残忍程度比德国和克罗地亚的集中营要轻得多。可能担心战后受到盟国的惩罚也是一个原因,因为这时战事正在朝不利于德国人的方向发展。确实,1943年3月,鲍里斯三世承认他不再认为德国人有胜利的可能了。尽管在德国对犹太人的屠杀在战事对轴心国越来越不利的情况下仍然继续,但是在保加利亚和罗马尼亚,对战事不利的反应是和德国不同的。

德国全权公使贝克勒最终放弃强迫保加利亚驱逐犹太人的努力。他解释说保加利亚人已经习惯了多民族生活,缺少在欧洲许多地方存在的反犹主义。尝试强迫保加利亚人屈服来危害德国在索菲亚的政治影响力将是不明智的。② 当苏联军队进入巴尔干时,1944年8月17日,保加利亚所有的反犹主义法律都被废除。9月5日,保加利亚对德国宣战。

意大利

在别处,当仆从国在其他方面服从一个越来越以德国的优越性为基础的新秩序时,也存在明显缺乏对犹太人进行迫害热情的情况。在法西斯主义的意大利,墨索里尼就是这样。尽管最近的研究强调他的种族主义思想,但是墨索里尼有一个犹太人情妇,

---

① F. 恰雷:《保加利亚犹太人和最终解决》(匹兹堡,1972);M. 巴尔-佐哈尔:《越出希特勒的控制:英勇地拯救保加利亚犹太人》(霍尔布鲁克,马萨诸塞州,1998)。
② R. J. 克兰普顿:《保加利亚》(牛津,2007):266、271。

他投身杀戮的劲头也不强。① 就像在德国一样,对意大利领袖的个人崇拜意味着他的观点和那些被认为是他的观点的东西具有极大的重要性。虽然在意大利对法西斯领袖的这种崇拜的坚定性比在德国要差些。

与此同时,意大利法西斯主义缺乏逻辑的多样性导致意大利在处理本国犹太人和外国犹太人问题时的多变性。1938年,禁止犹太教师从事教育和禁止犹太人与非犹太人的婚姻在意大利是可以接受的。② 这些措施顺利地得到强化。但是,与德国和奥地利相比,在意大利民众中反犹主义的情感要弱些,对驱逐和大规模屠杀的支持也更少。③ 但是同时,除了对那些认识的犹太人的同情,人们不愿意把这种同情扩散到其他人身上去,更不必说为他们提出抗议了。而且,许多意大利人卷入大屠杀,特别是从抢劫犹太人中寻求利益。

意大利法西斯主义追求一个更强大的国家:这里没有像德国人那样对种族问题的全心投入。确实,意大利及其占领的区域,像达尔马提亚、尼斯和希腊的一部分,对犹太人来说比其他德国盟国——例如维希法国和克罗地亚——更安全。结果,许多犹太

---

① A. L. 卡多瓦:《为新世纪重写领袖:最近关于墨索里尼和意大利法西斯主义的学术》,《现代历史杂志》2005年第77期,731—732页。

② S. 卢克尼:《〈祖先的呼喊〉和墨索里尼1938年的反犹主义立法》,《羊角号杂志》,2004第22期,67—79页。

* 《祖先的呼喊》(*Il Gripo della Stirpe*) 是1923年在美国纽约由美籍意大利人多梅尼克·特隆贝塔(Domenico Trombetta)创办的一份法西斯主义杂志。1941年12月意大利对美国宣战以后停刊。

③ M. 哈梅茨:《意大利反犹主义的矛盾心理:的里雅斯特的法西斯主义、民族主义和种族主义》,《大屠杀和性别研究》,2002年第16期,376—401页。

第四章 德国的盟国

人在那些地方避难,而其他人则努力试图到那里去避难。但是,意大利对犹太人的处理方式是有变化的,而且我们需要从后来对意大利形象的净化和美化中理纷解结,弄清真相。[①] 在东方战线,1941 年有 6 万名意大利军队在作战,1942 年有 22 万人。他们在对待犹太人的习惯的和蓄意的残忍性上比不上德国人,但是没有做任何事去阻止那些残忍的行为。相比之下,因为在统治权和与德国人相比的地位问题上的矛盾,意大利人不愿意把犹太人从巴尔干驱逐出去。特别是作为对克罗地亚的暴行的反应,"意大利人最后对援救犹太人给予了特殊的关注"。[②] 相当数量的一批法国犹太人在意大利占领的法国东南部找到了避难所。意大利当局知道这些犹太人抵达的情况和他们在当地的位置,但是对此不是很感兴趣。意大利还拒绝从本国驱逐外国犹太人。罗马犹太人的强制劳动不会致命,而且从 1938 年开始就有始终藏在"桌子后面"的陆军和海军军官在那里。[③] 意大利的政府和军事机关而不是罗马教廷是这个环境中的关键因素,尽管他们是拥有权力的机构(但是他们并不热心迫害犹太人)。1940 年 6 月开始运作的梵拉梦迪(Ferramonti)集中营一开始关押了 160 名来自罗马的犹太人,1943 年被英国军队解放的时候关押着 1604 名犹太人和 412 名非

[①] G. 施瓦茨:《墨索里尼之后:后法西斯主义的意大利的犹太人的生活和回忆》(伦敦,2012)。

[②] D. 卡尔皮:《拯救被占领的克罗地亚意大利占领区的犹太人》,见 Y. 古特曼编:《大屠杀中进行营救的努力:第二次以色列犹太人大屠杀纪念馆国际历史会议记录——1974 年 4 月》(耶路撒冷,1977:465—525,引自 505 页)和《对大屠杀中希腊犹太人历史的说明:意大利人的态度 1941—1943》,见《乔治·S·怀兹博士纪念文集》(特拉维夫,1981):25—62。

[③] 指对迫害犹太人不积极的军官。——译者注

历史与记忆

犹太人。① 这里没有杀人行为，也没有人被驱逐到德国控制的欧洲其他地方。这里的条件符合人道标准，因为自然原因导致的死亡率较低。集中营里还有两个犹太会堂。

1943年7月25日墨索里尼被推翻。9月3日意大利与盟国达成停战协议。接着德国进攻意大利及其占领区，情况到这时候才发生了改变。9月10日德国的正式占领意味着夺取了权力。在盟军无法解放的那些地区，意大利犹太人的处境恶化了。即使高级官员、外交官和教会网络可以对围捕犹太人的命令进行破坏，但是意大利犹太人的命运还是取决于德国执行围捕政策的决心。这时的关键人物是党卫军和盖世太保在罗马的首脑赫伯特·卡普勒②。9月15至16日，第一次对犹太人的驱逐和屠杀在马焦雷湖（Maggiore）湖边发生了，接着在德国控制的博尔扎

---

① 梵拉梦迪集中营位于意大利南部的卡拉布利亚大区，是墨索里尼1940年6月到9月建立的15个集中营中最大的一个。关押过3800名犹太人，其中绝大多数是外国出生的犹太人。这个集中营里的犹太人组织了一个托儿所；图书馆、学校、剧院和犹太会堂。集中营里有好几对新人结婚，诞生了21个孩子。这里没有奴隶劳动，大多数囚犯可以自由地闲逛。墨索里尼倒台6周以后，囚犯们被释放。其中许多人加入盟军。大约1000人被送到美国纽约的一个难民营，后来被允许留在美国。——译者注

② 赫伯特·卡普勒（Herbert Kappler, 1907—1978），1943年9月，意大利与盟国停战以后，被任命为罗马所有党卫军和安全警察的负责人。他先后组织了两次大规模围捕犹太人的行动，近2000名犹太人被遣送，几乎全部死于集中营。在第二次行动中他还向犹太人社区勒索了50公斤黄金，后来他声称这是为了阻止进一步的围捕和遣送。1944年3月24日，为了报复意大利抵抗组织袭击党卫军，他组织了对意大利平民进行的阿迪阿提那（Ardeatine）屠杀事件，一次屠杀了335名意大利平民。关于这次屠杀，见第二章原注15译者注。1945年罗马解放以后他被英军逮捕，1947年移交给意大利政府。次年受审，被一个军事法庭判处终身监禁。他在服刑期间离婚与一个长期通信的护士结婚。1975年罹患癌症。意大利政府拒绝了他的妻子和西德政府释放他的呼吁。他的妻子1977年借探视之机用一个大箱子把他带出监狱。当时他的体重只有47公斤。他们逃到西德。6个月后卡普勒就死了。——译者注

第四章　德国的盟国

诺（Bolzano）、梅拉诺（Merano）和其他地方发生了许多驱逐行动。9月23日，德国警察发布命令，宣布所有意大利犹太人都要被驱逐。10月16日，尽管有超过4000人在教会那里找到了庇护所，但是所有被抓住的罗马犹太人都被党卫军驱逐了。

9月份墨索里尼被德国救了出来。1943年在意大利北部建立的意大利国家社会主义共和国——萨洛法西斯主义共和国，是墨索里尼领导的德国傀儡政府。这个共和国通过了更激烈的反犹主义立法，与德国合作把犹太人驱逐到灭绝营屠杀。这些都不需要强迫。9月23日，德国把组织和实施在各省逮捕犹太人行动的责任交给了萨洛共和国。内政部长布法瑞尼·吉迪（Buffarini Guidi）采取了相应行动。12月，从各省集中营来的第一批犹太人被运送到刚刚在福索里（Fossoli）建立的全国性集中营。这个集中营成为向德国运送犹太人的主要营地。犹太人最后的保护者（指意大利——译者注）在1945年2月24日把他们从的里雅斯特（Trieste）运到贝尔根贝尔森集中营去了。

事实上，在德国人和萨洛政府之间围绕控制权和政策目标存在着紧张关系。一些萨洛政府的官员被指责支持犹太人，其中包括吉迪和墨索里尼。而其他人，特别是乔瓦尼·普雷齐奥西（Giovanni Preziosi）明显是反犹主义者。1944年3月，尽管很不受欢迎，但是普雷齐奥西在德国人的保护下，组织了人口统计学和种族学部门，在接下来的4月份，又组织了一个种族问题视察团。这个视察团使普雷齐奥西有权接触1938年对犹太人进行的人口普查的结果。墨索里尼的态度是矛盾的。尽管他不是反犹主义者，但是没有阻止一项条款被写进1943年11月14日发表

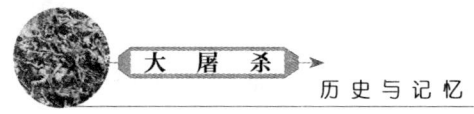

的《维罗纳宣言》(*Verona Manifesto*),即宣言的第一款。这个条款规定那些"属于犹太种族的人是外国人和敌人"。

被驱逐的人远远超过了 8000 人,主要被送往奥斯维辛。其中只有大约 1000 人幸存下来。大约 7750 人在意大利被德国人杀害(有时是在意大利官员的帮助下)。在的里雅斯特的杰曼伦-桑-萨巴集中营(Germanrun San Sabba),有许多犹太人被杀害,有的人被毒气毒死,其他人被迫挖好坑以后被射杀。在威尼斯从前的格都里,死者的名单是一个令人心酸的纪念物。但是大约有 35000 名犹太人避免了被逮捕或者被驱逐的命运。其中约 29000 人躲藏在城市和乡村里,经常用假名,而且往往得到当地人的帮助。其他人逃到盟军占领的意大利南部或者瑞士,或者在教会的建筑物里找到了藏身处。大约 2000 名犹太人加入游击队的抵抗行动。并不是所有普通人都服从当局的政策,许多犹太人幸存下来就是因为这些人的慷慨和勇敢。①

芬 兰

一个更遥远的德国盟国——芬兰对大屠杀是没有热情的。希姆莱 1942 年 7 月访问了赫尔辛基,向芬兰施加压力要求移交在芬兰的外国犹太人(人数在 150 至 200 人之间)。芬兰的秘密警察拟定了名单,但是政府和公众中都有反对意见。1942 年 11 月移交了 8 名外国犹太人,其中只有一个人幸存下来。此后芬兰政

---

① J.斯坦伯格:《全部或无:轴心国和大屠杀 1941—43》(伦敦,1990);N.卡拉乔洛和其他人:《靠不住的庇护所:大屠杀中的意大利和犹太人》(乌尔班纳,伊利诺伊州,1995);M.萨法迪:《墨索里尼统治的意大利的犹太人:从平等到迫害》(麦迪逊,威斯康星州,2006)。

第四章 德国的盟国

府就不再与德国合作了，也不再有犹太人被驱逐。芬兰犹太人和他们的同胞一起在1939年至1940年和1941年至1944年抵抗了苏联人的进攻，在1944年至1945年又一起抵抗了德国人。①

日 本

日本也不愿意按照德国的压力参加"最终解决"行动。日本的反犹主义很弱，而且直到19世纪末和犹太人的接触都非常少。在日本控制下的犹太人口从1931年开始增加了，这是日本对外征服和犹太人移民的结果。日本的对外征服控制了一些犹太人居住的地区，比如满洲，还有上海（1937年被日本占领）。共产主义者在俄国内战中取得胜利以后，留在满洲的大量俄国人里有一部分是犹太人。30年代犹太人从欧洲向东亚移民，使得那些后来被日本占领的地区的犹太人更多了，例如菲律宾（1941年至1942年被日本占领）。菲律宾接收了大约700名犹太难民。日本的犹太居民人数也增加了。日本甚至曾经制订了一个计划，准备在满洲或者上海给犹太人提供某种庇护（河豚计划，Fugu Plan）②，但是因为日本政府加强了与纳粹德国的联系，这个想法

---

① H.劳特卡利欧：《芬兰和大屠杀：营救芬兰的犹太人》（纽约，1987）。

② "河豚计划"（Fugu Plan），20世纪30年代，日本为了获得犹太移民的财力，同时让美国，特别是美国的犹太人在政治上与日本亲善，向日本投资，专门制订了一个计划，准备接受犹太人移民到伪满洲国和上海。据说这个时期日本部分领导人相信《锡安长老们的教仪》是一份真实的文件，而且接受犹太复国主义。1939年6月和7月，日本驻中国的官员审议了两份备忘录：《通过操纵在华犹太人领袖人物使美国总统周围紧密圈子里的远东政策公共舆论转向对日友好的具体措施》和《引入犹太人资本的研究和分析》。后来西方的研究者把这两份备忘录称为"河豚计划"。该计划准备引入的犹太人数量最高可达60万人。——译者注

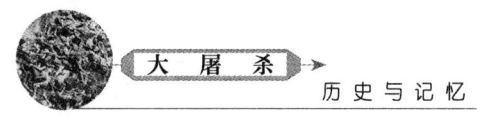

被放弃。日本外交官杉原千亩①有时被称为"日本的辛德勒"。他是日本驻立陶宛的副领事。他违背日本外交部的指示,给犹太难民发放过境签证,拯救了许多人的生命。直到最近,他的义举都没有得到日本政府适当的承认。在上海大约有19000名犹太人被拘禁,但是日本人顶住了德国要求杀死他们的压力。这个举动和日本人对中国人极端残忍的政策和对韩国人程度稍轻的残忍政策形成了对比。

被占领的欧洲

在德国对大屠杀的反应很少出现波动,尽管有必要考虑到德国占领者对通敌政府和被占领地区当局施加的压力,我们还是能够看到,在德国的盟国之间和被德国占领的欧洲各地,对大屠杀的反应比在德国国内有更多的差异。就"一战"以后俄国、德国、奥地利、匈牙利和土耳其而言,战败导致国家的迷失和新的政治出路成为可能。尽管像在维希法国那样,现存政治结构的成员在战败以后也卷入政治发展的新方向,但是这些国家的一些战前处于政治边缘地位的人现在作为叛国通敌者走上政治的前台。

---

① 杉原千亩(Chiune Sugihara, 1900—1986),1940年担任日本驻立陶宛考纳斯领事。当年7月开始,杉原千亩违背日本外务省的命令,向波兰逃到立陶宛并试图过境苏联逃亡其他地方的犹太人大量发放日本签证。有时一天18至20个小时都在发放签证。8月4日因为苏联吞并立陶宛,日本驻考纳斯领事馆关闭。杉原千亩前往柏林任职。有人看见他在从旅馆前往考纳斯火车站的路上还在发放签证。最后,杉原准备了一批白纸,在上面盖上领事馆的公章并签名,然后从火车上散发给车窗外的犹太人,犹太难民可以自己填写名字。杉原最后向犹太难民鞠躬道歉说:"请原谅,我不能再写了。最衷心地祝愿大家好运。"据估计,约有6000名犹太人因为杉原签发的签证获救。到20世纪末,他们和后代合计约有36000人。1985年,以色列政府授予杉原千亩"国际义人"称号。——译者注

第四章　德国的盟国

大多数被占领地区的民族都把目光集中在自己关切的问题上。这反映出战败、占领和极权主义统治使士气低落的人民像原子分裂一样分崩离析了。他们全神贯注于个人关切的事务。如果这些人排斥犹太人，无论是不是自己的邻居，那么他们也排斥了许多非犹太人，但是这两者之间是有某种反差的。这部分是一个反犹主义的问题，部分也是对新的政治环境的一种反应。处于被占领状态下的人有一种无力感，同时又在努力维护这种状态下自己最能接受的社会地位。对犹太人和其他人的排斥是这两者的混合物。两者一起导致企图像往常一样延续本国政府的努力。人们的这种企图对德国人非常有利。

这是一般的情况，但是在大屠杀这个特别案例里，这种企图导致在对德国人的计划必不可少的一些因素，特别是在分隔犹太人和驱逐他们这件事上与德国人的大规模合作。反犹主义是通敌合作的一个方面，而通敌合作在遍及德国盟国和德国占领区的大屠杀行动中扮演了一个积极的角色。其他因素也产生了影响。这些因素中包括通过夺取犹太人财产的行动谋求个人利益的渴望。因而，战争沉重地打击了文明社会。特别是战争促使那些曾经是多民族社会的瓦解，因为这些社会里早前存在的紧张导致的民族关系的断层，被纳粹和当地反犹主义民众的暴行以一种完全是单方面的形式撕破了。同时，情况在欧洲各地是不同的，这部分是文明社会的性质导致的结果，部分则是因为德国的政策产生的特定冲击造成的。

波罗的海共和国和乌克兰

在很多欧洲被占领地区都存在对大屠杀积极的和大规模的合

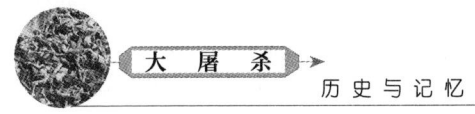

作。在德国人凶恶的胁迫下理解基督教和犹太教关系具有很大的复杂性。这种复杂性对这种通敌合作发挥了作用。这种情况可能在立陶宛、拉脱维亚和乌克兰比在东欧其他任何地方都更严重。给出一个答案并不容易，但是相关的历史—社会环境使人民大部分都与这种通敌合作相安无事，直到情势发生戏剧性的变化。犹太人在西乌克兰（第聂伯河以西）和立陶宛（这两个地方都曾经是1569年建立的波兰—立陶宛共和国的一部分），很多世纪以来都是商业生活中一个关键的因素，在晚些时候的拉脱维亚也是如此。这里的犹太人最初是在波兰卡西米尔大帝时代（1333—1370年在位）接受邀请定居在这里的。因为被剥夺成为贵族、拥有土地甚至作为农民在土地上劳作的权利，犹太人作为手艺人、技工和不动产经纪人从事商业活动。在村庄和城镇里，犹太人聚集在一起，天主教和东正教的农民赶来出售谷物和手工业品给犹太人收购商和贸易商，从犹太人技工那里购买商品，在犹太人的酒馆里喝酒。每个人都了解另一个人的性情和举止。这是一幅充斥着相互接受、友谊、怨恨、拒绝和肮脏行径的广阔图景。图中那些肮脏行径可以是极端暴力的，涉及对许多犹太人的谋杀。

在德国进行的大屠杀之前，东欧发生的指向犹太人的主要凶残事件是1648年至1654年的乌克兰科迈尔尼茨基叛乱[①]和19世纪80年代以及20世纪早期发生在俄罗斯的屠杀事件。此外，

---

① 科迈尔尼茨基叛乱（Khmelnytskyi 或 Khmelnytsky revolt），也称为哥萨克波兰战争，是1648年至1657年在波兰立陶宛联合王国统治下的乌克兰西部哥萨克发动的起义。起义建立了哥萨克酋长国家。在这场起义中出现了对罗马天主教徒和犹太人的大屠杀。——译者注

第四章　德国的盟国

1768年在乌克兰西部起义中出现的"黄金宪章"[1]命令杀死所有的犹太人和波兰人。在1918年至1921年的俄国内战里也有许多犹太人被屠杀。

不过在很大程度上，人们还是在日常生活中相处着，尽管这不意味着没有严重的猜疑的暗流和嫌恶，以及地方上的公开争执。引起矛盾的两个主要原因是天主教的传统反犹主义和种族—职业阶层的问题。在两次世界大战之间（1919—1940年），三个波罗的海共和国（爱沙尼亚、拉脱维亚和立陶宛）都有政治光谱宽广的大批政党和不断增长的向政治专制的发展倾向，但没有发生过针对犹太人的屠杀。人们不必喜欢对方，但是可以在日常生活的基础上合作。尽管这些共和国的诞生过程是狂暴的，而且两次大战之间有各种危险，但是，公民社会理性地运转着。考虑到这三个最近独立的小共和国都有强烈要求建立单一民族国家的政党和支持这些政党的选民，他们的社会能够合理地运转就更加引人注目了。它们的政党和选民都用怀疑的眼光关注着国内的波兰人、德国人和俄罗斯人，还有犹太人。

但是一旦这些国家在1940年失去了独立，波罗的海共和国就变成地理词汇，而且当外部的极权主义政权把反人道的生活方式强加到它们身上的时候，它们的社会也变成非文明社会了。这些国家处于极大的压力之下，包括经济上的混乱、失去政治和社会自由、大规模逮捕和1940年至1941年间短暂的苏联占领——因而严重地迷失了方向，结果，人类行为中最糟糕的方面爆发出

---

[1] "黄金宪章"（Golden Charter of the 1768），是1768年乌克兰西部爆发的反抗波兰压迫的科里伊夫什齐纳（Koliyivshchyna）起义中流传的一份伪造的俄罗斯凯瑟琳女皇的诏书。——译者注

大屠杀
历史与记忆

来。在立陶宛,苏联的统治1941年崩溃以后,接着在1941年至1944年之间就处于德国控制之下。立陶宛警察、一些"森林兄弟"的成员①和其他通敌者以及当地的村民告发者一起搜捕和杀害犹太人,有时是满怀热情这么干的。大多数人,我们希望,可能感觉大屠杀令人厌恶,但是他们紧紧闭上了自己的嘴。这是对大屠杀中人们表现的各方面的一个揭示,这些方面包括负有罪责、参与、摆脱、否认和积极地提供帮助。除了这些层面,还存在态度上和参与上的不同情况。例如,德国人从许多当地警察那里得到了有力的合作。很多驱逐和屠杀的任务被指派给当地的合作者。主要的杀人者还是德国人。他们鼓动了杀人行为,他们的责任是主要的。然而,在有些案例中,大屠杀中的通敌合作行为在1941年德国入侵者到来之前就开始了,或者是德国侵略者并不在场时发生的。在拉脱维亚、立陶宛和乌克兰的情况就是这样。有的时候对犹太人的仇恨是因为人们指控犹太人与共产主义者结成联盟——犹太人中确实有一小部分人是这样的。在这种情

---

① "森林兄弟"(Forest Brother),是"二战"期间和"二战"结束以后,爱沙尼亚、拉脱维亚和立陶宛三国境内反抗苏联统治的游击队。当时约有50000名游击队员以茂密的森林为掩护对苏联红军展开了游击战。苏德战争初期,"森林兄弟"建立了Omakaitse组织与德军一起打击苏军。"二战"结束以后,英国军情六处、美国和瑞典情报机关在40年代末和50年代初都向"森林兄弟"提供过联络官和后勤补给。战后"森林兄弟"的游击战几乎持续了10年,造成约50000人死亡。1947年爱沙尼亚"森林兄弟"活动高潮中,发动了773次武装袭击,杀死大约1000名苏联人及其支持者。1953年斯大林死后苏联对"森林兄弟"大赦,许多"森林兄弟"成员放下了武器,但是仍有一些"森林兄弟"坚持战斗。最后一名爱沙尼亚"森林兄弟"奥古斯特·萨博(August Sabbe)1978年才被克格勃发现,在追捕中投水自尽。拉脱维亚"森林兄弟"的最后一支小分队于1957年走出丛林向苏联当局投降。立陶宛最后一名"森林兄弟"普拉纳斯·康齐乌斯(Pranas Končius)1965年被苏军击毙,2000年被立陶宛政府授予十字勋章。——译者注

第四章　德国的盟国

况下，对犹太人的屠杀就是共产主义控制崩溃的一部分。于是，在陶格夫匹尔斯和里加这类立陶宛城市，1941年在德国部队到达之前，犹太人就被武装起来的立陶宛帮派分子围捕并杀害了，没有任何人阻止他们。屠杀尤其残忍邪恶。在好几个立陶宛城市、乌克兰城市利沃夫、塔诺波尔（Tarnopol）都发生了这种事。在考纳斯有2500名犹太人被杀。这些屠杀都是近距离进行的，这是和德国人在灭绝营里进行的屠杀不同的一种屠杀。而且，卷入屠杀的立陶宛人和乌克兰人都和德国人一样乐意杀死妇女和儿童。在考纳斯，有一些当地人为杀人行为鼓掌欢呼。在其他地方，通敌合作的行为要少些。例如在波兰东部的布列斯特－立陶夫斯克，波兰人和白俄罗斯人都不支持1941年的屠杀。

后来，许多立陶宛人和乌克兰人因为支持德国人的战争而出了名。这包括很多作为集中营警卫和现场屠杀犹太人的凶手的立陶宛人，例如1941年在白俄罗斯干这些事的立陶宛人。立陶宛部队参与了反对游击队的军事行动。在这些行动中有犹太人被杀害。他们还参加了1943年对华沙格都的镇压。乌克兰人在好几个灭绝营的警卫里很有名气，特别是贝乌热茨、索比堡和特雷布林卡灭绝营。1943年，当立陶宛警察部队关闭靠近维尔纽斯的劳动营时，他们射杀犹太人。当地的德国裔居民，例如"黑海德国人"可能也杀害了许多他们的犹太人邻居。①

法　国

法国的情况说明反差可能具有的空间。1940年5月到6月

---

① E. C. 斯坦哈特：《大屠杀和乌克兰的日耳曼化》（剑桥，2015）。

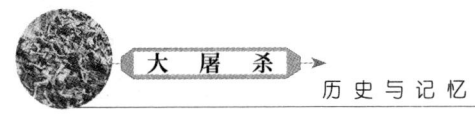

被占领以后,法国被分割成两块:一块是德国占领区,受到德国人的军事管制;占国土面积大约40%的一块被留给一个亲德的法国政府控制。这个亲德政权1940年7月被选举出来,根据地设在维希。在被占领的欧洲其他地方进行大屠杀的模式被复制到法国的德占区,最终发展到把犹太人大规模地驱逐到东欧的灭绝营去。德国人把围捕犹太人的差事委托给了法国警察,而他们则把围捕的重点瞄准了外国犹太人。此外,阿尔萨斯-洛林地区也被德国吞并了。1940年10月当意大利控制了部分法国领土时,犹太人从那里被驱逐出来。

在维希法国,从一开始就存在一种自愿对犹太人进行歧视的倾向,而且这种倾向不需要德国人太多的激励,更不用他们施加什么压力。在维希政府的精英中,对法西斯主义只有有限的支持,与之相反的则是基础更加广泛的保守民族主义。这种意识形态特别倾向于天主教激进主义。德雷福斯案件中的宗教、文化、政治和社会矛盾在这里又重现了。这个案件是1894年因为对一个犹太军官德雷福斯无根据的叛国罪指控开始的。当维希政府努力创造一个招摇的基督教法国时,陆军元帅贝当领导的维希政府鼓吹的农业的、田园生活的和天主教主义的价值观把矛头指向都市主义和自由主义的价值观,而犹太人则是与此相联系的。这个过程推动了20世纪30年代后期那个反犹主义的法国的复活。这种复活和反对犹太避难者是联系在一起的。① 1940年,许多已经归化的法国犹太人的公民资格被撤销,外国犹太人则被拘留。政

---

① V. 卡郎:《30年代反犹主义在法国的复活:社会经济角度的反思》,《现代历史杂志》1998年第70期,24—73页。

第四章 德国的盟国

府还通过立法来明确谁是犹太人,并把他们从政府职位中排除出去,包括教育岗位。对犹太人的定义问题,特别是各种相互矛盾的种族和宗教标准导致在1941年进行了新的立法,在雇用和商业活动中进一步加强对犹太人的限制。在德国占领区和维希政府控制区,随着维希政府1941年7月采取的相关措施,犹太人的财产都面临被没收的威胁。维希政府的内政部长建立了专门处理犹太人事务的单独的警察部门。这些举措都是为了表明渴望与德国人合作的意愿。维希政府的态度在法国的殖民地也表现出来,而在那些地方,德国人的监视是很有限的。于是,在瓜德罗普岛和马达加斯加都发生了清除犹太人的行动。这两个地方在1940至1942年都由维希政府控制。①

1942年,维希政府把外国犹太人交给德国人驱逐到集中营去。这年7月16日,在巴黎和巴黎郊区围捕了超过27000名非法国犹太人以后,7月17日到8月31日,其中大约10000人被送往奥斯维辛。在第一次运送的时候,还包括并未被要求运送的儿童。这和战前对外来移民的限制非常不同,特别是因为此时政策是明确的反犹主义的(实际上也是谋杀性质的)。法国当局参与驱逐行动的问题战后才被揭露出来。在1942年为了驱逐出国而移交的那些犹太人中,大多数人当时都没有处于德国人的控制之下。不过,维希政府拒绝移交法国的犹太人,这部分是因为公众的批评。而且,1943年的驱逐数量下降了,围捕行动主要由党卫军而不是法国警察来进行。这时德国当局更强大了,因为1942

---

① E. T. 詹宁斯:《热带地区的维希政权:贝当政府在马达加斯加、瓜德罗普岛和印度支那的民族革命1940—1944》(斯坦福,加利福尼亚,2001)。

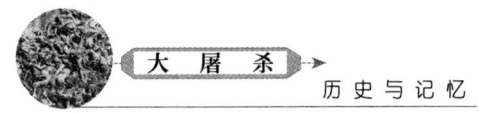

年11月11日,德国军队被派到维希政府的控制区。维希政府知道犹太人是被送去屠杀的。事实上,75000名被驱逐者中只有不到3%的人活了下来。相比之下,63000名法国非犹太人被驱逐者中,59%的人幸存了下来。他们当时主要被送往拉文斯布吕克集中营(Ravensbrück)和布痕瓦尔德集中营。这种反差使战后的纪念活动容易引起疑问,因为这些纪念活动没有能把犹太人和非犹太受难者区分开来,例如,1954年创设的驱逐纪念日就是如此。

杀人并没有让维希政府感到困扰,但是维希政府很关注一个问题,即如果人们认为维希政府支持德国对法国犹太人的政策,那就会危及它在与法国境内反对自己的政治力量进行斗争的处境。尽管法国总理皮埃尔·拉瓦尔希望围捕犹太人,而且1944年更加极端的政府鼓励米利斯(Milice,极右翼准军事组织)[①]围捕犹太人,包括法国犹太人,但是,直到1943年至1944年,法国犹太人才被围捕。结果就是被驱逐出法国的犹太人中接近三分之一是法国人。和匈牙利的情况一样,1944年那个极端的法国政府是德国人强加给法国的。

法国公众本身就是分裂的。社会上有人保护犹太人,尤其是在新教主导的塞文(Cévennes)山脉地区。在个人层面上,有很多法国人帮助过犹太人,既包括帮助自己的同胞,也包括在较小程度上帮助外国犹太人。天主教会里既有许多人愿意接受——实

---

① 米利斯(Milice),法国维希政府建立的一个准军事组织,用来支持镇压法国的反法西斯抵抗力量。皮埃尔·拉瓦尔是它的领导人。米利斯参与大规模枪决和暗杀活动,帮助围捕犹太人和抵抗分子。——译者注

第四章 德国的盟国

际上是支持维希政府,并且从大范围的反犹主义中获利,也有批评驱逐的人,比如蒙托邦(Montauban)地区的主教,还有人冒着危险帮助犹太人。1941年,一个狂热的反共主义者和研究18世纪法国外交的著名学者,同时也是维希政府的支持者红衣主教保德瑞拉特(Baudrillart),呼吁男人们加入法国志愿者联盟来反对布尔什维克主义,但是大多数法国的主教都对他冷眼相向。① 大多数法国犹太人,特别是儿童(他们中有些人被当作基督徒送人收养),在法国国内熬过了战争,但是外国犹太人发现情况要令人沮丧得多。② 这种对比在全欧洲范围内更加广泛,因为官员们为了减轻来自德国人的压力而愿意交出外国犹太人。而且,这些外国犹太人与当地社会的联系和在当地的社会关系都(比本国犹太人)更少,在实际中,逃脱围捕的能力也就更弱。

荷 兰

战前在德国可以见到的大量反犹主义举措,迅速引入1940年5月被德国占领的荷兰。从这年8月开始,不再允许犹太人成为公务员,现有的犹太人公务员则不得提升。11月,所有的公

---

① 保德瑞拉特(Alfred-Henri-Marie Baudrillart,1859—1942)在1894年至1907年是巴黎天主教大学的一位历史学教授,后来担任校长,直至去世。1928年起他还是梅利泰内(Melitene)地区的名誉大主教。1935年被宣布为罗马圣伯纳多修道院教堂(S. Bernardo alle Terme)的红衣司铎。1939年担任选举教皇庇护十二世的红衣主教选举团成员。他最初支持维希政权,但是1942年初他公开抗议维希政府的反犹主义政策,并且在私人谈话中谴责希特勒的政权不人道。

② S. 祖科蒂:《大屠杀,法国人和犹太人》(纽约,1993);M. 马鲁斯和罗伯特·帕克斯顿:《维希法国和犹太人》(斯坦福,加利福尼亚,1995);D. F. 赖安:《大屠杀和马赛的犹太人:维希法国反犹主义政策的加强》(乌尔班纳,伊利诺伊州,1996);R. H. 韦斯伯格:《维希政权的法律和法国的大屠杀》(纽约,1996)。

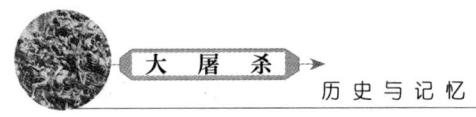

务员都必须填写一份声明,表明自己是"雅利安人"或者"全部或者部分为犹太人"。12月,犹太公务员都被解雇。从1941年1月开始,在荷兰的所有犹太人开始进行系统地登记,对犹太人的人身攻击变得司空见惯了。2月份,发生了第一次驱逐。2月25日,在一些城市发生了群众基础广泛的抗议,但是被严厉地镇压下去。那个夏天,反犹主义的措施升级了。从1942年夏天开始,1940年起生活在荷兰的14万名犹太人中的102000人被逮捕送到荷兰东部的韦斯特博克临时集中营,然后被驱逐出境或杀害。这些行动有一些是以赏金猎人的个人主动性为基础的,而许多情况下则是因为荷兰行政当局和警察部门的合作,以及他们当中许多人希望取悦德国人的意愿。① 荷兰犹太人被驱逐和杀害的比率远高于比利时(40%)或者法国犹太人(25%),而且总人数更多。大约24000名犹太人藏了起来。被驱逐的犹太人当中最出名的是安妮·弗兰克。她是1933年从德国出逃的一个犹太女孩。她在1940年就隐藏起来,结果在1944年被人出卖,被送到贝尔根贝尔森集中营。她的日记出版于1947年,那是一本对充满恐惧的躲藏生活的辛酸记录。荷兰给党卫军提供的志愿者也比法国或者比利时多。一些荷兰历史学者争论说非犹太荷兰人对犹太人怀着潜在的敌意,或者,至少是对犹太人漠不关心。荷兰的威廉敏娜女王在英国伦敦的广播里只有一次提到对荷兰犹太人的驱逐。

---

① B.摩尔:《受害者与幸存者:纳粹在荷兰对犹太人的迫害,1940—1945》(伦敦,1997)。

第四章 德国的盟国

比利时

1942年和1944年之间,27列火车把比利时犹太人口中的40%即25000人从梅赫伦运到了奥斯维辛;另外有5000人从德朗西被运到了奥斯维辛。德国驻比利时的军事当局坚定地反对党卫军的行动,限制了党卫军在比利时的作为。军事当局关注的主要是军事和经济目标。比利时行政当局对德国人的举措是配合的,例如对1940年10月28日发布的要求犹太人登记和把犹太人从公共职能部门清除出去的规定。有一件事提示我们注意在地方上存在的重要差异。1942年的夏天,布鲁塞尔行政当局拒绝分发黄星或者利用警察来逮捕犹太人。而在安特卫普,同年夏天这两件事市政当局都做了。1941年4月14日和17日,佛兰芒法西斯主义者进入安特卫普的犹太人区,烧毁了两座犹太会堂。这种暴乱行为在法国或者荷兰是看不到的。安特卫普的佛兰芒语人口的通敌合作行为部分要归因于德国人设计得很好的宣传工作。德国人的宣传向佛兰德尔人与比利时其他地区讲法语的瓦隆人不同的雅利安特征欢呼致敬。在瓦隆人生活的地方,列日的市政当局比布鲁塞尔当局对大屠杀的政策更加顺从,特别是他们在德国人提出要求之前就拟定了一张犹太人拥有的财产的列表。这样的对比说明,德国对控制和杀戮的冲动永远都是残忍的、坚持不懈的和压迫性的,大屠杀就是这种冲动与从热情合作到成功抗拒之间的某种反应相互作用的结果。①

---

① M. 斯坦伯格:《红星和步枪》(4 vols., 布鲁塞尔,1983—86);J. H. 盖勒:《军事管理当局在德国占领的比利时的作用,1940—1944》,《军事历史杂志》1999年第63期,99—125页。

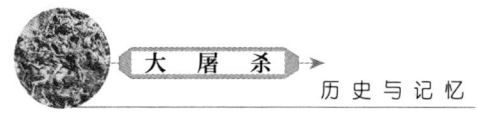

大 屠 杀
历史与记忆

波 兰

但是在波兰,存在着无可否认的非常不利的环境。在那里,人们对犹太人有积极主动的或者与德国人同谋性质的仇恨。这些不利的环境包括:1941年7月10日,在靠近比亚韦斯托克的耶德瓦布内(Jedwabne)市发生了规模在200到400人之间的屠杀。比亚韦斯托克是一块1939年到1941年受苏联控制的波兰领土。在那里发生了什么存在争议。有人声称在那里有1600名犹太人被杀,而且是被波兰人杀害的。但是研究工作对这种说法进行了修正。这些研究表明,一批数量不大的波兰人受到反犹主义的神父和盖世太保代理人的鼓动,与德国杀人者进行了合作。2001年,在为这场屠杀进行道歉之前,波兰总统亚历山大·克瓦斯米尔沃斯基在屠杀发生地放了一个花环。①

在波兰,战前就有反犹主义的仇恨,而且延续到了战后。然而,那里也有许多个人层面对犹太人的帮助,特别是帮助犹太人隐藏起来。②除了其他地方的屠杀,1500名试图帮助犹太人的波兰人在贝乌热茨灭绝营死亡。出于对波兰人的仇恨,德国人没有向波兰人提供合作杀死犹太人的机会。他们曾经把这种机会给了乌克兰人和波罗的海沿岸诸国人民。③例如,德国人允许

---

① M.J.科达奇维茨:《耶德瓦布内的屠杀,1941年7月10日:事前、期间和事后》(纽约,2005)。这本书纠正了J.T.格罗斯的《邻居:波兰耶德瓦布内犹太人社区的毁灭》(普林斯顿,新泽西州,2001)一书的错误。
② G.S.鲍尔森:《秘密城市:华沙隐藏起来的犹太人,1940—1945》(纽黑文,2002)。
③ A.伊泽盖里斯:《拉脱维亚的大屠杀,1941—1945》(里加,1996);M.迪恩:《大屠杀中的合作通敌行为:白俄罗斯和乌克兰地方警察的罪行1941—1944》(伦敦,1999);D.冈特、P.A.莱文和L.帕洛索编:《大屠杀期间的合作通敌和抵抗:白俄罗斯、爱沙尼亚、拉脱维亚、立陶宛》(伯恩,2004)。

第四章 德国的盟国

乌克兰人建立乌克兰民族主义组织（Organization of Ukrainian Nationalists，OUN）。战后的 1946 年 7 月，在凯尔采（Kielce）发生了针对试图从奥斯维辛返回家园的犹太人的屠杀事件，使得波兰从大屠杀中幸存下来的数千犹太人中的很多人移民出国了。①

斯堪的纳维亚

斯堪的纳维亚国家中与德国合作最少的是丹麦。它在 1940 年被德国占领，但是它的犹太人大部分幸存下来。丹麦的情况说明，在一个距离欧洲其他地方可以见到的反犹主义和种族主义并不遥远的国家里，拯救犹太人的意愿可以存在，而且可以取得成功。1943 年 10 月 1 日，德国人开始在丹麦围捕驱逐犹太人，但是犹太人已经得到一个反对纳粹主义的德国官员的提前警告。对围捕的抵制得到了广泛的公众支持，他们在前一天晚上偷偷地把大约 7000 名犹太人送到瑞典，只有 472 人被抓捕、驱逐。

丹麦人拒绝合作的行动树立了一个挪威人没能达到的标杆。在挪威，通敌行为比在丹麦普遍。728 名犹太人被送到德国的集中营并死在那里。不过，丹麦人在纳粹确定的"北欧日耳曼人等级"中处于最高层。这种地位缓和了德国人对丹麦的占领，从而给丹麦人提供了某种机会，让他们人性中更好的一面表现出来。

---

① 凯尔采（Kielce）是波兰中南部圣十字省首府。1946 年 7 月 4 日，这里的约 200 名大屠杀幸存者遭到波兰亲苏部队的攻击。37 或 40 名波兰犹太人和 2 名波兰人被杀害。许多犹太学者认为这是 1947 年波兰开放边界以后大量犹太人向外移民的原因。其实原因要复杂得多，但是最重要的一个可能是波兰是"二战"以后东欧阵营中唯一一个对犹太人移民以色列不予限制的国家。——译者注

中立国家

法国的行为表明了帝国体制——在这个案例中是第三帝国的体制——在多么大的程度上是以对方的同意和合作为基础的。很多同意和合作是在公开的或者暗示的强迫发挥作用的情况下达成的[①]，但是，同意和合作仍然是重要的。而且，同意和合作不仅反映了以硬实力为基础的强迫的作用，也反映了德国各方面的软实力，包括文化和意识形态的影响。例如，这些软实力的影响在国际上支持德国的联盟体系里就可以看到。在瑞典和瑞士这两个国家（都是中立国）的案例中可以看到，德国的纳粹体制（从大屠杀中）获得了重要的经济利益，瑞典和瑞士也同样获得了这些利益。[②]

这些利益包括以犹太人的损失为代价获得的收益，例如，银行和保险公司没收了属于或者欠犹太人的金钱，参与处理从犹太人那里夺取的黄金。瑞士在其中的所作所为被揭露导致国际上对瑞士的广泛批评，使瑞士的行为成为20世纪90年代犹太人索赔的焦点，特别是在美国。在美国，90年代发生了对瑞士银行的迪阿马托调查（D'Amato inquiry），提出对休眠账户的沃尔克委员会报告。[③]对瑞士的揭露还影响了公众文化，例如詹姆士·邦德电

[①] P. 戴维斯：《危险的联络人：通敌合作与第二次世界大战》（哈洛，2005）。

[②] G. 克赖斯编：《瑞士和第二次世界大战》（伦敦，2000）；C. 莱茨：《对魔鬼的同情："二战"中中立的欧洲与纳粹德国》（纽约，2001）。

[③] 沃尔克委员会（Volcker Committee）建立于1996年，目的是调查"二战"期间瑞士各银行的休眠账户情况。委员会的领导人是美国联邦储备银行主席保罗·沃尔克（Paul Volcker），委员会成员包括3名瑞士银行协会代表和两名犹太人组织代表。该委员会1999年发现，有54000个账户可能属于大屠杀的受害者。1998年，一起在美国提起的集体诉讼导致瑞士最大的两家银行与原告达成一项金额为12.5亿美元的庭外和解，用以支付大屠杀受难者和他们的继承人要求的赔偿。——译者注

第四章 德国的盟国

影《黑日危机》中就塑造了一个狡诈的瑞士银行家形象。在战争期间,瑞士国家银行为了保持自己的黄金储备,从德意志帝国银行购买了大量黄金。

这些中立国只给了不多的犹太人难民地位:瑞士战前接收了7000名难民,战争期间又接收了21000名。许多向瑞士寻求避难的人被拒绝入境。中立国对德国的支持不仅仅反映了战后强调的对与相关大国关系的"现实"考虑,而且还反映了一些意识形态的因素。在这些意识形态因素中,种族主义是突出的一个,而且,除了泛雅利安主义,在瑞士和瑞典还有一定程度的反犹主义,导致他们不愿意帮助犹太人。瑞士政府很大程度上把生活在德国占领地区的瑞士犹太人抛给了他们的命运。它冷漠的态度还影响了战后对犹太人的赔偿。① 但是,瑞典外交官拉乌尔·瓦伦贝格② 做了很大努力去拯救匈牙利犹太人,而且通过向他们发放瑞典签证帮助了大约4000人。运送意大利犹太人去屠杀的火车没有经过瑞士。但是,这远没有构成一个严重的障碍。去奥斯维辛最好的线路是更东面经过奥地利的线路。在1942年为万塞会议

---

① R. 卢迪:《战后欧洲对纳粹受害者的赔偿》(剑桥,2012)。
② 拉乌尔·瓦伦贝格(Raoul Wallenberg),1912年生,去世日期不确定。1944年7月至12月担任瑞典驻匈牙利布达佩斯特使期间,签发大量护照给德国占领下的匈牙利犹太人,拯救了数以千计的犹太人。1945年1月17日,在苏联红军围攻布达佩斯的过程中,瓦伦贝格被苏联情报机构扣留,然后失踪。1957年2月6日苏联政府公布了一份日期为1947年7月17日的文件,称瓦伦贝格因不明原因死于莫斯科克格勃附属的卢比扬卡监狱。2000年11月,俄罗斯平反委员会宣布瓦伦贝格当年被克格勃绑架后迫害致死。俄总统普京正式签署了一份官方《声明》,宣布瓦伦贝格"二战"期间被苏联"非法拘禁并迫害致死","根据军事法庭的裁定,应予以平反"。(见《环球时报》2000年12月26日)1981年,瓦伦贝格救助过的美国众议院议员汤姆·兰托斯的提案获通过,美国授予瓦伦贝格荣誉公民称号。他是继英国首相丘吉尔之后第二位获此殊荣的人。以色列也授予他"国际义人"称号。——译者注

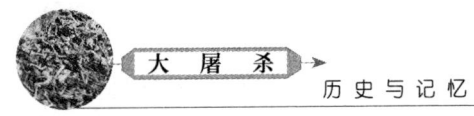

准备的统计文件中,艾希曼把那些将要来自中立国如爱尔兰、葡萄牙、西班牙和瑞士的犹太人都算进将要屠杀的犹太人中去。统计进去的还有一旦英国被占领,将要从那里来的33万名犹太人。在奥斯维辛为这些屠杀做好了准备。

西班牙在战争中保持中立,但是向希特勒提供了帮助,包括派出大约47000名志愿部队参加对苏联的战争。西班牙独裁者弗朗西斯科·佛朗哥是一个反犹主义的种族主义者。他和希特勒一样相信犹太主义、共产主义和世界主义是相互联系的威胁,而且犹太人要对反希特勒的联盟负责。佛朗哥不希望西班牙给犹太人提供庇护。1939年5月11日的一项法令阻止了"那些有显著犹太人特征的人"进入西班牙。1941年10月23日的另一项法令则禁止犹太人乘坐西班牙船舶前往新世界。尽管因为同盟国的形势越来越好,佛朗哥变得通融了,但是只有不多的犹太人得到西班牙的庇护。①

在爱尔兰,人们不愿意关注犹太人的困境,在一定程度上,这是这个天主教影响巨大的国家里反犹主义力量的一种反映,同时也是爱尔兰总理埃蒙·德·瓦莱拉(Eamon de Valera)明显的亲德反英态度的反映。到了1943年,他已经知道对犹太人的大屠杀了,但是却对犹太人的困境表现出很少兴趣。民族主义的爱尔兰共和军希望迫使英国的势力退出北爱尔兰,他们从德国寻求金钱和武器的帮助。战后,爱尔兰政府没有帮助犹太难民,关于集中营的电影在爱尔兰还被当作一种宣传伎俩受到批评。②

---

① 斯坦利·佩恩:《佛朗哥和希特勒:西班牙、德国和第二次世界大战》(纽黑文,2008)。

② B.格文和G.罗伯茨编:《爱尔兰和第二次世界大战:政治、社会、回忆》(都柏林,2000)。

第四章 德国的盟国

除了中立国，还有中立国际组织如罗马教皇和红十字会的问题。它们都发现很难理解这个问题（大屠杀）的性质和规模，后来都受到批评。因为它们缺乏道德勇气，没有能做出值得信赖的反应。对它们的批评是可以理解的。就红十字会来说，因为担心可能对瑞士造成影响，它的表现受到限制。世界犹太人大会认为红十字会的作用是令人不满意的。德国红十字会的领导人和德国政府结盟，结果犹太人没有从他们那里得到帮助。[1]

结 论

欧洲各地与纳粹的合作和通敌行为的情况在战后被秘而不宣，但是这也有助于确定大屠杀远不是一个可以仅就德国的事业、目标和行动来进行讨论的事件。纳粹是这个问题的关键，但是更广泛的冲击却要依靠一定程度的合作；这种与德国的合作构成欧洲文化和西方文明的一场真真切切的、更普遍的危机。这说明纳粹主义的挑战作为一种文明坍塌所达到的程度。西方文明里有些东西出现了严重的问题，构成这个文明的一个基本群体（古老的希伯来人／犹太人）在被清除。在隐喻的和现实的意义上，他们都确实是被同类吞噬了。那些人自认为是传说的西方文明的代表和捍卫者。可以理解，这会提出一个问题，即大屠杀是一个特定的灾难和危机，一个独立的事件，还是某些范围更广的事件——一场西方文明危机的一部分。在西方文明里，一些根本的导向已经迷失了。这是一个认识论的问题，也是一个哲学问题。

---

[1] J.C.法维兹：《红十字会和大屠杀》（剑桥，1999）。

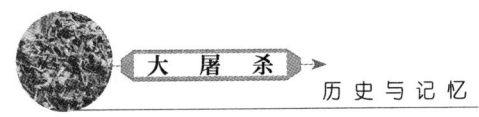

第五章 纪念

和大屠杀早已为人所知相反,直到1944年7月集中营被解放、推动外部世界关注德国人的屠杀之前,公众没能广泛了解德国人屠杀犹太人的规模。1944年7月,苏联红军发现了第一个重要的集中营,即马伊达内克集中营。苏联新闻机构对毒气室做了充分报道,后来广播和电影的报道也跟了上来,但是新闻报道没有指出这个集中营是针对犹太人的。① 1945年1月27日,奥斯维辛集中营被发现。这也是后来1月27日被选定为大屠杀纪念日的原因。

在西方也有关于大屠杀的摄影证据。1945年4月15日英国军队解放了贝尔根贝尔森集中营。美国军队1945年4月11日、4月29日和5月5日分别解放了布痕瓦尔德、达豪和毛特豪森集中营。对英国人来说,贝尔根贝尔森是对大屠杀的一次令人震惊的揭露,在那里发现了10000具没有埋葬的尸体。尽管2015年BBC的纪录片《夜幕将会降临》(*Night Will Fall*)揭示,贝尔根贝尔森集中营被解放不久拍摄的一部纪录片因为政治原因没有放映过,但是贝尔根贝尔森的消息还是通过BBC的电影和新闻汇辑传遍了世界。美国和苏联的摄影记者在记录集中营的情况方面

---

① D.斯通:《集中营的解放,大屠杀的终结和它的后果》(纽黑文,2015):36—40。

第五章 纪念

也发挥了作用。① 在贝尔根贝尔森，70000 名死者中的 30000 人是犹太人，营养不良和斑疹伤寒是死亡的关键原因。把贝尔根贝尔森用作难民营安置无家可归者的计划被草率地放弃了。事实上，这个集中营增加了难民事务的急迫性，但不只是针对犹太难民的事务。这部分地反映了战争中和作为战争结果的破坏的广泛性。

解放集中营也导致对那些在国际法或者按照国际法应该承担责任的人采取行动的压力。种族灭绝这个词汇是在《轴心国对被占领欧洲的统治：关于占领的法律——对关于政府赔偿的建议的分析》（1944）中第一次在书面上使用的。这是波兰法学家拉斐尔·莱姆金的著作。莱姆金 1939 年加入波兰军队，受伤以后设法逃脱了德国人的搜捕，但是他在大屠杀中失去了 49 位亲人。②在纽伦堡对德国领导人的审判中没有使用种族灭绝这项指控，也没有使用"大屠杀"这个词语，而且法庭没有传召犹太幸存者

---

① J. 米卡尔奇茨克：《用电影记录大屠杀的结束：同盟国的纪录片，纽伦堡和解放集中营》（伦敦，2014）。

② D. L. 弗里茨编：《完全非官方：拉斐尔·莱姆金自传》（纽黑文，2013）。

拉斐尔·莱姆金（Raphael Lemkin，1900—1959），波兰犹太裔法学家。他在 1943 至 1944 年间创造了英文"种族灭绝"（genocide）这个词。词的前半部分取自希腊语"genos"，意思是"家族、部落或种族"，后半部取自拉丁语"cide"，意思是"杀死"。波兰在"二战"初期战败以后，莱姆金设法于 1940 年逃到斯德哥尔摩。他在斯德哥尔摩大学大量研究和分析德国的法律和文件。1941 年到美国，先后在杜克大学和弗吉尼亚大学工作。1944 年，卡内基国际和平基金会发表了莱姆金的论文《轴心国对被占领欧洲的统治》，第一次提出了"种族灭绝"这个概念。莱姆金认为"种族灭绝"是违反国际法的一项罪行的观点很快被广泛接受，成为纽伦堡审判的法律基础之一。后来他成为纽伦堡审判的首席律师罗伯特·H. 杰克逊（Robert H. Jackson）的法律顾问。战后，莱姆金留在美国继续教学。他起草并向许多国家提出了一份反种族灭绝公约的草案。在美国的支持下，这个公约提交联合国安理会。1948 年 12 月 9 日联合国安理会通过了《防止及惩治灭绝种族罪公约》（*Convention on the Prevention and Punishment of the Crime of Genocide*）。——译者注

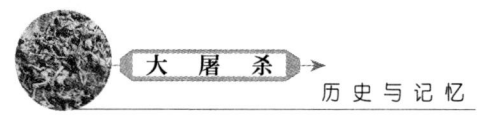

去做证人,但是,纽伦堡审判的起诉中第四项指控是对犹太人的"大规模谋杀",而且,1948年联合国的一个会议把"种族灭绝"确定为一项罪名。在纽伦堡,检方提出的犹太人受害者数目是450万至600万之间。1945年11月法庭放映了一部纪录片《纳粹集中营》。使用纪录影片作为刑事犯罪的证据是一项重要的司法创新。① 这也为影片在理解大屠杀中发挥的作用提供了一个背景。

战争结束以后对那些大屠杀的直接责任人,特别是集中营指挥官进行了一系列审判。例如,马克斯·考格尔和马丁·魏斯1946年被审判、定罪并处决;② 鲁道夫·胡斯1947年在奥斯维辛外面被处决。纽伦堡军事法庭审判了24名特别行动队的领导人,判处14人绞刑,尽管有的后来减刑了,但是,战后的大量审判以后,因为人们努力要忘记战争,而且德国和德国人的罪责在冷战中世界新的分化和结盟过程中被重新定义,结果大屠杀从公众的关注中多少有些消退了。③ 进一步的审判被轻描淡写或者放弃。而且,一些著名纳粹分子受到的处理非常谨慎,有的时候这样做是因为认为这些人有价值。党卫队总指挥卡尔·沃尔夫(Karl Wolff)就是这类人中的一个。他从1936年开始就是希姆莱的办

---

① L. 道格拉斯:《对判决的纪念:在对大屠杀的审判中创造法律和历史》(纽黑文,2001):23—37。

② 奥托·马克斯·考格尔(Otto Max Koegel, 1895—1946),纳粹军官,先后担任过利希滕贝格(Lichtenburg)、拉文斯布吕克、马伊达内克和弗洛森堡(Flossenbürg)集中营指挥官。马丁·戈特弗里德·魏斯(Martin Gottfried Weiss, 1905—1946), 1943年至1944年担任马伊达内克集中营第四任指挥官。——译者注

③ M. J. 巴兹勒和 F. M. 图尔克海默:《被遗忘的大屠杀审判》(纽约,2014)。

第五章 纪念

公室主任，后来成为意大利北部党卫军的头目。1945年，他设法使意大利的全部德军投降，从而获得一定程度的豁免。这种豁免使他在1964年被联邦德国审判并判处犯有战争罪行之前，一直没有受到司法追究。①

讨论大屠杀留下的遗产和对它的纪念不存在最好的方式。本章覆盖的历史时期一直都在增加，这个历史时期的复杂性也在不断增加，本章的篇幅之长就反映了这个情况。本章是按照地理线索，根据国家或者国家群的顺序组织的，这就说明了本章在运用作恶者、受害者和旁观者的类型学特征来组织内容上的失败。这个失败有一个不幸的问题，就是作恶者和受害者没有被分开来加以考虑。这不仅在道德层面而且在方法论层面制造了问题。纪念大屠杀和处理大屠杀的遗产对作恶者、受害者、旁观者和幸存者的后代具有不同的意义。另一方面，纪念活动都把焦点放在特定国家的经验以及详细说明战时的行动和留下的遗产等工作提出的挑战上了。公众关注的特定优先顺序反映了各种与国家有关的问题，这不仅仅是因为认知的结构通常具有国别特征——尽管对大多数大屠杀受害者来说情况不是这样，特别是那些从一个国家被送到另一个国家去屠杀的人。

德　国

德国已经努力确保德国的军国主义无条件投降并且被摧毁，现在美国和英国寻求一个新的德国。与苏联的冷战从1948年至

---

① 还可以参阅T.伯格哈德特：《卑鄙勾当？战后美国军队情报机构对纳粹情报人员的使用》，《军事历史杂志》2015年第79期，387—422页，特别是403页。

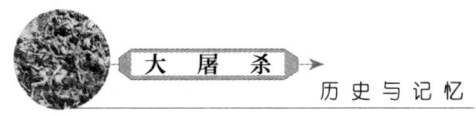

大 屠 杀
历 史 与 记 忆

1949年的柏林危机以后变得很明显了,而且,美英想在德国的占领区运作,然后使西德"正常化",复兴为一个支持西方的民主国家。这个愿望使得其他问题排在纪念大屠杀的前面。结果,20世纪50年代人们对大屠杀的关注相当少。这也反映了早期那些检控的性质。那些检控关注的是要证明纳粹主义是一个进行侵略的阴谋,因而是战争罪行,而不是要详细地阐明纳粹的实际罪行。因为强调那些作恶者而不是受害者,犹太人集体的苦难经历就被忽略了。而且,在审判中英美把注意力集中在那些强调他们解放的集中营和奥斯维辛集中营的文件上,而没有注意那些相关文件较少的灭绝营,特别是贝乌热茨、索比堡和特雷布林卡灭绝营。尽管使用德国的文件保证了纳粹被自己的记录揭露出来,但是强调文件的代价是忽略了目击者的证词。审判也没有能成功地揭示德国军队和警察以及各国的通敌叛国者在大屠杀中的重要作用。[①]

新的西德政府倾向于忽略大屠杀,淡化纳粹的时代。1949年建立的西德联邦议会(国会)最早颁布的法律中,有一项就是一个大范围的特赦法令。以色列政府在美国强有力的支持下,确实设法强迫心有不甘的西德政府在1953年同意了一项对针对犹太人的罪行进行赔偿的法律。西德的社会民主党更愿意处理犹太人赔偿问题,而康拉德·阿登纳领导的基督教民主联盟的积极性则差些,这反映了他们在处理历史问题时在政治特征上的差异。基督教民主联盟当时是执政党,他们倾向于强调反映德国作为战争

[①] D. 布罗克斯汉姆:《种族灭绝在审判台上:战争罪行审判和大屠杀历史和回忆的形成》(牛津,2001)。

第五章 纪念

受害者的那些方面。当时有许多人投票反对后来数量超过一亿德国马克的赔偿。而在柏林,盟国占领当局1949年强制要求将可以确认的财产归还给纳粹镇压的受害者。

为了对抗西德,苏联在自己的占领区建立了东德。东德和西德都公开拒斥纳粹主义的体制和纳粹的产物,包括大屠杀。然而,有许多西德人倾向于把盟国的一些作为,特别是他们称之为"胜利者的正义"的纽伦堡审判和其他一些审判视为盟国对战争的裁决,对之持批评态度。这是德国人把自己描述成战争受害者的那种自私自利做法的一个重要方面。德国人负有广泛责任这个问题被普遍避而不谈,相反,人们认为希特勒和纳粹政权要为战争负责,也要为攻击苏联的失败负责。在纽伦堡,被告们经常声称自己被误导了,说高级官员们否认在进行大规模的屠杀,还说德国人民是同情德国犹太人的。[①] 战后的民意调查表明,许多德国人认为犹太人要为发生在他们身上的悲剧负一部分责任,而且反犹主义在战后仍然很强大。事实上,盟国对待犹太人的方式纵容了德国人的这种态度。一个英国军官(作者一位熟人的父亲)当时在向一位校长学习德语,他对校长表达了自己对战争给德国造成的可怕损害的思考,但是对方只是回答:"至少不再有犹太人了。"汉娜·阿伦特[②]1950年访问德国时,发现那里的人普遍拒

[①] 例如,《对主要战争罪犯的审判》(纽伦堡,1948)第17卷,180—184。

[②] 汉娜·阿伦特(Hannah Arendt),1906—1975,德国犹太人家庭出身。被认为是20世纪最伟大、最具原创性的思想家、政治理论家之一。著有《极权主义的起源》《人的境况》《在过去和未来之间》等。1933年纳粹上台后流亡巴黎,1941年到了美国。1960年阿伦特作为《纽约客》的特派记者前往耶路撒冷报道对阿道夫·艾希曼的审判。1963年出版了《艾希曼在耶路撒冷》。——译者注

绝面对曾经发生过的那些事情。① 许多德国人看上去对自己没有任何反省。

从很多意义上讲，这种对最近的战争事实的回避和对德国暴行的否认都重复了"一战"以后那些年的经验。当时德国人也有一种拒绝战争罪责的倾向。许多德国人产生了一种长期存在而且自私自利的受害者阐释，这种观点把德国人说成是战争受害者，说德国人的受害经历在时间上要回溯到1918年到1919年，然后是"二战"中遭受盟国轰炸的经历②，最后是战后将德国人从东欧强制驱逐出去的悲惨过程③。绝大多数德国人声称对暴行一无所知。在德国国防军关于对苏战争的叙述里，德军的暴行被抽剥得干干净净，而且他们的描述集中在国防军保护欧洲免受苏联威胁的努力和苏联的暴行上。这种勉强和逃避的态度与冷战中西方把西德重新定位为一个盟国的行为一样值得人们注意。当冷战的格局稳定下来以后，去纳粹化作为一种政策垮台了，这让否认和逃避的可能性变得更大。许多德国人都把希特勒和斯大林相提

---

① N.弗雷：《阿登纳的德国和纳粹主义的过去：关于大赦和整合的政治学》（纽约，2002）；H.阿伦特：《关于理解的文集，1930—1954》（纽约，1994）：249；A.格罗斯曼：《犹太人、德国人和同盟国》（普林斯顿，新泽西州，2007）。

② A.希尔特：《第二次世界大战长长的影子：对战争的经验和回忆对西德社会的影响》，《伦敦德国历史学会学报》2007年第29期，35页。

③ "二战"末期到1950年，大量中东欧地区的德国公民和德国裔人口主动向西逃亡，或者在战后被驱逐到盟国占领下的德国和奥地利，总人数可能高达3100万。其中1200万人逃到战后的西德和奥地利。苏联红军和中东欧国家对这些德国难民进行了残酷的报复，发生了大量强奸和杀人事件。造成的死亡人数估计在50万—60万人。但是德国政府认为这个数字在200万—250万人之间。这段历史，可以参见朱维毅：《寻访二战德国兵》，同心出版社，2005年。——译者注

第五章 纪念

并论。①

确实,在康拉德·阿登纳担任西德领导人的1949年至1963年间,许多前纳粹分子被安排在负有重要责任的政府岗位上,只有一些人因为战争罪行受到审判,而被定罪判处的人甚至更少。在进行审判的地方,人们的注意力被引向纳粹主义,而不是普通德国人在战争期间的罪行。普通德国人被描绘成与纳粹相分离的人群,是纳粹的受害者。例如,20世纪40年代和50年代由西德法庭调查的最早一批案件中,就有在战争最后数周里死硬的纳粹分子,特别是党卫军小分队对普通德国平民进行杀戮的案件。②

在得到公众广泛支持的政府政策主题里,国家的重新整合和大赦是两个关键性的内容。执政的基督教民主联盟特别同情前纳粹分子,部分是因为支持他们的选民的缘故,还因为他们在政府里的同盟者巴伐利亚基督教社会联盟(CSU)中有很多前纳粹同情者。其他党派对前纳粹分子也很宽容,尽管一些著名的社会民主党人,像库尔特·舒马赫(Kurt Schumacher)曾经被关进集中营。舒马赫公开承认德国对大屠杀的责任,但是,大多数西德人都被证明很愿意忽略或者淡化关于灭绝营的证据,那些灭绝营现在都位于共产党控制的东欧地区。如果有一些谴责的话,那是针对党卫军和纳粹政党的,而不是针对德国国防军和行政机构

---

① J. K. 欧里克:《在刽子手的房子里:德国战败的痛苦挣扎,1943—1949》(芝加哥,2005);C. 莫利纳:《斯大林格勒的遗产:1945年后德国对东线战场的记忆》(剑桥,2011);J. 洛克诺尔:《对战争的黑白记忆:50年代西德战争电影中的牺牲和暴力》,《军事历史杂志》2012年第76期,159—191页。

② P. 瓦格纳:《想象的革命和真实的死刑:死硬的纳粹分子和1945年的春天》,文章见《伦敦德国历史学会学报》,2013年6月6日。

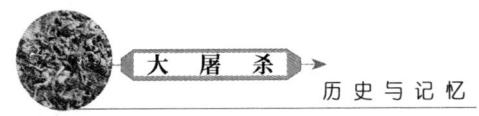

的。而且，尽管程度不算过分，但是人们继续表达一些反犹主义的意见。

战后西德的历史学界也在净化对德国历史的看法方面出了力，这导致对纳粹时代的一种误导和自私的叙述传播开来。真实的情况非常令人沮丧。数不清的学者因为犹太人同事被赶走而心领神会地获得了个人利益。许多人参与了一些工作，这些工作直接帮助了纳粹政权的宣传、计划和其他一些行动。①这些学术界人士在战后的秩序中继续获得好处，这就阻碍了任何能够通向学术公正的事物。于是，赫尔曼·阿尔宾（Hermann Albin）成了德国历史学家协会的主席和巴伐利亚科学院历史委员会的主席。而这个人在围绕"德国的东方"的工作中是一个关键角色，这些工作为大规模的种族屠杀做了准备。政治在其中发挥了重要的和持续的作用，因为高级学术职位的任命很大程度上受到政府的控制。1961年，阿尔宾获得巴伐利亚基督教社会联盟（CSU）保守派领导人弗兰茨·约瑟夫·斯特劳斯授予的顾问头衔。参加过希特勒青年团和／或纳粹党的经历会导致一些人不愿意承认社会在大屠杀中广泛存在的共谋关系。例如，在颇有影响力的历史学家马丁·布罗萨特（Martin Broszat）身上，情况就是这样，尽管他还不能真的和阿尔宾相比。②

在别的地方，接纳那些在希特勒时代有过成功的职业生涯的学术界人士的做法，经常无法面对对这些人战时扮演的角色

---

① M.法尔布什：《德国学者和种族清洗，1920—1945》（纽约，2005）。
② O.巴托夫：《作为种族灭绝地点的东欧》，《现代历史杂志》2008年第80期，586—587页。

第五章 纪念

提出的质疑。于是，在编辑和翻译提奥多尔·希德（Theodor Schieder）关于弗里德里希大帝的传记时，英国历史学家哈米什·斯科特（Hamish Scott）形容这本书"坚定地秉承一种明确的德国的——和德国民族主义的——传统"，而且描述说希德在第三帝国时代的职业生涯包括在"德国历史学家的东方研究学院的工作[①]。这个学院的学者强调德国在发展'东欧斯拉夫地区'的过程中做出的决定性贡献"[②]。这样的描述是无法直面希德(1908—1984)的政治履历的。希德一直坚持一种种族主义导向的社会史立场，警告日耳曼人与其他民族混合会导致的危险。希德的研究最初目的是要证明日耳曼人至上的观点。作为纳粹党党员，他是《1939年10月7日备忘录》的作者。他在其中呼吁从东欧驱逐数以百万计的犹太人、波兰人和俄国人，以便为德国移民提供"空间"。希德的建议后来被整合进《东方总规划》。他在战争期间历任多个职位之后，战后在科隆大学任职，作为一个非常受尊敬的历史学家为西德政府工作。1952年，他领导一个政府委员会来研究（战后）从东欧驱逐德国人的历史。从1962年到1964年他是科隆大学的校长，而且从1965年开始担任历史系研究部门的负责人。希德还是巴伐利亚科学院历史委员会主席和莱茵－威斯特伐利亚科学院主席，1967年到1972年他还是德国历史学家协会

[①] 东方研究，德语：Ostforschung。原指所有18世纪以后关于德国东部地区的研究。也指"二战"前由纳粹德国建立的多学科学术机关，其目的是支持纳粹的种族灭绝和清洗政策。这些研究工作对纳粹制订种族清洗和灭绝计划做了准备。——译者注

[②] 提奥多尔·希德：《弗里德里希大帝》（哈洛，2000）。

· 253 ·

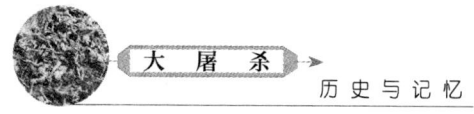

主席。①

不过,德国人"二战"以后的态度和"一战"以后是不同的。尽管"二战"以后德国人对德国的战争罪行确实没有做过很多讨论,但是这也是因为一个事实,即大多数德国人战后都忙于生存,寻找亲人或者寻找工作。当建立一支新的德国军队的计划公布以后,民众对这个计划提出强烈的反对,这说明他们汲取了战争教训。而在"一战"以后,大多数德国人对德国的重新武装问题有着很不一样的看法。当时多数德国人都急切地希望德国重新武装起来以减少德国在任何未来的战争中被击败的可能性。

为了把西德整合进西方的阵营,让它成为对抗共产主义的前线,从20世纪50年代开始,这种努力就导致德国民族主义的转轨,伴随的是创建了一个"新的"自由的西德国家,特别是创建了一支新的西德军队。这需要一种对最近历史可以被公众接受的阐释,在这种阐释里纳粹主义要被看成是一种脱离常轨的情况,要强调对纳粹的抵制。对1944年7月策划杀死希特勒和推翻纳粹政权的不成功的谋划者进行了特别强调,作为对德国军队正面评价的一部分而被着重描述。对德国军队的这种正面评价是用普鲁士而非纳粹的传统为依据来阐释的,这种评价也被视为德国对冷战做出贡献的一个背景。纳粹国防军老兵把他们在东线战场的服役经历看成是一段痛苦的艰难历程,与战后关于德国作为战争

---

① F.考茨:《德国历史学家们:希特勒意志的执行者和丹尼尔·戈尔德哈根(Daniel Goldhagen)》(蒙特利尔,2003):93;I.哈尔和M.法尔布什:《德国学者和种族清洗,1919—1945》(纽约,2006):11—19;G.G.伊格尔斯和Q.E.王:《现代历史编纂学的一部全球史》(哈洛,2008):262。

第五章 纪念

受害者的叙述相呼应。① 这样的做法没有鼓励人们对军队在"二战"中的真实行径进行详细的审查。而且,实际上那些刺杀阴谋的策划者很少有民主主义色彩,而非军事的抵制只得到很少的支持。但是,这些抵抗对于战后建立一种可以让人接受的德国人的认同非常重要,而且这种重要性至今仍然无可非议地存在着。

在西方,忽视德国的战争罪行或者接受德国作为纳粹主义受害者的自我定位受到鼓励,这不仅是因为冷战时期的紧迫形势和意识形态方面的看法——这两个因素都是很有影响的(在意大利还可以看到前法西斯主义的影响)②——而且也是因为要把西欧整合起来的压力。反过来,欧洲一体化背后的驱动力则是欧洲的战争经历,以及抑制德国的经济实力和民族主义的渴望,而抑制方法就是把它们整合进一个超国家的结构中去。欧洲的整合在西德受到欢迎,因为许多德国人认识到自己的国家在"二战"中做了那些事情之后,这是重回国际大家庭的唯一道路。

对整合的压力包括了关于一个西方集团的各种想法——西欧,或者欧洲联邦——这些想法为欧洲防御集团的计划做了准备,而且为1951年建立的欧洲煤钢共同体和1958年建立的欧洲经济共同体做了更加成功的准备。欧洲经济共同体是1957年签署的《罗马条约》的结果。这个条约保证要为"欧洲各民族越来越紧密的联合"而努力。可以理解,这个条约不会留下多少空间

---

① C.莫利纳:《斯大林格勒的遗产:1945年后德国对东线战场的记忆》(剑桥,2011)。

② R.穆勒:《战争故事:在德意志联邦共和国寻找一个合用的过去》(伯克利,2001)。

让人们去回顾德国人对希特勒的广泛支持。有着可耻过去的国家只能实实在在地把焦点放在未来，而欧共体则成为迅速远离过去的一个交通工具。确定的说法是欧洲的联合是对战争恐惧的一种反映。① 具有讽刺意味的是，欧共体的一些方面部分地回到战时关于一个新的经济秩序的讨论。这场讨论是由支持纳粹德国的叛国通敌者推动的，尤其是在法国。1940 年，作为法国国民议会的成员，罗伯特·舒曼（Robert Schuman）投票支持法兰西第三共和国的终结，而这是建立维希政府的前奏。战后他却作为法国外交部长（1948—1952）和欧共体议会的主席（1958—1960），在欧共体的建立过程中发挥了关键作用。不过与此同时，欧共体的创立也在很大程度上要归功于像阿登纳这样的反纳粹的天主教政治家。无论如何，在西德，可以在更广泛的范围里看到不愿意把大屠杀放进历史叙述、历史分析和纪念活动中去的情绪。事实上，与对大屠杀的记忆形成对峙的主要力量就是采纳旧式的反法西斯主义和反极权主义框架描述历史的做法。②

在东欧，随着经济互助委员会这个经济集团的形成（1949）和《华沙条约》组织这个安全集团的形成，发生了一个平行的整合过程。布痕瓦尔德和萨克森豪森集中营被用来关押政治犯预示了极权主义政体从纳粹德国到苏联占领时期以及东德时期的延续。东德的学术界倾向于忽视大屠杀，或者在提到它时把它作为

---

① M. 斯皮林和 M. 温托编：《欧洲的认同和第二次世界大战》（贝辛斯托克，2011）。
② S. 莫伊恩：《知识分子和纳粹主义》，见丹尼尔·斯通编：《牛津战后欧洲历史手册》（牛津，2012）：690。

第五章 纪念

资本主义的产物，特别是资本主义对劳动力和资本的需求的结果，或者把它说成是企图转移对资本主义和纳粹体制的失败的注意力的结果。东德没有对犹太人进行赔偿。这是因为东德觉得自己是一个反法西斯主义的国家，不在此前延续下来的德国国家法统之内，而西德则明确地自视为德意志帝国的法定继承者。在东德，纳粹屠杀的受害者被描述成反法西斯主义者而不是犹太人。事实上，后者被作为消极的"受害者"而不是积极的反法西斯主义"斗士"来对待，而在西德，反犹主义本身还在延续着。[①]

后来情况在德国和其他那些在大屠杀中扮演了一个角色的国家都发生了变化。那些国家是谋杀的发生地，叛国通敌分子的产出地，或者是所谓过分置身事外的旁观者。有人试图通过把暴行归罪于纳粹，从而把大多数德国人描述成受害者，以控制这个问题对德国国家形象造成的伤害。在西德这种企图最终还是受到了挑战，特别是在关于军队参与共谋问题的争论中。这场争论确实发生了而且一直在持续着。[②] 例如，在战时被占领的塞尔维亚，从1941年开始，对犹太人的大规模屠杀就是由军队执行的。[③] 到20世纪50年代后期，西德社会中已经有一种意愿，想要检视将军

[①] J. 赫夫：《分裂的记忆：纳粹主义的过去在两个德国》（剑桥，马萨诸塞州，1997）；M. 福尔布鲁克：《人民的国家：从希特勒到昂纳克的东德社会》（纽黑文，2005）：263—264。

[②] O. 巴托夫：《东线，1941—1945：德国部队和战争的野蛮化》（贝辛斯托克，1985），《希特勒的陆军士兵、纳粹分子和第三帝国的战争》（牛津，1991）和《德国的战争和大屠杀：有争议的历史》（牛津，2000）。

[③] 克里斯托弗·勃朗宁：《纳粹国防军的报复政策和在塞尔维亚的大规模屠杀》，《军事历史信息》1983年第33期，31—37页；W. 马诺谢克：《在塞尔维亚根除犹太人》，见赫伯特编：《国家社会主义灭绝政策》：163—185。

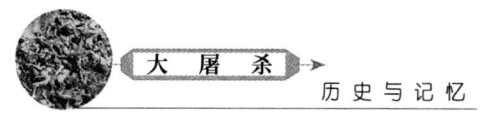

们在战时的不当行为,尽管还不愿意触及大屠杀的罪责问题。[①] 与此相似,1960年,有报道揭露阿登纳内阁的一个成员——提奥多尔·奥博朗德尔(Theodor Oberländer)1941年指挥乌克兰军事力量对犹太人进行大规模屠杀的问题。尽管据称用来反对奥博朗德尔的证据是伪造的,但是作为对报道的回应,他还是被解职了。这件事也确实是东德把西德说成一个新的纳粹主义国家以破坏西德国家信誉的努力的一部分。奥博朗德尔在西德曾经担任难民和被驱逐者事务部长。这个部门负责的难民和被驱逐者指的是战后从东欧被驱逐出来的大量德国人。

在西德,有一种多少有点自得的集体神话,认为德国已经发生了普遍的社会和文化转变。对这种神话的压力后来变得越来越重要了。特别是从20世纪60年代起,对纳粹主义的罪责没有感觉的一代人开始成长起来;对前一代人的尊敬和顺从减弱了;需要向没有作为成年人经历战争过程的那些人解释到底发生了什么。制订政治和文化议事日程的时候不再有战后重建的压力,也不存在把战时的行为描述成不知内情的旁观者以逃避责任的压力。事实上,1968年一代对他们前辈的批评的一个方面就是指控他们没有表明与战时和纳粹主义的合作决裂的态度,没有接受个人责任。极左翼指控他们的前辈是"纳粹世代"。现在有争论认为,对过去进行批判是为了给德国的民主抛锚定位。而且,人权问题在政治议事日程上变得越来越重要。这场争论也反映了社会

[①] A. 塞尔:《修正"干净的国防军"这个"神话":对将军们的审判、公共舆论和西德向过去妥协的驱动力,1948—1960》,《伦敦德国历史学会学报》2003年第2期,49—70页。

第五章 纪念

民主党的崛起，他们在 1969 年、1982 年掌握了联邦总理的位置。新总理维利·勃兰特 1970 年访问华沙时在格都纪念碑前下跪。这是官方赎罪行为的一个强有力的象征性姿态。这是由一个和战时德国没有任何形式联系的个人做出的姿态：勃兰特战时先是逃亡到挪威，后来又去了瑞典。

德国态度的变化部分是因为人们对纳粹政权暴行的了解越来越多了，特别是因为 1958 年建立了国家社会主义党人罪行中央调查办公室（Central Office for the Investigation of National Socialist Crimes）。另一部分原因则是为了回击东德的宣传。除了在以色列对艾希曼进行的审判，1958 年在乌尔姆（Ulm）对特别行动队的审判（对特别行动队的审判是后来更大范围检控的基础），后面紧接着就是格哈德·肖恩博纳（Gerhard Schoenberner）的著作《黄星》（*Der gelbe Stern*）(1960) 的阐释和 1963 年在法兰克福开始的对 23 名与奥斯维辛集中营有关的人员的审判。在被称为奥斯维辛审判的案件中，被指控的那些人中包括两名集中营副指挥官。这场审判是在一个西德法庭上按照西德法律进行的最公开和最大规模的针对大屠杀行凶者的审判。这场审判把大屠杀推到公众认知的最前沿。目击者的陈述没有给发生过的事留下任何怀疑的空间，而且审判给幸存者提供了一个提供公共证词的机会。沉默之墙被推倒了。1964 年，法庭成员对奥斯维辛进行了一次官方访问。因为东德政府指示东德民事被告的律师弗里德里希·考尔（Friedrich Kaul）把这次审判用作一次宣传的机会。这次审判带有冷战色彩，同时法庭对奥斯维辛的访问则受到波兰当局的鼓励。尽管有这种色彩，也因为这种色彩，西德当局和法庭都身处聚光灯之下。他们都不允许这场审判被用

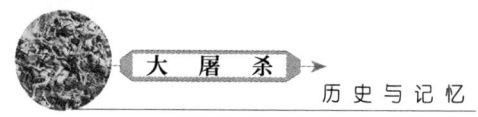

来诋毁审判战争罪行,而关键的辩护律师汉斯·拉滕瑟(Hans Laternser)则想要这样干。但是,那个某种程度上不甚令人满意的审判结果证明,要把集体责任和个人责任结合起来是困难的。法庭上的指控方想把奥斯维辛作为一个整体和大屠杀一起放进一个框架中去,而被告方则想要让被告作为个人被指控。最后,被告是根据刑法接受审判的,而不是按照纽伦堡审判的标准接受审判。而且有争论认为,因为焦点集中在奥斯维辛罪犯个人的罪行上,审判就不能涉及更加广泛的因素了。①

1963年至1965年间,不只进行了法兰克福的奥斯维辛审判。卡尔·沃尔夫被审判并作为大规模谋杀30万名犹太人罪行的从犯被定了罪,因为他曾经监督过这些犹太人从华沙被驱逐到特雷布林卡。②他是在德国法庭上接受审判的最高级官员。1964年他被判处15年监禁,但是1969年就被释放了,表面上是因为健康原因。③这期间,一些德国学者更加关注党卫军和大屠杀。而且,像西蒙·维森塔尔④这样的大屠杀幸存者把人们的注意力引向还活

---

① R.魏特曼:《超越正义:奥斯维辛审判》(剑桥,马萨诸塞州,2005);D.O.彭达斯:《法兰克福的奥斯维辛审判,1963—1965:种族灭绝的历史和法律的局限》(剑桥,2006)。

② 卡尔·沃尔夫(Karl Wolff,1900—1984),党卫军二级上将。曾经担任党卫军领袖希姆莱的办公厅主任和希姆莱与希特勒的联络官。战争结束时是驻意大利党卫军总司令。

③ K.冯·林根:《艾伦·杜勒斯,战略情报局和纳粹的战争罪行:选择性起诉的驱动力》(剑桥,2013)。

④ 西蒙·维森塔尔(Simon Wiesenthal,1908—2005),奥地利犹太裔大屠杀幸存者,著名的纳粹猎人和作家。维森塔尔"二战"期间经历了包括毛特豪森等数个集中营却幸存下来。战后他主要致力于追踪逃亡的纳粹分子。20世纪70年代他揭露了奥地利总理布鲁诺·克莱斯基(Bruno Kreisky)的内阁里有4名阁员曾经参加纳粹党,80年代又揭发了前联合国秘书长瓦尔德海姆曾经担任纳粹国防军情报官员的历史。——译者注

第五章 纪念

着的、参与过暴行的纳粹分子。维森塔尔追踪过的纳粹分子包括生于奥地利的集中营指挥官弗兰茨·施坦格尔（Franz Stangl）。他先是在索比堡，然后在特雷布林卡担任过指挥官。他被西德法庭判处终身监禁。与这种转变并行的则是德国以外地方对大屠杀的关注也增强了。①

在西德，出现了一个影响深远的迹象，要把大屠杀问题当成在公共责任方面的一个决定性问题。因此，德国人曾经与纳粹合作的观点代替了把德国人视为纳粹某种程度上的受害者的观念（后面这种观念在奥地利仍然被大肆鼓吹）。②人们认为承认上述观点对于德国民主的健康是重要的，而且对于公共教育是决定性的。从1962年开始，联邦州（省）级政府（教育事务是由这一级政府负责的）扩展历史教学内容，覆盖了希特勒时代，包括大屠杀。这个举措从1967年开始产生了实效。尽管教学内容还有重要的缺失，对怎样最好地阐述这些内容还缺乏一致意见，但是，在对大屠杀进行公共教育以确保德国人比其他欧洲人，特别是东欧人更好地了解大屠杀的过程中，这是一个主要的步骤。另外，对纪念关键性的大屠杀地点仍然有不情愿的情绪。例如，作为一个纪念地，巴伐利亚政府出资维护达豪集中营的举措遭到反对，在达豪市政委员会层面也是这样。

在极右翼的阵营里，像威廉·斯塔格里希（Wilhelm

---

① L. S. 达维多维奇：《大屠杀和历史学家们》（剑桥，马萨诸塞州，1981）。
② M. 萨金特：《德国流行文化中的回忆、扭曲和战争：康萨利克案例（Konsalik）》，见 W. 基德和 B. 默多克编：《记忆与纪念：纪念的世纪》（奥尔德肖特，2004）：199。
* 海因茨·G. 康萨利克（Heinz G. Konsalik），真名海因茨·金瑟（Heinz Günther，1921—1999），德国小说家。康萨利克是"二战"时的战地记者。战后他以自己积累的丰富素材写作了许多关于战争和德国士兵战时经历的小说。

Staglich)这样的大屠杀否认者非常活跃。斯塔格里希是《奥斯维辛神话》(*Der Auschwitz-Mythos*)(1979)一书的作者。这些大屠杀否认者,还有更广泛存在的新纳粹分子,以及极右翼的德国国家民主党(National Democratic Party of Germany)60年代在选举中获得的成功,都使得人们支持对于大屠杀的公共教育。新纳粹分子要对1959年亵渎科隆犹太教会堂事件承担责任。这也鼓励了人们对外国展示大屠杀的活动做出更加积极的反应。1979年1月,一部名为《大屠杀》的美国电视系列片向两千万观众播放,至关重要的是,其中40%的观众是西德人。

作为一个中心议题,大屠杀问题于20世纪70年代在德国、法国和美国凸显出来,而且在90年代变得更突出了。这种发展有着复杂的社会、文化和政治原因。[1]这些原因中包括对复苏的极右翼否认大屠杀行为做出的反应,这种反应不仅发生在德国。对大屠杀的否认变成极右翼编造的神话和论述的中心环节。[2]此外,东欧和苏联的档案的公开使得现状无法维持下去了。人们对大屠杀的关注和谈论与日俱增,这标志着人们看待"二战"的方式的一个重要变化,同时大屠杀也变成一个正当的学术主题。

---

[1] 从一些非常不同的视角进行的阐述,可以见 Y. 古特曼和 G. 格雷夫编:《大屠杀时期的历史编纂学》(耶路撒冷,1988);R. 希尔伯格:《记忆的政治学》(芝加哥,1996);P. 诺维克:《大屠杀和集体记忆》(伦敦,1999);T. 朱德特:《过去是另一个国家:战后欧洲的神话和记忆》,见 I. 迪克、J. T. 格罗斯和 T. 朱德特编:《欧洲关于惩罚的政治学:第二次世界大战和它的后果》(普林斯顿,新泽西州,2000);293—324;N. 芬克尔斯坦:《大屠杀产业:对利用犹太人的苦难的反思》(纽约,2000);哈罗德·马尔库塞:《达豪的遗产:对一个集中营的利用和滥用》(剑桥,2001);J. 马萨德:《解构大屠杀意识》,《巴勒斯坦研究杂志》2002年第32期,78—89页。

[2] 黛博拉·利普斯塔德:《否认大屠杀:对事实和记忆不断增长的攻击》(伦敦,1993)。

第五章 纪念

而且,论述大屠杀的一个更宽广的框架也发展起来。例如在美国,1993年,一个大型大屠杀纪念博物馆在华盛顿一个引人注目的地点开放了。1998年美国通过了《纳粹战争罪行揭露法案》(*Nazi War Crimes Disclosure Act*)。这些都显示了上述的发展趋势。为了贯彻《纳粹战争罪行揭露法案》,建立了纳粹战争罪犯和日本帝国档案纪录跨部门工作小组。[1] 各国内部的形势进展鼓舞了对其他地方施加的压力,而对战争罪行进行审查的普遍氛围又鼓励了各种机构对批评做出回应,开放自己的档案。于是,80年代早期国际红十字委员会开放了它的战时档案。许多工商企业都发现有必要解释它们与第三帝国的关系和对这种关系的历史进行修正,尽管也有企业不这么认为。

在德国的历史编撰学里,就纳粹与德国历史中的长期趋势之间的关系有一场激烈的论战。这场论战与另一场关于西德政治体制合法性的激烈论战有直接联系,也和战后西德历史学术界占支配地位的保守主义(在某种程度上的老人统治)特征受到的挑战有联系。1986年到1987年之间的历史学家论战[2] 把讨论大屠杀和

---

[1] J. E. 杨:《记忆的结构:大屠杀纪念物和意义》(纽黑文,1993);E. T. 林恩塔尔:《保存记忆:建立美国大屠杀博物馆的奋斗》(纽约,1995)。

[2] 历史学家论战(Historikerstreit),是一场80年代西德知识界和政治界针对如何最好地记忆纳粹德国和大屠杀进行的论战。论战的时间大致在1986—1989年。论战激起右翼对左翼的攻击。右翼知识分子的领袖是恩斯特·诺尔特(Ernst Nolte)。他们的立场是,大屠杀并不具有唯一性,德国人无需为犹太人的"最终解决"承担特别的罪责。诺尔特在文章里辩称,德国人要获得一种对国家认同的积极感觉,必须让"不会离开的过去"最终"离去"。诺尔特辩说,因为大屠杀和苏联的战争罪行没有伦理上的差别,甚至大屠杀是因为德国人害怕苏联人对自己做同样的事才干的,所以德国人无需对大屠杀负疚。德国人本来应该忘记它。论战引起大批西德媒体的注意。2000年,诺尔特获得康拉德·阿登纳科学奖的时候,这场论战曾经短暂地再起。——译者注

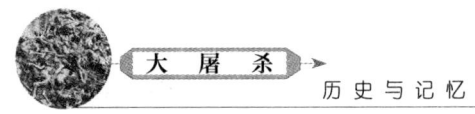

怎样最好地呈现国家的历史的问题联系起来。这场论战以非常公开的形式进行，许多争论文章都刊载在重要报纸上。这部分是企图对德国历史进行"正常化"的结果。这种企图是由接近赫尔穆特·科尔总理的历史学家们推动的。科尔是保守的基督教民主联盟的领导人，1982年当选为总理。这种正常化意味着使德国的历史可以更加让人接受，以便以这种历史为基础建立国家认同和寻求激励。

科尔担任总理一直到1998年。他认为"正常化"这一步骤是爱国主义、民族自豪感和精神上重生的一个必要的基础。这个主题在德国政治上的右翼阵营那里更经常被提起，但是却很少关注伦理道德方面。科尔本人早前曾投票反对废止有关谋杀罪追述时效的法律。废止这项法律会让前纳粹分子容易受到指控。科尔政府里的官员觉得在华盛顿建立一个大屠杀纪念博物馆是"反德"行为，曾经试图把关于反纳粹的抵抗运动和战后德国历史的展品包括进博物馆的展陈内容里去，但是没有成功。①

在论战中，对纳粹主义可以在何种程度上被视为一个历史插曲而非长期历史趋势的内在特征，大屠杀在何种程度上起因于德国特征而不是更普遍的暴力的一个方面进行了争论。同样，针对德国国家在何种程度上负有一种历史使命，特别是抵抗来自东方，也就是苏联向西推进的压力也进行了争论。保守主义者，例如安德里亚斯·希尔格鲁贝尔（Andreas Hillgruber）就推崇这

---

① J. S. 埃德尔：《从大规模屠杀到展示：博物馆展示到跨大西洋的对比》，《德国历史学会学报》（斯普林）2012年第50期，160页。

第五章 纪念

种观点。① 有些人声称德国的邪恶必须放在这种背景里加以考虑。恩斯特·诺尔特争辩说纳粹主义是对共产主义的反应，希特勒是在试图阻止他认为的犹太—共产主义威胁。也有人说纳粹的行动在某种程度上是对共产主义者的模仿。

这种认为德国必须战斗下去以抵抗苏联进攻的论辩也是战争最后阶段德国将军们的说辞。这种自私自利的争论并没有阻止他们针对英美盟军进行不断加码的激烈抵抗，包括把预备队投入针对英美军队的突出部战役的反攻中去，而不是用于对苏军的作战。继续抵抗当然也提供了更多的时间来进行大屠杀，虽然这不是说大屠杀是将军们的主要目的，但是这确实是纳粹领导者考虑的一个因素。

科尔进行重新评价的企图没有成功，因为这在德国和国际上都引起许多批评。诺尔特和其他人受到一大批著名学者的抨击，包括尤尔根·哈贝马斯（Jürgen Habermas）。他们驳斥说诺尔特是在试图将纳粹的行为相对化和历史化，从而限制它的影响，减轻德国人的集体和个人责任。相反，纳粹的勃勃野心被描绘成

---

① 安德里亚斯·希尔格鲁贝尔（Andreas Fritz Hillgruber, 1925—1989），德国保守主义历史学家，先后在马尔堡大学、弗莱堡大学和科隆大学任教。他在"二战"中曾经在东线作战，战后是一位有影响的军事史和外交史专家，在"历史学家论战"中发挥过重要作用。他认为德国人应该认同德国国防军在东线进行的战斗，还认为盟国1944至1945年对德国的政策和德国对犹太人进行的大屠杀在伦理道德方面没有差别。有人评论他是一位伟大的历史学家，但是他曾经拥有的声誉在"历史学家论战"中严重受损。——译者注

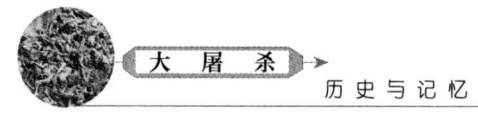

犯罪行为中唯一和独特的因素。① 在历史学家论战中，一个基本的议题就是这样一个事实，即大屠杀被视为暗示了一个问题，实际上是一个议题，即西德的合法性议题。西德的合法性受到东德的挑战，这也正是一旦德国的统一变成一种预期以后论战就消退了的原因，因为统一的预期结束了对西德合法性的挑战。

就在历史学家论战的这个时期，前联合国秘书长库尔特·瓦尔德海姆(1972—1981)成为奥地利的总统(1986—1992)。尽管牵扯进战时在南斯拉夫和希腊的反犹主义暴行，他还是担任了这些职务。瓦尔德海姆战时是德国 E 集团军群情报机构的成员，在驱逐希腊和南斯拉夫犹太人去被屠杀的过程中扮演过角色，而且参与过残酷的反游击队行动。作为对批评的回应，瓦尔德海姆公开声称犹太人在努力摧毁他们那一代人的名誉。瓦尔德海姆捡起了纳粹的调子，把这些和一个有目的的国际阴谋联系在一起。他把犹太人对他施加的压力描述成以美国为中心的阴谋。在美国，瓦尔德海姆现在是一个不受欢迎的外国人。

这个事件被视为奥地利人不愿意接受大屠杀后果的一个关键方面，瓦尔德海姆坚持逃避问题的态度和彻头彻尾的谎言解释了而且象征着这个方面的严重程度。这种态度和德国在更大程度上

---

① O. 巴托夫：《在东线的历史学家，安德里亚斯·希尔格鲁贝尔和德国的悲剧》，《特拉维夫德国历史年鉴》1987 年第 16 期，325—345 页；C.S. 迈尔：《无法控制的过去：历史、大屠杀和德国的国家认同》(剑桥，马萨诸塞州，1988)；理查德·J. 埃文斯：《在希特勒的阴影里：西德历史学家和逃出纳粹主义过去的企图》(伦敦，1989)；P. 鲍德温编：《修正过去：希特勒、大屠杀和历史学家们的争论》(波士顿，1990)；J. 诺尔顿和 T. 凯茨：《永远在希特勒的阴影里？历史学论战的原始文献，关于大屠杀独特性的争论》(大西洋高地市，新泽西州，1993)；S. 伯杰：《寻求正常化：1800 年以来德国的国家认同和历史意识》(牛津，1997)。

第五章 纪念

直面大屠杀形成了鲜明的对比。事实上,1985年5月8日在西德联邦议会举行的"二战"结束40周年的仪式上,西德总统理查德·冯·魏茨泽克承认大屠杀是战争的一个方面,而且强调了德国人的个人和集体责任,同时把1945年德国的战败和投降称为德国的解放。①

实际上,奥地利在大屠杀中发挥了突出的作用。从1943年1月开始,帝国总安全办公室就由前奥地利党卫军和警察的领导人恩斯特·卡尔滕布伦纳领导。②艾希曼也是在奥地利长大的。奥迪路·格洛波奇尼克出生在的里雅斯特,当时那里还属于奥匈帝国,后来他成了奥地利纳粹主义的积极活动分子,最终成了维也纳的纳粹地方领袖。奥地利人被认为是特别残忍的集中营守卫(奥地利警卫的人数多得和他们的人口不成比例),而且,他们在荷兰驱逐犹太人的行动中非常活跃。根据民意调查的结果,纳粹年代强有力的反犹主义当前在奥地利仍然很强大。③不过,对大屠杀的纪念已经变得更加醒目了。从1991年开始,有了一个由政府出资的"纪念服务",它为大屠杀纪念地提供导引服务。

同时,关于战时德国最重要的一些部门,特别是军队、警察和司法部门的学术著作,批判性地把它们阐述为纳粹目标的积

---

① 英文译本见 G. 哈特曼:《比特堡:在伦理和政治视角下》(布卢明顿,印第安纳州,1986):262—273。

② P. 布莱克:《恩斯特·卡尔滕布伦纳:第三帝国的意识形态战士》(普林斯顿,新泽西州,1984)。

③ E. B. 布奇:《希特勒的奥地利:纳粹时代的流行情感,1938—1945》(查珀尔希尔,北卡罗莱纳州,2000)。

极支持者。① 最大的争论是由汉堡社会研究院（Hamburg Social Research Institute）组织的纳粹德国国防军展览引起的。这个展览 1995 年开始在德国和奥地利巡展，截止 1999 年在 34 个城市吸引了 80 万参观者。大约 1500 张国防军士兵参与暴行的照片对公众产生了巨大冲击，而且引起大量讨论和争论，包括在德累斯顿和慕尼黑发生的仇恨性示威和右翼极端主义者 1999 年在萨尔布吕肯（Saarbrücken）发动的一次恐怖主义袭击。认为军队而不仅仅是党卫军在大屠杀中都是积极参与者的论点，与认为军队是为国家战斗的爱国者的争辩是相互抵触的。② 参观者的留言解释了在对展览的反应上存在的代际差异。年轻人是对国防军批评最强烈的群体。传统的德国军事著述是由德国的将军们在战后的回忆录和访谈里精心雕琢的，他们把大屠杀都归咎于党卫军和政治领导人。这种粉饰的做法使对战争的研究可以在军事战役和大屠杀两条线索上平行但相互分离地进行。学术研究，尤其是联邦国防军军事历史情报服务处（Bundeswehr's Militar geschichte forschungsamt）编著的多卷本战争史摧毁了这种叙事方法。结果战役史和大屠杀这两条线索整合了起来。

1997 年，在纽伦堡可以看到不情愿牵扯战时行为的情绪。那

---

① D. 马杰尔：《第三帝国下的"非德国人"：纳粹在德国和被占领的东欧地区的司法和行政体系，特别关注被占领的波兰，1939—1945》（巴尔的摩，2003），最初以德语发表于 1981 年。

② H. 希尔：《结束一场战争的困难：对种族灭绝的展示战争的反应：国防军的罪行，1941—1944》，《历史工作室杂志》1998 年第 46 期，187—203 页；C.R. 纽金特：《参观者的声音：公众对"国防军的歼灭战和罪行展览 1941—1944"的反应》，《欧洲研究杂志》2014 年第 44 期，249—262 页。

第五章 纪念

一年纽伦堡市政委员会同意授予卡尔·迪尔（Karl Diehl）荣誉市民称号。卡尔是当地的一个企业家，他在战时曾经使用过集中营里的劳工。市政委员会的决定引来批评，导致争论。在争论中市政委员会的大多数人支持卡尔。这个例子说明批评性的回忆可能会遇到多么大的抵制，特别是在地方层面上。① 与此相反，更普遍的一个情况是，围绕对强制劳工的赔偿问题存在严重的争论。这场争论在很多方面都是德国政府和公司努力推动的，是与它们的过去达成妥协的新方法的基石。90年代在美国对德国公司提出的集体诉讼鼓励了进行赔偿的做法，最集中的方式是通过一个政府与民间合作的基金会进行赔偿。②2009年，一个靠女人生活的家伙——海尔格·斯加比（Helg Sgarbi）对德国最富有的女人苏珊娜·克拉滕③进行勒索。对这个案件的审判提供了一个机会，让人们对德国主要公司卷入纳粹政治体制的程度展开了讨论。甘瑟·匡德特（Günther Quandt）的孙女克拉滕是宝马公司（BMW）和阿尔塔纳公司的大股东。而甘瑟·匡德特是德国军火工业的一个关键人物，纳粹政权的圈内人，也是玛格达·戈培尔④的第一任丈夫。匡德特工厂使用过集中营的劳动力，而且

---

① N. 格雷戈尔：《深受困扰的城市：纽伦堡和纳粹的过去》（纽黑文，2008）；G. D. 罗森菲尔德和 P. 加斯科特编：《超越柏林：面对纳粹主义过去的十二个德国城市》（安阿伯，密歇根州，2008）。

② S. E. 艾森斯塔特：《不完美的正义：被洗劫的财产、奴隶劳动和第二次世界大战没有完成的事务》（伦敦，2003）。

③ 苏珊娜·克拉滕（Suzanne Klatten），即苏珊娜·汉娜·乌舒拉·匡德特（Susanne Hanna Ursula Quandt），克拉滕是她的夫姓。苏珊娜是匡德特家族的女继承人。2015年个人财富达196亿美元，是当时世界排名第三十八位的富翁。——译者注

④ 玛格达·戈培尔（Magda Goebbels, 1901—1945），纳粹宣传部长戈培尔的夫人。她1921年与甘瑟·匡德特结婚，育有一子。1929年离婚，后来嫁给了戈培尔。——译者注

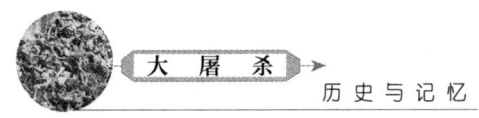

对待他们的方式极度残酷。战后匡德特集团拒绝接受访谈，不允许历史学家使用他们的战时档案。

丹尼尔·戈尔德哈根（Daniel Goldhagen）把很多德国人描述成"希特勒的自愿刽子手"（这是戈尔德哈根1996年出版的一本书的名字）。2000年，在英国因为大卫·欧文的书引发了一场诽谤案审判。人们对这两件事的反应，展示了完全不同的历史作品点燃公众对这个领域的兴趣的能力。伴随着人们对"希特勒的自愿刽子手"这一称呼的反应，学术界对戈尔德哈根的作品经常是批评性的，但是也有人对他多少有些过分简单化的、市场营销非常精明的作品给予更投入的、民粹主义的接受。尽管戈尔德哈根在1996年进行的巡游书展中，德国年轻读者也以这种态度接受了他的书，但是这种民粹主义的接纳态度在美国特别普遍。[①] 在德国意见领域的各个重要组成部分和德国受到控制的出版界批评色彩很强的反应中，可以看到，尽管这种反应利用的各种成见更加复杂，但是反犹主义在其中发挥着作用。[②] 而且，一定程度上，这种反应还反映了德国国内在制度上、历史编撰上和政治上各种不同的驱动力。

[①] 一种批评性的观点可以见 R. B. 伯恩：《再次访问大屠杀》，《历史杂志》1997年第40期，195—215页；R. A. 西恩德利编：《不情愿的德国人？戈尔德哈根争论》(明尼阿波利斯，1998)；M. 卡塔鲁扎：《对戈尔德哈根的'希特勒的自愿刽子手'的讨论》，《历史编纂学史》1998年第33期，97—107页；G. 埃利编：《"戈尔德哈根效应"：历史、记忆、纳粹主义——面对德国的过去》(安阿伯，密歇根州，2000)；R. E. 赫茨斯坦：《丹尼尔·约拿·戈尔德哈根的"普通德国人"：一个异端和他的批评者》，《历史协会杂志》2002年第2期，89—122页；J. 万科：《丹尼尔·戈尔德哈根的孤立：对罗伯特·赫兹坦因的一种反应》，《历史协会杂志》2002年第2期，447—453页。

[②] R. E. 赫茨斯坦：《丹尼尔·约拿·戈尔德哈根的"普通德国人"》，《历史协会杂志》2002年第2期，102—103页。

第五章 纪念

对戈尔德哈根的批评集中在他过分简单化的论点、糟糕的方法论、值得怀疑的结论、好斗的态度和想要把自己描述成一个打破禁忌的人来建立自己的职业生涯的渴望上。这样的批评使得不仅明显的右翼阵营批评他，左翼阵营也同样批评他。德国犹太人评论员们对戈尔德哈根是有分歧的。戈尔德哈根在把德国希望排除犹太色彩的证据和决心杀死犹太人的证据联系起来时缺乏一致性，特别是因为排除犹太色彩是可以通过同化或者强制向外移民来实现的。戈尔德哈根还在德国的政治文化和社会里给大屠杀提供了一种内在固有的过往，从而夸大了反犹主义早些时候在德国政治文化和社会中具有的独特的核心性质。

欧文诽谤案的审判是由欧文对黛博拉·利普斯塔德（Deborah Lipstadt）和她的出版商企鹅出版社（Penguin）的指控引起的。黛博拉和企鹅出版社声称欧文伪造历史事实以推动一种特别的议事日程。欧文的支持者说欧文被剥夺了发表观点的权利。但是事实恰恰相反。欧文经常被描述成一个历史学家，这种说法只是反映了欧文写作的确实是过去的事件。欧文没有受过作为一个学者的专门训练，他没有作为历史学家担任过学术性的或者其他相关的职务。1988年在多伦多因为否认大屠杀而对恩斯特·曾德尔（Ernst Zundel）进行的第二次审判中，欧文出庭为曾德尔进行辩护。当时检方传召著名的学者克里斯托弗·勃朗宁（Christopher Browning）到庭作证。勃朗宁面对曾德尔的辩护团队在方法论上进行的攻击，强调了事实与简单的意见不同的作用。曾德尔后来被定了罪。

2000年欧文诽谤案再一次表明，历史证据在法律诉讼的约

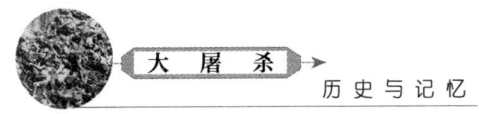

束下仍然是可以被有效利用的，法律审判可以作为一个机会被用来肯定和证明历史真理。在欧文诽谤案中，这个历史真理就是大屠杀的恐怖。在那场审判中证明这个历史真理的是历史学家理查德·埃文斯（Richard Evans）的功绩。法庭证明了历史真实和欧文对它们的误用以及否认，这使欧文输掉了官司。主审法官查尔斯·格雷（Charles Gray）评价欧文的意识形态倾向是"反犹主义和种族主义的"，而且案件的审判还导致出版了一大批对证据的评论，以及对审判的报道。欧文后来因为在此前一次对奥地利的访问中否认大屠杀而被逮捕、审判，并于2006年在奥地利被监禁。这个事件又引起了大量报道。在这次审判中，欧文承认大屠杀涉及谋杀数百万犹太人，而且希特勒知道大屠杀的事实。这些都是他早年在自己的书《希特勒的战争》中否认的观点。否认大屠杀在奥地利是一项刑事罪行（始于1992年），在德国也是——1994年，否认大屠杀作为一种种族主义煽动被定为刑事罪行。①

情况迥异的围绕戈尔德哈根和欧文的争论说明，大屠杀仍然能够吸引人们很大的兴趣，催生很多评论，首先特别是在美国和德国，其次是在英国。确实，大屠杀的引人注目，既在于它自身的力量，也特别因为它是更大范围的紧张关系的一块试金石。这种引人注目的特征在戈尔德哈根和欧文两个事件中都强有力地凸现出来。

---

① R.J.埃文斯：《讲述关于希特勒的谎言：大屠杀、历史和对大卫·欧文的审判》（伦敦，2002）；彼得·隆格里希：《不成文的命令：希特勒在最终解决中的角色》（斯特劳德，2001）。

第五章 纪念

德国近代历史的争议性质对德国国内政治,可能还有德国的外交政策都有影响,这与历史学家中持续的争论是有分别的一个问题,但又与之有联系。对德国国内政治的影响可以在2003年看到。当时,针对反对党基督教民主联盟的一名后排议员——马丁·霍曼(Martin Hohmann)的讲话发生了争论。霍曼的讲话宣称德国不应该因为支持希特勒就被当作一个"有罪的民族"。霍曼的讲话想把批评引向犹太人,而犹太人在希特勒统治下受到的残酷对待构成对纳粹的首要指控。霍曼声称犹太人自己要对他们在共产主义的行动中发挥的显著作用承担责任,这是站在东欧反犹主义民族主义立场上的一种说法。经过两个星期的争论,霍曼被基督教民主联盟开除了。人们担心霍曼的态度和反犹主义有关,而且可能会鼓励反犹主义。这种担心和当时日益增长的一种说法有联系,即反犹主义与反对以色列对待巴勒斯坦的政策有联系。

霍曼事件比1988年德国议会议长菲利普·耶宁格辞职事件的重要性小[1],但是围绕霍曼的争论在德国引起了共鸣。德国人口中占比正在增长的一批人没有经历过战争。他们对被敦促去记住大屠杀感到厌烦甚至怨愤。而对大屠杀的记忆在德国的教育中是一个中心内容,纳粹统治时期的内容是必修的。但是,就像对

---

[1] 菲利普·耶宁格(Philipp Jenninger,1932—),1984年担任联邦德国国会议长。1988年他在国会纪念"水晶之夜"50周年的会议上发表了一篇引起争论的演讲,试图阐释德国人在30年代热情支持国家社会主义的原因。后来经他允许的报道对他的演讲阐述得很糟糕,容易让人认为耶宁格没有与他提到的纳粹思想进行充分的分割。很难区分哪些是他自己的思想,哪些是他对纳粹思想的阐述,而且他在提到纳粹思想的时候还使用了"迷人的"(charming)这个词汇。结果他的演讲引起巨大的争议,现场有超过50名国会议员走出会场以表达抗议。耶宁格为此辞职。一年后德国犹太人中央委员会的领导人认为耶宁格的讲演内容并没有错,但是他当时的表现有问题。——译者注

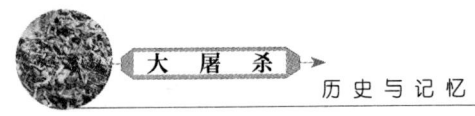

戈尔德哈根 1996 年的著作《希特勒的自愿刽子手》的反应所表现出来的，一些德国的历史学家和资深媒体人不愿意从一种对大屠杀的抽象谴责和去人格化的态度向前迈进。战时德国人中广泛存在自愿参与一场以虐待狂式的反犹主义为特征的大屠杀态度。那些德国历史学家和资深媒体人不愿意面对围绕这个问题的争论，而大众对戈尔德哈根 1996 年的巡回书展的反应比他们要积极得多。

铁幕落下 13 年以后，德国政府在政策层面采取了一个重要的步骤：向所有来自苏联的犹太人提供自动居留权。结果，到 2006 年，在德国的犹太人超过 115000 名，大多数有苏联背景。相比之下，同一个时期里有超过 100 万犹太人从苏联迁移到以色列，尽管可能有近 10 万名犹太人返回了苏联。他们很大程度上是为了利用那里更好的经济上的机会。而且，德国对受害者在大屠杀中经历的苦难进行的赔偿也扩大了。从 1997 年开始对在格都里未付酬的工作进行赔偿。接着，根据 2002 年的 ZRBG 赔偿法（"格都抚恤金法"），任何地区只要并入第三帝国，那里的格都居民都有资格要求赔偿。但是这项法律把大多数格都和大多数被用作强迫劳工的人排除在外（因为那些地方战时只是被德国占领，而没有被德国立法吞并）。这样的法律规定和瑞士对瑞士银行在战时扮演的角色迟来的兴趣一样，一定程度上是因为害怕国内外的法律诉讼，特别是美国的法律诉讼对赔偿问题产生影响。

柏林犹太博物馆开放四年以后，经过长时间的争论，2005 年欧洲被屠杀犹太人纪念碑终于揭幕，这强有力地表明了德国联邦政府对大屠杀的纪念态度。纪念碑是一个占地面积有两个足球

第五章 纪念

场大小的巨大建筑,地点接近勃兰登堡门和希特勒在柏林的地堡。但是就像这个纪念碑在怎样的程度上体现了与过去的一种真正的决裂引发争议一样,纪念碑的设计也引发了争论。组成纪念碑的石头(这些石头的设计意图是用来代表犹太人的墓地)需要涂上防涂鸦的涂料,这显示出可能会被新纳粹分子污损的焦虑。同样,2007 年 3 月在慕尼黑建成开放的欧黑·雅各布犹太会堂(Ohel Jakob)也面临着新纳粹的反对。这个犹太会堂是一座结构复杂的建筑物,既是一个犹太人博物馆,也是一个社区中心。新纳粹的反对活动包括 2003 年策划炸掉这个建筑物。这个犹太会堂 2007 年举行的落成典礼用了 1500 名警察和金属探测门来进行保护。

关于柏林纪念碑争议中的另一个问题是,纪念碑的防涂鸦涂料是由德固赛公司生产的。这个公司的一个下属企业曾经生产过在灭绝营里使用的齐克隆-B气体。这个纪念碑不仅被作为对过去的一种标示,同时也是一种警诫。2004 年,德国议会发言人沃尔夫冈·蒂尔泽(Wolfgang Thierse)称赞纪念碑是大屠杀的标志,不仅如此,它还是"关于将来的:它是让我们从根源上抵制反犹主义的一个提示"。

对于种族主义复活了的德国,这确实是一个紧迫的课题,特别是在东德地区。那里对新纳粹的支持仍然强劲。在那里,人们观察到,种族主义不仅是共产主义在公共教育中失败的一个方面,同时也是原有制度崩溃的结果。对问题的关注使德国政府在 2007 年提议在全欧盟范围内把否认大屠杀确定为一项刑事罪行。司法部长布里吉特·居普利斯(Brigitte Zypries)称:"我们不

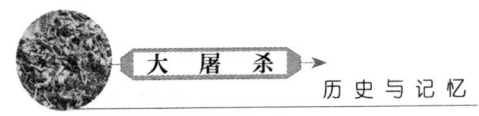

能等到它发展成为实际行动。我们必须对这种犯罪的思想开路人采取行动。"90年代和本世纪最初10年种族主义的复苏在一定程度上是德国统一以后经济困难的一个产物,特别是男性失业率在东德地区高企的产物,但是统一后的德国也存在文化和意识形态上的恐惧和仇恨的潮流。它们导致对犹太人、非洲裔人、土耳其外籍劳工、犹太教会堂和庇护所的攻击。这反映了新纳粹主义的顽固性,尽管极右翼思潮不是德国独有的。

同时,德国的犹太社区明显扩大了,很大程度上是因为从俄罗斯移入的大规模移民。作为俄罗斯犹太人移民德国的潮流和"二战"中大屠杀的破坏性结果(紧随大屠杀之后是犹太人向德国以外的移民。后来1945至1946年对流离失所人员强制性的人口迁移终于使犹太人在德国的存在结束了),德国后来成了世界上犹太人社区增长最快的国家。例如,现在慕尼黑有超过9000名成年犹太人。这是纳粹甚至在其心脏地带都失败的一个例子。2001年,一个新的犹太会堂在德累斯顿开放了,这是自纳粹统治岁月以来在东德地区建造的第一个犹太会堂。2006年,纳粹时代以后第一批德国拉比培训机构培养的拉比们毕业了。

而且,作为公众相互谅解的一个方面,犹太人在德国人生活中的中心地位更强了。这既是象征性的,同时也在特定的危机中产生了影响。2007年,巴登符腾堡州总理、基督教民主联盟成员冈瑟·厄廷格(Gunther Oettinger)因为为一个前辈——汉斯·菲尔宾格(Hans Filbinger)致的葬礼悼词陷入一场争论。菲尔宾格曾经因为在被占领的挪威担任军事法官(和党卫军军官)的经历而辞去公职。厄廷格去会见了德国犹太人中央委员会的领导人

第五章 纪念

夏洛特·诺布罗奇（Charlotte Knobloch）。总理默克尔要求厄廷格道歉，她是个中间派，她的观点和菲尔宾格、厄廷格都有很大的不同。菲尔宾格的残忍的伪法律至上主义立场实在是太具有特色了。①

这些关系仍然很复杂。2012年，德国同意每年向以色列的犹太人大屠杀纪念馆捐献100万欧元，直到2021年。但是，2011年，德国内政部暗示五分之一的德国人有潜在的反犹主义倾向。②到2011年，德国每年要花费超过200万欧元来与以色列进行青年交换生活动。

奥斯维辛1979年成为世界文化遗产。纪念碑、公墓和纪念庆典一样，都是争论的重点，反映了不同的民族主义问题，但并不仅仅是特定的像奥斯维辛这样的大屠杀地点是这样。③所以，美国总统罗纳德·里根1985年对西德的一次国事访问掀起一场波澜。当时，他和西德总理赫尔穆特·科尔一起访问了比特堡的一个军事公墓。因为公墓里有49座前武装党卫军人员的坟墓，里根的访问引起了争论。这些人不是党卫军集中营的守卫，而且他们死亡时，武装党卫军已经不再是一支志愿军了（他们是被征召入伍而不是自愿加入党卫军的）。49人中只有15人被登记在党卫

---

① 围绕菲尔宾格战时的职务行为存在争论。许多人和他本人一样认为他只是严格地按照当时的法律行事，是真正的法律至上主义的态度，而作者明显认为菲尔宾格是以法律为借口逃避责任。——译者注
② L. 德·维拉：《2015年和1965年德国-以色列的联系：困难的特殊关系》，《国际事务》2015年第91期，838页。
③ S. 米尔顿和I. 诺斯基：《调适记忆：大屠杀纪念物的艺术和政治学》（底特律，1991）；J. E. 杨：《记忆的结构：大屠杀纪念物和意义》（纽黑文，1993）。

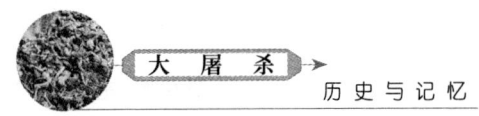

军的人事档案里。但是,武装党卫军是一个邪恶的组织(事实上是一个明显违反国际法的犯罪组织),有人建议里根不要访问比特堡。但是,里根注意到科尔承受的要求他访问公墓的压力。里根把那些士兵描述为和在集中营里受难的人一样的纳粹受害者,这真是一种古怪的等量齐观的说法,但是这种说法却也反映了里根必须对集中营的问题说些什么。① 里根还访问了贝尔根贝尔森。

21世纪以来,强调德国的受害者身份引起不安的反应。这种强调尤其集中在盟军进行的轰炸这个问题上,这也是纳粹宣传曾经强调过的问题。本世纪最初10年,轰炸经常以一种非常不恰当的和自私自利的相对主义方式被描述成一种战争罪行,一种在涉及德国的战争罪行和暴行时,能够把双方的战争行为摆到同一位置的行为,甚至是一个可以给大屠杀提供某种对照物的罪行。这是一种非常莽撞的处理方式,也是由自由主义激发的和解进程在不知不觉中予以背书的一种处理方式。② 这种文艺作品在德国非常流行。2002年出现的耶格·弗里德里希(Jörg Friedrich)的《火:炸弹战争中的德国 1940—1945》在德国迅速销售了50万册。作者暗示大屠杀和轰炸的相同性,使用有关后者的术语来描述前者。2006年,一个新纳粹主义政党——国家民主党在议会里的副领导人提到了"轰炸中的一场大屠杀"。作为回应,一份德累斯顿的城市宣言概括了"纪念的一个轮廓",承认德累斯顿在

---

① G.哈特曼编:《比特堡:在伦理和政治视角下》(布卢明顿,印第安纳州,1986)。
② 自由主义倾向于严厉批判一切战争罪行,因此容易在批评盟军对德国的轰炸时忽略了这种轰炸与大屠杀的本质区别,从而不知不觉地为把这两者并列在一起的做法背书。——译者注

第五章 纪念

纳粹体制和纳粹的罪行中扮演的角色,包括针对这座城市的犹太人的罪行。

这种情况并非独一无二。2013年一部非常受欢迎的电视系列片《我们的母亲,我们的父亲》在总体上是对暴行持批判态度的,但是电视片对主人公不恰当的同情性的关怀明显发展到了原谅那些德国士兵实施暴行的自愿性质上了,原谅的方式就是把这些暴行都归罪于纳粹的教化和强制。这是一种错误的做法。760万德国人观看了电视片最后的情节。这部系列片在波兰引起抱怨,因为它对波兰人的描述暗示那里存在一定程度的反犹主义。电视片的一种相对主义倾向还表现在它聚焦于东德的专制主义特征。东德的这种特征尽管有其残酷性,但是和纳粹德国几乎没有可比之处。

德国的受害者身份2015年以一种奇怪的方式有所表现。当时戈培尔的遗产所有者在慕尼黑上诉法院针对戈培尔日记的版权赢得了一场诉讼,这个裁决在后来的判决中也得到支持。这个诉讼是2014年由遗产所有权人向兰登书屋德国公司提起的,因为彼得·隆格里希[①]出版的一本传记使用了戈培尔日记的内容却没有支付版权费。这个案件由希特勒的经济部长、德意志帝国银行主席亚尔马·沙赫特(Hjalmar Schacht)的女儿科杜拉·沙赫特(Cordula Schacht)代表戈培尔的继承人提起。[②] 代表兰登书

[①] 彼得·隆格里希(Peter Longerich, 1955—),德国历史学教授,被公认为大屠杀研究的权威之一。——译者注
[②] 关于沙赫特,见P. 巴比里:《希特勒的影子帝国,纳粹经济学和西班牙内战》(剑桥,马萨诸塞州,2015),作为补充见A. 图兹:《毁灭的报酬,纳粹经济的创建和破坏》(伦敦,2007)。

屋德国公司的律师雷纳·德雷森（Rainer Dresen）争辩说版权法在这个案件中应该以法律和道德为根据被搁置。德雷森代表兰登书屋向沙赫特提出了一个私人性质的公开请求，即兰登书屋可以支付版权费，条件是版权费应该捐赠给针对大屠杀的慈善事业，而不是归入戈培尔的遗产。但是科杜拉·沙赫特拒绝了，她坚持将版权费支付给戈培尔的亲属。德雷森争辩说，巴伐利亚州政府起劲地在这个案件中作梗，拒绝以戈培尔1936年曾将版权出售给它们为根据来主张自己拥有戈培尔日记的版权（如果巴伐利亚州政府主张拥有版权，科杜拉·沙赫特要求赔偿自然就没有根据了）。科杜拉曾经担任过瑞士银行家弗郎索瓦·热努（François Genoud）（1915—1996）的法律顾问。这个瑞士银行家支持过希特勒，给艾希曼和克劳斯·巴比（Klaus Barbie）[1]的法律辩护提供过资助，还在阿亚图拉·霍梅尼流亡巴黎时支持过他。热努还是激烈的反犹主义者、耶路撒冷大穆夫提阿明·阿尔·胡塞尼（Amin al-Husayni）的朋友和财政顾问。[2] 用毒气杀死犹

---

[1] 尼古劳斯·克劳斯·巴比（Nikolaus "Klaus" Barbie，1913—1991），党卫军和盖世太保官员。因为他在驻扎里昂时亲自刑讯折磨囚犯，被称为"里昂屠夫"。战后逃亡玻利维亚，被法国缺席判处死刑。巴比在玻利维亚与当地政要关系密切，曾经为美国情报机构和西德情报机构工作。据说他提供的意见帮助中央情报局在1967年捕获了南美革命领袖格瓦拉。1983年玻利维亚政局变化后他失去了玻利维亚的庇护，被引渡回法国。1987年因反人道罪被判处终身监禁，1991年因癌症死于狱中。读者可以参阅《纳粹"里昂屠夫"隐居南美当特工为杀格瓦拉出谋》（2011年1月26日，中青在线，http://news.ifeng.com/mil/history/detail_2011_01/26/4454638_0.shtml）。

[2] 阿明·阿尔·胡塞尼（Mohammed Amin al-Husseini，1897—1974），巴勒斯坦阿拉伯民族主义者和领导人。1921年被英国驻巴勒斯坦高级专员任命为耶路撒冷大穆夫提，一度是英国当局的盟友，但是"二战"中他流亡德国，请求希特勒帮助他反对在巴勒斯坦建立犹太人家园，同时积极支持法西斯德国和意大利，帮助他们在南斯拉夫的波黑地区招募穆斯林参加武装党卫军。1948年第一次中东战争中胡塞尼曾参与阿拉伯阵营的政治领导，战后由于阿拉伯阵营的内部纷争他被边缘化了。历史学家对于胡塞尼反对犹太复国主义的出发点是巴勒斯坦民族主义还是反犹主义至今还有争议。——译者注

第五章 纪念

太人的做法曾经让胡塞尼印象深刻。戈培尔遗嘱的执行人热努在1955年购买了他的日记版权,后在1996年把他的所有权利转让给科杜拉·沙赫特。这个案件因为诸多内幕而声名狼藉,尤其是戈培尔曾经把这本日记视为日后的摇钱树,而且现在它确实是一棵摇钱树了。

德国社会上有一种趋势,就是许多人把目光聚焦于老兵们经受的苦难,还有那些战争末期以及战争结束后从东方被驱逐回来的德国人经受的苦难,却忽略许多人参与第三帝国罄竹难书的罪行时怀抱的那种热情。抱有这种热情的既有上述那些群体中的个人,也有他们的同胞。虽然如此,社会的主要趋势还是致力于记住这些罪行的。[1]事实上,2014年安吉拉·默克尔总理在主持一个反对反犹主义的集会时宣布:"与反犹主义战斗是我们国家和公民的责任。"德国人仍然面对着塑造一个诚信正直、连贯的国家历史的艰巨任务。[2]但是,迄今为止与其他任何地方相比,这个任务在德国面对的最大困难都更多地存在于德国国民在过去抱持的目的、态度和行为上。

法 国

德国战时的盟国和合作者也必须设法面对大屠杀这个问题,

---

[1] H. 希尔及其他人:《历史的话语建构:记住国防军的歼灭战》(贝辛斯托克,2008);U. 施泰格、H. 斯坦纳和 A. 韦伯编:《记忆文化和当代城市,建筑工地》(贝辛斯托克,2009)。关于柏林的内容,见 B. 尼文和 C. 佩弗编:《1945年以来德国的纪念活动》(贝辛斯托克,2010);J. 阿诺德:《盟军的空战和城市记忆:对德国战略轰炸的遗产》(剑桥,2011)。

[2] N. 马克格雷格:《德国:一个民族的记忆》(伦敦,2014):172。

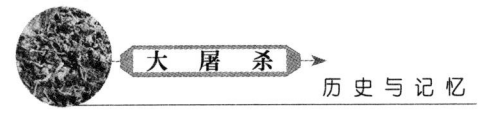

尽管经常是相当不情愿，而且只是局部地面对这个问题。这个过程在法国最容易引起争议。在那里，维希政府的遗产很难克服。这部分是因为在法国有一种决心，拒绝接受它在大屠杀中作为国家扮演的帮凶角色，同时也是因为在法国有一种戴高乐主义的神话，认为战时法国进行了一场强有力的统一的抵抗斗争。这种神话在法国拥有强大的力量。而且，除了继续存在的积极的反犹主义，在法国，政府对归还没收犹太人的动产和房屋或者进行赔偿只有有限的支持。

在法国对近代法国的论述和法国战后对德国的处理过程中，法国在大屠杀中扮演的角色被忽视了。在纽伦堡，法国检察官弗郎索瓦·德·芒东（François de Menthon）没有提到大屠杀。而在法国，维希政府的著名人物因为叛国受到批评和审判，却没有因为在大规模屠杀中与德国的合作受到过批评和审判。1955年，亚伦·雷斯奈斯（Alain Resnais）拍摄了一部关于驱逐犹太人的纪录片《夜与雾》。这部纪录片是第二次世界大战历史委员会委托拍摄的，同时得到老兵事务部的支持，但是法国电影审查当局删除了其中一个镜头。这个镜头简短地拍摄到在监督被驱逐者的人群里一个法国警察的平顶帽，而且那些被驱逐者并没有被确定为犹太人。① 因为德国外交部对法国政府的抗议，这部纪录片还从戛纳电影节上撤回了。

法国做出了很多努力，以积累在1958年建立法兰西第五共和国所需要的信心和声望。这些信心和声望后来在戴高乐从1958

---

① A. 邓肯：《亚伦·雷斯奈斯的早期影片中存在问题的对战争的纪念》，见 W. 基德和 B. 默多克编：《记忆与纪念：纪念的世纪》（奥尔德肖特，2004）：210。

第五章 纪念

年到1969年的总统任期内进一步积累起来。这种努力给否认法国在大屠杀中的作用增添了力量。戴高乐在战时拒绝与德国合作的立场被阐述为新法国最精髓的精神,而且戴高乐担任总统的事实证明了1940年至1944年法国人的清白,更进一步讲,是证明了法国历史的清白。就像广泛存在的对战时抵抗运动的广泛性和有效性的夸大之词也证明的那样,这种全民族抵抗的说法没有给犹太人留下特别的位置。在1962年由戴高乐揭幕的巴黎驱逐殉难者纪念馆里,没有提到维希政府起到的重要作用。直到2014年,入口处展示的信息里仍然没有这方面的内容。戴高乐试图创造一种集体记忆,其中包括回避,实际上是忽视战争中的许多复杂因素。

这种状况将会改变,部分是因为法国自身特定的一些发展趋势,但是部分也要归因于大屠杀在西方集体良知中更重的分量和对过去更少虔敬的态度。对过去不那么虔敬是60年代文化变迁的一个部分,学者也在其中发挥了作用,尤其是美国历史学家罗伯特·帕克斯顿 (Robert Paxton) 的著作《维希法国:老禁卫军和新秩序,1940—1944》(1972)。以往的描述是,维希政府及其与德国的合作是德国强加给法国的,而帕克斯顿通过大量德国的档案资料(法国的档案对他是不开放的),以新的观点取代了这种说法。他论证说维希政权是受欢迎的,而且维希政府热心与德国合作是为了赢得德国的支持,来建构一个标志着维希政权反自由主义意识形态胜利的法国社会。同样,2009年一本外国著作——弗里德里希·斯波茨 (Frederick Spotts) 的《可耻的和平:法国艺术家和知识分子是怎样从纳粹的占领下幸存的》,证明了法国的艺术家和知识分子是多么乐意与德国合作。这本书在法国引起人们的愤怒。

帕克斯顿的立场对法国学术当局来说是不可接受的，因此他的书出版法文译本也遇到了困难。同样，马塞尔·欧弗斯（Marcel Ophuls）关于克莱蒙费朗地区（Clermont-Ferrand）占领时期的纪录片《悲伤和同情》达12年之久不能在电视上播出，最终于1971年在电影院里放映了。克莱蒙费朗是维希附近的一个工业地区。法国政府在1969年就禁止电视转播这个有关与纳粹合作的故事，但是，这种题材的影片那一年已经在德国、瑞士、荷兰和美国播映了。马塞尔·欧弗斯的这部长篇纪录片是以访谈为主要内容的。

戴高乐在1967年11月27日的一次新闻发布会上公开表明了自己对犹太人的批评性看法。当时他称犹太人"是一个对他们自己和盛气凌人的态度充满自信的民族"。尽管这番话是对以色列在当年早些时候对埃及、约旦和叙利亚的六日战争中取得压倒性胜利做出的回应，但是对反犹主义立场在不愿意面对法国的过去这个问题上起到的作用，这个回应却太具有指示意义了。一些著名的比利时政治家在本世纪最初10年还会做出与戴高乐类似的评论。

战后，同情维希政府战时表现的观点仍然持续出现，例如弗郎索瓦-乔治·德雷福斯（François-Georges Dreyfus）的作品《维希政府的历史》（1990）。但是，不断增长的对维希政府在大屠杀中的共谋行为的兴趣和法国社会不那么惯于顺从的特点结合在一起，特别是在1968年5月的动荡之后，给新闻记者、学者

第五章 纪念

和其他人追寻真实情况的努力提供了一个更加有利的氛围。[①] 纪录片、电影、回忆录和小说都在出版和发行。1975 年路易·马勒[②]的电影《拉康比·吕西安》引起了相当大的争论,因为他的电影让法西斯主义显得似乎很有魅力,而且把影片中的法国主人公描绘成自愿为盖世太保工作。[③] 马塞尔·欧弗斯关于 1942 年至 1944 年里昂盖世太保的残忍头目的纪录片《终点客栈:克劳斯·巴比》(1988) 获得了奥斯卡奖。

新闻记者的研究也发挥了作用。1978 年 10 月,新闻杂志《快报》(*L'Express*) 一字不差地发表了对路易斯·达奎尔·德·佩勒珀伊克斯(Louis Darquierde Pellepoix)的访谈。这个人

[①] 作者这里指的是法国战后史上著名的五月风暴,即 1968 年 5 月至 6 月在法国爆发的一场学生罢课、工人罢工的群众运动。当时,欧洲工业化国家在经历了黄金发展岁月后,经济增长放缓导致一系列社会问题。由于出生率激增,大学生人数猛增。1968 年,法国的大学生已达 60 万人,占法国总人口 1.2%。很多大学生对学习目的感到困惑,对出路的渺茫和不稳定感到忧虑,对将来在"消费社会"中的命运忧心忡忡,对长时间统治法国的戴高乐派感到厌倦,要求进行社会和教育改革。1968 年 3 月 22 日巴黎楠泰尔文学院学生集会,抗议政府逮捕为反对越南战争向美国在巴黎的企业投掷炸弹的学生。此后,学生抗议活动迭起,至 5 月初发展至高潮。5 月 3 日,学生再次集会,警察进行干涉,导致流血冲突,数百人受伤,600 名学生被捕。法国许多省市的学生纷纷起来支持巴黎的学生运动,占领公共建筑和学校。5 月 13 日法国工会号召全国工人总罢工支持学生,千百万工人群众加入运动,罢工浪潮席卷整个法国,致使全国铁路、空中、海上的交通中断,生产、通讯全部陷于停顿,整个法国的经济生活处于混乱状态。5 月 24 日,在国外访问的法国总统戴高乐匆忙赶回巴黎,发表电视演说,呼吁全国恢复秩序,许诺起草改革计划供公民投票裁决。5 月 30 日戴高乐宣布解散议会,重新举行全国选举。由此,各地风潮趋于平静。6 月下旬戴高乐派在选举中赢得大多数席位,新政府开始积极推进学生与社会所要求的各项改革。——译者注

[②] 路易·马里·马勒(Louis Marie Malle, 1932—1995),法国电影导演、编剧,作品曾获得金棕榈奖和多次金狮奖。——译者注

[③] P. 杨科夫斯基:《为虚构、抵抗、通敌和拉康比·吕西安辩护》,《现代历史杂志》1991 年第 63 期,457—482 页。

1942年被任命为维希政府犹太人事务委员（这在很大程度上要感谢德国对这个恶毒的反犹主义分子的支持）。达奎尔在这次访谈中声称大屠杀是一个"骗局"，在奥斯维辛只有老鼠被毒气杀死了。他的这个说法给这次访谈提供了标题——"在奥斯维辛，他们只毒死了老鼠"。达奎尔还声称，法国犹太被驱逐者子女协会的主席塞尔日·克拉斯菲尔德（Serge Klarsfeld）所做名为《从法国被驱逐的犹太人》的研究是"犹太人的发明"。克拉斯菲尔德的研究在当年出版，名为《对法国被驱逐的犹太人的纪念》，其中揭示了被驱逐犹太人的巨大数量。他记录了75000名用火车运往集中营的犹太人的名字（51000名外国犹太人，24000名法国犹太人），其中只有2500人回来了。

这次访谈引起了轰动，结果国民议会（法国国会）在随后的一个月里对这件事进行了辩论。法国对达奎尔像许多纳粹分子一样由佛朗哥授予避难权而居住在西班牙，在一定程度上存在着愤怒情绪。达奎尔在1947年被法国缺席判处死刑，但是并没有受到追捕。他的罪名是与敌人共谋（而不是大规模屠杀）。而且，对他的判决在1968年就因为时效问题失效了，结果在1978年访谈时已经无法对他进行引渡了。在一定程度上，这种愤怒还因为达奎尔把人们的注意力引向他在战争时期的政治对手勒内·布斯凯[①]而更加强烈了。布斯凯从1942年开始就是法国被占领地区的警察领导人，他后来的命运却一帆风顺。尽管布斯凯战时同意法国警察逮捕犹太人，而且迫切要求把外国犹太人驱逐到东欧去，

[①] 关于勒内·布斯凯（René Bousquet），见后面本章原注释53后译者注。

第五章 纪念

战后却还能待在法国，职业生涯也非常顺遂。①

对达奎尔的这次访谈和后来人们对布斯凯处境的关注，使人们产生了这样一种感觉，就是法国没有能处理好维希政府在大屠杀中与德国的共谋问题，特别是维希政府为了把犹太人送到奥斯维辛去而把他们集中起来。新闻工作者的进一步调查给维希政府的这种行为提供了新证据。1981年，新闻界第一次揭露了吉伦特省政府秘书长莫里斯·帕彭（Maurice Papon）在驱逐波尔多犹太人的过程中起到的重要作用。战后，帕彭担任政府部长，而且是法国重建过程中的一个重要人物。作为戴高乐部下的巴黎警察总长，帕彭还对残酷镇压战后的示威游行负有责任。1983年，克拉斯菲尔德在著作《维希—奥斯维辛》中强调了维希当局的作用。1987年，克拉斯菲尔德作为检方的律师参加了对克劳斯·巴比的审判，他把巴比称为"里昂的屠夫"。5年以后，巴比当年的司令部成了抵抗运动和驱逐行动历史中心。

一些人在维希政府时期的行为玷污了自己。在他们被清算的过程中，政治也发挥了重要的作用。这些人中，最显赫的是1981至1995年的法国总统密特朗，尽管对他的清算是间接的。密特朗作为维希政府的一名公务员，是布斯凯的朋友。布斯凯1993年在巴黎被刺杀。当时，他因为在当年为送往德国屠杀而集中犹太儿童的行动的作为就要接受审判了。司法程序鼓励人们关注围绕这些问题的争论，特别是1994年对里昂地方通敌的米利斯

---

① C.卡里尔：《不守信用：家族和祖国被遗忘的历史》（伦敦，2006）。

组织①首脑保罗·托维尔（Paul Touvier）的逮捕和审判，以及1997年至1998年对冥顽不灵和冷漠的帕彭的逮捕和审判。维希政府在大屠杀中所起作用的证据就这样被公之于众。罗伯特·帕克斯顿提供了证据，这是此前好几个法国历史学家拒绝承担的一份责任。②除了针对密特朗和他与大屠杀的关系的批评，还出现了对法国共产党在战时所起作用的批评。法共总书记乔治·马歇（Georges Marcais，1972年至1994年担任总书记）受到指控，说他战时自愿到德国工作。同时塞尔日·莫斯可（Serge Mosco）的电影《退休的恐怖分子》（1985）声称，1943年法国共产党故意把犹太人抵抗运动组织置于危险的行动中，然后出卖他们，同时又为他们的壮举邀功。法共尝试阻止这部电影在电视台播放，但是没有成功。

2003年，库尔特·谢克特（Kurt Schaechter）向法国国营铁路公司（SNCF）提起诉讼，指控公司将他的父母运往索比堡和奥斯维辛。这是一个象征性的案件，目的在于强调罪行的责任

---

① 米利斯（Milice），见第四章注释。

② 第五章原注释53：R. J. 格尔善编：《记忆、大屠杀和法国的司法：布斯凯和托维尔事件》（汉诺威，新罕布什尔州，1996）；N. 伍德：《记忆的胜利者：战后欧洲的创伤》（牛津，1999）：113—142；格尔善：《维希政府的来世：战后法国的历史和反历史》（林肯，内布拉斯加州，2000）。

＊ 保罗·托维尔（Paul Touvier，1915—1996），"二战"期间法国的纳粹通敌分子。1994年他成为第一个因为在维希政权时期的行为被法国法庭判处反人类罪的法国人。勒内·布斯凯（René Bousquet，1909—1993），维希政权的一名高官。1949年被判处5年徒刑，但是因为据说帮助过抵抗运动而被减刑。1959年获大赦。后来成为密特朗总统的常客。80年代以后对他的指控不断增多，尤其是指控他在维希政府时期做出的决定，导致犹太儿童被驱逐到纳粹集中营遭受屠杀。1991年，法国内政部对他提出反人类罪指控。他在审判之前被暗杀。

第五章 纪念

范围。2009年,法国行政法院(Conseil d'État)承认了维希政府在驱逐犹太人过程中的责任。这个裁决第一次在法律上认定了法国在驱逐犹太人的过程中起到的作用。就像行政法院所裁定的,法国在驱逐犹太人的过程中是独立行事的,并非简单地出于德国当局的压力。但是,行政法院同时争辩说,战后对此已经做出了充分赔偿,无需再提供赔偿了。①

2010年,法国国营铁路公司对运送犹太人去德国灭绝营和集中营表示忏悔。这在一定程度上是为了保证在美国获得高收益的高速铁路线合同的机会。2011年,铁路公司直接向大屠杀受害者表示了正式的公开道歉,同时将博比尼(Bobigny)火车站移交给地方当局,以便在那里建立一个纪念馆,纪念从那里被转运去集中营的犹太人。2015年,法国同意与美国达成一项协议,向那些被法国火车送到灭绝营和集中营的外国公民提供6000万美元的赔偿。此前,法国公民中的大屠杀受害者通过一个1946年的计划获得6000万美元的赔偿。

在关于法国战时角色的争论中,大屠杀本身和大屠杀问题的地位帮助人们把注意力聚集到对近代法国史进行复杂的重构上来,导致要求承认那些曾经被公共叙事忽略的②和那些受到大屠

---

① 由此联想到日本法庭对中国劳工对日索赔案件的判决。在几乎所有这类案件中,不论是日本的地方法院还是最高法院,对诉讼中的事实部分均予以认可,承认日本企业强征中国劳工等事实,但几乎每一次都驳回要求赔偿的诉求。——译者注

② H.鲁索:《维希综合症:1944年以来法国的历史和记忆》(剑桥,马萨诸塞州,1991)和《阴魂不散的过去:当代法国的历史、记忆和司法》(费城,2002);A.克罗姆巴特:《法国电影中的大屠杀》(麦图根,新泽西州,1993);A.诺斯特:《法国和纳粹分子:记忆、谎言和第二次世界大战》(伦敦,2003)。

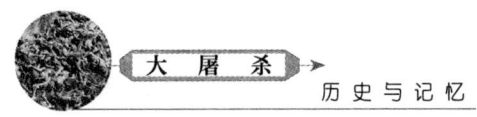

杀否认者挑战的事件和记忆。①1994 年，克拉斯菲尔德出版了《纪念从法国被驱逐的犹太儿童》一书。1995 年 7 月 16 日是 1942 年在巴黎集中犹太人的一次行动的周年纪念日。密特朗长期的政治对手，也是 1995 至 2007 年间的总统继任者雅克·希拉克接受了法国战时对犹太人处理方式的国家责任。这个行动导致一种压力，要建立一种新的公共记忆。这是对维希政权的严厉谴责，同时也是密特朗 1992 年拒绝采取的一个行动。事实上，密特朗死后帕彭曾经被逮捕。密特朗要像他的前任那样，提出真正的法国没有犯下罪行，但是这种论调被削弱了。很明显，有人做过相当大的努力来遮掩罪行。

其他几届政府到 20 世纪 80 年代，甚至 90 年代以后，曾经认真对待法国战时与德国合作的恶行和战后道德上的怯懦，即使那些行为还说不上是共谋。鉴于政府对待这个问题所达到的严肃程度，遮掩罪行更多的是密特朗的责任而不是他的前任的责任。密特朗拒绝接受集体责任，在这一点上分享了他的朋友和政治盟友科尔的态度。相反，希拉克提到否认大屠杀的行为时，称之为一种反对真理的罪行、灵魂的堕落，而且把 7 月 16 日确定为了国家哀悼日。2004 年，作为与反犹主义做斗争的尝试的一部分，法国教育部向学校发放了含有《大屠杀》（原文为 Shoah）(1985) 内容节选的 DVD 片。《大屠杀》是克劳德·朗兹曼（Claude Lanzmann）有关发生在东欧的大屠杀的一部有影响的影片（时

---

① P. 维达尔-那奎特：《对记忆的诋毁者：否认大屠杀的文章》（纽约，1992）。

第五章 纪念

间长达 9 个半小时）。①这很明显是对法国大屠杀否认者的一记重击。在法国，人们使用"拉·休厄"(La Shoah) 来称呼大屠杀，这是对朗兹曼的作品产生的影响——或者通常讲的，他的影片产生的影响的一个强有力的说明。

往事的分量在法国的政治中继续产生重要的影响。当右翼力量分裂为戴高乐派和极右翼的由让·玛丽·勒庞领导的国民阵线 (National Front, FN) 以后，双方都努力想要构建一种适当的历史论述。戴高乐主义者争辩说，国民阵线向后倒向了维希政府。实际上，他们确实做过倾向于维希政府立场的论述，特别是在 2002 年的总统选举中。当时国民阵线使用了维希政府的口号："工作、家庭、国家。"在选举中仅次于希拉克、得票排名第二的勒庞 1987 年因为在一次广播访谈中称大屠杀是历史的一个细节被罚款 120 万法郎（约 171000 英镑）。这是勒庞的反犹主义和种族主义措辞中一种常见模式的一个例子。2009 年，勒庞在斯特拉斯堡欧洲议会再一次讲了类似的话："我只是说，毒气室是第二次世界大战历史中的一个细节，这是很明显的。"

2011 年勒庞的女儿马丽娜·勒庞继承老勒庞担任国民阵线的领导人。她提出了一个不同的历史焦点。她把注意力集中在移民而非"二战"的历史上。马丽娜·勒庞 2014 年受到指控，因为

---

① N. 弗曼：《从〈夜与雾〉看记忆，悲伤和同情以及大屠杀》，《欧洲研究杂志》，35（2005）：180；I. 阿维沙：《拍摄大屠杀：不可思议之事的电影形象》(布卢明顿，印第安纳州，1988)；L. 鲍姆：《把大屠杀安排进当代：当代大屠杀电影变化中的面貌》(伦敦，2005)；T. 哈吉特和 J. 尼姆编：《大屠杀和动态影像：在 1933 年以后的电影和电视中的表现》(伦敦，2005)。更多理论上的、文化上的研究见 J. 赫希：《电影、创伤和大屠杀》(费城，2003) 和 A. 因斯多夫：《抹不去的阴影：电影和大屠杀》(剑桥，2005)。

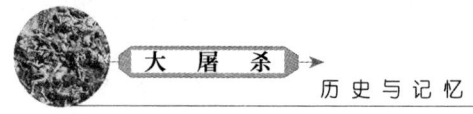

她把伊斯兰祈祷者在街头的泛滥和纳粹的占领作比。这种论调是对维希政权一种含蓄的批评。老勒庞对维希政权抱有好感,与反犹主义有瓜葛。马丽娜对维希政权的含蓄批评把她和父亲的政治倾向分别开来。两人之间围绕反犹主义的分歧在2014年底变得公开了。

2004年,当希拉克想寻找一种恰当的语境来号召对正在崛起的反犹主义和种族主义浪潮采取行动时,过去与当下的相互联系处于一种危险境地中。① 希拉克来到法国中央高原地区的拉·尚邦苏尔-利尼翁村(Le Chambonsur-Lignon)。这个村落曾经在大屠杀中保护过犹太人。希拉克来到这里是为了宣布:"面对不宽容、种族主义和反犹主义的甚嚣尘上……我要求法国人民记住仍然很近的过去。我告诉他们忠实于历史的教训,一段如此近的历史。"希拉克称赞该村(这个村子里主要是新教徒,天主教会的实力微弱)是现代法国的模范,因为它的人民拒绝了"维希政权的恶行"。希拉克把现代的警惕性和某种需要联系了起来,就是人们需要了解过去的恐怖。大屠杀博物馆2005年在巴黎开幕了。除了维希政权的问题,德国在法国的作为尽管是一个小一些

---

① 作者可能是指当时对维希政权有好感的老勒庞领导的极右翼政党影响大增,让法国政坛陷入危机。2002年4月,在法国总统选举第一轮投票中,老勒庞的得票率仅次于时任总统希拉克排在第二位,获得参加第二轮投票竞选总统的资格,引起世界范围内的担忧。老勒庞的极右翼观点非常张扬。2010年在日本投降65周年前夜,勒庞受日本极右翼一水会的邀请,与英国、奥地利、葡萄牙、西班牙、匈牙利、罗马尼亚和保加利亚的一些极右翼政党一起参拜靖国神社。他说:"重要的是对那些保卫自己国家而牺牲的人表示尊重,无论他们是日本人还是别的国家的人。"82岁的他还对记者说:"如果提到战争罪犯,那些轰炸广岛长崎的人(美国人)不也是吗?"2008年老勒庞曾向中国汶川地震灾区捐赠1000顶帐篷。——译者注

第五章 纪念

的主题,但仍然经常引起争论。2006 年,希拉克还赞扬了一个世纪以前证明阿尔弗雷德·德雷福斯无罪的行动。德雷福斯是一个犹太军官,1894 年他在激烈的争议和舆论的大肆宣扬中被错误地判处叛国罪。2007 年,在法国巴黎的先贤祠,希拉克褒扬了那些在德国占领期间帮助过犹太人的法国义人。

2007 年至 2012 年间的法国总统尼古拉斯·萨科齐向人民表示,右翼政治阵营才是共和国遗产的正当监护人。这种立场长久以来一直面对着左翼的质疑。萨科齐继承了希拉克的部分观点。

比利时和荷兰

否认大屠杀目前在法国是一项刑事罪行(从 1990 年的《盖索法》开始)。[1]在西欧的奥地利、比利时、德国、荷兰和西班牙也是如此。2007 年,比利时首相居伊·伏思达(Guy Verhofstadt)在国会为比利时官方向德国揭发犹太人和/或者驱逐他们道了歉。这是第一次一个比利时政府高级官员在议会为此道歉,这个场合是与 1970 年时任首相加斯东·伊斯肯斯(Gaston Eyskens)主持犹太人殉难者国家纪念馆开幕式不同的。伏思达 2002 年在马利纳斯/梅赫伦的驱逐中心第一次道歉,然后在犹太人驱逐和抵抗博物馆道歉。2005 年在耶路撒冷的以色列犹太人大屠杀纪念馆也道了歉。他在演讲里提到需要在学校教育里包含

---

[1] 《盖索法》(Gayssot Law)是法国共产党左翼成员让·克劳德·盖索(Jean-Claude Gayssot)提出的一项法案。该法案 1990 年通过。该法规定,质疑《1945 年伦敦宣言》定义的反人类罪的存在和规模都是一项刑事罪行。当年纽伦堡国际法庭正是根据《1945 年伦敦宣言》对纳粹领导人进行了审判。《盖索法》的第一条规定:"禁止基于是否属于一个民族、国家、种族或者宗教而进行的歧视。"——译者注

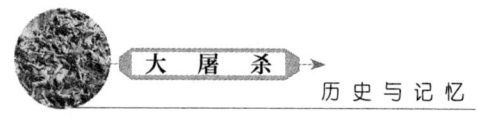

关于大屠杀的内容,尽管在比利时这个责任是由地方政府而非联邦政府承担的。

2007年,伏思达出席了布鲁塞尔市中心艺术山[①]举行的两块"正义者"牌匾的揭幕式。这两块牌匾是献给帮助犹太人逃脱追捕的非犹太人"正义者"的。揭幕式在比利时纪念"二战"结束的日子——5月8日举行。伏思达赞誉了"正义者",同时表示,他们的贡献是一个提示,提醒我们任何时代都需要宽容。大屠杀现在可以和不同形式的公共纪念活动结合起来。市政当局同意把这两块牌匾所在的道路命名为"正义巷"。这是大屠杀纪念活动和其他纪念活动结合方式的一个例证。当时为牌匾揭幕的是国防部长,因为他的工作职责中包括战争受害者事务。牌匾有两块,一块是法语的,一块是佛兰芒语。军乐队演奏了国歌和"军人葬礼号",一分钟静默以后又演奏了根据贝多芬第九交响乐谱写的欧盟"国歌"。因为贝多芬的国籍背景,更因为这种安排的欧洲化主旋律,这样的安排是否恰当就留给读者去考虑吧。所有比利时的电台都把这个揭幕仪式放在午间新闻的头条位置。

在演讲里,伏思达提到,政府已经接受了法国参议院2003年委托当代战争与社会研究和文献中心提交的研究报告。这个报告描述了比利时当局在纳粹占领时期所起的作用。报告认为用最好的措辞讲,也只能说当时的比利时当局对德国占领者是温顺的,而且有一些直接的通敌合作行为。报告的总结评述说:"比利时国家采取了一种驯顺的态度,面对一种对比利时和外国犹太

---

① 艺术山(Mont des Arts)是布鲁塞尔市中心的一处古迹。——译者注

第五章 纪念

人口来说都是灾难性的政策提供了……合作,一种应为一个民主政体所不齿的合作。"作为对此的回应,伏思达宣布扩大对大屠杀的赔偿。

2002 年成立了布斯委员会①,和比利时的犹太人代表一起工作,直接分配公共和私人基金。2007 年,一个附加基金建立起来,用来帮助那些没有被最初承诺的资金覆盖的赔偿要求。比利时政府已经出资建立了一个 1.1 亿欧元的基金来对大屠杀受害者进行赔偿。

战后荷兰的做法是可耻的。荷兰对回归的犹太人持一种无情的冷漠态度,而且直到 60 年代中叶,都不愿意承认自己做过的事情。但是,具有启发性的是,荷兰人并没有因为可以和法国比肩的战时行为分担污名。1941 年 2 月,阿姆斯特丹码头工人站在他们的犹太人工友一边举行的罢工为荷兰赢得了抵抗德国人的名声,这种名声直到相当近的时候还没有被荷兰当时广泛存在的通敌合作行为摧垮。内疚感也许对荷兰在 1967 年和 1973 年的阿以战争中支持以色列发挥了作用。1973 年荷兰国防部长布拉姆·斯特默丁克(Bram Stemerdink)在阐释支持以色列的原因时就提到了这一点。他当时凭自己的职权决定向以色列运送导弹。荷

---

① 1997 年,比利时政府步法国和荷兰的后尘,建立了一个国家研究委员会,来调查大屠杀期间犹太人的财产的下落。这个委员会的第二任主席是王室法院的前大礼官(grand marshal)卢西恩·布斯(Luxien Buysse),因此委员会也称为布斯委员会。该委员会由政府部长、法官、历史学家和四名比利时犹太人组织的代表组成。2001 年,该委员会提交了最终报告,详细描述了比利时国家银行、保险公司和政府官员在处理犹太人财产中的作为和各自从中夺取的财物价值。这个报告成为犹太人索赔的一个依据。见大卫·辛格(David Singer):《美国犹太人的岁月》,劳伦斯·格罗斯曼出版社,2002 年,349 页。——译者注

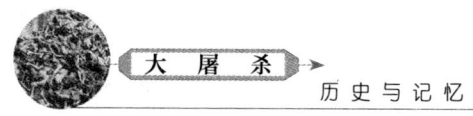

兰公众对荷兰在驱逐犹太人过程中的合作通敌行为的了解基本上是从 60 年代中期开始的,特别是因为历史学家雅各布·普雷瑟(Jacob Presser)的研究和著作《毁灭》的出版。只是在那一年而非更早,政府提出为奥斯维辛纪念馆提供资金。然而一直到 1995 年,荷兰女王比阿特丽斯才承认了当年荷兰犹太人的命运。形成对照的是,思考安妮·弗兰克的命运可能是美国、英国和其他地方的儿童(而不是荷兰儿童)接触大屠杀历史时最广泛的方式。

意大利

在意大利,围绕本尼托·墨索里尼的名誉和关于 1943 年至 1945 年意大利北部的萨洛法西斯主义共和国(Republic of Salò)受欢迎程度的争论中,对待犹太人的方式,尤其是在 1938 年反犹主义立法之后对待犹太人的方式,不仅过去是,而且现在仍然是一个争论中的问题。① 这个问题还与意大利在巴尔干的地位问题相关。意大利军队 1941 年至 1943 年曾经占领了巴尔干的部分地区。和其他国家一样,意大利的战后政治迅速表现出一种决心,即要克服意大利的过去对现在的影响。在意大利政治里,这种克服意味着原谅。于是,1946 年,对那些受到法西斯主义指控的人实行了大赦。形成对照的是,意大利共产党强调战时对德国和萨

---

① M. 哈梅茨:《意大利反犹主义的矛盾心理:的里雅斯特的法西斯主义、民族主义和种族主义》,《大屠杀和性别研究》2002 年第 16 期,376—401 页;S. 卢克尼:《〈祖先的呼喊〉和墨索里尼的 1938 年的反犹主义立法》,《羊角号杂志》2004 年第 22 期,67—79 页。

第五章 纪念

洛共和国的抵抗，因为在这个抵抗运动中，意大利共产党的作用很突出。而共产党的对手基督教民主党则宁肯聚焦于19世纪意大利争取民族统一的复兴运动。①

长期存在的对意大利过去的争论与当前意大利各政治群体的合法性有直接的联系，这些政治群体都从过去搜寻证据来证明自己的正直和对手的邪恶。法西斯政党意大利社会主义运动（MSI）试图与它的过去分割，以便摆脱政治上的边缘地位。迟至1992年，MSI还用穿黑衬衫和法西斯敬礼的方式来凸显墨索里尼夺取权力70周年的纪念日，但是在1994至1995年之间，MSI的领导人詹弗兰科·菲尼（Gianfranco Fini）把MSI改造成了立场更温和的民族联盟。这样做是要寻求被接受，特别是通过摒弃反犹主义获得社会的接受。1994至1995、2001至2006、2008至2011年三次担任总理的贝卢斯科尼曾经对墨索里尼有过积极的评价，但是受到左翼政治力量的抨击。

天主教会

针对1939年3月被选为庇护十二世教皇的欧金尼奥·帕切利战时发挥的影响存在严重的疑问。有一些舆论，特别是在1963年罗尔夫·霍赫胡特（Rolf Hochhuth）的剧本《代表》（*Der Stellvertreter*，英语：The Representative）指控庇护十二世有反犹主义倾向，而且没能针对大屠杀采取行动。教皇还受到更加具体的批评，因为他没能阻止从罗马驱逐犹太人，还因为他在克罗

---

① M. L. 基里柯、R. 西奥菲、A. 格里马尔迪和G. 皮格纳提里编：《意大利统一的结果：国家认同的建设》（那不勒斯，2011）。

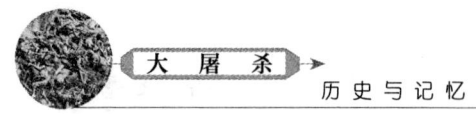

地亚、法国和荷兰对待犹太人的方式上采取的立场。①

相反,有人声称共产主义者的错误情报在这些指控中产生了作用,而庇护十二世比人们普遍相信的要更加同情犹太人,而且积极地代表犹太人努力过。②在对德国人对待犹太人的方式做出回应时,天主教会肯定了解共产主义对宗教的仇恨,因为共产主义是一个无神论运动。而且,天主教会害怕批评德国人会给天主教徒带来麻烦。事实上,1943年5月,因为天主教荷兰大主教致教众的一封信反对驱逐犹太人,德国人做出的回应就是逮捕已经受洗为天主教徒的荷兰犹太人,并把他们驱逐出去杀掉。相反,新教徒犹太人并没有被驱逐。

此前的1942年圣诞节,教皇利用广播批评了"最终解决",1943年6月他又一次这样做了,但是,那年10月德国人围捕罗马的犹太人时,因为担心他们入侵梵蒂冈城,教皇没有做出反应。事实上,那年晚些时候,作为对德国人袭击教会产业的回应,梵蒂冈指示只有作为天主教徒受过洗礼的犹太人才能进入教会的产业受到庇护。其实,1939年,教皇庇护十二世对德国人杀死波兰天主教神职人员一言不发,已经显示出在领导力上的失败。③在1945年6月提出的正式辩解书中,教皇争辩说他在面对邪恶力量时,为影响德国天主教徒的命运能够利用的唯一有效手段就是无线电广播。实际上,在关心纳粹受害者的命运的同时,庇护十二世强调外交上的克制,以免招致更大的邪恶,尽管在犹太

---

① J.康维尔:《希特勒的教皇:庇护十二世秘史》(纽约,1999)。
② M.博雷:《神圣的事业:从欧洲独裁者到基地组织的宗教和伦理》(伦敦,2006)。
③ M.费耶:《庇护十二世、大屠杀和冷战》(布卢明顿,印第安纳州,2008);R.A.温崔斯卡:《基督的战士:教皇庇护十二世的生活》(剑桥,马萨诸塞州,2013)。

第五章 纪念

人和许多其他人看来，这个更大的邪恶已经出现在眼前了。在梵蒂冈的深思熟虑中政治考虑发挥了影响力，其中也包括希望共产主义陷入困境这种盘算。

　　天主教会像其他欧洲的教会当局一样，对通过影响德国或其他国家——包括积极参与大屠杀和在大屠杀中什么也没做的国家——来反对大屠杀做得很少，这一直都是一个严重的道德上的失败。大屠杀依赖非德国人合作的程度突出反映了这个道德失败的严重性。这些非德国人中很多人是天主教徒。例如，庇护十二世的行为无法与克罗地亚萨格勒布大主教阿罗伊齐耶·斯特皮纳奇[①]对大屠杀的勇敢谴责相提并论。天主教廷没有能在公开的谴责中把了解到的关于大屠杀的情况传布开去，也没有能提供各主教团、神职人员和世俗人群需要的教会的领导力。外国的各新教教会尽管首先关心的是德国境内与它们有相同宗教信仰的人群的困境，但是还是越来越多地了解了纳粹反犹主义的本质和不道德

---

① 阿罗伊齐耶·斯特皮纳奇（Alojzije Stepinac, 1898—1960），生于奥匈帝国治下的克罗地亚。1937年至1960年去世前一直担任萨格勒布天主教大主教。斯特皮纳奇在"二战"之初支持德国控制的乌斯塔沙领导的纳粹傀儡国——克罗地亚独立国（Independent State of Croatia, NDH），曾经发布公告庆祝克罗地亚独立国的建立，而且欢迎过乌斯塔沙的领导人。后来他开始谴责与纳粹结盟的乌斯塔沙的反犹主义和反塞尔维亚人的暴行。他反对对犹太人的迫害和纳粹主义的法律，帮助犹太人和其他人逃跑，但是他从未完全断绝与乌斯塔沙的关系，仍然出席克罗地亚傀儡国的公开活动。战后斯特皮纳奇公开谴责新南斯拉夫政府和南斯拉夫共产党武装杀害神职人员的行为，反对土地改革，拒绝铁托要求克罗地亚天主教会摆脱梵蒂冈控制的要求，拒绝铁托要求他停止反对共产党政府的活动，1946年被南斯拉夫政府指控多项战争罪行和通敌罪行。法庭判决斯特皮纳奇犯有严重叛国罪，判处16年监禁。服刑5年以后，斯特皮纳奇回到自己的教区接受家中监禁，1960年去世。1952年教皇任命监禁中的斯特皮纳奇为红衣主教。1998年，教皇约翰·保罗二世在萨格勒布附近的50万群众面前宣布他为殉道者。2016年萨格勒布地方法院推翻了当年对斯特皮纳奇的叛国罪判决，因为当年的判决"严重违反了当时和在那之前的刑事法律实体法和程序法的基本原则"。——译者注

性，但是它们做的或者说的同样相当少。①

指责庇护十二世没有采取足够的行动去批评大屠杀可能是恰当的和公正的（而且不仅仅是在回溯往事的时候）。庇护十二世如果像庇护七世受到拿破仑监禁那样接受监禁，人们会认为他更加英勇。②庇护十二世在战争期间的行为最好的情况下也只能说是谨慎的（尽管只是从一种狭义的角度看），或者在最坏的情况下确实是令人震惊的。许多天主教神职人员都是这种情况，例如匈牙利的天主教神职人员，还有美国的天主教神职人员。不过，在强调庇护十二世和希特勒、梵蒂冈和纳粹关系的复杂性的同时，也有必要强调，德国境外的教会当局因为一些事情受到了指责，但是德国境内的一些个人和机构所处的位置更适合采取反对的行动。

战后，庇护十二世鲜有关注大屠杀的后果和犹太人受害者，他对于改善基督徒和犹太人的关系也没有兴趣。相反，他努力设法保证德国天主教会不会受到指责。作为去纳粹化政策的政治对手，庇护十二世是一个热情的反共主义者。而且，尽管他可能没有批准，天主教会的所属组织帮助德国和克罗地亚战争罪犯逃往西班牙和南美，其中包括艾希曼、门格勒和帕韦利奇。后来作为追封庇护十二世为圣徒的初步程序，教会为他举行的宣福礼招致大量批评，这并不让人感到惊讶。

---

① T.劳森：《英国教会和大屠杀》（伦敦，2006）。
② 庇护七世教皇（Pope Pius VII），1800年至1823年任教皇。在位期间大多数时间都在和控制欧洲的拿破仑帝国进行斗争。1804年拿破仑在皇帝加冕典礼上漠视庇护七世的意图，自己把皇冠戴在头上。1809年庇护七世宣布革除拿破仑的教籍，于是被拿破仑监禁了起来。6年时间里在拿破仑帝国内流转多地，1814年才被反法同盟的军队解救。——译者注

第五章 纪念

相比之下，庇护的继任者约翰二十三世（1958—1963年任教皇）更热心于建立与犹太人更好的关系。这导致1965年召开的第二次梵蒂冈公会议①免除了犹太人对耶稣之死的责任。这个责任是基督教反犹主义中的一个关键主题。关于天主教会与非基督宗教的关系的宣言《我们的时代》坦率地承认："任何藐视或者迫害这些人民（犹太人）的人都确实伤害了天主教会。"保罗六世（1963—1978年任教皇）在战时从事过梵蒂冈的外交工作，他对这些问题相对不那么积极，但是没有颠覆这个步骤。而且，约翰·保罗二世（1978—2005年任教皇）后来称呼犹太人为基督徒的"兄长"。

天主教传统主义者拒绝第二次梵蒂冈公会议，主要的动因是反对会议确定的更加现代化的礼拜仪式。在法国，但不仅仅是法国，这种抵制利用了一系列反犹主义的因素。传教士大会②的总会长马塞尔·列斐伏尔（Marcel Lefebvre）建立了"庇护十世僧侣兄弟团"（Priestly Confraternity of Pius X）。这个团体拒绝许多公会议要求的改革。1976年，列斐伏尔因为组建"庇护十世僧侣兄弟团"被暂停主教神职。他对抗停职的命令，在没有教皇授权的情况下祝圣了四名主教来推进他的工作。因为这种教

---

① the Second Vatican Council，天主教会历史上的第二十一次公会议，也是在梵蒂冈召开的第二次公会议。开始于约翰二十三世教皇任期的1962年，结束于保罗六世教皇任期的1965年。该次会议主要处理天主教会与现代世界的关系问题。下文提到的《我们的时代》（拉丁语：Nostra Aetate）即《关于教会与非基督宗教关系的宣言》（"Declaration on the Relation of the Church with Non-Christian Religions"）经第二次梵蒂冈公会议表决通过，1965年由保罗六世教皇颁布。——译者注

② 传教士大会（Spiritan missionary congregation），即圣灵神父团（Holy Ghost Fathers），是天主教神职人员和俗人修士的一个团体。——译者注

会分裂主义的行为，教皇约翰·保罗二世于1988年革除了列斐伏尔的教籍，那四名由他祝圣的主教也被革除了教籍。①2009年，围绕教皇本笃十六世豁免这些主教绝罚令的决定发生了相当大的争议，因为四名主教中的一位——英国出生的理查德·威廉姆森（Richard Williamson）声称只有不到30万名犹太人在大屠杀中遇害。德国总理默克尔很不寻常地、直率地要求教皇毫不含糊地澄清教会里不可能有否认大屠杀的行为。这场争论使长期存在的关于教皇和传统主义的天主教徒在战争期间的行为的争论重现公众的讨论中。而且，德国出生的教皇本笃十六世②曾经是希特勒青年团员，这个广受关注的问题也引起了争议。

人们对本笃关于第三帝国的论述关注不多。他在谈到第三帝国时把德国人描述成受害者，忽视了他们在共谋中发挥的作用。2006年在奥斯维辛，教皇本笃宣布："我是作为那个民族（日耳曼）的儿子来到这里的。一群罪犯曾经向那个民族许下关于将来的伟大和恢复这个民族的光荣、卓越和财富的虚假承诺，他们利用这些虚假的承诺和恐怖以及威吓掌握了权力，使这个民族作为他们渴求毁灭和权力的工具，被利用并且被虐待了。"

本笃的态度和一批德国人的受害者情结是相称的，和他的波兰前任约翰·保罗二世的态度则形成了对比。约翰·保罗二世直面反犹主义问题和天主教与纳粹同谋的问题。③不过，2009年在本

---

① 列斐伏尔1991年去世前一直拒绝承认自己被革除教籍，所以这个处分维持至今。四位主教于2009年提出请求以后，教皇取消了对他们革除教籍的处分。——译者注

② 也译为本尼迪克特十六世（Pope Benedict XVI），2005年当选教皇，2013年因健康原因主动退位。——译者注

③ 《独立报》，2006年5月31日。

第五章 纪念

笃教皇访问以色列犹太人大屠杀纪念馆之前,纪念馆的馆长阿夫纳·沙勒夫(Avner Shalev)要求教皇在演讲中要提到对大屠杀的纪念。教皇确实在演讲中对大屠杀进行了强烈的谴责,说"不敬神"的纳粹政权实施的这个行动将绝不会被遗忘或者否认。本笃还在覆盖在大屠杀死难者骨灰上的一块石头上放了一个花环,并会见了大屠杀幸存者。

大屠杀在公共讨论中具有的核心性质对梵蒂冈产生了很大的影响,使梵蒂冈不得不在围绕庇护十二世的争论中有所作为。1998年,梵蒂冈的与犹太人宗教关系委员会在《我们记得:对大屠杀的反思》报告中为教皇做了辩解,但是他们的证据是单方面的,判断也说不上令人信服。五年以后,为了试图表明庇护十二世"伟大的慈善工作和协助"那些受到纳粹迫害的人的工作,梵蒂冈解密了和庇护十二世有关的档案材料。2009年,在访问以色列犹太人大屠杀纪念馆时,本笃教皇表明了他的一个态度,即如果一个博物馆的展陈内容指控庇护十二世没能采取行动救护犹太人免于种族灭绝,他就不希望访问这个博物馆。当时犹太人大屠杀博物馆的展陈说明宣称:"当犹太人从罗马被驱逐到奥斯维辛去时,教皇没有进行干预。"梵蒂冈进行游说,希望博物馆撤除那个说明,声称教皇当时为了救护犹太人采取了"隐于幕后"的外交策略。后来本笃教皇支持为庇护举行宣福礼,这个态度也引起了争议。

东 欧

在东欧,尽管把极权制度描绘得与纳粹主义政治对手截然不

同,但是彼此在很多地方有遥相呼应之处,其中就包括使用一些相同的设施进行压迫。① 例如在东德,萨克森豪森集中营就像米尔贝格(Mühlberg)集中营一样,又被重新用为一个拘留营。

实际上,东欧对纳粹政权和它的合作者的批评经常是与反犹主义政策相配合的。在战时宣传中,苏联对大屠杀轻描淡写。斯大林重新构划了战时的报告,为的是转移对苏联纳粹受害者中犹太人所占比重这个问题的关注。② 斯大林非常敏锐地知道怎样作为一种分而治之的策略让其他种族的对手相互争斗,从而把他们从联合起来建立一个具有潜在威胁的反共产主义抵抗阵线上引开。实现这个目标的一个方法就是安插共产党的犹太人成员到党和政府的高层职位上去。一定程度上,反犹主义政策反映了一种企图,就是把政府建立在一种民粹主义的民族主义基础上,以及在一定程度上把它建立在各共产主义政权之间的纷争这个基础上。这种政策的一个结果就是那些有影响力的犹太人共产党员后来被广泛地清洗掉了。在苏联,犹太人被描述为不爱国的世界主义者。战时反法西斯的犹太人委员会1948年被镇压,领导人在1952年被处决。1948年,苏联中央宣传部停止出版《苏联犹太人受破坏情况黑皮书》(*The Black Book of the Destruction of Soviet Jewry*),而且命令销毁这本书所有的副本。苏联有一种决

---

① U. 赫伯特:《国家社会主义和斯大林主义的统治:比较的可能性和限制》,见 M. 希尔德迈尔编:《东西欧之间的历史概念》(牛津,2007):5—22。
② K. 伯克霍夫:《危险中的祖国:"二战"中的苏联宣传》(剑桥,马萨诸塞州,2012)。

第五章 纪念

心,不允许提升犹太人意识或者对犹太人的认识。①

苏联的卫星国们亦步亦趋地这样做了。被清洗的共产党员受到的一个主要指控就是他们是锡安主义者,但是通过一种令人毛骨悚然的对真实情况的扭曲,有一些犹太人被指控在战时与敌人合作,这种做法太典型了。党内的派别用反犹主义和犹太复国主义的指控来反对政治对手——例如在东德和罗马尼亚,特别突出的是1952年捷克斯洛伐克对斯兰斯基②的审判。在这些时候反犹主义宣传都明显高涨起来。

第二年,苏联《真理报》谴责苏联的犹太医生是一个"犹太复国主义恐怖团伙"③。于是在苏联发生了反犹攻击行为,而且这可能是导致把苏联犹太人驱逐到东方去的原因。在苏联远东的东西伯利亚,30年代初期建立了一个遥远的犹太人家园——比罗比

---

① J. 鲁本斯坦和 V. 瑙莫夫编:《斯大林的秘密屠杀:战后对犹太人反法西斯委员会的审判》(纽黑文,2002)。
关于斯大林的反犹主义,读者可以参阅〔俄〕罗伊·梅德韦杰夫:《让历史来审判——论斯大林和斯大林主义》下册,东方出版社,2005年,947、963—970页。——译者注

② 鲁道夫·斯兰斯基(Rudolf Slánský,1901—1952),"二战"后捷克斯洛伐克共产党领袖。1946年担任捷共总书记。1948年春捷夺取政权以后成为党内仅次于哥特瓦尔德的二号领导人。由于斯大林排斥东欧共产党内具有民族独立思想的领导人,1952年11月,斯兰斯基和其他13名政治局委员级别的领导人一起被捕。其中斯兰斯基和另外10人是犹太人。斯兰斯基等人在监禁中受到拷打和折磨,结果在法庭上都承认自己有罪,要求法庭判处自己死刑。法庭判决斯兰斯基从事"为美帝国主义服务的托洛茨基主义—铁托主义—犹太复国主义活动"。1952年12月3日在监狱里被公开绞死。尸体被烧成灰在布拉格城外一条冰冻的马路上洒掉。1968年"布拉格之春"时期,捷克为斯兰斯基恢复了名誉。关于斯兰斯基案件的审判过程,读者可以参阅〔俄〕罗伊·梅德韦杰夫:《让历史来审判——论斯大林和斯大林主义》下册,东方出版社,2005年,956页。——译者注

③ 关于这个案件读者可以参阅《让历史来审判——论斯大林和斯大林主义》下册,967页。——译者注

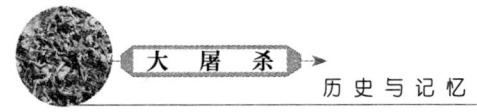

詹犹太自治州①。

美国自1967年开始表现出对以色列的支持；苏联对埃及、叙利亚和泛阿拉伯主义的支持，则加强了反犹主义。确实，在苏联的宣传世界里，犹太复国主义者被指控与大屠杀合作，为的就是要借此创造以色列国家。

1968年，在波兰出现了反犹主义态势，因为波兰统一工人党想把犹太人从波兰驱逐出去。许多波兰犹太人被迫移民国外。这种情况源于波兰党内的紧张关系。在1956年10月波兰去斯大林化的余波里，当瓦拉迪斯劳·哥穆尔卡（Wladyslaw Gomulka）掌握权力时，党内在不同的时刻曾经有几个蛰伏的或者半活跃的派别。这些派别以米尔齐斯劳·莫扎儿（Mieczyslaw Moczar）为首，想要推翻哥穆尔卡。莫扎儿是一个坚定的反犹分子，后来成为一个恶毒的反犹分子。此时他站出来展开一场反犹主义的战役。波兰的媒体是受政府控制的，它们利用了这个题目。尽管大多数波兰人把这场斗争视为波兰统一工人党内部的争斗，但是一些非犹太波兰人也和那些媒体站在一起。波兰天主教徒对犹太人没有什么偏爱，但是许多人同情他们，一定程度上是因为许多人自发地反对党派斗争，把相互敌对看成是对统一工人党和对苏联的打击。在1967年阿以战争的余波中，听到非犹太波兰人带着骄傲的神色说"我们的犹太人"是很常见的事情。他们说的"我们的犹太人"就是早些时候移民以色列，然后成为以色列军队指

---

① 比罗比詹犹太自治共和国（Birobidzhan），隔黑龙江与我国抚远、伊春等地相邻。苏联迁往这里的犹太人口由于环境艰苦和偏僻，很少有人留下来。20世纪70年代以后随着苏联政治环境的改变，他们大量移民以色列等地。2010年人口统计时，犹太人仅有约2000人，约占当时该州人口的2.6%。——译者注

第五章 纪念

挥系统一部分的波兰犹太人。

共产主义、反犹主义和对以色列的仇恨赋予波兰政府的态度以特色。和这些联系在一起的一种做法就是忽视纳粹暴行专门对准犹太人的程度。这种做法不仅与反犹主义和政治有关，也和意识形态有关。在对待宗教的时候，波兰共产主义意识形态把它当成反动的东西，而且强调与法西斯主义的一场统一的、苏维埃式的斗争，以及在这样一场斗争中付出的牺牲。[①] 在各集中营进行的纪念活动中就可以看到这种立场。例如，奥斯维辛被描述成波兰抵抗运动的一个象征，只字不提犹太受难者。1947 年在那里开始建设的博物馆作为对"波兰国家和其他国家牺牲"的一个纪念，被用来传播对历史事件的相应观点。1954 年建立的国际奥斯维辛委员会的情况也是如此。波兰和苏联的著作中提到被杀者的庞大数目，但是不说明其中许多人是犹太人这个事实。一定程度上，这也反映了一种论点，即共产主义运动被认为是不言自明的反对宗教和种族偏见的，比身份认同更加进步。从这个观点出发，犹太人不应该被从波兰人和苏联公民中分别出来加以处理。民族主义在法国也产生了同样的影响。然而在波兰，教堂被重新建了起来，但是重建的努力却没有延及重建犹太会堂和格都上。[②]

有一些人处心积虑地企图把专门针对犹太人的杀戮程度描述到最小，几乎不会提到"大屠杀"，他们宁肯说这是对平民或者

[①] Z. Y. 吉特尔曼编：《苦涩的遗产：在苏联面对大屠杀》（布卢明顿，印第安纳州，1997）。

[②] M. 孟：《破碎的空间：在战后的德国和波兰遭遇犹太遗迹》（剑桥，马萨诸塞州，2011）。

和平人口的根绝或者毁灭。巴比亚尔峡谷的屠杀被说成是"对和平苏联公民"的屠杀,那里的铭文根本不提犹太人。[①] 奥斯维辛2号营而不是1号营是杀死犹太人最多的地点,但是有一阵子1号营却是奥斯维辛唯一可以参观的部分。《波兰历史地图集》(1981)称有超过600万波兰公民在战争期间被屠杀,却没有犹太人的数据。这本地图集还指出,在奥斯维辛,400万"不同国籍的"人死亡了。[②] 罗马尼亚和捷克斯洛伐克采取了同样的立场。

东欧阵营一直保持着不变的冷漠态度,在倒台之前,出现了一些信号,显示人们有了更大兴趣从犹太人的视角审视历史,例如,80年代早期的波兰就是如此。而且还出现了把学术界集合起来为讨论寻找一个基础的努力。[③]

剧变之后导致与大屠杀有关的新文献得以出版。例如,1964年,考纳斯的格都被推土机清理,结果发现了埋藏的秘密文献。那些文献是1942年至1943年的关于格都警察的历史记述。这个消息被苏联当局压住了,直到立陶宛独立以后才公布出来。1992年,一个德国历史学家在莫斯科的档案里发现了一卷缩微胶卷,上面是按照戈培尔1945年的请求拍摄的他的日记。这份文献在1993年至2008年之间出版了。1996年,美国和以色列历史学家

[①] D. 斯通编:《大屠杀的历史编纂学》(贝辛斯托克,2004):423。

[②] W. 迪查普利斯基和 T. 拉多格尔斯基编:《波兰历史地图集》(弗罗茨瓦夫,1981):34。关于屠杀规模的不同说法,见 M. 库奇亚、M. 杜赫-迪恩高兹和 M. 马基洛夫斯基:《波兰天主教徒对奥斯维辛和第二次世界大战的集体记忆:对三种共产主义的定性分析》,见《历史与记忆》,25,2(2013):132—173。

[③] W. 巴尔托舍夫斯基:《对波兰人与犹太人关系的一些思考》,《波兰》1986年第1期,287页;《第二次世界大战期间波兰人和犹太人的关系:一个讨论》,《波兰》1987年第2期,337—358页。

第五章　纪念

获准接触罗马尼亚国家档案馆中的有关档案。摄影术也走上了前台，他们得到机会，拍摄那些被摧毁的文化遗迹。①

但是，现在被强调的关键点不是纳粹的杀戮，而是苏联的压迫，这种情况复制了早先在流亡者中可以看到的趋势。从40年代后期开始，无家可归的非犹太人和许多从一些国家逃离的难民就经常是反犹主义的。他们对承认犹太人遭受的磨难感到愤怒。②最新揭示的资料鼓舞了他们关注的焦点。例如，在白俄罗斯，库鲁帕特尼（Kuropatny）的万人坑从1988年开始发掘。③在那里，苏联内务人民委员会（秘密警察）在1937年至1941年间至少屠杀了10万人。这使白俄罗斯的民族主义在愤怒的煎熬中复振并且普及开来。东欧人开始把自己视为牺牲品，自己在这个政体中没有产生任何作用（这很大程度上是一个误导的观点），而且共产主义被描述成一个外来的意识形态，这时像犹太人那样的其他民族遭受的苦难就被忽视了。而且，在20世纪初可以看到、后来被纳粹德国及其盟国大大推动了的把共产主义与犹太人相联系的倾向在90年代又复活了。反犹主义在一些民粹主义的民族主义中产生了明确的或者暗示性的作用。进而，长期存在的像强调纳粹迫害的犹太受难者一样强调基督徒受难者，甚至更加强调基督徒受难者的倾向延续下来。例如，在天主教和犹太教围绕对奥

---

① Y.多吉克和K.克劳索瓦：《最后一页：斯洛伐克犹太人生活的组织结构》（布卢明顿，印第安纳州，2011）。

② A.霍利安：《国家社会主义与苏联共产主义之间：战后德国国内的无家可归者》（安阿伯，密歇根州，2011）。

③ 蒂莫西·斯奈德：《国家的重建：波兰、乌克兰、立陶宛、白俄罗斯，1569—1999》（纽黑文，2003）：248。

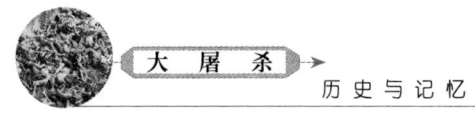

斯维辛的阐释问题上展开的竞争中就可以看到这种倾向。① 到1997年已经有超过两千万人访问了那里。东欧剧变以后，奥斯维辛的纪念馆开始强调德国人对波兰人的屠杀。90年代在东欧，把各个社会理解成并非多元的，使得犹太人的遭遇很大程度上被忽略了。②

在整个东欧，对当地在大屠杀中的共谋程度还有一种不愿承认或者不能承认的态度。③ 而且，在保加利亚、克罗地亚、匈牙利、罗马尼亚和斯洛文尼亚，人们对战时的本国政权比在共产党统治时期更加充满同情。1940年至1944年间的罗马尼亚独裁者扬·安东内斯库曾经积极地迫害犹太人并与希特勒合作，1946年因为战争罪行被处决。但是90年代，他被宣布为一位反苏联的民族主义者，而且急匆匆地用他的名字命名城市的街道。1994年在罗马尼亚国家军事博物馆开幕的一个大型纪念展览还赞美了他。

尽管这些做法没有被视为反犹主义的行动，但是它们是传统主题表达的一个方面，而这些传统主题就包含了反犹主义。事实上，2003年一个官方的新闻稿就表示，在罗马尼亚没有发生大屠杀。国际新闻界的批评让官方撤回了这个新闻稿，而且改善

---

① A. 查尔斯沃斯：《争论记忆的地点：奥斯维辛案例》，《环境与规划D：社会与空间》1994年第12期，579—593页。
② I. 戈德斯坦：《中东欧学校对犹太历史的处理》，见C. 寇劳瑞编：《克里欧在巴尔干：历史教育的政治学》(塞萨洛尼基 [希腊]，2002)：353。
* 克里欧(Clio)，是希腊神话中的"历史缪斯"，即"历史女神"。
③ E. 祖罗夫：《洗白大屠杀：立陶宛和历史的复原》，《修正》(Tikkun)，7，1992年第1期，43—46页。
* "Tikkun"是希伯来语，原意为"修正、矫正"；《修正》是一本包容不同信仰的犹太人左翼季刊，出版于美国。

第五章 纪念

与美国和以色列关系的努力也鼓励了罗马尼亚在政策上的转变。2004年罗马尼亚总统扬·伊利埃斯库第一次对罗马尼亚在大屠杀中的作用予以承认。此前一年，他建立了一个国际委员会，就这个问题提出报告。委员会在2004年的报告清楚地表示当时的高级决策者对大规模的杀戮负有责任。伊利埃斯库是前共产党人，我们不清楚一个右翼的领导人是否会做出同样的决定。事实上，伊利埃斯库几乎不热心于采取这个步骤，所以一个右翼领导人是不太可能这样做的。这个官方举措很大程度上要归功于罗马尼亚决心融入西欧，特别是通过成为北约和欧盟成员融入欧洲的决心。这个决策使罗马尼亚支持了美国的"反恐战争"。2003年在罗马尼亚的邻国摩尔多瓦有一个相似的过程。从1998年开始，罗马尼亚教育部长就试图加强对大屠杀的教育。2006年在摩尔多瓦也是如此。他们的中学教师得到指令，要组织纪念大屠杀的活动。2005年，罗马尼亚政府建立了国家研究所来研究在罗马尼亚发生的大屠杀，并且确定了一个官方的周年纪念日：10月9日。当年从布科维纳（Bukovinia）向德涅斯特河沿岸地区（Transnistria）驱逐犹太人的行动就开始于1941年的这一天。但是，纪念被屠杀犹太人的纪念物在罗马尼亚大多是看不到的。几乎所有的纪念物都在犹太人墓园和犹太会堂里，或者犹太会堂的庭院里。因此它们就隐藏在非犹太人的视线之外了。曾经杀死犹太人的地方没有用纪念物标识出来。[1]

承认大屠杀的意愿是和政治问题联系在一起的，这种情况并

---

[1] M. 布库尔：《过去的大厦，20世纪罗马尼亚的战争纪念物和英雄》，见 M. 托多洛瓦编：《巴尔干的认同，民族和记忆》（伦敦，2004）：175。

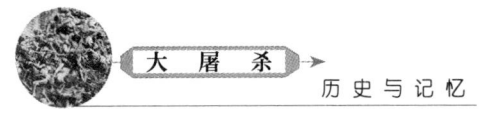

不仅仅出现在罗马尼亚。1996年，当波兰外交部长向世界犹太人大会就反犹主义和凯尔采屠杀事件道歉时，道歉的是一位前共产党人达留什·罗萨蒂（Dariusz Rosati）。直到2004年，波兰总统才代表官方承认，波兰人对犹太人的虐待是战时对波兰犹太人摧残的一个部分。接着在2006年，波兰总统莱赫·卡钦斯基和犹太领导人一起，为位于以前华沙格都中心地带的波兰犹太人历史博物馆奠基。博物馆于2014年开放，展出了关于大屠杀的内容。但是博物馆首要的目的是建立以前欣欣向荣的犹太社区。此外，还有计划要为大屠杀中帮助过犹太人的基督徒建造两座纪念馆。

2001年，匈牙利确定了大屠杀纪念日，接着在2002年建立了大屠杀纪念中心。匈牙利大屠杀纪念日是4月16日，这是1944年建立布达佩斯格都的日子。匈牙利把大屠杀纪念日确定在这一天是为了提醒人们各国历史记忆的差异性。后来，政府建立一个委员会来纪念1944年驱逐犹太人的70周年。2013年，副总理迪波尔·纳夫拉奇赤（Tibor Navracsics）宣布匈牙利国家在1944年攻击了自己的犹太人公民。这样他就没有像许多人那样，试图把罪责归咎于德国人。另一方面，对洗白战时通敌合作行为的做法也提出了一些指控，同时政府对待匈牙利罗姆人（吉普赛人）的方式也存在很大的争议，而且导致一些批评。21世纪以来，民族主义的反对派政治家积极地推动着反犹主义的主题。所有对过去那些（针对犹太人的）血腥的诽谤性指控报以欢呼的人

第五章 纪念

都被收罗进反对党朱比克党,即"更好的匈牙利运动"①。他们声称犹太人精心策划了第二次世界大战,而且称大屠杀为"大骗局"。

在立陶宛,免除反共主义者的罪责发展到包括纪念"英雄"和"自由战士",即那些在党卫军里或者和党卫军一起战斗的人,诸如乔纳斯·诺雷卡②这样的人。1991年,立陶宛对战时与德国合作的通敌者进行大赦。在苏俄内战以后由苏联统治的一些地区,德国人赢得相当大的支持,特别是当地非俄罗斯人的支持③,而且这让后共产主义时代的纪念活动和历史问题变得更加问题多多令人烦恼。同时从政治上和就大屠杀而言,过去存在,现在也还有一批民族主义反对派反对战时与德国的合作和后来对这种合作的偏袒。现在在东欧否认大屠杀是一种刑事罪行。在捷克、立陶宛、波兰和罗马尼亚都是这样,但是对于认识对"二战"的公共记忆的复杂性,以及这些公共记忆在各民族历史叙事中的地

---

① the Movement for a Better Hungary,简称朱比克党(Jobbik),匈牙利极端民族主义政党。该党称其宗旨是"有原则的、保守的和激进爱国主义基督教政党",根本目的就是保护"匈牙利的价值观和利益"。这个党有时被称为"新纳粹""反犹主义组织"。在2014年的匈牙利大选中,该党获得20.54%的选票,成为当时匈牙利议会中的第三大党。——译者注

② 乔纳斯·诺雷卡(Jonas Noreika),立陶宛"二战"时期的一个争议性人物。据立陶宛官方称,诺雷卡1940年以前在苏联红军服役。当时立陶宛是苏联的加盟共和国。德军占领立陶宛以后诺雷卡参加了反法西斯地下运动。1943年被盖世太保逮捕,在集中营里关押了两年。1945年重新加入红军。当年11月回到立陶宛维尔纽斯进入国家科学院工作。1946年组织反苏的立陶宛全国委员会,被苏联当局逮捕。当年11月被处决。但是有证人和证据表明,在1941年到1943年之间,诺雷卡领导的立陶宛武装与德国占领当局合作,在立陶宛普伦盖(Plungė)等地大规模屠杀犹太人。诺雷卡亲自下令对犹太人的屠杀。——译者注

③ M.迪恩:《大屠杀中的合作通敌行为:白俄罗斯和乌克兰地方警察的罪行1941—1944》(贝辛斯托克,2000)。

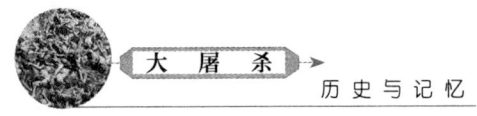

位,这只是一种有限的指引。所以,90年代在利沃夫,极右翼的乌克兰民族主义者自由地表达着反犹主义情绪。他们说1941年是别的什么人杀死了犹太人。2015年乌克兰国家承认了那些支持德国人的乌克兰民兵的历史地位。那些人在抵抗苏联政权之前曾经杀死过犹太人和波兰公民。从2015年开始,研究者和记者们被期望把那些"为乌克兰独立而战斗"的人描绘成英雄。

在乌克兰,大屠杀很少被提及。战时的屠杀主要被归咎于苏联对(基督徒)乌克兰人的仇恨,而波兰人(和犹太人)被牵连进来。屠杀真正的受害者被描绘成(基督徒)乌克兰人,"真正的大屠杀"被说成是"乌克兰大饥荒",即在战前由斯大林设计的农业集体化时期,发生于1932年至1933年的大饥荒。在那场饥荒中,数百万乌克兰农民死亡了。70年代杜撰的"大饥荒"(Holodomor)这个词明显地暗指大屠杀,同时又暗示这是针对乌克兰人民的一场种族灭绝行动。① 今天的乌克兰疆域是战前苏联控制的乌克兰疆域和1945年从波兰和捷克斯洛伐克割占的领土合成的。"大饥荒"发生在前一部分领土上,但是怨愤的火炬被没有经受过"大饥荒"的前波兰公民接了过来。在他们居住的那个区域,大部分犹太人被消灭,犹太人的集体记忆被抹杀。"大饥荒"成了乌克兰前波兰公民历史和文化的一个重要元素。② 流亡在加拿大和美国的人在回忆和纪念的过程中特别积极。在立陶

---

① 罗布·摩根致杰里米·布莱克的电邮,2015年8月11日。
② 今天乌克兰西北部的一些领土"二战"以前是波兰的领土,那里的居民以波兰人为主。乌克兰大饥荒发生时他们是波兰公民,所以没有真正经历过大饥荒。但是"二战"以后,苏联把该地区划给乌克兰加盟共和国。乌克兰独立以后这些地区的波兰裔乌克兰人把大饥荒当作自己的历史记忆,用来否定苏联时期的历史。——译者注

第五章 纪念

宛,一些评论员把他们所说的苏联在1944年进行的种族灭绝行动归咎于"犹太—布尔什维克主义者"[①]。在移民海外的人中也可以听到这些观点。

除了在国家内部,大屠杀也成了国家之间的一个问题,尽管这个问题不像东欧在40年代经历的占领、杀戮和强迫迁徙那么重要。在争论或者更常见的诽谤咒骂中,主要的话题是责任问题,但是也有关于受难者国籍身份的争议。特别是战时的领土划分成了一个问题,因为评论者们都在努力夸大本国受难者的人数,以此要求自己的领土利益。这种纷争一直持续到现在,就像俄罗斯至今都把斯大林在1939年(波兰东部)和1940年(爱沙尼亚、拉脱维亚、立陶宛和罗马尼亚的一部分)夺取的领土上的受难者说成是"苏联公民"。这些地区在1941年被德国征服,1944年又重新被苏联占领,事实上大部分在1945年变成苏联领土。这些国家拒绝接受俄罗斯的这种论调,而且这种争论在奥斯维辛问题上变得至关重要。在奥斯维辛,波兰政府曾经拒绝俄国人重新开放那里的展览,除非他们同意波兰的立场。这导致一场论战。罗马尼亚和匈牙利针对特兰西瓦尼亚(Transylvania)提出了相互冲突的阐释,这个地区在1940年曾经因为德国的压力被移交给匈牙利。

东欧国家下定决心要赢得国际上对它们的接受,特别是面对复苏的俄罗斯寻求一定程度的保护。这导致它们在一定程度上正面应对大屠杀在国际上的意义,特别是在美国所具有的意义。美

[①] D. 布罗克:《双重种族灭绝》,《石板》,2015年7月26日,http://www.slate.com/articles/news。

国是东欧国家获得北约成员国资格的关键因素,而西欧则是东欧国家加入欧盟的关键因素。这使得东欧国家做出象征性的道歉。于是1995年立陶宛总统阿尔吉尔达斯·布拉藻斯卡斯在以色列议会发表演讲,为立陶宛在大屠杀中的作用进行公开道歉。在立陶宛,苏联时期的民族歧视在国家独立以后被公开的反犹主义代替了。本世纪最初10年,那里出现了向不那么勉强的官方立场发展的态势。2012年,立陶宛政府同意向犹太人遗产基金支付5000万美元,作为对非法夺取犹太人财产的赔偿。同时支付100万美元帮助贫困的大屠杀幸存者。2013年是维尔纽斯格都被摧毁的70周年。①

出席纪念活动是政治策略的一个重要标志。2007年,为在纪念活动这种非常敏感的时刻做出正确的政治姿态,爱沙尼亚总理安德鲁斯·安西普出席了塔林郊外的一个大屠杀纪念仪式,还出席了一个公墓里的纪念活动。后者纪念的是那些为苏联或者为德国人战斗而在爱沙尼亚战死的士兵。同时还出席了一个在苏联红军阵亡者纪念碑前举行的活动。这座纪念碑此前不久在争议中进行了一次搬迁。

在东欧,讨论大屠杀不只是一个关于纪念的问题。在那里,电影也通过历史和记忆涉及了大屠杀。②除了大屠杀与持续存在的针对幸存犹太人社区的反犹主义问题,在东欧的大屠杀中展现出来的当地人与德国人大规模积极的合作使另一个问题更加要

---

① S.乌尔夫森:《后苏联时代立陶宛的大屠杀遗产:人民、地方和物品》(伦敦,2014)。

② D.伊奥尔达诺瓦:《欧洲其他地方的电影:中欧东部电影产业和电影艺术产业》(伦敦,2003)。

第五章 纪念

紧了,那就是,20世纪90年代东欧存在的种族暴力和所谓种族灭绝问题。原制度的终结导致民族意识的高涨。这种高涨的民族意识加强了种族划分在民族主义叙事中的影响,于是也使少数民族,包括犹太人的问题更突出了。在前南斯拉夫,使用种族主义的思考方式去推进民族主义的领土主张和侵略性,导致发生经常是凶杀性质的"种族清洗"行为。这种行为主要是克罗地亚人对塞尔维亚人、塞尔维亚人对波黑穆斯林和科索沃人施行的,同时还导致波斯尼亚的大屠杀。

这些情况让西方进行了干预。为了支持这种干预,经常会在"绝不重演"这种调子下提到大屠杀。事实上,因为理解了视觉影像捕捉想象力的能力,比尔·克林顿敦促人们去观看电影《辛德勒的名单》(1993年)。但是也有争论说波斯尼亚不同于大屠杀,不仅因为大屠杀的有组织性,而且因为在模式上更具有残忍的种族清洗的性质。① 同时也有人反驳说,波斯尼亚塞尔维亚人进行的是对穆斯林的系统谋杀,人数达到种族灭绝的程度。②

为了给德国参加对科索沃的军事干预提供合法性,德国总理施罗德把南斯拉夫地区的"种族清洗"归入与第三帝国的种族主义暴行相同的类别。尽管这不是他的目的,但是施罗德的说法却含蓄地对纳粹的战时罪行产生了相对化的影响,给战后被其他国家驱逐的德国人在德国建立的组织提供了一个机会,要求德国官

---

① R. H. 海登:《辛德勒的命运:种族灭绝、种族清洗和人口迁移》,《斯拉夫观察》1996年第55期,727—748页。

② N. 塞伽:《波斯尼亚的种族灭绝:"种族清洗"政策》(学院站市,德克萨斯州,1995);E. 比斯瑞维奇,《德里纳河上的种族灭绝》(纽黑文,2014)。

* 德里纳河(Drina River),南欧河流,从塞尔维亚与波黑边界流入萨瓦河。

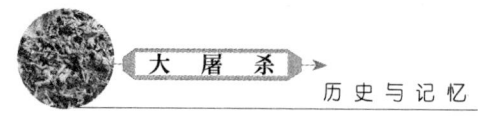

方的历史叙述（对他们的经历）做一个更公开的表述。[①]2015年，俄罗斯否决了一项英国起草的联合国决议。这个决议把1995年波斯尼亚塞尔维亚军队在斯雷布雷尼察对8000名波斯尼亚穆斯林的大屠杀称为一起"种族灭绝罪行"。这项决议如果通过了，将使联合国安理会第一次正式承认，在欧洲发生的1945年以来最恶劣的暴行是一次种族灭绝行为。但是俄罗斯常驻联合国代表维塔利·丘尔金说英国提出的决议的措辞"是受政治驱动的"，好像他的反应不是受政治驱动的。实际上，尽管这些暴力行为的模式在一定程度上和40年代在南斯拉夫发生的行为是一样的，但是南斯拉夫地区的"种族清洗"与大屠杀的差别和两者的相似性相比仍然明显得多。

尽管战时与德国的合作在欧洲很多地方都被轻描淡写，但它不仅仅是法国和东欧的问题。被轻描淡写的包括德国的盟国与德国的合作，例如芬兰与德国的合作，还有中立国如葡萄牙、西班牙、瑞典与德国的合作。在瑞典，对于为什么瑞典没有和德国作战，相反却向德国提供重要的军事物资这样的问题，人们谈论的意愿相对来说非常有限。从这个角度看，瑞典人仍然积极地支持着那种给大屠杀提供了可能性的体制。有趣的是，侦探小说把人们的注意力引向瑞典人生活里那些隐蔽的角落，包括战争时期对德国人的支持。在小说里，这种支持被反复地与政治上的极端主义、腐败和个人的精神变态联系起来。

美 国

到了20世纪90年代，大屠杀成了美国人历史意识中的一个

[①] T. 伯杰：《战争、犯罪和"二战"后的世界政策》（剑桥，2012）。

第五章 纪念

关键情结,尽管这种情况与否认大屠杀的言行的程度之间有什么联系还不清楚。1993年,罗普公共舆论研究中心(Roper Center for Public Opinion Research)进行的一次民意调查显示,接近四分之一的美国人不相信有600万犹太人被屠杀。1993年大屠杀纪念馆开幕了,纪念馆和一系列新的项目对人们了解大屠杀做出了贡献。这时还存在一个问题,即是否有纳粹分子在美国或者在美国的默许下在其他地方避难。当时一名已经成为美国公民的乌克兰人伊凡·德米扬鲁克(Ivan Demjanjuk)受到指控,说他就是特雷布林卡的那个可怕的看守"恐怖的伊凡"。在相当广泛的公众关注下,他的美国公民身份被注销。1986年,他被引渡给以色列,在那里被定罪判刑。但是1997年,对他的判决被以色列最高法院推翻了,德米扬鲁克被释放,因为尽管他可能是索比堡的一名看守,但不是指控所称的那个伊凡。90年代,来自美国的压力,特别是在美国进行的集体诉讼,在迫使瑞士为战时行为支付赔偿方面发挥了关键性的作用。

对大屠杀存在的广泛兴趣还对一些公共的目的产生了帮助,包括支持美国外交政策的伦理化。①这种帮助的焦点集中在反复申述第二次世界大战的历史,特别是"最伟大的一代人"这个主

---

① 指美国外交在20世纪70年代以后越来越强调"人权、价值观"等伦理化目标的发展倾向。1977年1月,卡特在总统就职演说中宣称,美国外交政策的基本思想是"捍卫人权",并表示要把"基本人权"作为美国外交政策的灵魂。1978年12月,卡特在纪念《世界人权宣言》发表30周年大会上宣称,人权原则是美国对外政策的灵魂,是确定美国同其他国家保持什么关系的一个因素。受其影响的一些西方国家也将人权引入双边关系领域,将人权问题与国家关系、经贸关系挂钩,对别国施加压力和影响。——译者注

历史与记忆

题。① 而且，鉴于日本对珍珠港的攻击为太平洋地区的战争提供了道德根据，大屠杀也为反对德国的战争提供了道德力量和道德目标。这种合理化是对历史回溯性的确认和重写的一部分，因为大屠杀对美国在战争期间的政策其实没有发生过影响，对美国此前在向1941年与德国爆发战争迈进的过程中发生的公共意见争论也没有产生影响。这种对历史回溯性的辩护在其他大国中也可以看到。它在一定程度上反映了大屠杀的恐怖性（这种恐怖性可以成为美国加入战争的理由）。这样做的另一个原因是，这时已经出现了一种趋势，就是人们日益认为国家利益和地缘政治不能成为参加战争的充分理由。

作为一个主题和战争的理由，战后大屠杀问题在美国立刻就被压制下去，后来的30年也是如此。大屠杀在40年代后期曾经在美国的公共讨论中产生过影响，特别是鼓励了人们支持建立以色列国。美国是最早承认以色列的国家之一。但是大屠杀不是近现代史上的中心科目或者主题，在公共教育和历史讨论的参考内容中都是如此。纳粹的恐怖是电影的一个主题。奥森·威尔斯（Orson Welles）的电影《陌生人》里有一些镜头反映了集中营的情况。在电影里，威尔斯扮演一个逃亡纳粹分子，装扮成一个新英格兰地方的大学教授。冷战早期有一个恶劣的做法，就是美

---

① "最伟大的一代人"（The Greatest Generation）是汤姆·布罗考（Tom Brokaw）1998年出版的一本书的名字。这本书源于他参加诺曼底登陆40周年庆典的活动。书中说："我相信，这一代人（指参加诺曼底登陆的一代人）是任何社会曾经创造过的最伟大的一代人。"因为他们参加战争不是为了名誉和承认，而是因为那是"正确的事"。后来"最伟大的一代人"被广泛用来指美国在大萧条时期成长起来、参加"二战"的那一代人，包括战时在国内为战争做出物质贡献的那些人。——译者注

第五章 纪念

国的情报部门招录那些参与过大屠杀的德国人以获取他们对付苏联人的经验。① 而且战争之前好莱坞也不大愿意批评纳粹政权。

战后,纳粹主题出现在乔治·史蒂文斯(George Stevens)的电影《安妮·弗兰克的日记》(1959)和斯坦利·克莱默(Stanley Kramer)的影片《纽伦堡的判决》(1961)中;西德尼·吕美特(Sidney Lumet)的电影《典当商》(1964)描述了一个大屠杀幸存者,但是大屠杀不是主要的主题。确实,大屠杀被多数美国和英国的电影忽视了。对于战时的恐怖行为,焦点集中在日本人对美英战俘的残忍上:例如,1942 年美国和菲律宾战俘在菲律宾进行的"巴丹死亡行军",还有 1942—1943 年使用英国(和其他国家的)战俘在缅甸的残酷条件下修建铁路的事件。吸引人们注意力的德国暴行也相应地聚焦在美国和英国人身上,例如 1944 年12 月的凸出部战役中,在马尔梅迪地方对美国战俘进行的屠杀。②

而且,德国整合进西方防御体系使得美国领导人以善意的眼光去看德国。联合远征军的最高指挥官德怀特·艾森豪威尔 1945

---

① R. 布雷特曼、N. J. W. 戈达、T. 拿弗他利和 R. 乌尔夫:《美国情报机构和纳粹》(剑桥,2005);T. 多尔蒂:《好莱坞和希特勒 1933—1939》(纽约,2013);B. 乌尔万德:《叛国通敌:好莱坞和希特勒的协定》(剑桥,2013)。

② 1944 年 12 月 17 日,约阿希姆·派佩尔(Joachim Peiper)指挥的党卫军第一装甲师在比利时的马尔梅迪(Malmédy)附近用机枪射杀了 84 名美军战俘。党卫军士兵在把他们打倒以后逐一补枪。有美军战俘逃入附近的一个咖啡馆,党卫军士兵就放火烧毁了咖啡馆,并且向逃出来的美军战俘开枪。成功逃跑的美军战俘在 3 至 4 个小时以后就把消息传到仍然控制着马尔梅迪的美军。美军当即传令"不得俘虏党卫军士兵和德军伞兵,看见他们就开枪"。战后进行的审判判处这次屠杀的凶手 43 人死刑,但是后来都减刑了。师长派佩尔 1956 年出狱后定居在法国。1974 年法共前成员发现了他。1976 年 7 月 13 日至 14 日夜,他的住宅发生枪战,然后被纵火焚毁。在废墟中发现了派佩尔烧焦的尸体。——译者注

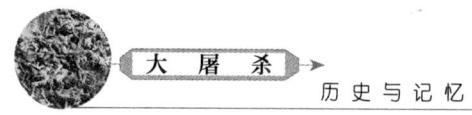

年访问布痕瓦尔德时曾经深受触动。1950 年他被任命为北约第一任最高指挥官，承担运作北约在欧洲的武装力量的责任。在这个职位上，他对德国纳粹国防军的战时行为变得越来越友善。1951 年他宣称"德国士兵为了祖国英勇和光荣地战斗过"。干净的纳粹国防军这个神话在冷战期间对美国的公共和流行文化都是重要的[①]，而且在东西方充满政治敌意的冷战早期，大屠杀在美国公众意识中是一个次要的主题。

这种情况从 70 年代开始发生了变化，特别是因为六部重要的电视连续剧的播出——《大屠杀》(1978)、《为时间表演》(1980)、《墙》(1982)、《瓦伦贝格：一个英雄的故事》(1985)、《逃离索比堡》(1987) 和《战争与回忆》(1988—1989)。最后一部描写的是奥斯维辛和乌克兰的巴比亚尔大屠杀。有人说"大屠杀变成美国观众在越南战争以后一种有效的道德净化"，特别是因为美国人是作为纳粹的对手以一种英雄的和毫无疑问的形象逐渐登上世界舞台的。[②] 但是这是一种简单化的和消极的看法。大屠杀在美国开始引起关注就像在其他国家的情况一样，和人们认为国家的发展在一定程度上是一个更广大范围内发展的一部分的看法相联系，而且和本章前面提到的注意到整个西方都在对价值进行重

---

① R. 斯梅尔瑟和 E. 戴维斯：《东线的神话：美国流行文化中的苏德战争》(剑桥，2008)。

② F. 曼切尔：《一份电影胶片构成的证据：斯蒂芬·斯皮尔伯格在〈辛德勒的名单〉中对大屠杀的表现》，《现代历史杂志》1995 年第 67 期，91 页；M. B. 汉森：《〈辛德勒的名单〉不是大屠杀：第二条诫命、流行的现代主义和公共记忆》，《批判探究》(Critical Inquiry，芝加哥大学出版社主办的一本同行评议性学术刊物) 1996 年第 22 期，311 页。另见托马斯·埃尔塞瑟在 V. 索博恰克编《固执历史：电影、电视和现代的事件》(伦敦，1996) 中的章节。

第五章 纪念

新评估相联系。

马文·乔姆斯基（Marvin Chomsky）的连续剧《大屠杀》在美国赢得1.2亿观众，是一部对犹太人和非犹太人观众都特别重要的电视剧。它为犹太人观众断言、证明或者强调了大屠杀的中心地位，对非犹太观众也是如此。电视剧使用肥皂剧的形式，聚焦于一个特定的家庭在四个情景中的命运——虚构的魏斯家庭住在柏林，这个家庭的大多数成员后来都被杀害了。这种形式和内容使电视剧更容易为人接受。乔姆斯基的这部电视剧是在他的电视剧《根》（1977）之后创作的。《根》对于非洲裔美国人产生了与《大屠杀》相似的影响。电视剧《大屠杀》也帮助在美国确定了"大屠杀"这个专门的术语。而且，除了大屠杀，纳粹分子作为对人性的一个真实的威胁，在好莱坞扮演了更重要的角色。纳粹分子这个角色和一些神秘的力量联系起来，因此是反基督的，特别是在斯蒂芬·斯皮尔伯格非常成功的电影《夺宝奇兵》(1981)、《印第安纳琼斯》和《最后的十字军》(1989) 中。[①] 这些电影关注的焦点都不是大屠杀。影片《制作人》(*The Producers*, 1968)[②] 采用了一种幽默的语调，但是纳粹分子的魔鬼性质还是被反复述说，就像在电影《马拉松人》(*Marathon, Man*, 1976) 里一样。影片《巴西来的男孩们》(*Boys from Brazil*, 1978) 使用门

---

① 即《夺宝奇兵》系列前三部，最后一部也译为《圣战奇兵》。——译者注
J.向德勒:《当美国观看的时候：用电视播放大屠杀》(纽约, 1999); A.L.明茨:《流行文化和在美国塑造对大屠杀的记忆》(西雅图, 2001); N.芬克尔斯坦:《大屠杀产业：对利用犹太人的苦难的反思》(纽约, 2000); A.兰茨伯格:《假肢式的记忆：美国人的回忆在大众文化时代的变形》(纽约, 2004)。

② 也译为《金牌制作人》。——译者注

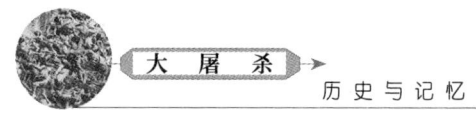

格勒的形象来支持第三帝国复活的危险性这个主题。虽然没有提到大屠杀，但是纳粹种族选育的政策在詹姆士·邦德的影片《雷霆杀机》(1985)里却是很重要的。《辛德勒的名单》是大屠杀教育中的一个革命性事件。美国的高中和大学付费将学生带去看这部电影，或者在学校里放这部电影。结果美国的学生学习了大屠杀的历史，对它的一般事件有了了解，不再像80年代的学生那样。

对犹太人问题的另一批关注来自于美国的福音派基督徒。这个强大派别的许多成员在20世纪早期曾经有相当强的反犹主义倾向，但是在20世纪的最后25年里，他们变得积极地支持以色列。这种变化在一定程度上反映了一种想法，就是把犹太流亡者集中到以色列去可以推动"千禧王国"降临。尽管这种神学观念本身可能是反犹主义的，因为一些基督徒相信，如果犹太人在"审判日"拒绝接受耶稣为他们的弥赛亚，他们就会被宣告将受到永恒的诅咒（下地狱）。关注犹太人的事业是福音派基督徒支持以色列的一个方面。以色列从60年代末开始成为美国的一个坚定盟友，这种关系代替了1956年至1957年苏伊士运河危机期间和那以后两国之间显著的紧张关系。国家关系的这种变化也有助于福音派对以色列态度的转变，特别是因为美国这时感到自己孤立了，尤其是在越南战争期间及之后。大屠杀在美国的公众记忆中变得越来越突出，是一个非凡的违背常理的事情，因为它是发生在外国的事件，与美国人无涉，美国人既不是行凶者，也不是受害者。对美国人来说，唯一真实的可比性就是大屠杀和《新

第五章 纪念

约》对苦难和刚毅的记述的对比——犹太人的和耶稣的。[1]

无论如何,这个特征突出保证了大屠杀被拉进美国的文化战争里。这种战争在一些反主流文化的批评中很显著。他们声称大屠杀正在把人们的注意力从各种归因于美国的病症上转移开,例如奴隶制、越南战争和土著美国人的命运。还有争论说大屠杀被刻意用来转移对以色列占领阿拉伯的领土,特别是从1967年开始的占领的批评——这是一个不足以令人信服的观点。有人声称种族灭绝的指控可以延伸到美国历史上的这些事件上去,和这种观点相联系的一个观点认为,把关注聚焦在大屠杀上,阻碍了种族灭绝指控延伸到上述那些"美国的病症"上去。[2] 缺乏可比性让这种观点成了一个差劲的论点,而且这个论点还因为持这种观点的人过分喜好争论和缺乏历史认识而被进一步削弱。而在澳大利亚,大屠杀和对待土著人的态度之间的可比性已经证明,这两者是可以进行比较的主题。

美国有世界上最大数量的犹太人群体,这很大程度上是19世纪末和20世纪初俄罗斯帝国的移民造成的。确实,大屠杀和大屠杀发生的地点产生了一个关键结果,即犹太社区在地理上一次重要的重新排列。这种排列也是一种残忍的基于人种的民族主义的实现。[3] 对全世界犹太人的三分之一进行的屠杀意味着犹太人

---

[1] H. 德鲁克斯:《不确定的联盟:从肯尼迪到和平进程时期的美国与以色列》(韦斯特波特,康涅狄格州,2001);E. 斯蒂芬斯:《美国对以色列政策:政治文化在定义"特殊关系"中的作用》(布莱顿,2006)。

[2] L. 弗里德贝格:《敢于比较:把大屠杀美国化》,《美国印第安季刊》2000年第24期,353—380页;W. 丘吉尔:《种族灭绝的一点小事》(旧金山,1997)。

[3] B. 利伯曼:《可怕的命运:创造现代欧洲过程中的种族清洗》(芝加哥,2006)。

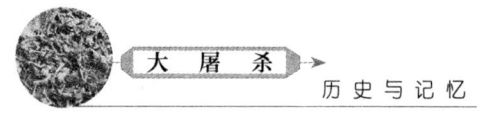

在分布比例上的重要变化：从欧洲向北美和以色列转移。同时，在欧洲这种变化则是向欧洲边缘地区的转移：从东欧和中欧，特别是从德国、奥地利、波兰和匈牙利向英国和俄罗斯转移。战后的犹太人移民加剧了这种趋势。"二战"以后不仅在东欧，特别是波兰，而且在法国、比利时和荷兰对犹太人严酷的，或者往好里讲也是无情的态度鼓励了犹太人进一步向美国移民，特别是在1948年《无家可归者法》（*Displaced Persons Act in 1948*）的通过使美国对移民的限制放松以后。

20世纪40年代末和50年代，美国的犹太人社区在吸引对大屠杀的关注或者推动对以色列的支持上是谨慎的，当时他们的注意力聚焦在整合自己的社区和与美国国内的反犹主义进行斗争上，而且也没有和欧洲犹太人社区的受害者身份发生紧密的联系。但是，他们的态度在60年代改变了，特别是当大屠杀被越来越多地吸收进美国人的社会意识中去的时候。美国犹太人不断成长的行动主义一定程度上反映了他们整合进美国社会的程度，以及他们在以色列取得1967年六日战争[①]胜利以后的自信。这不仅导致美国犹太人代表以色列说话的压力越来越大，而且也使美国犹太人把焦点放在大屠杀上的压力增大了。这种压力和聚焦也反映了对以色列安全的担忧，特别是因为在六日战争以后接踵而来的、复兴的阿拉伯国家对以色列的压力。这种压力在1973年赎罪日战争[②]时，使得阿拉伯国家对以色列的进攻达到了顶峰。

美国犹太人社区资助了而且还在资助建立与大屠杀有关的纪

[①] 也称第三次中东战争。——译者注
[②] 也称第四次中东战争。——译者注

第五章 纪念

念馆、纪念碑、演讲和学术职位。这不仅反映了美国犹太社区的相对富裕和对公共事业的慷慨,而且也反映在美国,政府以外的实体在这类事业上采取主动可能达到的程度。私人资助的博物馆和学术职位在欧洲没有那么突出。因为大屠杀幸存者在美国正在消失,那里似乎产生了一种决心,要建立博物馆,包括最近在休斯敦的一座博物馆,来作为纪念的另一种形式,而且以一种可以同时为犹太社区和其他人口服务的方式。同时,存在着各种各样的叙事方法。费城的美国国家犹太人历史博物馆聚焦于犹太移民的经历,提供了一种和华盛顿的大屠杀博物馆不同的纪念方式。

1995 年,在战争结束 50 周年时,强调的重点转移到用电影记录的口述访谈上。担心记忆的丧失、了解了口头证据的分量,这些都导致斯皮尔伯格对后来促成大屠杀幸存者基金的那些工作的支持。克劳德·朗兹曼那部长时间的影片《大屠杀》(*Shoah*,1985)的焦点集中在对那些卷进大屠杀的人的访谈上,这些人分为犹太幸存者和波兰旁观者以及德国行凶者(后者因为不了解正在发生什么,所以自己原谅了自己)。拍成电影的访谈是对 20 世纪末公共文化的有教育意义的证据。因为它们把新的科技和参与者的权威性与提供个人证词的决心汇聚到一起。就这样,它们成了所谓"记忆潮"的一些方面。[①] 从 70 年代开始,在耶鲁大学建立的弗特诺夫大屠杀证据影像档案(Fortunoff Video Archive for

---

① K. L. 克莱因:《当记忆在历史演讲中浮现的时候》,《代表》,69(2000):127—150;J. 温特:《记忆的更新换代:反思当代历史研究中的"记忆潮"》,《华盛顿德国历史学会学报》2006 年第 27 期,69—92 页。

Holocaust Testimonies),就在收集大量的访谈资料。[1] 这和许多幸存受害者不愿意讨论他们的创伤的情况形成了对比。那种情形在一些幸存者中间直到80年代和90年代也没有改变。

在美国犹太人社区里,纪念大屠杀一定程度上反映了集体的哀伤,但是,也在一定程度上反映了对美国犹太人的身份认同在美国的自由主义文化和社会中,以及在美国犹太人的自由主义文化和社会中受到挑战的担忧。因此,大屠杀被视为一种关于犹太性的有凝聚力的经验,而且是一种应该作为活的记忆的经验,即使大多数美国犹太人不是大屠杀的幸存者,也不是幸存者的后代。[2] 纪念大屠杀还强调了犹太性的国际特征和对它的认识。这些特征和认识都受到美国社会中主张社会同化的趋势的挑战。

纪念大屠杀经常把苦难和抵抗联系起来,就像纽约的纪念碑上写的:"这里是美国为华沙格都1944年4月至5月战斗中的英雄和在为人类自由奋斗的事业中被谋杀的600万欧洲犹太人建立的纪念碑所在之地。"后面一句话是有教育意义的,因为大屠杀反映了种族和(一定程度上的)宗教上的仇恨。关键的问题不是作为民主力量的一个政治问题的人类自由,而是作为应该属于任何种族或者任何宗教的人类的自由。在费城,1964年建立的大屠

---

[1] L. L. 朗格:《大屠杀的证据:记忆的废墟》(纽黑文,1991);M. 罗斯伯格和 J. 斯塔克:《目击者之后:来自耶鲁大学弗特诺夫大屠杀证据影像档案20周年会议的一份报告》,《历史和记忆》,15(2003);G. 哈特曼:《最长的阴影:在大屠杀的后果里》(贝辛斯托克,2003)。哈特曼是弗特诺夫影像档案的项目指导。关于大屠杀记忆的问题,见 N. 申尔:《重构大屠杀的证据》(布卢明顿,印第安纳州,2015)和 A. R. 赛普:《布痕瓦尔德的故事:证据、军事史和遇见大屠杀的美国人》,《军事历史杂志》2015年第79期,721—744页。

[2] P. 诺维克:《大屠杀和集体记忆:美国的经验》(伦敦,1999)。

第五章 纪念

杀博物馆宣布:

> 六百万死于集中营、格都和毒气室的犹太殉道者现在永远融入我们的记忆。他们在最大的痛苦中坚守了人道的观念,他们在森林和格都里的抵抗行动救赎了人类的荣誉。他们经受的苦难和他们的英雄主义将永远铭刻在我们的良知中,并将被一代代人铭记。

这段话夸大了抵抗运动的规模,但在 60 年代,这样的评价对人们是有吸引力的。2010 年以后,大屠杀对于大多数美国人,包括犹太人来说将是遥远的记忆了。而且,大屠杀本身变得如此国际化,以至于和屠杀犹太人联系在一起的特殊的历史经常被扭曲变形,与世界舞台上的任何暴行混在一起。所以有的时候对大屠杀的认知展现的对 40 年代屠杀犹太人的环境的了解是有限的。而且,对许多观察者来说,以色列这个国家的位置已经从大卫变成哥利亚①,同时,对非洲裔美国人在美国历史上和在当前做出的牺牲的关注也胜过对犹太人在战时的欧洲经受的苦难。

美国人对犹太人历史、大屠杀和以色列的反应的复杂性,在巴拉克·奥巴马主政(2009—2017)时期凸显出来。2009 年,他在开罗对阿拉伯世界的演讲中拒绝承认以色列在被占领土上持续建设定居点的"合法性",这和奥巴马的前任对以色列定居点的

---

① 哥利亚(Goliath)是《圣经》中记载的非利士人的将军,是一个巨人,战无不胜,但是最后在进攻以色列时被大卫杀死了。作者此处的意思是以色列现在已经不是弱者,而像哥利亚一样是一个强者甚至压迫者了。——译者注

批评是一致的。在从开罗返回的路上,奥巴马没有在以色列停留,而是在纪念诺曼底登陆日65周年之前访问了德国的布痕瓦尔德集中营。他对大屠杀的关注让许多以色列人担心奥巴马不会领会他们国家源自《圣经》的历史根基。通过访问德累斯顿和布痕瓦尔德两个地点,奥巴马冒险在这两个地方之间暗示了某种平行的关系。①2013年在奥巴马第一次以总统身份对以色列进行的访问中,他背书了以色列的历史叙述,不仅参观了耶路撒冷犹太人大屠杀纪念馆,而且还参观了位于赫茨尔山上的以色列国家公墓。在那里埋葬的西奥多·赫茨尔在大屠杀之前就开始从事犹太复国主义运动了。②

澳大利亚

20世纪80年代,作为对出现否认大屠杀行为的一个反应,大屠杀幸存者或者他们的后代在澳大利亚建立了各种研究机构和博物馆。除了以色列,澳大利亚犹太人口中大屠杀幸存者的比例过去和现在比其他地方都高。1984年在墨尔本建立了犹太人大屠

---

① 意指盟军对德累斯顿的大轰炸和屠杀犹太人都是悲剧。1945年2月13至15日,722架英军重型轰炸机和527架美军重型轰炸机向德累斯顿一共投掷了3900吨高爆炸弹和燃烧弹,摧毁了市中心近6.5平方公里的城区,估计造成22700人至25000人死亡。战后围绕德累斯顿轰炸发生了争论。1953年美国空军的报告认为德累斯顿是一个重要的铁路交通枢纽,有110家工厂的50000名工人在从事为战争服务的工作。反对者认为德累斯顿是文化地标,只有很少或者没有战略意义,对它的轰炸是无区别的大面积轰炸,取得的军事成果与破坏不成比例。——译者注

② 西奥多·赫茨尔(Theodor Herzl,1860—1904),出生于奥匈帝国的一位新闻工作者、剧作家、政治活动家和作家。是现代锡安主义即犹太复国主义的创始人之一。他创建了世界犹太人复国主义组织(World Zionist Organization),推动犹太人向巴勒斯坦移民。他被公认为以色列国家的创建者之一。——译者注

第五章 纪念

杀博物馆和研究中心，1990 年在珀斯建立了西澳大利亚大屠杀研究所，1992 年在悉尼建立了犹太人博物馆。一位大屠杀幸存者向导在墨尔本博物馆是这样解释大卫·欧文所起的作用的：

> 随着我们不断老去，我们认识到我们的声音不可能永远被人们听到。对我来说，对欧文的访谈是一个转折点。我自思自忖，我还活着，他就告诉我没有奥斯维辛这回事。许多人对此做出了反应。许多幸存者给大屠杀中心打了电话，想在他们无法谈论它们之前，把自己的记忆保存起来。从那以后我就确定了自己的政策，只要有人要求，我就到讨论会上去讲述。

这些博物馆不只是为犹太人社区运转的，它们也为更广泛的人群服务。例如，被用作学生家庭作业的内容。[1]澳大利亚人认识大屠杀的情况和美国相仿。他们强调那些通过定居澳大利亚逃脱大屠杀的犹太人的成功，尽管也对 30 年代的澳大利亚政府不允许更多的犹太难民入境进行批评。就像在其他地方一样，对涉及大屠杀暴行的纳粹分子的审判提升了公众的意识。在澳大利亚，1992 年对尼古拉·布瑞斯夫斯基（Nikolay Beresvsky）的战争

---

[1] 奇提阿·阿特曼，引自 J. E. 伯曼：《澳大利亚对大屠杀的表现：墨尔本、珀斯和悉尼的犹太人大屠杀博物馆 1984—1996》，《大屠杀和种族灭绝研究》1999 年第 13 期，202 页；J. E. 伯曼：《澳大利亚犹太人社区的大屠杀记忆 1945—2000》（克劳利，西澳大利亚，2001）；A. D. 摩西：《澳大利亚的种族灭绝和大屠杀意识》，《历史指南针》2003 年第 1 期，13 页；A. 阿尔巴：《完整和相关性：在悉尼犹太人博物馆塑造大屠杀记忆》，《犹太人》2005 年第 54 期，108—115 页。

罪审判就起到了这种作用。这次审判对强调澳大利亚的多元文化特征也起到了象征性的政治作用。2015年2月，澳大利亚总理托尼·阿博特说前工党政府应该为国防部门工作岗位"大屠杀"式的流失受到批评。（因为使用了"大屠杀"这个专有词汇）他不得不进行道歉。过了一个月，他又撤回了自己在议会里的一番评论。当时他说工党领导人比尔·肖顿（Bill Shorten）是"经济政策的戈培尔博士"。他的评论在议会里引起一场争吵，其间工党的一位议员——犹太人迈克尔·丹比（Michael Danby）走出了会场。他评论说阿博特的话"使用了政治上最邪恶的一个例子，是愚蠢的"①。

在新西兰，纪念活动的形式与犹太人在盎格鲁－萨克逊世界其他主要活动中心以及以色列的情况是相似的。换句话说，那里也有一个时间上的滞后。新西兰在纪念大屠杀问题上没有什么与众不同的主动性。惠灵顿的大屠杀研究和教育中心2007年才由国家元首——总督阿南德·萨蒂亚南德的代表主持开幕了。这个中心的目标是收集和记录从欧洲逃到惠灵顿的大屠杀幸存者的叙述。大屠杀幸存者的遗产也出现在一本2003年出版的书里，即《祸福相倚之事：新西兰大屠杀幸存者子女们记得》(*Mixed Blessings: New Zealand Children of Holocaust Survivors Remember*)。②

---

① B.拉甘：《阿博特制造了又一次纳粹主义的失态》，《泰晤士报》，2015年3月20日，38页。

② 黛博拉·诺尔斯编辑，出版于奥克兰。

第五章 纪念

英 国

在英国,公众对大屠杀的关注发展的轨迹与盎格鲁－萨克逊世界其他地方是相似的。但是,英国公众对大屠杀的关注还有一个额外的强有力的刺激物,就是1948年之前英国对巴勒斯坦的委任统治。因为这种委任统治把英国在巴勒斯坦的当局暴露在来自犹太人和阿拉伯人两个方面,激烈要求去殖民地化的压力之下。而且,尽管是非常少数派的一个观点,但是在英国还是存在法西斯主义思想。法西斯主义在奥斯瓦尔德·莫斯利①邪恶的鼓舞下,向人们兜售否认大屠杀的主张。②不管怎么样,法西斯主义是一种少数派意见。1974年2月,国民阵线③在参与竞争的54个选区只获得了平均3.3%的选票,到了1983年,得票数下降到在58个选区得票1%多一些。这个党没有再参加1987年的大选。但是,反犹主义在英国有比法西斯主义更宽广一些的基础,虽然这个基础比欧洲大陆上大多数地方都要小。

作为公共舆论的一个主题,大屠杀在英国从70年代,尤其

---

① 奥斯瓦尔德·莫斯利(Oswald Ernald Mosley,1896—1980),英国政治家,出身贵族,曾就读于英国著名的桑赫斯特军事学院。"一战"时作为飞行员参战,后来坠机受伤,终身瘸腿,转入陆军参加堑壕战。1918年,莫斯利成为英国下议院最年轻的议员。1920年,莫斯利与前印度总督乔治·寇松侯爵的女儿辛西娅结婚。后退出工党。1932年前往意大利考察,并且拜会了墨索里尼,完全为法西斯主义所吸引。回国后创立了英国法西斯联盟(British Union of Fascists),以反共主义、反犹主义、极端民族主义和贸易保护主义为纲领。"二战"中被逮捕监禁。2006年被BBC评为"20世纪最坏的英国人"。——译者注

② G.麦克林:《被染成黑色》(伦敦,2007)。

③ 国民阵线(The National Front,NF),1967年创建的一个英国极右翼政党,从未在英国国会赢得过席位。——译者注

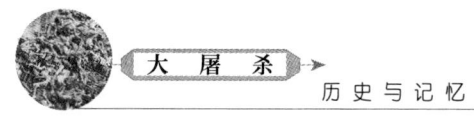

是90年代开始变得越来越突出了。英国的犹太人社区在其中发挥了重要作用，但是大屠杀的公共意识在语境和社会影响方面要更强一些。出于对"二战"期间的罪犯的关注，加拿大、澳大利亚和英国分别在1987年、1989年和1991年颁布法律，允许检察机关追究在国外和在很久以前犯下的罪行。一个积极的"国会全党派战争罪行小组"调查了许多案件。例如，2002至2003年，小组迫使相关部门对一些相关文件进行重新审查，并且敦促检查部门对一些英国公民的战争罪行提起诉讼。这些英国公民按个人倾向或者国籍以前是乌克兰人，按出生算是波兰人。英国检查部门起诉的是他们在战争期间作为第十四加里西亚武装党卫军师或者其他部队的士兵犯下的罪行。① 公众的关注还投向海峡群岛②，这是战时唯一被德国占领的英国属地。一些当地的行政官员准备了一份当地犹太人和有部分犹太血统的人的名单，并且在这些人后

---

① 第十四加里西亚武装党卫军师（14th Waffen Grenadier Division of the SS）是"二战"时期主要由加里西亚——今乌克兰西北部和波兰东南部——乌克兰族裔背景的志愿者组成的一支党卫军部队，后来也有斯洛伐克、捷克和荷兰志愿者和军官加入。这支党卫军师1943年组建，1944年在波兰大部被歼。重组以后又在斯洛伐克、南斯拉夫和奥地利参加过战斗。后来改名为乌克兰国家军，1945年5月10日向英美盟军投降。这支部队在东线与红军和游击队作战相当凶猛。战后被关押在意大利里米尼（Rimini）的战俘营。1947年大部分成员被允许移民英国和加拿大。移民英国的近8000人的名单被称为"里米尼名单"，长期不对外公开。这支部队从未作为一个整体被确认犯有战争罪行，但是其成员在参加这支部队之前有人有战争罪行。部队组建后也有人称其曾经参与过一些集体战争罪行，但是加拿大"战争罪行调查委员会"（Commission of Inquiry on War Crime）1986年发表报告认为作为一个整体，指控加里西亚师犯有战争罪行的证据不够充分。——译者注

② 海峡群岛（Channel Isles）是法国诺曼底半岛外英吉利海峡中的一个群岛，包括泽西岛、根西岛、奥尔德尼岛和萨克岛等，是英国皇室属地，法律上不属于联合王国。——译者注

第五章 纪念

来被逮捕、驱逐到集中营的过程中与德国人进行了合作。①

对大屠杀的意识是个人记忆和个人故事崛起的一个重要方面,这些记忆和故事可以在电视讲述的故事和报纸的文章中看到。例如2007年6月17日一篇关于一个波兰大屠杀受难者——"新安妮·弗兰克"鲁特卡·拉斯吉娅日记的长篇报道。这篇报道刊登在《星期日泰晤士报》上。②这本日记很大程度上要归功于拉斯吉娅的异母姐妹发出的声音(拉斯吉娅的父亲从奥斯维辛幸存下来,后来再婚)。在亚马逊网上书店的前十名畅销书中排名第七的书是罗丝·克吕格的《记忆的风景:一个被铭记的大屠杀时期的少女时代》。③

除了好莱坞的关键影响,英国教育的课程设置的集中性特征也是很重要的。英国教育的课程中,纳粹德国和大屠杀是历史教学中的一个主要内容,尽管这导致穆斯林群体在本世纪第二个十年的初期发出了抱怨。2013年英国国民教育的历史课程进行修订时,大屠杀在其中仍然保持着这样的地位。在艾伦·班尼特

---

① C. R. 约尔根森-厄普:《纳粹占领下的演讲与抗争:根西岛、海峡群岛1940—1945》,(东兰辛,2013);G. 凯尔、P. 山德士和L. 威尔默特:《海峡群岛的抗议、反抗和抵制》(伦敦,2014)。

② 鲁特卡·拉斯吉娅(Rutka Laskier, 1929—1943),是一位来自波兰的犹太少女。1943年14岁时在奥斯维辛集中营被杀害。她的日记记述了她在大屠杀期间三个月的生活经历。她的手稿经大屠杀学者和幸存者的验证,2006年第一次以波兰语出版,后来以各种语言出版。她常常被人们拿来与安妮·弗兰克相提并论。——译者注

③ 罗丝·克吕格(Ruth Klüger, 1931—),是一位生于奥地利的犹太人大屠杀幸存者。她的父亲是一位妇科医生,在德国吞并奥地利以后试图逃亡出国,被捕并被杀。罗丝和她的母亲被送到奥斯维辛集中营但是幸存下来。1947年她移民美国,学习英语文学,曾经在克利夫兰、俄亥俄、堪萨斯、弗吉尼亚、普林斯顿和加利福尼亚大学欧文分校任教。罗丝在这本书里说:原谅不在我们的权力范围里;记忆让我们没有权力原谅。——译者注

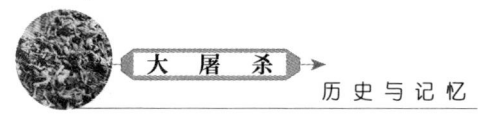

(Alan Bennett)的标志性戏剧《历史男孩们》(2004)中,有一场关于怎样最好地教授大屠杀历史的愤世嫉俗的讨论,展现了大屠杀的中心地位。这部戏剧在 2014 年一次为英国旅游剧场进行的票选中获选为"国家最受欢迎戏剧"。大屠杀在英国的突出地位有多种表现形式。例如,2007 年为"学习链接"(Studylink)散发的传单中,封面上放了一张奥斯维辛的照片,但是却没有人感到有必要注明那是什么地方。"学习链接"为学生们提供集体旅游的机会。这份传单里提供的旅游地点还包括"一战"的一些战场和诺曼底登陆地点。对说明文字的选择也很有指示意义。在柏林这个大标题下的参观包括"万塞会议的建筑物"和萨克森豪森集中营。在克拉科夫项目下有奥斯维辛-比克瑙、战时的格都和辛德勒的工厂。在英国和其他地方,更常见的情况是,大屠杀成 为一场世界大战的全球性的关键的定位装置,如果不是这样,那场战争就会在本质上用民族主义的叙事方式进行阐述。在英国,焦点就会放在敦刻尔克、不列颠之战、闪电战和诺曼底登陆日上面。

对大屠杀的意识在英国因为 BBC 用一些重要的电视系列剧,特别是《纳粹分子:来自历史的警告》(1997)积极地参与宣传而得到强化。这部电视剧后来卖到超过 30 个国家。还有一部电视剧《奥斯维辛:纳粹分子和"最终解决"》(2005)。这部电视剧是为 BBC 和美国公共广播系统(US Public Broadcasting System)制作的,后来超过一打国家转播了。2005 年,左翼的伦敦市长肯·利文斯通把一个喜欢批评的犹太记者比作集中营看守,导致很大争议。这件事说明带着明显的反犹主义色彩提到大屠杀的言论时是敏感的。政府的支持对于在英国确定大屠杀纪念

第五章 纪念

日是重要的。这个日子定在1月27日,即奥斯维辛-比克瑙的解放周年日。①2015年,在一次对德国的国事访问中,伊丽莎白二世女王访问了位于贝尔根贝尔森的集中营。这次访问在英国得到非常赞赏的关注。在英国,大屠杀教育信托基金为了让人们增加对大屠杀的了解而传播相关知识,这样做也是因为人们认为这些知识对于今天和未来都具有价值。这个非常高效的基金会努力向教师传播知识,而且在"奥斯维辛的教训"项目中让大量学龄儿童(和其他人)可以到奥斯维辛去。这个项目得到英国政府的支持。②基金会的项目还帮助人们提高对现代世界种族灭绝的敏感性。这些现代世界的种族灭绝包括达尔富尔③地区的冲突。在那里,阿拉伯人穆斯林对黑人穆斯林人口的种族灭绝从2000年开始就受到美国犹太人的关注,包括导演斯蒂芬·斯皮尔伯格的关注。基金会的一些旅行项目还会访问以色列。

随着大屠杀越来越多地成为一个历史主题,学者们也成了这个潮流的一个组成部分。这种情况不仅在德国,而且在全世界都是如此。例如,《欧洲指南 1900—1945》的31章中有两章用于阐述大屠杀。这本书的部分内容会成为权威的系列丛书《布莱克维尔欧洲历史指南》(*Blackwell Companions to European History*)的一部分。这两章中,哈罗德·马尔库塞(Harold Marcuse)编写的《对第二次世界大战和大屠杀的纪念》提出,回忆的国际化

---

① D. 斯通:《记住之日还是遗忘之日?或者,为什么英国不需要一个大屠杀纪念日》,《偏见的模式》2000年第34期(4),53—59页。

② A. 皮尔斯:《当代英国的大屠杀意识》(纽约,2014)。关于访问奥斯维辛,E. 吉尔沃夫斯基:《记住大屠杀,世代、目击和地点》(伦敦,2015)。

③ 苏丹西部的一个地区。——译者注

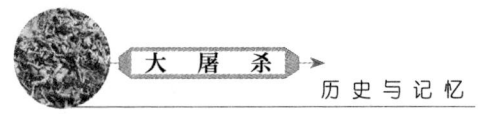

使对"二战"的经验跳出了具体的语境并且普遍化了。①

以色列

大屠杀在以色列按照希伯来语被称为"毁灭"(Shoah,大灾难)。全球范围内,对大屠杀的纪念在以色列是最活跃的,尽管在以色列有一种更强烈的倾向,就是强调以色列的历史。对以色列历史的强调一定程度上要归因于由征兵制代表的以色列人的集体身份认同。鉴于流散中的犹太人拒绝犹太复国主义,无法实践自我防卫,大屠杀被视为一种警告,提醒以色列人警惕在战争中被击败将会导致的后果和对自我防卫、自我依赖的需要,同时也是对犹太人民族主义的一种召唤。通过这种方式,大屠杀被整合进以色列的国家叙事之中。②除了阐述历史记忆的巨大必要性,大屠杀还有助于强调犹太人历史经验的共同性。这很重要,因为建立以色列人身份认同面临着严峻挑战。以色列的犹太移民来自不同源头,有极为不同的经验和挑战。作为回应,尽管犹太复国主义的意识形态和实践在战前已经很强有力了,大屠杀还是在以色列人的自我认同中发挥了核心作用,特别是1953年在耶路撒冷建立犹太人大屠杀纪念馆以后。这个纪念馆是"对大屠杀和英雄主义的纪念的权威",它是一个大屠杀的纪念物、博物馆和档案馆。尽管大屠杀纪念馆不是大屠杀的发生地,也不在发生大屠杀

---

① G. 马特尔编:《欧洲的伙伴 1900—1945》(牛津,2005)。
② T. 塞格夫:《第七个一百万:以色列人和大屠杀》(纽约,1993);R. 林:《种族灭绝和记忆的政治学:无名的、著名的和将要成为的大屠杀英雄》,《种族灭绝研究杂志》2003年第5期,565—586页。

第五章 纪念

的那片土地上，但是纪念馆已经成为大屠杀回忆的精神家园。一定程度上，以色列犹太人大屠杀纪念馆代表了对大屠杀作为活着的犹太人记忆而扮演的角色的坚定主张，它已经从发生屠杀的东欧那些地点脱离出来。2005年一个新的大屠杀历史纪念馆在那里开幕了。

1953年，所有在大屠杀中遇害的犹太人都被以色列授予"纪念性以色列公民身份"。以色列被描绘成为防范另一场大屠杀的保卫力量，因为它是所有犹太人的安全港。以色列是一片根据"返回权"所有犹太人都可以成为公民的土地。① 安全港的感觉对以色列总理阿里尔·沙龙具有吸引力。2004年，作为对法国爆发反犹主义骚乱的回应，他呼吁法国犹太人移民以色列。2015年，巴黎发生了反犹主义恐怖主义谋杀行为。出于对法国政府的愤怒，以色列总理本雅明·内塔尼亚胡在对恐怖主义谋杀行为的回应中再次发出了这种呼吁。当时施暴的是法国的阿拉伯人。他们作为一个群体，对曾经引起早期犹太评论员关注的极右翼极端主义没什么兴趣，更不用提维希政府的遗产了。沙龙当时在考虑一个内容更广泛的问题，即关于流散的犹太人的问题，特别是作为

---

① 返回权（The right of return）是基于1948年联合国《世界人权宣言》(Universal Declaration of Human Rights) 和1966年《公民权利和政治权利国际公约》(the International Covenant on Civil and Political Rights) 的一项原则，旨在使人们能够返回原来所属的国家。但是1951年联合国关于难民地位的协定并没有赋予难民返回权，而是禁止将难民非自愿地遣返将会面临严重生命或自由方面威胁的国家。事实上，返回权并没有成为通常的国际法，国际法把决定授予公民身份的权利赋予各个国家。以色列以《圣经》为依据，认为犹太人有权利返回他们古代的家园，但是同时，以色列却拒绝1948以后因为阿以战争从巴勒斯坦逃亡的巴勒斯坦阿拉伯人返回他们战前在巴勒斯坦的家园，这样的立场是存在矛盾的。——译者注

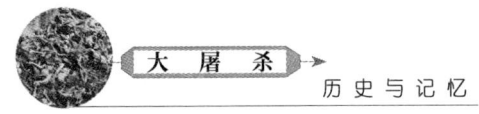

"大屠杀"发生地欧洲的流散犹太人的问题,他还在考虑作为犹太人的重生之地以色列的问题。这个重生之地仍然需要持续的警惕性以保证国家的安全。

作为一种潜台词,以色列也被视为一个防卫手段,用以反对通过同化毁灭犹太人的种族特征和宗教信仰。一些犹太狂热分子偶尔会提到这种威胁。在他们看来这种威胁和大屠杀相近,或者比大屠杀还糟糕。① 这种评论不仅反映了对自由意志这个观念的蔑视,而且是对大屠杀的巨大痛苦和损失的一种非常错误的利用。类似的评论可以导向这样的观点:大屠杀在某种程度上是一种报应。犹太复国主义要求建立一个世俗国家来代替救世主履行(让犹太人)向以色列回归这个承诺。② 大屠杀要么是对这种(渎神的)要求的报应(这是一种极端正统主义的犹太教少数派的观点),要么就是对早前德国犹太人接受同化的一种报应。后面一

---

① 他们认为消灭犹太人的种族和宗教特征比消灭他们的肉体更糟糕,因为消灭肉体不会威胁他们的信仰和永生,而消灭他们的种族特征和宗教意味着犹太民族作为一个民族会消失,因为背弃信仰还会失去获得永恒的拯救的希望。——译者注

② 《圣经》中不止一次提到,由于犹太人不听从上帝的教诲,"我(耶和华)今日呼天唤地向你们作见证,你们必在过约旦河得为业的地上速速灭尽,你们不能在那地上长久,必尽行除灭"(《申命记》第4章26节),"耶和华必使你败在仇敌面前,你从一条路去攻击他们,必从七条路逃跑,你必在天下万国中抛来抛去"。"你在耶和华领你到的各国中,要令人惊骇、笑谈、讥诮。"(《申命记》28章25和37节)犹太人认为这预示了古代犹太国家的灭亡和犹太人向四面八方散的历史。但是上帝不会令犹太人灭绝,"主耶和华的眼目察看这有罪的国,必将这国从地上灭绝;却不将雅各家灭绝净尽。我必出令,将以色列家分散在列国中,好像用筛子筛谷,连一粒也不落在地上。这是耶和华说的"(《阿摩司书》第9章8至9节)。当犹太人经历大流散的苦难之后,据说《圣经》也预言了上帝将会让犹太人重回巴勒斯坦故园:"我在怒气、忿怒,和大恼恨中,将以色列人赶到各国。日后我必从那里将他们招聚出来,领他们回到此地,使他们安然居住。"(《弥迦书》第2章12节)在近两千年的流散过程中,犹太人始终保持着这种回归的信仰。——译者注

第五章 纪念

种观点的性质是可鄙的,而且德国和奥地利犹太人的幸存比率要比他们那些经常更加虔诚、更少接受同化的波兰或者立陶宛同胞高得多,这很大程度上是因为他们在战前移民出国的机会不同。

大屠杀被描述成以色列国家建立和生存下来的道义和历史合法性的根据,它帮助以色列赢得国际同情和支持。对美国来说情况尤其如此,无论从美国得到的同情和支持是来自犹太人的,还是甚至更重要的是来自非犹太人的。这种情况在西德也是一样。西德除了给予以色列外交支持和财政上的赔偿,还向以色列出售军事装备,包括坦克。① 内塔尼亚胡1998年说:"如果以色列国家不是在大屠杀以后建立起来的,犹太人的未来就会处于危境之中。"因为那样的话,要赢得美国的支持就会更加困难。确实,50年前,很快将会成为以色列总统的世界犹太复国主义组织的领导人哈依姆·魏茨曼可以给美国总统哈里·杜鲁门写信说:"总统先生,我们的人民的选择就在取得国家地位和被消灭这两者之间。"1948年,对全世界的犹太人来说,情况肯定并非如此,但是面对阿拉伯人的压力,对以色列的犹太人来说,魏茨曼的话似乎是真实的。

更切中要害的是,因为大屠杀的后果,魏茨曼的呼吁是很难拒绝的。英国已经决心维持对犹太人移民巴勒斯坦的严格限制,但是大屠杀的余波使英国人陷入与犹太复国主义运动的对峙和冲突中。后者指控英国政府没有能为大屠杀的难民提供救援。英国政府担心犹太人的移民会导致阿拉伯人的强烈反应,从而动摇巴

---

① L. G. 费尔德曼:《西德与以色列的特殊关系》(波士顿,1984)。

勒斯坦的局势。想要去巴勒斯坦的犹太人被皇家海军拦截，拘禁在当时英国的一块殖民地塞浦路斯。英国人在巴勒斯坦的存在1948年终结了，英国政府非常渴望把控制阿拉伯人和犹太人之间的紧张关系这个烫手的山芋扔出去。①

在以色列方面的语境里，大屠杀提供了一个与众不同的历史背景。犹太人进行反击这个主题把勇敢却注定失败的公元73年马萨达要塞（Masada）对抗罗马人的战斗与1943年的华沙格都起义联系在一起。②这个主题力图反击一种感觉，特别是在以色列。这种感觉就是，因为消极的默许，犹太人没有为抵抗大屠杀做足够的努力，以至于犹太人，于是还有以色列人表现出某种形式的软弱特征。在以色列，从大流散中回来的犹太复国主义者中间存在这种批评。③1948至1949年，因为来自阿拉伯世界许多国家的武装进攻，以色列作为一个独立国家建国的行动受到质疑，以至于种族灭绝似乎是一个紧迫的威胁，从而强调了反击的必要性。

以色列1959年确定的大屠杀纪念日是1943年华沙格都起义

---

① W. R. 路易斯和R. W. 斯图基编：《对巴勒斯坦的委任统治的结束》（奥斯汀，得克萨斯州，1986）；N. 斯图尔特：《皇家海军和巴勒斯坦的巡逻队》（伦敦，2002）。

② 马萨达要塞是以色列南部死海西岸的一个古要塞，坐落在一块岩石组成的高原上。公元73或74年，在第一次犹太罗马战争期间，罗马调动了约15000名士兵进攻这个要塞。罗马人沿城墙修建斜坡用于进攻，城上的犹太人起义者用石块攻击修建斜坡的工人。后来罗马人用被俘的犹太人修建斜坡，城上的犹太起义者因为不愿杀死同胞放弃攻击。罗马人破城以后，发现城内的犹太人几乎全体自杀。共有960名男女老幼自杀身亡，只发现两名妇女和5名儿童活着。20世纪90年代对要塞的发掘还发现了28具尸体。——译者注

③ Y. 沙因和B. 布利斯特曼：《犹太人的安全困境》，"Orbis"，2002年第46期，55—56页。

《奥比斯》（Orbis），外交政策研究所，[Foreign Policy Research Institute, FPRI]出版的一本国际事务季刊。

第五章 纪念

的周年纪念日。这个纪念日实际上是对大屠杀和英雄主义的纪念，而且反映了对反击的必要性的强调。反击被视为对以色列社会来说至关重要的事。犹太人大屠杀纪念馆的陈列也反映了这种态度。在那里，对纳粹主义的武装抵抗被表现为一种榜样性的事件。在大屠杀和英雄主义的纪念日里，人们在上午10点钟保持两分钟静默和交通中止。大屠杀纪念日的日期——4月19日〔犹太历提别月（Telvet）10日〕把一个国家纪念场合与一个传统的宗教哀悼日联系了起来。① 这个国家纪念场合把华沙格都也融入现代以色列国家。而这个宗教哀悼日则是把犹太人的文化传承和民族身份认同与历法联系在一起的一部分。通过这种做法，这个日子提供了和以色列社会上的特定族群有联系的一系列意义，特别是那些更加世俗化或者宗教色彩更加浓厚的群体：他们看重的是

---

① 这里关于以色列大屠杀纪念日的论述似乎有误。原文此处为"10 Telvet"，但是英文希伯来历月名称没有此月名，从内容上看，应该指的是提别月"Tevet"。根据维基百科，以色列官方1959年立法确定的大屠杀纪念日（Holocaust Day, Yom HaShoah）为希伯来历尼散月27日（27 Nisan），这个日期在公历3至4月间。"二战"后犹太人讨论大屠杀纪念日时，最初提出的时间是尼散月14日，因为华沙格都起义就发生在希伯来历5703年尼散月14日（公历1943年4月19日），但是因为希伯来历的这一天是犹太人最重要的节日逾越节的前一天，所以后来确定的日期移后至尼散月27日。但是此前犹太律法家们在1949年曾经指定希伯来历提别月10日为大屠杀纪念日，而且他们在以色列1959年立法确定大屠杀纪念日以后仍然要求民众在提别月10日纪念大屠杀中那些不知道确切遇难日的受害者，所以，部分犹太人仍然遵守在提别月10日纪念大屠杀的传统。提别月10日在犹太教里是一个斋戒日，纪念公元前589年巴比伦国王尼布甲尼撒二世开始围攻耶路撒冷的日子。这次围攻最后摧毁了犹太人的所罗门圣殿，即第一圣殿，灭亡了犹太王国，开始了犹太人历史上的"巴比伦之囚"时期。提别月一般在公历的12月至1月间，与本书此处提到的公历4月19日不合。作者此处所说的4月19日应为公元2012年4月19日，这一天是希伯来历5772年尼散月27日，是以色列的官方大屠杀纪念日，也正好是华沙格都起义的公历周年日。——译者注

· 343 ·

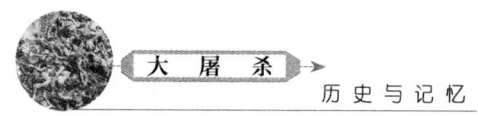

民族共同体或者更关心犹太人的身份认同。①

1960年以色列特工在阿根廷对阿道夫·艾希曼的追捕、1961年至1962年对他的审判和处决②,对于维持大屠杀意识这个活跃的行动原则是一个关键时刻。这次审判在全世界许多地方进行了广泛报道,包括在美国的电视上。这些报道广泛传播了由大屠杀幸存者提供的证词。大屠杀也强调了以色列社会和文化中对那些可以被视为德国反犹主义的事物,或者与这种反犹主义有联系的事物的敌意。特别是理查德·瓦格纳和理查德·施特劳斯的音乐。他们两人都是反犹主义者,他们的音乐都受到纳粹分子的喜爱。希特勒就特别钟情于瓦格纳的音乐。

一个特别的历史事件(大屠杀)被用来作为犹太人经历的艰辛历史的象征,这反映了大屠杀的历史意义的延续性。对40年代末作为难民移民进入以色列的大量犹太人,大屠杀有着极其重要的意义。这批人在以色列早期的历史中发挥了关键性作用。就以色列而言,用大屠杀作为犹太人艰难历史的象征,保证了对大屠杀的叙述可以成为后期从穆斯林国家作为难民移民进入以色列的犹太人的一个关键的标志。这批后来者到70和80年代在人数比例上已经变得更加重要了。③与之相似,在法国,60年代从法国的前殖民地摩洛哥、阿尔及利亚和突尼斯进入法国的大量犹太移民也把生活在大都市的法国犹太人在维希政府时期经历的苦难吸

---

① O.迈耶斯、E.赞德伯格和M.内格:《交流敬畏:媒体记忆和大屠杀》(贝辛斯托克,2014)。

② Z.阿哈罗尼和W.迪特尔:《艾希曼行动:追踪、抓捕和审判的真相》(伦敦,1996)。

③ E.科恩:《认同与教育学:以色列公立学校中的大屠杀教育》(波士顿,2013)。

第五章 纪念

收过来,当作自己历史的一个部分。以色列代表受迫害的外国犹太人社区,例如埃塞俄比亚的犹太人社区对外界施加的压力不仅反映了帮助犹太同胞,特别是处于困境中的犹太同胞的传统义务和做法,而且反映了大屠杀意识的影响。流散在外的犹太人和以色列人的意识和身份认同之间的落差是不能和亚美尼亚人的流散人口与亚美尼亚共和国公民之间的落差相比的:流散在外的亚美尼亚人比亚美尼亚共和国更重视对种族灭绝事件的纪念。[①]

伊斯兰世界

与上述情况同时存在着一种否认或者把大屠杀低估到极致的传统。这种传统的目的是削弱一些被视为大屠杀的后果的事物。这些事物对以色列有支持作用。否认或者低估大屠杀的部分原因是大屠杀在以色列的意识形态和国际支持方面发挥了作用,但是更普遍地则反映了反犹主义的顽固性。这种传统的一个变体就是声称巴勒斯坦人也同样经历过一次大屠杀。在1948年至1949年的阿以战争里,双方都存在有计划的残忍行为,更常见的情况是为了把对方社区的成员驱逐出去而实施残忍行为。这些行动包括1948年4月9日至10日利哈伊[②]在亚辛村对254名阿拉伯人的屠

[①] T.德·瓦尔:《大灾难:种族灭绝阴影中的亚美尼亚人和土耳其人》(牛津,2015)。

[②] 利哈伊(Lohamey Herut Yisrael),缩写为 Lehi,即"以色列自由战士"。这是巴勒斯坦当时的一个犹太人团体。他们主张以武力驱逐巴勒斯坦的英国当局,开放犹太人向巴勒斯坦无限制移民。——译者注

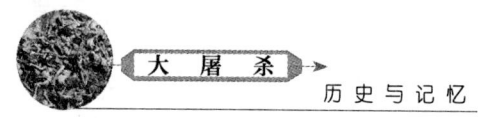

杀。①但是,除了双方实施屠杀所达到的残忍程度以外,这些屠杀的总体环境和规模无论如何都无法和大屠杀相比。那些论说这两者之间多少有些等值性的阿拉伯评论家是在追随 1945 年以后的德国纳粹分子。那些纳粹分子也把人们的注意力向亚辛村事件上引,方法就是试图解说犹太人一旦得到机会,也会是残忍的,从而也就以某种方式证明了战时纳粹政策的合法性。规模和动机上的差别使这种类比毫无意义。一些阿拉伯评论家承认大屠杀毁灭了欧洲犹太人,但是他们提出疑问,为什么大屠杀的结果要包含建立一个以色列国家。简言之,他们把巴勒斯坦描绘成受害者,不仅是以色列和联合国的牺牲品,而且更微妙和隔了一层以后,也是希特勒的受害者。②

作为一种广泛存在的观念一部分,穆斯林方面在受害者身份

---

① 亚辛村(Deir Yassin)是位于耶路撒冷以西 5 公里的一个阿拉伯人村庄,事发时居民约 600 人。这个村庄在 1948 年宣布保持中立,但是犹太人准军事力量伊尔根(Irgun)和利哈伊(Lehi)认为村中有伊拉克和约旦武装人员,而且村庄有近 100 名武装人员,挖了壕沟,构成对周围犹太人村庄和耶路撒冷通往沿海地区交通的威胁。1948 年 4 月 9 日夜里亚辛村受到伊尔根和利哈伊的攻击。伊尔根的指挥官声称他们杀死了 254 人,但是后来认为这个数字是夸大的。犹太人方面死亡 4 人,受伤 35 人。国际红十字会的代表后来说,除了街上的尸体,他在一个蓄水池里发现了 150 具尸体。极少数死者是武装起来的,绝大多数人是在自己家里被杀死的。尸体有的被斩首,有的被挖出内脏。据说还发生了屠杀战俘和强奸行为。犹太复国主义的领导机构哈加纳和该地区的两名拉比都谴责了这次袭击。犹太人事务局向约旦国王写信表示道歉,但是被约旦国王阿卜杜拉拒绝了。这个事件推动了巴勒斯坦阿拉伯人逃离家园。5 月 14 日以色列宣布建国,5 月 16 日凌晨阿拉伯国家就向以色列发动进攻,爆发了第一次中东战争。——译者注

② 巴勒斯坦方面的这个问题是有意义的。1947 年 11 月联合国大会表决《1947 年联合国分治方案》。由于历史原因,美国和苏联都支持以色列建国,而今天的伊斯兰阵营国家当时大多还没有独立,结果分治方案以 33 国赞成(包括美国和原苏联)、13 国反对、10 国弃权获得通过。如果今天联大的这份决议,表决结果很可能与当年截然相反。——译者注

第五章 纪念

问题上的一个关键主题在本世纪初的十年聚焦在所谓犹太人阴谋的目标上。据说犹太人的阴谋支配着美国的外交政策和许多其他事物，目的就是追求以色列的政策目标。具体而言，2001年的"9·11"恐怖袭击经常被归咎于以色列的情报机构或者被认为是捏造出来的。很多这种严重的偏执狂都让人联想起纳粹的说辞。就像对待纳粹一样，适宜的做法是把他们说的当作他们信仰和假想的一个真实反映，而不是当成毫无意义的咆哮或者对他们的目的而言非核心性质的东西。在这两种偏执狂中都有一种歇斯底里倾向，就是把问题归咎于他人，而且除了在一种摩尼教徒似的语境中为了救赎目的使用暴力以外，看不到自己应该努力理解和改善事态的责任。在摩尼教徒看来，正义和邪恶是分得一清二楚的，在为生存而进行的奋斗里必须反对邪恶。

尽管存在一些例外，但是著名的前伊朗总统马哈茂德·艾哈迈德－内贾德还是陷入淡化大屠杀的传统中。阿拉伯民族主义者倾向于希特勒和墨索里尼，因为他们都反对英法在中东地区的支配地位。英法在中东的支配地位在19世纪80年代发展得很快。希特勒最著名的阿拉伯支持者是耶路撒冷穆夫提哈吉·阿明·阿尔·胡塞尼（Hadj Amin ei-Husseini）。① 这名宗教官员在1936年至1939年的阿拉伯人暴动中起了重要作用。那场暴动反对犹太人向巴勒斯坦移民。胡塞尼后来成了支持德国的宣传家，他组织阿拉伯部队为德国服务。1941年11月28日，希特勒亲自向他保证，阿拉伯和德国人因为反犹主义结为朋友，德国将会努力消

---

① 即阿明·阿尔·胡塞尼（Mohammed Amin al-Husseini, 1897—1974），前文已有注释。——译者注

灭中东的犹太人。作为在欧洲进行种族灭绝活动和在欧洲之外进行征服的结果,德国人将会在巴勒斯坦阻止任何建立犹太人国家的企图。支持德国人的伊拉克总理拉希德·阿里·阿尔·盖拉尼(Rashid Ali ei-Ghalani)支持反犹主义。1941年5月他被英国人推翻。他煽动了巴格达一场持续数日的反犹主义暴乱,导致许多伊拉克犹太人被杀。拉希德被推翻以后最终逃亡德国,在那里他成了一个重要的支持纳粹的宣传家。亲英国的王室在一场左翼民族主义者领导的政变中被推翻以后,拉希德返回伊拉克。①

阿拉伯的公众人物倾向于对大屠杀轻描淡写甚至否认它的一个原因是,在他们眼里,承认大屠杀发生过就等于同意欧洲犹太人(他们被视为来自欧洲的殖民者)在战前和战后移民进入巴勒斯坦委任统治地和后来的以色列的合法性。更常见的情况是,阿拉伯人对欧洲历史的描述是和大多数欧洲人相当不同的。鉴于穆斯林国家的电视和文学中流行的反犹主义——例如本世纪以来埃及和叙利亚的情况——和一些穆斯林神职人员的评论中的反犹主义,这些国家的许多人不会接受关于大屠杀的电影,这几乎不会让我们感到吃惊。例如,马来西亚禁止《辛德勒的名单》上映,而且它不是唯一一个这样做的国家。穆斯林公众对待大屠杀的简单态度和以色列电影制作人亚瑟·塔里姆(Asher Tlalim)制作的电影《不要碰我的大屠杀》提出的复杂性根本没办法相提并

---

① D.莫塔德尔:《伊斯兰与纳粹德国的战争》(剑桥,马萨诸塞州,2014)。

第五章 纪念

论。^①埃及的电视节目经常会播放反犹主义主题的节目。而且在西欧，例如英国，穆斯林社区也表现出不愿意参加对大屠杀的公开的、跨教派的纪念活动。现在这仍然是个问题。2015 年，英国首相戴维·卡梅伦就在一次讲话中提到伊斯兰反犹主义的有害特征。

马哈茂德·阿巴斯从 1968 年开始就是巴勒斯坦解放组织领导圈子的一个成员。2004 年他成为巴解组织主席，2005 年担任巴勒斯坦民族权力机构总统。1982 年，阿巴斯凭一篇 1983 年发表的论文获得莫斯科国立大学的博士学位。论文的题目是《另一面：纳粹主义和锡安主义的秘密关系》。这篇论文对大屠杀受难者的人数估计提出了质疑，还说犹太主义和纳粹主义进行过合作，目的是确保犹太人向巴勒斯坦移民。但是，2014 年，阿巴斯谴责了大屠杀，称其为一桩"滔天罪行"。^②

2005 年，艾哈迈德－内贾德提到"大屠杀"时，称其为一个为以色列的目的服务的"神话故事"。2006 年，他主持了一个在德黑兰召开的会议。会议的目的是验证"大屠杀这个神话"。会议上的一个闪光人物就是戴维·杜克（David Duke），美国种族主义的三K党名誉不佳的领导人。这个会议在西方受到广泛的批评性的关注，它理所当然应该得到这样的关注。这次会议附和了一些穆斯林当中存在的荒唐论点，即犹太人、以色列和美国，

---

① O. 巴托夫：《电影中的"犹太人"：从〈格勒姆〉到〈不要碰我的大屠杀〉》（布卢明顿，印第安纳州，2005）。

* 格勒姆（Golem），犹太传说中用魔法般的方式从无生命的物质中创造的有生命的拟人化的生物。在《圣经》和中世纪作品中代表未成形的、没有充分发展的物质。

② http://www.nytimes.com/2014/04/27/world/middleeast/palestinian-leader-shifts-on-holocaust.html.

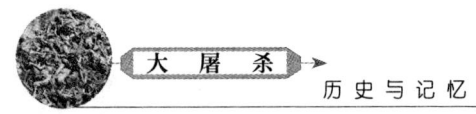

或者他们的混合体要为 2001 年 9 月 11 日发生在纽约和华盛顿的袭击负责。2009 年，艾哈迈德－内贾德在联合国会议发表的一篇演讲中说，第二次世界大战导致不受欢迎的、对建立以色列国家的支持。

伊朗发展核能力的冲动和它已经获得的中程导弹运载系统方面的成功，威胁着以色列。2003 年，伊朗对"流星导弹"进行了最后阶段试验，而最初的测试是在 1998 年。这种导弹以 812 英里的射程，可以打到以色列。

结 论

在这里结束这一章不仅强调了大屠杀这个历史事件长期存在的适用性[①]，最明显的就是在犹太人的语境中的适用性，而且突出了下一章将要阐述的以类比来贬低大屠杀的问题。这个问题还抓住了对大屠杀纪念中的一种紧张关系，这种紧张关系存在于把注意力聚焦于 40 年代发生的事情与把注意力聚焦于对纪念大屠杀的理解这两者之间。这里所说的理解把后来的那些类比包含进去了。就把关注的焦点放在 40 年代发生的事情上而言，这种做法会产生比上面提到的另一种做法更大的历史化的问题（大屠杀会越来越变为一段遥远的历史，而不再是具有现实意义的一个主题），特别是随着 40 年代的远去，尤其对那些在 21 世纪的成年人来说，40 年代的事情看上去更难以接近了。相比之下，围绕根据近来或者当下事件的类比进行纪念的方式则提出了另一个问

---

① P. 伊甘斯基和 B. 柯思明：《一种新的反犹主义？关于 21 世纪中的犹太人恐惧症的辩论》（伦敦，2003）。

· 350 ·

第五章 纪念

题,即这些类比是否适宜,以及如果是适宜的,那么哪些类比是适宜的。

目前,对赔偿的声索持续地给新闻和反思提供着内容。特别是存在着一个问题,就是应该如何对待犹太人在纳粹统治时期处理的财产。与大屠杀有联系的(纳粹政府施加的)压力对犹太人当时出售财产的实际情况和条件产生了怎样的影响,是一个关键问题。被迫出售财产是一个特别的问题。[1] 这个问题导致一些国家改变了法律或者实际做法。一个显著的例子就是 2009 年的《大屠杀(归还文化物品)法》的通过。这部法律使英国的国家公共机构可以归还这些文化物品了。

特别是从 90 年代甚至本世纪初开始,承认大屠杀的存在,拒绝大屠杀的遗毒代替了早些时候的忽略态度[2],成为欧洲联盟的一个中心议题[3]。一定程度上这是因为大屠杀可以被用来反对极右翼,同时还可以表达对人权和反种族主义的承诺,证明欧盟的领导力量即德国的悔悟态度。欧洲重新思考怎样最好地阐释大屠杀是更广泛地参与赔偿和纪念大屠杀的潮流的一个部分。在这里,2000 年的斯德哥尔摩国际论坛发挥了重要作用。紧接着这个论坛召开了斯德哥尔摩会议,建立了国际任务小组。大屠杀纪念活动的制度化是一个关键主题。在 2000 年的斯德哥尔摩宣言中,成员国宣布将把大屠杀的内容放进公共教育体系,而在 2005 年,1

---

[1] N. 帕尔默:《博物馆和大屠杀》〔比尔斯韦尔斯(英国),2000〕。
[2] P. 弗里奇:《大屠杀和对谋杀的认识》,《现代历史杂志》2008 年第 80 期,613 页。
[3] T. 朱德特:《战后:1945 年以来的欧洲历史》(伦敦,2005):803。

月27日被选定为官方的大屠杀纪念日。^①例如，在丹麦除了大屠杀纪念日，还在丹麦国际研究所里建立了一个大屠杀和种族灭绝研究部门。除了进行学术研究，这个部门还为丹麦的学校提供公共讲座、书籍和其他种类的教育材料。^②这种主动性要归因于一项调研结果的发布。这个调研证明在丹麦的年轻人中间存在对"二战"和大屠杀的严重的无知状况。

但是，对大屠杀的纪念中除了存在政治上的模棱两可、忽略和机会主义，在2008年的《关于欧洲的良知和共产主义的布拉格宣言》^③里，还存在关于共产主义和纳粹主义的论述。东欧那些新的欧盟成员国尤其试图这样定论。这种观点在本世纪以来被证明具有很强的破坏性。欧盟的扩大使得组织任何一种历史的叙述而不是一种在普遍性上空洞无物，同时又被一些认为具有特殊重要性的特定事件弄得很兴奋的叙述变得困难了。上述那些企图反映了这种困难达到了怎样的程度。同时，就像本章指出的，聚焦大屠杀并使记忆交织起来的强大能力有助于给予它一种"多维度记忆"的形式。^④

---

① R.克利福德：《纪念大屠杀：在法国和意大利回忆面对的困境》（牛津，2013）；L.奥沃科：《大屠杀记忆在国家和超国家之间：斯德哥尔摩论坛和国际任务小组的第一个十年》（伦敦，2015）。

② 包含一个英语文本的主页：www.diis.dk。

③ 《关于欧洲的良知和共产主义的布拉格宣言》（The Prague Declaration on European Conscience and Communism）也称为《布拉格宣言》，2008年6月由捷克政府提出。——译者注

④ M.罗斯伯格：《多方向的记忆：在去殖民化的时代记住大屠杀》（斯坦福，加利福尼亚州，2009）。

第六章　大屠杀和今天

一些提及大屠杀的言论涉及面很广，而且与大屠杀本身是脱节的。2015年，独立希腊人党的议员迪米特里斯·卡姆诺斯（Dimitris Kammenos）给这种情况提供了一个例证。独立希腊人党是当时左翼政府的联盟政党。迪米特里斯·卡姆诺斯在推特上发了一张经Photoshop处理以后的臭名昭著的奥斯维辛集中营大门照片。照片上的纳粹宣传语"劳动使人自由"被改成用希腊语写的"我们生活在欧洲"。这句话的矛头明显指向欧盟的主要领导者德国，因为希腊人，尤其是持左翼立场的希腊人大部分都因为紧缩计划指责德国。[①] 而且在希腊经常有人把希特勒和默克尔总理类比。卡姆诺斯议员的奥斯维辛图片受到希腊犹太人社区中央委员会的批评，认为他的图片是"可耻的"，因为它"用最丑恶的方式把大屠杀这个符号琐屑化了"。接下来，卡姆诺斯在6月24日声称这中间存在"误会"。他在脸书上写道："也许这种类比是令人遗憾的，但是我们的国家正在经历一场经济上的大

[①] 2009年，希腊陷入债务危机。希腊政府2010年与欧盟和国际货币基金组织达成协议，至少3年内额外削减预算300亿欧元来换取紧急救援。紧缩计划大规模削减了养老金和其他福利支出，引起希腊民众强烈不满。德国作为欧盟领导力量在要求希腊紧缩财政的过程中起到了重要作用。——译者注

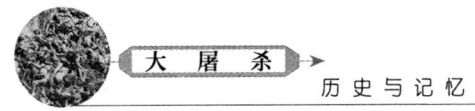

屠杀。"

且不论这个类比完全不恰当,也不提它的自恋性质和自恋性质的自尊自重确实在这种类比里发挥着关键作用,卡姆诺斯的类比里还有一种反犹主义的维度。独立希腊人党此前曾经因为一个"严重的反犹主义行为"受到希腊—犹太组织的谴责。当时这个党的领导人和国防部长潘诺斯·卡姆诺斯(Panos Kammenos,他不是迪米特里斯·卡姆诺斯的亲戚)指控犹太人不缴税。[①] 对大屠杀历史的滥用为这种反犹主义提供了帮助,因为这种滥用是和对犹太人完全不准确的描述联系在一起的。这种描述把犹太人说成坏蛋,因为他们不缴税,并且在国际金融机构里地位突出,特别是在美国。后面这种污蔑和传统反犹主义以及周期性发作的偏执狂对接了起来。

认 知

鉴于那么多人不愿意面对过去,人们的注意力很容易被持续的积极的反犹主义吸引,或者聚焦在持续的偏见和仇恨上。结果,强调和解的迹象就会令人愉快。在波兰,负责管理归还犹太人财产的犹太人索赔委员会资助大屠杀幸存者和那些曾经冒着个人风险掩护过他们的波兰人的重聚。波兰政府鼓励这样的聚会,为的是修补波兰作为一个反犹主义的社会不那么让人羡慕的名声,但是这不会削弱在这些聚会里浮现出来的关于英勇气概、人

[①] 《泰晤士报》,2015年6月25日。
希腊地下经济猖獗,偷税漏税很普遍。这也是2008年以来希腊经济面临困境的一个重要原因。——译者注

第六章 大屠杀和今天

道主义和刚毅坚强的、积极的和有益于人生的传奇。而且这些聚会还可以提供关于大屠杀受难者身份的个体例证,这种个体例证因为可以理解的对杀戮规模的强调而经常丢失或者被遮蔽。

对受难者身份的个人特征进行强调的另一个方面随着口头历史的发展变得更加突出了。2007年,比利时梅赫伦的犹太人驱逐和抵抗纪念馆举办的一个展览就反映了这种变化。这个展览包括了20号货车上1636名囚犯中的1200人的照片。这趟货车在1943年4月19日从梅赫伦开往奥斯维辛。展览不仅为参观者展出这些照片,而且在纪念馆外沿着一条多辛军营(Dossin Barracks)旁边的道路展示了这些照片。多辛军营就是当时关押那些被驱逐者的拘留监狱。这样的做法让这个展览更加出名了。

就波兰而言,犹太人在早期,即16世纪到18世纪就相当好地整合进了波兰社会①,但是到两次世界大战之间的时期(1918—1939),在波兰一直有一种反犹主义倾向。在"二战"时期非常严峻的形势下,情况远不是积极向好的。许多波兰人有高贵可敬的表现,但同时也广泛存在着对犹太人的命运漠不关心的态度,特别是在伦敦的波兰流亡政府那里。波兰的流亡政府不愿意把犹太人视为全权的公民。这种长期存在的倾向在许多波兰人身上还加重了,因为他们认为犹太人就是共产主义者,特别是因为犹太人对基督教信仰造成的现实存在的挑战。一些犹太人面对波兰反

---

① G. D. 洪德特:《一个波兰偏远城镇的犹太人:18世纪的奥帕图夫案例》(巴尔的摩,1992)。

* 奥帕图夫(Opatów)是波兰南部桑多梅日省(Sandomierz)最早有犹太人定居的一个城镇。

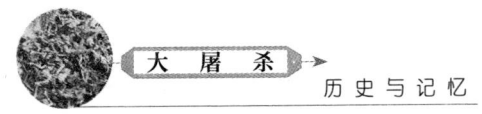

犹主义的威胁,心甘情愿地欢迎苏联1939年对波兰东部的占领,进一步促进了波兰人的这种观念。同样的情况也发生在1940年苏联占领立陶宛的时候。受到反犹主义的影响,以伦敦为根据地的波兰流亡政府满意地看着犹太人被消灭,甚至往往希望德国人达成他们的目标——直到他们开始害怕波兰的基督徒会是下一个受害者的时候。但这不是所有流亡波兰人的观点或者有组织的政策。而且,一些流亡政府的成员通过流亡政府的情报机构在被占领领土上的行动,为西方国家提供了关于正在波兰展开的大屠杀方面的情报。[1] 其他流亡政府倾向于忽视反犹主义立法的问题,而且他们确实倾向于忽视驱逐犹太人的行动。例如,只是到了1943年9月,比利时流亡政府才谴责了在比利时与德国人对犹太人的迫害合作的通敌行为。

否 认

鉴于英国在纪念大屠杀方面积极的主动性,比如指定大屠杀纪念日,我们很难弄明白什么原因使教育部委托的历史协会的简报称,一些英国学校因为担心激起穆斯林学生中的反犹主义情绪,所以不再把大屠杀作为普通中等教育证书课程(General Certificate of Secondary Education)的教学内容。这条新闻在英国和美国都引起评论。在穆斯林社区以这种或者那种形式否认大屠杀确实远不是一种边缘性的观点。而且,这是穆斯林描绘犹

---

[1] D. 恩格尔:《在奥斯维辛的阴影里:波兰流亡政府和犹太人,1939—1942》(查珀尔希尔,北卡罗莱纳州,1987)和《面对一场大屠杀:波兰流亡政府和犹太人,1943—1945》(查珀尔希尔,北卡罗莱纳州,1993)。

第六章 大屠杀和今天

太历史的更普遍模式的一种。例如，穆斯林否认犹太人曾经在摩尔人统治的中世纪阿尔－安达卢斯（al-Andalus），即今天西班牙的安达卢西亚的历史上扮演过积极的或者任何其他角色，或者有过任何历史地位。

否认大屠杀本身是可恶的和荒谬的，是历史真正的死亡[①]，但是"否认绝不会消失"[②]。质疑所有大屠杀否认者的动机和正直，批驳他们的目的中最恶毒的部分是合理和必需的。他们是发疯的、坏的，或者两者都是，尽管用"发疯的"这样的词汇来描述大屠杀否认者是对精神病人的一种诽谤。有判断力和道德感的人都不会否认，自始至终，犹太人都是纳粹分子想要根除的人当中位列最前的一类人。更普遍的情况是，反犹主义和否认大屠杀是一个发展得不好的公民社会的病症。[③]

贬 低

对许多人来说，大屠杀在这里以一种"零年"的形式提供了一个范式，在这个范式中，其他暴行被理解并被描述。这个过程有助于加强大屠杀的中心地位，但也会导致一定程度的误解，如果不是导致更糟的后果的话。和否认大屠杀非常不同的一个主题就是用类比对大屠杀进行贬低。这种做法的众多支持者在任何方

[①] M.薛莫和A.格洛博曼：《否认历史：谁说大屠杀从未发生过和他们为什么要这样说？》（伯克利，2002）。

[②] A.皮尔斯：《当代英国的大屠杀意识》（纽约，2014）：230。

[③] 斯蒂芬.E.阿特金斯：《作为一种国际运动的否认大屠杀行为》（韦斯特波特，康涅狄格州，2009）；罗伯特·S.维斯特里奇：《否认大屠杀：背信弃义的政治学》（波士顿，2012）；F.波蓬特：《后共产主义的东欧的反犹主义和否认大屠杀行为》，见D.斯通编：《大屠杀的历史编纂学》（贝辛斯托克，2004）：464。

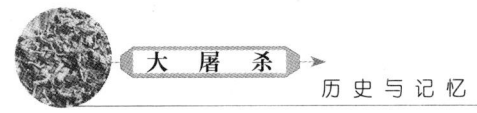

面都不是大屠杀否认者,这使得这种做法在某些方面显得更加阴险。这里说的类比涉及的是无法和其他种族灭绝相比的事件,特别是无法和1994年对卢旺达图西族的种族灭绝相比的事件,因为大屠杀和卢旺达大屠杀都是悲惨的和极端令人无法接受的。① 这里所说的类比更接近那些无论怎样令人厌恶、觉得残酷,却并非种族灭绝性质的行动。

21世纪以来的两个这样的类比是由德国人提出的。这时提出这些类比的不再是极右翼了,而是来自主流政治派别的人。他们说德国人在1943年至1947年遭受的,先是英美两国的大轰炸,然后是被残忍对待并被赶出东欧的经历,在某种程度上可以与大屠杀相比。这种说法是荒谬的,特别是因为在这些行动中并没有种族灭绝的企图,即使是约瑟夫·斯大林也没有这样的企图。而且,轰炸给德国的经济造成相当大的损失,并且打击了德国社会的士气,但是不管它是否构成战争罪行,轰炸的结果都不是种族灭绝性质的。② 大多数德国的评论家似乎都不关注德国在战争时期进行的轰炸,包括使用火箭攻击平民目标,特别是1944年至1945年对伦敦和阿姆斯特丹进行的这种攻击。和这个问题相联系的是企图通过强调战争普遍的恐怖性、战斗的经历、占领的灾难

---

① R. G. 霍万尼西安:《正确认识亚美尼亚种族灭绝行动》(新布伦瑞克,新泽西,1986);R. 梅尔森:《把亚美尼亚种族灭绝行动和大屠杀相比的问题:定义、类型学、理论和谬误》,《历史研究年鉴》(德)1999年第7期;A. S. 罗森鲍姆编:《大屠杀是唯一的吗?对相对的种族灭绝行为的透视法》(第三版《圆石》,科罗拉多州,2009);T. 德·瓦尔:《大灾难:种族灭绝阴影中的亚美尼亚人和土耳其人》(牛津,2015)。

② P. 艾迪森和J. A. 克兰编:《火风暴:对德累斯顿的轰炸》,1945(伦敦,2006)。

第六章 大屠杀和今天

和"后方战线"的紧张来相对化地处理参战方(一定程度上是为了追求"超国家的历史")的行为,忽视德国的战争目的。

与德国人对盟军轰炸的具体问题的批评相分离的,还有一种说法认为,"二战"中的轰炸,实际上是轰炸本身还有大屠杀,都植根于西方的帝国主义,都凭借"种族灭绝式的武器"使"种族灭绝的梦想"成为可能。在这种观点中,对英国人和美国人进行了和对纳粹分子一样的处理。[1] 几乎用不着强调这种观点的非学术风范和准歇斯底里的性质,同时它暗示的种族灭绝要求有复杂精巧的武器这个说法,也几乎没有在1941年的克罗地亚战争和1994年的卢旺达大屠杀中得到证实。特别是在卢旺达发生的屠杀的规模和性质证明,"工业化的过程"并不是大规模杀戮的必需条件:当时许多被屠杀的人是用大砍刀和其他手持武器杀死的。

尤其在进入21世纪以后,反复出现的类比把大西洋上的奴隶贸易比作一次对非洲人的大屠杀。这也是荒谬的。这种类比低估了非洲代理人在奴隶贸易中发挥的主要作用,而且忽视了奴隶贸易的目的不是杀死非洲人,更不是为了重新在地理上安排被征服地区的种族秩序。相反,奴隶贸易的目的是确保充足的、顺从的和相对来说便宜的劳动力。

人们利用德国人对待犹太人的方法激发恐惧,而且还在继续用它激发恐惧,以引出一种相似的、站在其他被迫害群体立场上的反应,包括那些过去的、现在的和显然是即将出现的被压迫者。人们这么做是想追求一些可敬的目标。用历史类比来轻描淡

---

[1] S. 林德奎斯特:《轰炸的历史》(伦敦,2001)。

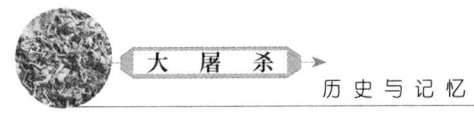

写大屠杀的做法在一定程度上利用了这些可敬的目标。例如在苏联，恐怖和饥荒造成大批人死亡。在乌克兰，1991年国家的独立使人们开始关注始于1933年的大饥荒。把乌克兰的农民当作应该灭亡的人民公敌来对待，让美国学者诺曼·奈马克（Norman Naimark）得出结论说，乌克兰的大饥荒就是种族灭绝。

1915年在土耳其帝国发生的对亚美尼亚人的大规模屠杀和"种族清洗"中，大约150万人被杀死或死于其他原因。这场大屠杀是具有启发意义的，特别是鉴于土耳其事后并且自那以来一直倾向于对这场屠杀尽可能的轻描淡写，或者否认，而且倾向于为这场屠杀寻找借口，用亚美尼亚人支持俄国来为屠杀辩解。俄罗斯当时是土耳其帝国的敌人，土耳其还强调土耳其族人遭受的磨难。所以可以预期，详细描述那场大屠杀的书籍在土耳其会被拒绝出版。那些在土耳其谈论这个话题的人也可以预期不会再被请回来做讲座了。亚美尼亚大屠杀是一个更长过程的一部分。在这个过程中，土耳其的民族主义把一个多语言的帝国变成一个宗派主义的国家，一个只属于穆斯林的国家。人们已经把土耳其对亚美尼亚大屠杀的否认和关于犹太人大屠杀的争论联系在一起（实际上，这不是对相同事物的类比），而且因此也就和土耳其的欧盟成员资格联系起来，因为否认大屠杀在欧盟是一项刑事罪行。[1]

---

[1] R. 桑尼、F. M. 戈契克和 N. M. 戴马克编：《种族灭绝的一个问题：奥斯曼帝国末期的亚美尼亚人和土耳其人》（牛津，2011）；W. 格鲁纳：《"走进虚空的漫游"：德国犹太人和他们对第三帝国时期亚美尼亚人的种族灭绝的认识》，《中欧历史》2012年第45期，1—26页。

第六章 大屠杀和今天

但是，仅仅大规模地杀人，不管应该受到怎样的谴责，都还不能与大屠杀相提并论，因为试图定义和摧毁一个种族群体及其全部的文化反映着这种攻击与众不同的规模和目的，实际上，这是一种全球性的攻击。1994年在卢旺达对图西族的屠杀的规模和目的显示，使用"大屠杀"这个专门术语来描述这个事件应该是恰当的，但是本书提到的大多数与大屠杀进行的类比都不像卢旺达大屠杀那样适合这样的类比。

有质疑认为把注意力全部聚焦在大屠杀上会使我们无法充分考虑德国人屠杀大量其他种族的严重性。简言之，他们认为大屠杀是研究纳粹政策和实践的一个不完整的视角，但是大屠杀试图毁灭一个种族群体所具有的意义可以应对这种质疑（德国人屠杀其他种族的时候并没有计划完全消灭他们）。[1] 在谁应该在奥斯维辛被纪念和谁应该负责这种纪念这个问题上就可以发现这种质疑。这个观点还和许多德国人要求接受他们的受害者地位的呼吁形成了共鸣：如果注意力从对犹太人的屠杀上移开，那么德国人就可以作为在20世纪40年代遭受巨大磨难的民族之一凸显出来。这种推测让许多非德国人深受冲击，觉得这是一种非历史的、荒唐可笑的和冒犯性的论点。遭受苦难最多的德国人当然就是德国的犹太人。

许多学生（和其他人）完全不知道除了欧洲的犹太人还有任何平民群体死于"二战"，而且，讨论大量非犹太人欧洲平民在战争中到底经受了什么不会降低大屠杀的意义。但是，要求关注

---

[1] A. 迈尔：《记忆与历史：关于记忆的贫困和忘记对犹太人的屠杀》，《激进历史评论》1993年第56期，5—20页。

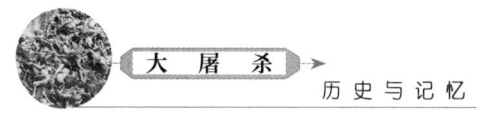

其他在20世纪40年代被杀死的人的压力在贬低大屠杀的政治中变成一个关键问题。

东欧关于可比较的苦难和受害者身份的心理学过去是、现在也是重要的。东欧的环境与西欧不同。东欧遭受破坏和痛苦的程度比西欧大得多。人类是复杂的，而且记忆、动机和表达的能力也可以是扭曲的（因为与幸存者的经历相关的明显的原因）。这使得历史学家判断人们的思想的轨迹到底是怎样的、当他们列举本种族经受的苦难时背后隐含着什么变得很困难。鉴于个体总是倾向于以自我为中心，所以他们习惯性地比思考他人的痛苦更多地关注自己经受的痛苦，因而忽略了那些可以帮助人们进行判断的定量和定性的数据。但是，自我中心主义并不一定使人们成为反犹主义者或者反对什么事物的人。例如，如果一个波兰天主教徒或者匈牙利政治家或者族群是（或者不是）一个直率的民族主义者，而且有习惯性的渴望沉浸在本族群痛苦里的倾向，这并不一定意味着他或她是一个隐秘的反犹主义者。确实，他或她可能根本就没有考虑到犹太人。他或她可能会在这里或者那里留下一些暗示、影射或者扭曲和模糊的解释。这些可能揭示了一些东西，也可能什么都没有表达。对之感兴趣的旁观者和历史学家要想探明这些声音和写下的东西后面真实的观点可能是很困难的。很多情况下，对降落到别的群体头上的灾难都会有含蓄的同情或者承认，但是有的时候也会有幸灾乐祸的感觉。身份政治指向许多不同的方向，就像相对主义的世界观一样。如果纳粹的意识形态有某些与现代的或者更早些时候的身份政治相同的特征，那并不一定意味着后者和前者是相等的。

第六章　大屠杀和今天

在丹麦，有一些批评家问道，为什么"只有"纳粹的种族灭绝罪行可以进行官方纪念，而其他一些独裁者的罪行不能进行官方纪念？爱沙尼亚和立陶宛的反对影响了把否定大屠杀在全欧盟范围内确定为一种犯罪的计划。于是在2008年的《布拉格宣言》中就提出了一个"双重种族灭绝"的理论。①

在德国，像布痕瓦尔德、达豪和拉文斯布吕克这样的前集中营与东德地区的某些纪念地之间，在争取关注和资金的时候存在着竞争关系，而且经常是激烈的竞争。在基督教民主联盟里，有压力要求平等对待。支持这样做的人争辩说，所有被纪念的那些人都是独裁的受害者。安吉拉·默克尔的总理府文化事务领导人贝恩德·诺依曼（Bernd Neumann）就持这种观点。德国犹太人中央委员会拒绝这种平等对待，争辩说这样做是在贬低大屠杀。而且，把争论置于当时那种险恶的背景里考察，可以看到依靠苏联的军事力量来结束大屠杀是非常需要的，况且苏联军队里还有犹太战士。②

---

① 双重种族灭绝理论（Double genocide）是关于卢旺达大屠杀和犹太人大屠杀的一种理论。这种理论认为这两场大屠杀的受害者反过来是另一场大屠杀的行凶者。就卢旺达大屠杀而言，"双重种族灭绝"理论认为，在胡图族对图西族的大屠杀之前，也存在图西族对胡图族的压迫。就犹太人大屠杀而言，该理论认为纳粹及其帮凶对犹太人的屠杀和苏联准军事部队对非犹太人的屠杀是具有可比性的，而犹太人则参与了共产主义的暴行。东欧的国家普遍同情"双重种族灭绝"理论，并于2008年发布了《关于欧洲的良知和共产主义的布拉格宣言》。一些学者批评这个宣言有"双重种族灭绝"理论的色彩，试图使犹太人大屠杀被相对化，甚至"洗白"和"重写历史"。——译者注

② P. 诺维克：《对阿莱达·阿丝曼讲座的评论》，《华盛顿德国历史学会学报》（华盛顿）2007年第40期，31页。

* 阿莱达·阿丝曼（Aleida Assmann, 1947— ）。德国英语和文学研究教授。作品主要关注文化人类学。

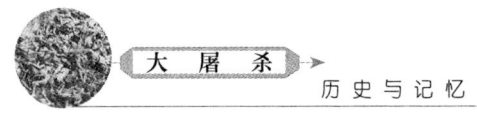

大 屠 杀
历史与记忆

从学术角度看,当下人们为了追求跨国家历史学,致力于从比较的维度进行研究。但是,作为对这种研究方法存在的问题的一个警告,塔杜兹·派楚罗斯基(Tadeusz Piotrowski)著的《波兰的大屠杀:种族冲突、与占领军的合作和第二共和国时期的种族灭绝 1918—1947》(1998)提供了一个例证,反映了学术研究对犹太人苦难经历的贬低。派楚罗斯基是新罕布什尔大学的一位社会学教授,一个波兰裔美国人。他把大屠杀的受害者界定为包含德国和苏联的受害者。这样他就把对波兰境内的大屠杀的研究分为七章,把"苏联的恐怖"一章放在"纳粹的恐怖"一章前面,而且在关于波兰人、白俄罗斯人、立陶宛人、乌克兰人的通敌合作行为的一章前放了一章关于犹太人与苏联和德国代理人合作的内容。客气一点讲,这本著作给人的总印象是这是一种非常不平衡的阐述,而且劫持了"大屠杀"这个术语。①

更严重的是,2010 年以来在普京领导下的俄罗斯的扩张主义引起的紧张导致对战时行为的争论,特别是在乌克兰。普京的民族主义非常关注第二次世界大战。2013 年以来的乌克兰危机使俄罗斯评论家和俄罗斯的支持者声称,乌克兰的民族主义者是法西斯主义者和反犹主义者。这些指责遭到了否认。2014 年 3 月 3 日,俄罗斯外交部长提到在乌克兰的"西方的盟友"是"彻头彻尾的新纳粹"。这些说法的目的是影响俄罗斯和更大范围内的公众意见。历史参照物被推到现实斗争的前沿。例如,2014 年,有

---

① 对"双重种族灭绝"研究方法的批评,见米歇尔·平托 - 杜钦斯基:《希特勒的"生态学恐惧"没有导致大屠杀》,《立场》2015 年第 75 期,44—49 页。这是对蒂莫西·斯奈德的《黑色的地球:作为历史和警告的大屠杀》(伦敦,2015)的一篇批评文章。

第六章 大屠杀和今天

人用完全不同的一个事件的照片来影射在敖德萨杀死乌克兰亲俄暴力分裂主义分子的事件。那张照片拍摄的是 1943 年由支持德国人的乌克兰叛乱部队进行的一场屠杀。① 这种宣传当然有助于维持在俄罗斯对普京的支持。

就对犹太人的屠杀而言,一个更贴切的类比是与对罗姆人(吉卜赛人)的屠杀进行比较。德国人至少杀死了 25 万罗姆人,这个数字也可能超过 150 万。考虑到这个数字占当时罗姆人人口的百分比,这是一个很大的数字。德国的罗姆人按照希姆莱 1942 年 12 月 16 日签署的命令被送往奥斯维辛 2 号营。但是,希特勒对犹太人和对罗姆人很不一样。希特勒把犹太人描绘成对日耳曼人和他们的使命积极的和直接的威胁,而在罗姆人身上,他和希姆莱没有看到这样的威胁。战后,对罗姆人的歧视在西德和东德都一直在延续,而且一直到 60 年代他们都不被视为战时德国的受害者。② 对罗姆人的歧视在东欧还在持续,特别是在匈牙利和罗马尼亚。就第二次世界大战而言,1941 年至 1945 年在南斯拉夫(各民族之间)发生的两败俱伤的斗争也具有种族灭绝的意味。③

针对人性的犯罪当然都太雷同了,大屠杀就这个角度来看很少有什么独特性,但是这并不能在它和其他对人性的犯罪之间建立等值的关系。不过,这种等值性一直都是政治抨击的一个强有力的主题。对每一代人,这样的类比看上去都是新的,然而事实

---

① P. 泼莫兰契夫:《日记》,《伦敦书评》,36/12,2014 年 6 月 19 日:42—43。
② G. 玛格丽特:《德国和它的吉普赛人:后奥斯维辛的严峻考验》(麦迪逊,威斯康星州,2002)。
③ M. A. 霍尔:《在希特勒的波斯尼亚的种族灭绝和抵抗:游击队和切特尼克,1941—1943》(牛津,2006)。

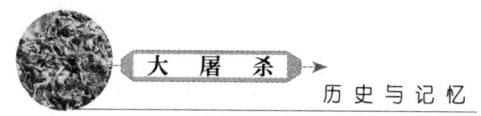

并非如此。例如，60年代早期法国当局对待阿尔及利亚人的方式被拿来与纳粹的政策进行类比，美国后来在越南战争中的行为也被拿来与大屠杀相比。尽管前一种主张里有维希主义者的影子，特别是莫里斯·帕彭对法国在两次战争中的政策发挥的影响，但是这两种主张都是荒唐的。法国知识分子让·保罗·萨特在谈到美国在越南战争中的行为时，推动了当时已经被广泛应用的种族灭绝这个论题。① 战争期间，萨特接受了一个教职，这个职位上的犹太人已经被赶走了。就像雅克·维尔热斯（Jacques Vergès）——1942年至1944年里昂盖世太保的残忍头目克劳斯·巴比的辩护律师——那样，萨特在1987年声称关注的焦点不应该放在德国人针对犹太人的罪行上，而应该放在反对那些与争取自由的民族为敌的帝国主义势力上。这个主张寻求把60年代以前的主要帝国主义国家法国也放到审判台上。维尔热斯在巴比案中的律师同事纳比尔·波艾特（Nabil Bouaitt）争辩说以色列1982年对黎巴嫩的入侵是一次大屠杀。巴比后来被判处终身监禁。② 从1967年开始，德国的激进左翼开始对以色列持批评态度时，他们也同样利用没有根据的、与纳粹德国的类比。恐怖分

---

① 让·保罗·萨特：《关于种族灭绝》（波士顿，1986）。
② A. 芬克尔克劳特：《徒劳的记忆：对克劳斯·巴比的审判和反人类罪》（纽约，1992）。

第六章 大屠杀和今天

子乌尔瑞克·迈恩霍夫①提到以色列成功的国防部长摩西·达扬时，称他是"以色列的希姆莱"②。1961年，英国政府没有谴责葡萄牙在它的殖民地安哥拉对当地的革命进行的报复，英国工党政治家丹尼斯·希利（Denis Healey）暗示，英国政府的这种迟钝支持了"艾希曼式"的屠杀。结果，工党领导人哈罗德·威尔逊公开谴责了葡萄牙在它的另一个殖民地莫桑比克进行的一次报复行动——维利亚姆屠杀。③威尔逊称之为"自纳粹的屠杀以来，在种族屠杀的规模上独一无二的可憎和野蛮的"行为。④威尔逊在这个问题上是错误的（这个事件的规模并非"独一无二"）。

在澳大利亚，土著的命运也经常被拿来明确地与大屠杀相

---

① 乌尔瑞克·玛丽·迈恩霍夫（Ulrike Marie Meinhof，1934—1976），德国极左翼激进分子。1959年加入当时被禁止的德国共产党，担任党报主编。1970年参与创建了德国赤军派（Red Army Faction）。同年她在一次组织得很差的劫狱行动中暴露了，然后参加了赤军派一系列抢劫银行和爆炸的行动。1972年被捕，1974年和其他人一起被控以四起谋杀、54起企图谋杀和一起组织犯罪组织罪。1976年在监狱中上吊自杀。她的葬礼变成一场有4000名同情者参加的示威。——译者注

② U. 西蒙-内托：《德国68年一代的社会体制》，《奥比斯》，2004年第48期，87页。

③ 1972年12月，葡萄牙军队在莫桑比克靠近泰特（Tete）的维利亚姆村（Wiriyamu）杀死了一批平民，红十字会的统计是约150人，后来葡萄牙报界进行的一次调查说人数大约是300人。行动的借口是村民掩护了莫桑比克解放阵线的游击队。——译者注

④ 《泰晤士报》，1961年6月20日；N. 麦奎因和 P. A. 奥利维拉：《杂货商遇见屠夫：马尔塞洛·卡丹奴1973年对伦敦的访问和葡萄牙"新国家"体制的最后时光》，《冷战历史》2009年第10期，29—50页。

* 马尔塞洛·约斯·达斯·内维斯·阿尔维斯·卡丹奴（Marcello José das Neves Alves Caetano，1906—1980）是葡萄牙第二共和国"新国家"（Estado Novo）独裁政权的最后一任总理。"新国家"是葡萄牙历史上一个反共、反社会主义、反无政府主义、反自由主义和反殖民主义的集团主义、保守主义和民族主义政权。1974年被军事政变和此后很快发生的康乃馨革命推翻。

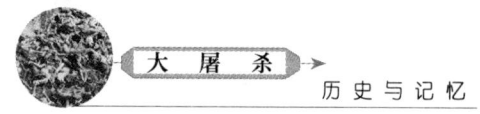

比,尤其是希望通过这种做法造成的震撼来激起回应。反过来,1996至2007年间的保守派总理约翰·霍华德对他称之为"带着黑袖套的历史观"提出了批评。他指的是那些声称英国殖民者的行为是残忍的和种族灭绝性的说法。他认为以这些说法作为现代澳大利亚的基础是不可接受的。2000年以来,学术界围绕有没有夸大早期殖民者杀死的澳洲土著数量发生了激烈争论。这场争论还在延续,但是现在各种色彩的历史学者在涉及殖民地时代的澳大利亚时,都对使用种族灭绝这个词汇更加谨慎了。

在新西兰,1996年怀唐伊(Waitangi)地方的法庭负责调查毛利人对王室的抱怨时,法庭的《塔拉纳基报告:考帕帕·图瓦塔伊》(*Taranaki Report: Kaupapa Tuatahi*)使用了"大屠杀"这个词汇。这是一份关于新西兰北岛塔拉纳基地区的报告。这个地区在19世纪发生过没收土地、抗议和驱逐等事件:

> 至于要求的额度,我们报告的指控要点已经指出,塔拉纳基的赔偿声索可能是这个国家里最大的。有记载的对大部分塔拉纳基地区的洗劫和无止境的征用土地描绘了在从1840年到目前的时间段里,塔拉纳基历史上的大屠杀和对这个国家基础民族的诋毁。

这个报告在2000年产生了政治后果。毛利人事务部副部长——著名的毛利人塔瑞亚·图瑞亚(Taria Turia)做了一次"毛利人大屠杀"演讲,引起了争论。为此她用一份个人陈述向国会道了歉:"我不是……意图贬低第二次世界大战中大屠杀

第六章　大屠杀和今天

的幸存者。"议会中反对党新西兰第一党的领导人温斯顿·彼得斯（Winston Peters）猛烈抨击给予毛利人特殊待遇的想法。他质问图瑞亚说：她是否觉得怀唐伊的法庭在关于对待塔拉纳基人民的方式的报告中使用"大屠杀"一词让她获得使用这个词汇的许可。图瑞亚回答说："我相信，是的，你是对的。我读了怀唐伊法庭关于塔拉纳基各民族遭受的蹂躏的报告，而且我承认他们使用了'大屠杀'这个词，就发生在塔拉纳基人民身上的事而言，我认为这是恰当的。"这没有让像教育部长特雷弗·马拉德（Trevor Mallard）那样的政府支持者感到满意，而且和数日前政府的一项决定相冲突。总理海伦·克拉克几天前提出的这项决定要求绝不能再次在新西兰的语境中使用"大屠杀"这个词。几天以后在首都惠灵顿召开的原住民大会背书了怀唐伊法庭的报告和塔瑞亚·图瑞亚的做法。最近，作为对1952至1957年肯尼亚茅茅起义的反应，英国人采取的一些政策也被拿来与大屠杀相比。这是一种荒谬的争论，一定程度上建立在对拘留营和灭绝营的混淆的基础上。这种混淆要么是一种故意的误导，要么是一种极端的愚蠢。

在印度，正确的观点是，大屠杀是坏的，但是责任不在那些普通的德国人身上。在受过教育的中产阶级中有一种广泛存在的观点，即大屠杀不是独一无二的，美国和欧洲帝国主义者在追求扩张的过程中同样杀死过很多人。在印度的极端民族主义者中间有一种少数派的观点认为，希特勒是一种积极的影响，因为他狠狠打击了英国人，而英国人在印度是殖民主义势力。就一些评论家而言，还有一种趋势就是把以色列在巴勒斯坦的行为拉进这场

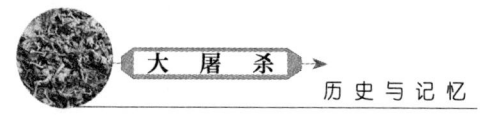

争论,当然这肯定不是一回事。

有一种更加普遍的贬低犹太人受迫害经历的方式,这种方式没有把焦点集中在大屠杀上。在2004年巴塞罗那举办的一次名为"战争中"的重要展览的目录中,约瑟·马纳·里道(Jose Mana Ridao)写道:

> 原型在现世和空间中变迁轮回。在这种轮回中,死亡和破坏是繁荣兴盛之前惯有之事:前哥伦布时代的印第安人的形象与今天的穆斯林是一致的,今天穆斯林的形象与(比利时)利奥波德国王时代的刚果土著的形象是一致的,刚果土著的形象和受迫害的犹太人的形象是一致的,受迫害的犹太人的形象与托尔斯泰笔下的车臣人是一致的[1],而托尔斯泰笔下车臣人的形象与最近新闻界描绘的车臣人的形象又是一致的。对这些人物中的每一个人和如此多的其他人来说,这些都只是冗长的列表上的简单名称而已。名单上有穷人和相似的吉普赛人、胡图族和图西族、塞尔维亚人和波斯尼亚人,而历史的污点总是相同的。[2]

更具体地讲,戈德温规律是网络上的一句格言。它断言:"当一场线上讨论变长以后,出现涉及纳粹或者希特勒的类比的可能性就上升到1了。"换句话说,这种可能性就变得很强

---

[1] 可能是指托尔斯泰的小说《哥萨克》,这篇小说描写了车臣人的故事。——译者注

[2] J. M. 瑞道:《镜子里的敌人》,见《战争中》(巴塞罗那,2004)。

第六章 大屠杀和今天

了。① 迈克·戈德温是一个在网络上非常活跃的律师。他就自己的规律写道：他想让那些很顺溜地就把某个人和希特勒或者纳粹进行类比的人对大屠杀思考得更认真些。② 当英国的现代农业也被描述成一场大屠杀的时候，戈德温说的那种现象看上去确实非常明显。③

同时，也有人努力想要使大屠杀和非犹太人联系起来，但是又不失大屠杀外表上具有的犹太人特征。这种努力在美国尤其常见。在美国有一种倾向就是把大屠杀描绘成对所有人的犯罪，而犹太人是受害者。美国大屠杀纪念博物馆的前项目主管迈克尔·贝伦鲍姆（Michael Berenbaum）就根据美国价值观，特别是宽容、多元主义和人权来谈论大屠杀的美国化。美国大屠杀纪念博物馆的展陈就包括了非犹太受难者的内容。西蒙·维森塔尔中心和洛杉矶的宽容博物馆也为这种倾向提供了例证。④ 一种相似的政策为一些国家，像英国的大屠杀纪念日奠定了基础。2005年1月24日，在联合国专门为纪念大屠杀召开的特别会议上，联合

---

① 戈德温规律（Godwin's law）是美国律师迈克·戈德温（Mike Godwin）1990年发布的。他当时主要是针对世界性新闻组（Usenet newsgroup）的一场讨论提出了这条规律。意思是，如果一场讨论足够长，无论其话题或范围是什么，迟早会有人把某个东西或某个人与希特勒或他的行为相比。现在这个规律已经使用于任何连续的线上讨论了。2012年，戈德温规律成了第三版《牛津英语词典》的一个词条。——译者注

② 迈克·戈德温：《我似乎是一个动词：〈戈德温规律〉的十八年》，《犹太人》线上杂志，2008年4月30日。

③ 激进生态主义者主张的动物福利论认为："如果一个存在物能够感受苦乐，那么拒绝关心它的苦乐就没有道德上的合理性。"所以他们常常抨击现代农业每年屠宰数百亿农场动物也是一场"大屠杀"。——译者注

④ 迈克尔·贝伦鲍姆：《悲剧和胜利之后：现代犹太思想和美国经验》（剑桥，1990）；A. H. 罗森菲尔德：《大屠杀的美国化》，《评论》1995年第99期，35—40页。

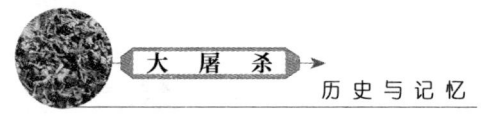

国秘书长科菲·安南发表的讲话宣称：

> 那种在这些集中营里毁灭了六百万犹太人和其他人的邪恶，今天仍然威胁着我们所有人。纳粹的罪恶绝不是我们可以将之归于遥远的过去以便加以忘却的东西。要高举纪念的火炬，在它的光芒照耀下生活。这个责任落在了后继者，也就是我们的身上。

在比利时，更具体地讲，梅赫伦犹太人驱逐和抵抗博物馆的主席拿坦·拉梅（Natan Ramet）在"运输20"展览上宣布："这是一个反对种族主义的信息。这不是一个只属于犹太人的主题：它具有全球性的关联性。如果你歧视人民中的一个群体，大屠杀这种事情就会发生。"博尔特梅尔贝克（Boortmeerbeek）市政当局曾经举行了一个纪念活动，向抵抗战士和他们在1943年解救的被驱逐者致敬。在活动的记者招待会上，从另一种语境里也听到了同样的主题：

> 几个月前，一个比利时少年在安特卫普制造了一起种族屠杀。他杀死了一个两岁的佛兰芒幼童和她的保姆。在这样的事件发生以后，今天这个活动传达的伦理信息对我们的年轻人、我们的社区和比利时都仍然是重要的。这个事件再次制造了一种种族仇恨的氛围。像纳粹大屠杀一样没有意义的

第六章 大屠杀和今天

种族主义暴行再一次发生了。①

同样，新西兰惠灵顿大屠杀研究和教育中心在文献中宣布，它的宗旨是"用能够激励后来人的方式……教授宽容、勇气和种族和谐。既教授犹太信仰的这些品质，也教授其他信仰的这些品质，以使人们与任何地方发生的不宽容进行斗争，并尊敬所有男人、女人和儿童的高贵生命"。2007年以色列发现自己在这个问题上陷入困境。当时以色列扣留了从苏丹达尔富尔作为非法移民进入以色列的难民。

大屠杀是西方文化的一个关键性象征和警示，但是在全球范围内，西方文化的重要性正在减弱。特别是欧洲在人口、经济、政治、文化和知识等方面的重要性都在迅速衰落。在欧洲，人们已经做出了重要的努力，想要在一种意识清醒的反应中，把大屠杀作为一个创建新欧洲的出发点。2000年，瑞典总理约兰·佩尔松在斯德哥尔摩召集了一个会议，寻求为大屠杀的纪念确定一个共同的框架。大家同意对大屠杀的纪念应该塑造一个共同的欧洲公民社会的各种价值观，致力于"相互理解和正义"。这是很好的情感，但是在全球范围内，欧洲正在衰落。

这里还存在美国的力量和影响弱化的问题。相反，中国和印度的人口、经济和政治分量的重要性正处于相对上升过程中。在这两个国家，大屠杀都不是一个突出问题。这两个国家都在"二战"中扮演了一个重要的但是通常被低估的角色。印度当时是作

---

① G. 哈丁：《梅赫伦记得》，www.thebulletin.be，2007年5月3日：12—13。

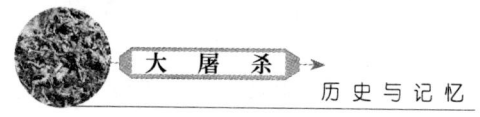

为英帝国的一部分参加战争的。但是,对这两个国家来说,对德国的战争都不是很重要。特别是对中国来说,战时罪行的问题主要聚焦在日本身上。在张纯如的畅销书《南京浩劫:被遗忘的"二战"大屠杀》(1997)里,她把1937年在南京发生的大规模杀戮(mass slaughter)比作奥斯维辛。在日本国内,对犹太人大屠杀的关注是有限的。这一定程度上反映了日本教育制度的焦点大部分集中在日本历史上。一定程度上,反犹主义在日本可以成为一个主题,更加合理的说法是,在日本反犹主义可能就表现为缺乏对以色列的支持,但是更关键的问题是缺乏对大屠杀历史的意识。

展望未来,看到亚洲公共历史的焦点放在亚洲人伤害亚洲人的事件上,而不是西方对亚洲的邪恶压力或者西方内部的事件上,特别是没有放在大屠杀上面是具有启发意义的。亚洲公共历史关注的这些事件的例子有,源于1947年印巴分治的印度教徒和穆斯林之间的冲突,1976至1979年之间柬埔寨的红色高棉政权。外国的统治,例如英国对印度的统治和英国、日本对中国的帝国主义行径有可能成为关键问题。当代(亚洲国家)对大规模屠杀的反应代表了判断的一种形式,这种形式是为谴责某个特定的政权和相关的意识形态服务的。

伊斯兰代表了与此不同的一系列贬低大屠杀的态度。这不仅仅是关于穆斯林国家的政策问题,也同穆斯林在西欧不断增强的作用有关。因为穆斯林的出生率比非穆斯林人口的出生率高很多,这种作用还会持续。政治上的结果已经出来了。西欧尽管还

第六章 大屠杀和今天

没有像有的时候人们声称的那样，完全进入伊斯兰影响的范围，但是已经作为伊斯兰意识范围的一部分受到影响了。尽管有来自公众和政府方面明显的批评，但是英国的穆斯林组织不愿意在大屠杀纪念活动中发挥作用，这就很引人注目了。在法国，穆斯林人群大声吵着抵制在教育和公共纪念活动中强调大屠杀。在欧盟这个层面上，当有穆斯林族群占多数的国家或者如果有这样的国家要加入欧盟时，这个问题可能更严重。可能产生这个问题的国家主要是阿尔巴尼亚、科索沃和土耳其。

穆斯林的反犹主义有时是明显的。在对制造 2003 年巴厘岛爆炸事件的恐怖分子的审判中，一个被告叫道："犹太人，记住海拜尔①，穆罕默德的军队将会回来打败你们！"——就这样把 628 年击败犹太人和把犹太人变成奴隶的历史拽进了现代。2015 年 2 月，1981 年至 1986 年间任法国司法部长的罗伯特·巴丹戴尔（Robert Badinter）为纪念 1943 年围捕犹太人事件，在里昂发表了一篇演讲，把"戴着反对犹太复国主义假面具"的反犹主义放进一个历史事件的序列里。1943 年围捕的那些犹太人后来被

---

① 海拜尔（Khaybar）是沙特麦地那以北 153 公里的一个绿洲。在伊斯兰势力崛起以前，这里一直是犹太人部落居住的地方。这支犹太人自称源自摩西的兄长祭司亚伦（Aaron）。628 年，伊斯兰教创始人穆罕默德派刺客刺杀海拜尔犹太人的领袖，发动了对海拜尔的进攻。这场战斗中有 16 到 18 名穆斯林和 93 名犹太人死亡。穆罕默德和战败的犹太人签署了一项条约，犹太人可以继续居住在这里，但是要把收获物的一半交给阿拉伯人。由于当时条约没有写明留下来的犹太人是拥有土地的所有权人还是租种土地的佃户，后来的伊斯兰法庭把条约解释为给予犹太人租佃权。汉志地区的阿拉伯人后来学会了农耕生活，不再需要海拜尔犹太人的农产品了，所以 642 年哈里发奥马尔（Omar）借口穆罕默德临终命令不允许两种宗教信仰的人同时在汉志（Hejaz）地区生活，就把犹太人从海拜尔驱逐了出去。奥马尔把犹太人和基督徒迁移到叙利亚和伊拉克以后命令要善待他们，要给他们分配和他们原来拥有的一样多的土地。——译者注

送往德朗西和奥斯维辛。巴丹戴尔当时说:"当穆罕默德·梅拉赫[①]在图卢兹的一个犹太人高中里,追逐并且抓住一个试图逃走的8岁小女孩,揪住她的头发,直截了当地向她的头部射击时,他正在重演当年党卫军特别行动队的行为。"2015年,反对ISIS(伊斯兰国)的人在争论中把纳粹对犹太人的仇恨和伊斯兰极端主义者对犹太人的仇恨进行类比。与此相联系,谨慎行事被描述成和慕尼黑协定一样的东西,而慕尼黑协定"的结果就是第二次世界大战和大屠杀"[②]。

试图断言一个事物和大屠杀相等在一定程度上反映了大屠杀在集体想象中的中心地位,而且说明大屠杀作为公共评论,实际上发挥着公共判断的一个基础的作用。于是,大屠杀对那些生活在它的"伦理后果"中的人来说,就是一个伦理上的绝对值和试

---

① 穆罕默德·梅拉赫(Mohammed Merah),法国图卢兹地方的一个恐怖主义杀手。梅拉赫是阿尔及利亚裔。他5岁时父母离婚,少年时期就有暴力史和行为问题。他的哥哥阿卜杜勒加尼(Abdelghani)说他后来的恐怖主义罪行是因为"种族主义和仇恨的氛围"。他说他们的母亲在童年就教育他们,阿拉伯人生来就仇恨犹太人。梅拉赫的一个姐妹舒雅德(Souad)在梅拉赫被击毙以后说:"我为我的兄弟骄傲。他一直战斗到最后……犹太人和所有屠杀穆斯林的人,我恨他们。"2006年法国情报当局就认为梅拉赫是伊斯兰激进组织成员,但是没有能阻止梅拉赫在2012年3月11至19日发动一系列恐怖袭击。11日,梅拉赫首先在图卢兹射杀了一名法国穆斯林伞兵;15日杀死了两名没有穿制服的法国穆斯林士兵,重伤了另一人;19日,他在图卢兹的一所犹太人学校杀死了4个人,其中3名是儿童,另有4人受伤。当时法国把反恐警戒级别提到最高级别。法国警方确定凶手是梅拉赫以后,21日包围了他的住所。经过30个小时的围攻将梅拉赫击毙了。据报道梅拉赫发动袭击的动机是因为法国军队参与了阿富汗战争以及反对基地组织。围攻期间,他也承认了自己的反犹主义动机,说自己袭击犹太人学校是因为"犹太人在巴勒斯坦杀死我们的兄弟姐妹"。——译者注

② 列举戴维·卡梅伦的朋友、盟友和内阁同僚,见R.西尔维斯特:《没有姑息,这是对Isis的全面战争》,《泰晤士报》,2015年7月21日。

第六章　大屠杀和今天

金石。① 尽管那些寻找类比,甚至要把焦点放在文化相对主义上面的人批评这种做法。

2007年4月21日一部非常受欢迎的英国电视连续剧(该片既针对成年人也针对儿童)《神秘博士》播出《戴里克在曼哈顿》第一集,大屠杀在这一集中有所反映。看到大屠杀对流行文化的影响是很有趣的。邪恶的戴里克们是存在很久的反派角色(机器人),他们仇恨任何事物。在这一集里,机器人戴里克们进行了一次"终极实验"。受害者被分为两类:要变成奴隶的受害者和要成为这个实验里的食物的受害者。不管有什么缺陷,这些类比都说明了纳粹的政策在何种程度上成了人类堕落的一个轴心,而大屠杀创造了一个地狱,是这个轴心的中心点。

---

① C. 格鲁克:《对记忆的操作:"慰安妇"和世界》,见 S. M. 雅格和 R. 米特编:《破裂的历史:战争、记忆和亚洲的后冷战》(剑桥,马萨诸塞州,2007):65;J. 亚历山大:《道德公理的社会建构:大屠杀从战争罪行到创伤戏剧》,《欧洲社会理论杂志》5(2002):5—85;D. 李维和 N. 施耐德:《被释放的记忆:大屠杀和世界主义的记忆的形成》,《欧洲社会理论杂志》2002年第5期,87—106页。

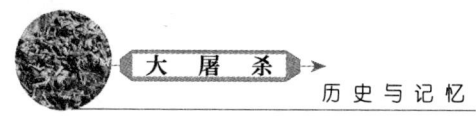

第七章 结论

"泥土掩藏不了流在你身上的血。"

——贝尔根贝尔森犹太人纪念碑

对大屠杀的回忆面临着争论。这种回忆不是对大屠杀事件本身进行学术研究的不甚重要的附属品,相反,是大屠杀对西方文化有力冲击的一个部分。实际上,大屠杀是 20 世纪欧洲历史和 21 世纪对过去的集体记忆的一个核心方面。它也可以被视为纳粹德国对欧洲和欧洲文化传承进行的战争的关键要素。伴随着至少是犹太人被驱逐和最后对他们的种族灭绝式的毁灭,欧洲种族版图的重组是希特勒式的目标,不是战争的副产品。那些制造战争的人,包括德国军队,当然为这种重组和作为结果的大屠杀提供了便利。但关键的是,那些拒绝参与大屠杀的德国士兵、警察和其他人通常都没有受到惩罚。这就意味着更多的人,实际上选择拒绝是可以的。这也把注意力引向杀人者的动机。这种动机要到反犹主义的暴力和群体凝聚力经常施加的压力里面去探寻。

然而,屠杀中的合作通敌者,特别是那些东欧的非德国人作为犹太人屠杀者发挥的非常积极和非常大的作用强调了一个事实,那就是尽管首要的责任是德国人的,但是卷入大屠杀的不仅

第七章 结论

仅是德国人。实际上，德国政策的一个副作用，而且是故意制造的副作用就是打开反犹主义和民族主义仇恨的潘多拉盒子，故意让反犹主义和民族主义仇恨聚焦在杀死犹太人上。而且，大屠杀提供了一个特别可怕的例子，反映了一个集权政府和总体战之下的经验是怎样能够在一个充满大规模恐惧的环境里扭曲良知和行为，并使之变为畸形的。

这鼓励了对大屠杀和"二战"的关系重新做一番思考，从一开始，这就是个主旋律。战争过程对大屠杀的发展具有重要意义，尽管后者并不完全受制于战争。作为存有敌意的一种世界观，战争之前恶毒的反犹主义就已经是纳粹主义辞藻和政策的一个关键主题了，但是纳粹的辞藻和政策很大程度上都是作为战争的结果被向前推进的。这些辞藻和政策帮助已经在纳粹主义中非常强大的计划和暴力得以实现，并且使这些计划和暴力的追随者更加激进，保证那些实施种族灭绝式的解决方案的人能够追寻不断发展的目标。而且战争中的成功，实际上还有战前外交冒险政策和侵略的成功，直接或者间接通过德国的盟国和被德国击败的国家的政府当局，把大量犹太人置于德国的控制之下。此外，德国征服的步伐快于犹太人逃跑的步伐。于是，"外国犹太人"的命运问题就变得更加重要了，因为他们逃往的欧洲地方很多被德国占领或者置于德国某种程度的控制之下了。"外国犹太人"的数量和觉得他们甚至成为一个更大群体的感觉，有助于强调战争的破坏程度和犹太人作为一个整体所谓的或者明显的"外国性"。而且，那些被定义为"外国的"和／或者那些住在被占领领土上的犹太人在很多情况下尤其容易受到攻击。所以，保加

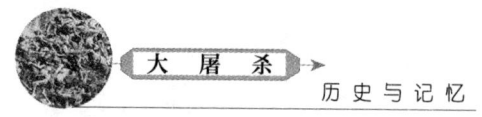

利亚把它吞并的希腊和南斯拉夫领土上的11000名犹太人驱逐到特雷布林卡去了。但是，德国的决心，是要把所有的犹太人都转移走。

对待犹太人的方式也说明，对德国人来说，在战争目的这个问题上，他们的妥协少到何种程度。确实，对待犹太人的方式作为一个例证说明了这一点，同时它也是希特勒和纳粹分子追求的结果的一个关键方面。如果有哪一场战争可以被冠以"总体战"这个头衔，那么这场针对犹太人的战争就可以。如果犹太人所处的位置可以让他们进行更多抵抗，那将不会吓阻纳粹分子，而是会鼓励纳粹分子投入更多的军事资源来达到消灭犹太人的目的。事实上，军队在大屠杀中发挥了关键作用。除了直接进行杀戮，军队对于维持发生屠杀的环境也是很重要的。而且，其他参与大屠杀的机构都应该被考虑为德国战争机器的一个部分。这样才能认识清楚，在许多国家里，军事在多大程度上已经不仅仅是与军队有关的一个问题了。

在起源和原因上，大屠杀都是纳粹主义性质的，但是也依赖更大范围的德国人的默许和参与，而且，大屠杀在起源和原因上都是"德国的"，但是又依赖更大范围的欧洲人的默许和参与。后来在德国和其他地方人们对待屠杀的态度强调了以上这些因素达到了何种程度。这种态度决定了否认大屠杀绝不仅仅是关于德国和德国人的问题。一定程度上作为上述情况的一个后果，2007年德国利用担任欧盟主席的机会推动通过了一项适用于全欧盟的针对种族仇恨的法律。德国政府把这看作一个历史义务，同时也是一个施展道义领导能力的机会。德国的立法为这个举措提供了

第七章 结论

一个背景,因为此前在德国否认大屠杀是一项刑事罪行。

但是德国试图在欧盟层面上复制这个立法,颁布一项针对否认大屠杀的明确禁令的希望破灭了。取而代之的是,欧盟同意把"公开宽恕、否认或者严重轻视种族灭绝的罪行、反人类罪和战争罪"的行为确定为刑事犯罪,尽管是在"施行这些行为的方式可能会煽动暴力或者仇恨"的情况下。对这些罪行的定义是一件会引起争论的事。使用国际刑事法院的评估量表保证了大屠杀会包括在这些罪行里面,但是它绝非唯一包含在内的罪行。90年代卢旺达和南斯拉夫的大屠杀也包含在里面,而1915年土耳其对亚美尼亚人的种族灭绝性大屠杀没有包含进去。当前的政治关切在决定这些案件的法律地位时起了主要作用,特别是与土耳其的关系问题。①

大屠杀为多民族跨国家帝国被分裂为单一种族国家时各族群的脆弱性提供了一个例证。这个例证有力地提出了一个潜在的可比性领域。在多民族的跨国家帝国里,分散的各民族可以在一定程度上整合,并且受到法律的保护,就像犹太人一定程度上在哈布斯堡帝国或者波斯尼亚穆斯林在南斯拉夫受到法律保护那样。相比之下,单一民族国家,更精确地说,在那些想成为单一民族国家的国家不是一定要进行迫害,但是这样的迫害和成为单一民族国家的渴望却是相符的。一定程度上,这也是民主政治面对的一个挑战,因为从多民族帝国开始转变的同时,民主政治的开始会为民粹主义的威权主义提供机会。但是,不管这种转变造成什

---

① 土耳其是北约成员国。欧盟和北约在很多问题上需要土耳其,所以在亚美尼亚大屠杀问题上态度比较温和。——译者注

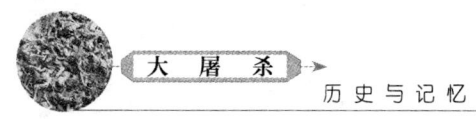

么样的紧张,试图屠杀一个种族的所有成员这样一种形式的结果仍然是不同寻常的。

提出挑战的乐观主义

大屠杀通过纪念的国际化成为一个全球性的教训①,而且具有了更大的重要性,特别是(尽管不仅仅是)如果强调被放在行凶者和旁观者的"冷漠、没有兴趣和惊人的缺乏伦理价值观"上,那么旁观者的态度和作用就特别具有启发意义。这种强调一定程度上暗示大屠杀不仅是一种从历史角度讲独一无二的形势中凸现的,而且种族灭绝过去是、现在也是普遍地潜在着。②这种观点也代表了对世俗的和宗教的乐观主义的一种重要的限制。

就世俗的乐观主义而言,对人类的进步,甚至人类走向完美的可能性的信仰受到挑战。这个挑战被一个奥斯维辛幸存者普利莫·莱维(Primo Levi)称之为"对竟然可能存在这样一种罪行的内疚感"。所有人类社会倚之为绝对基础的东西都受到大屠杀的挑战。一定程度上这是关于个人价值观、自我认知和人类相互之间关系的问题。其中的每一项都被置于可怕的紧张之中,因为犹太人既面对着被推进去的那个骇人听闻的环境,又试图要减轻这种重负。这种对抗导致幸存的时间碎片化而且定量供应,导致让人精神错乱的绝望、对受害者伙伴自私自利的行为(也有许多

---

① J. 祖尔曼:《赔偿政策与大屠杀记忆的变形:美国"为正义奋斗"在 1989 年以后的影响》,《德国历史学会学报》2011 年第 49 期,48 页。
② U. 赫伯特:《灭绝政策德国历史编纂学中关于"大屠杀"的新答案和新问题》,见赫伯特编:《国家社会主义的灭绝政策》:43。

第七章 结论

非常无私的闪光行为），还导致否认自己的身份和自杀之类的表现。所有这些都是广泛存在的，另外还有内疚感和在许多幸存者当中存在的对隐姓埋名的渴望。

社会生活的其他基础也受到了挑战。语言这种交流媒介和社会交往的形式、机会和方式总是容易受到渗透和质疑。而纳粹推进了共产主义术语里对意义和道德的颠倒。乔治·奥威尔的小说《动物农庄》(1945) 对此进行了辛辣的讽刺。纳粹热烈地追求一些目标，这些东西会被任何有理性的观察者称为反乌托邦（指想象中的政治、经济等一团糟的地方）。他们追求这些并对之进行概念化的时候，还赋予一种特别的种族主义的维度。一定程度上，纳粹领导人之间的竞争就是通过使用这种扭曲的语言来进行的。作为夸张或者委婉的说法，健康和净化之类的语言就被用来描述屠杀了。① 当使用"最终解决"这样的词汇时，纳粹的委婉用语更是以一种令人误解的样式使用的，这是可以加以论证的。除了委婉用语，还有词汇和短语的隐含意义，就像使用"清算"(liquidation) 或者"消灭"(extermination) 的时候。尽管"消灭"被用在动物身上有时是一个有麻烦的用词，但是往往经常用来描述害虫而非屠杀人类的词。"清算"和"消灭"的使用是其中之一，使得就这个主题进行写作变得很困难，同时又非常必要。

尽管与纳粹在语言上的混淆不是一回事，但是最近后现代主义的语言也是一种对真实的模糊和否认。在无止境的自恋的相对

---

① 纳粹经常使用非常夸张的口号来煽动群众，又用"净化"这样的词汇来描述种族屠杀这样残酷的暴行，明显是一种委婉的说法。——译者注

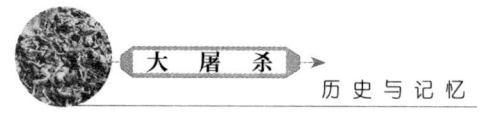

主义，还有对现存事实进行的质疑里，后现代主义不仅缺少意义和价值，而且是对理性的有害曲解。理查德·埃文斯（Richard Evans）在《对历史的捍卫》中对此进行的很有价值的批评是值得注意的。他说奥斯维辛不是一篇演讲，把它视为一篇文本是对大规模屠杀的琐碎化。为了限制，实际上是压制争论而对大屠杀进行模糊化和否认，沉溺于使用偏执的做法和词汇也是如此。

神学和大屠杀

要经受大屠杀检验的不仅仅是世俗的语言和思想。尽管宗教领导人和思想家做了最好的努力，尽管有关于上帝的深不可测的目的和对虔诚的考验的争辩，但是一个全能和蔼、实际上对人类感兴趣、与人类有契约的上帝的概念仍然（因为大屠杀）受到沉重打击。正义的人经受的痛苦几乎不是一个新的主题，但是大屠杀把这个主题作为一个问题向前推进了，而且不仅仅是为了犹太人。2006年BBC的4台对英联邦时任大拉比乔纳森·萨克斯（Jonathan Sacks）的长篇访谈就聚焦在这个问题上。尽管萨克斯从宗教的角度进行了有力的论述，但是如果人们对接受甚至信任这些观点感到怀疑，那么萨克斯的话不一定能让那些人信服。而萨克斯的观点就是需要接受和信任来推动的。更常见的情况是，对哲学家和神学家来说存在一个问题，即"怎样才能继续思

第七章 结论

考,而不向虚假的慰藉产生的诱惑屈服"①。在一些大屠杀幸存者那里,对上帝神圣的目的的信心当然也受到挑战。这部分地"反映了对发生在他们身上的事情的理解,部分地也是在他们身上持续的迷失、空虚感和对毁灭的经验的一个方面"②。亚历山大·多纳特(Alexander Donat)——华沙格都和奥斯维辛的幸存者对前面提出的问题写道:"我们不断地问自己那个亘古长存的问题:为什么?为什么?"③弗兰克·考特尔·博伊斯(Frank Cottrell Boyce)根据埃利·维瑟尔(Elie Wiesel,他十几岁的时候是奥斯维辛的囚犯)的《对上帝的审判》(纽约,1979)一书中描述的一个事件,创作了一部名为《审判台上的上帝》的电视剧。2008年BBC/波士顿公共电视台在奥斯维辛播出了这部电视剧。在剧中犹太囚犯对上帝进行了缺席审判,指控他允许德国人进行种族灭绝,违背了他与犹太人的契约。但是对于"上帝在哪里"这个问题的一个回应却是:"我想要知道人性在哪里?"④

---

① J.科恩:《后大屠杀时代的哲学》,见 D.斯通编:《大屠杀的历史编纂学》(贝辛斯托克,2004):484。
* "虚假的慰藉"指神学家解释大屠杀这种苦难时常常使用诸如上帝的目的是绝对善的而且不可测度等神学理论。这些玄奥的理论如果是错误的,它们提供的就是虚假的慰藉。怎样抵抗这种诱惑,坚持进行理性的思考是一个重要的问题。——译者注
② R. R.布伦纳:《大屠杀幸存者的信仰和怀疑》(纽约,1980)。
③ 亚历山大·多纳特:《大屠杀王国》,见 A.弗里德兰德编:《脱离旋风》(纽约,1976):176。
④ 弗雷德里克·施耐德(Frederick Schneid)2015年8月9日致布莱克的电子邮件报道了保罗·古尔德(Paul Gould)的情况。这是一位维也纳犹太人,他的家人在大屠杀中遇害了。萨缪尔·韦恩伯格(Samuel Willenberg)是一位1943年从特雷布林卡集中营尝试逃跑的幸存者。后来他就集中营大规模焚毁尸体的情况写道:"哒哒作响的被烧到一半的尸体发出刺耳的噼啪声。上帝一定是休假去了。我寻找他,但是那里只有波兰美丽的天空。"(《泰晤士报》,2016年3月2日)

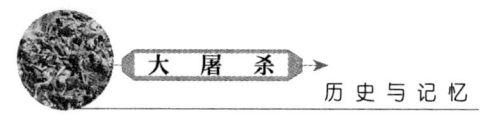

多数历史学家没有讨论大屠杀的神学问题,相反,通常这个问题都是由神学家们讨论的。对一个历史学家来说,讨论大屠杀的神学问题可能看上去既草率又多余,但是这却是大屠杀遗产的一个关键方面。而且,大屠杀神学的中心问题——"为什么上帝会让它发生"和"上帝在哪里"从历史的角度来看是有趣的。不需要信仰宗教我们就可以问,首先,是否对第一个问题的讨论能够阐明讨论这个问题的原因和过程;其次,第二个问题是否阐明了对大屠杀的经验。

而且,这是对基督教和犹太教两种宗教的神学家提出的问题。部分是因为行凶者是基督徒,而受害者是犹太人;部分是因为纳粹屠杀的许多其他受害者也是基督徒。一定程度上,普遍的人性和对神学问题共有的兴趣使大屠杀和它与神圣目的的关系成为一个对基督教和犹太教神学家都具有重要性的问题。以马内利·李维(Emmanuel Levy)在他的画作《十字架》(1942)里捕捉到了一种交集。在这幅画里,一个虔诚的犹太人被钉在十字架上,在他上面,钉了一个犹大的符号。马克·夏卡尔(Marc Chagall)的十字架也描绘了大屠杀的影像。

当然还有其他的问题。首先,有一些关键的反对意见贬低了大屠杀作为一个宗教问题所达到的程度。无论纳粹的攻击怎样利用了反犹主义,它只是针对一个种族的攻击,不是针对一种宗教的,而且它是公然这样做的。这使得纳粹对犹太人的攻击和教会领导人在纳粹的政策中感觉到的对宗教的极权主义攻击有了不

第七章 结论

同。①确实，许多大屠杀的受害者都不是虔诚的宗教徒，尽管一些人已经皈依基督教。

其次，这里还有另一个问题，即纳粹主义在何种程度上是一种宗教或者伪宗教。这个问题关系到我们是否能指控大屠杀和纳粹主义本身是某种无神论的行为，还关系到指控它们是无神论行为是否没有意义，而且实际上，可以通过辩说纳粹主义本身就是一种宗教来驳倒对它的无神论指控。经常有人提出大屠杀和纳粹主义本身就是无神论行为，例如，天主教辩论家威廉②2007年在《泰晤士报》上就这样认为（他同时也是共产主义的批评者）。纳粹主义不像基督教并不意味着它不应该被视为一种宗教，或者至少被视为一种带有宗教元素的运动。这些元素包括：一个救世主式的领袖和一种千禧年式的信仰。这是很重要的。③从这个角度讲，纳粹对待犹太人的方式可以在一定程度上被视为在去除被描绘为一种宗教敌对的东西。去除它的过程不仅包括屠杀它的成员、毁灭它的遗址，而且包括像控制一种魔法一样盗用它的标记和圣书。

对关于上帝在大屠杀中的作用这个中心问题的标准宗教回应中，有论点说上帝给了人性一定程度的意志自由，这使得大屠杀

---

① T. 劳森：《英国教会和大屠杀：基督教、记忆和纳粹主义》（伍德布里奇，2006）。

② 威廉·瑞斯·莫格（William Rees-Mogg, 1928—2012），瑞斯·莫格男爵，英国新闻工作者和公务员。曾经担任《泰晤士报》编辑、大不列颠艺术委员会主席（Arts Council of Great Britain）、BBC 副主席。——译者注

③ R. J. 伯杰：《大屠杀，宗教和集体记忆的政治学：超越社会学》（新布伦瑞克，新泽西州，2012）。

成为可能；同时上帝在大屠杀中也是存在的，而且是强有力地存在于那里的，特别是因为犹太人在那种极端困难的环境里，充满勇气地和强有力地证明了他们的信仰。关于后面一种情况的文学作品包括亚法·伊利阿西①的《大屠杀中哈西德派的故事》②(1982)和佩萨克·辛德勒的③《哈西德思想引领下哈西德派对大屠杀的反应》(1990)。在大屠杀中受难的上帝是一个重要的主题。这个主题里有一种说法认为，上帝在奥斯维辛。④ 奥斯维辛以后的上帝已经被描绘为"一个未受损的标准。一个人可以用他来度量大灾难的全部范围"⑤。

大屠杀还可以成为犹太人很久以前经历过的迫害、苦难和损失的一个重要的和可触摸的现代例子。很多事件如果还没有在时间的迷雾中丢失的话，也似乎很遥远了，例如公元70年罗马人摧毁耶路撒冷的圣殿；66至74年和132至135年，罗马人镇压了犹太人的反抗；还有中世纪对犹太人的屠杀，例如1096年第一次十字军时期发生在德国的屠杀——而大屠杀是一个近得多的事件。大屠杀和以上的事件也有重要的差别，就是德国人摧毁全

---

① 亚法·伊利阿西（Yaffa Eliach，1935—2016），波兰出生的历史学家、作家、犹太研究和大屠杀研究者。她最出名的事迹是在华盛顿犹太人大屠杀博物馆用1500人的照片创作了一个作品《人脸塔》并且永久展出。——译者注

② 哈西德派（Hasidic）是18世纪在波兰立陶宛联邦即今天的西乌克兰地方发展起来的犹太教的一个分支。目前成员主要分布在美国、以色列和英国。在以色列，哈西德派是犹太教极端正统派里的一个分支，以极端的宗教保守主义和世俗退隐主义著称。——译者注

③ 佩萨克·辛德勒（Pesach Schindler），一位当代的犹太教拉比。——译者注

④ S. T. 卡茨：《和上帝角力：大屠杀之中和之后犹太神学的回应》(纽约，2007)。

⑤ P. E. 戈登：《对大灾难的解释——德国知识分子关于纳粹主义、种族灭绝和大规模破坏的阐释》，见 M. 盖耶和 A. 图兹编：《剑桥第二次世界大战史：III 总体战》(剑桥，2015)：653。

第七章 结论

欧洲的犹太人的企图，是无法通过服从凶手的价值观来与之妥协或者试图逃避的。早前，罗马帝国和基督教会对犹太人的屠杀是可以通过上述方式妥协和逃避的。罗马帝国和基督教会受到犹太人的一神教和宗教差异的威胁，所以他们攻击的是一种可以替代基督教的宗教，但是那个种族的成员可以服从罗马或者基督教（从而避免被屠杀或者被歧视），但是他们不可能服从纳粹主义的意识形态（因为纳粹不接受他们的妥协和服从）。从这个角度讲，大屠杀非常不同，尽管从宗教方面看，它只是一系列恶毒迫害中最晚的一次，而这些迫害也是肯定信仰的机会。

  基督教神学家处理大屠杀的隐含意义时并不总是敏感和明智的。这里存在着基督教与反犹主义的关系问题，特别是基督徒在杀戮中的作用问题。一些通敌的政权和群体——例如维希政府、匈牙利政府和斯洛伐克政府强调基督教对他们的认同具有的决定性地位。思考这种强调及合作通敌问题可以突出基督教与反犹主义的关系问题。对神学来说，大屠杀还暗示了更加普遍的一些问题，特别是在邪恶和野蛮的无处不在这个问题上。一些基督教神学家争辩说，大屠杀可以和基督所受的苦难放在一起来理解。这个论点有不幸的，实际上是非常不幸的隐含意义[①]，但是这种隐含的意义原本是想要强调一种说法，即犹太人和基督徒之间有一种重要的联系，两者拥有由痛苦构成的纽带。这是华盛顿大屠杀博物馆的美国参观者常常有的反应。其他一些基督教神学家则强调

[①] 作者没有阐释所说的"非常不幸的隐含意义"指什么。译者理解可能是指基督受难是为人类赎罪，所以把犹太人经受大屠杀和基督受难一起理解就可能暗示，这是对犹太人恶行的报应和救赎，这就将大屠杀的意义完全颠覆了。——译者注

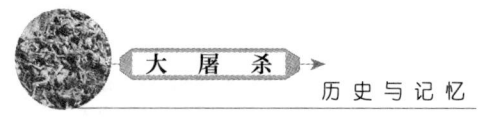

需要对基督教反犹主义的遗产进行处理,特别是要在需要的地方对教义进行修正。

人们在大屠杀中看到的邪恶也对基督教神学家提出了挑战。在《奥斯维辛之后的基督教神学》(1976)这本书中,天主教神学家格里高利·鲍姆(Gregory Baum)说,取代了全能的上帝,现在有必要把上帝视为从内部行动的力量。他不可能阻挡所有的运动或者人类的罪恶,但是,他能够作为"推动复活者"来行动,因为他具有"在人们的生命中推动有效的运动"的神圣作用,这些运动"使人们能够进入真实的人性更深层的地方"。所以,关于神的能力的一个警告就是不要谈论神的目的的不确定性,这个警告可以和世俗的悲观主义相应。同时,大屠杀在犹太历史上是一个可怕的事件,而且给犹太人在历史长河里经受的更广泛和不公正的苦难这一主题提供了一个重要的例证。大屠杀作为一个全世界的问题引起了共鸣。这个情况没有减损前面所说的它对犹太人的意义,也没有证明,这个情况只是大屠杀对犹太人的意义的一部分。

艺术方面的问题和困难与宗教以及神学方面不相上下。在大屠杀这个题材上,针对所有艺术种类在表现大屠杀时的界限在哪里都进行过争论。在戏剧领域出现了一系列问题,特别是在需要为发生过的罪大恶极的暴行提供证词和证人的问题上。一种深切的忧伤提供了一个关键基调。同时,禁忌、政治、不精确和虚构都在其中产生了影响。① 对于怎样在屏幕上最好地表现大屠杀发生

---

① J. 亚当斯编:《布卢姆斯伯里大屠杀文学指南》(伦敦,2014); M. 科斯格罗夫:《生于奥斯维辛之下:战后德国文学的忧郁传统》(罗彻斯特,纽约州,2014)。

第七章 结论

了激烈的争论。① 例如，电影制作人让·吕克·戈达德（Jean-Luc Godard）公开抨击了斯皮尔伯格的《辛德勒的名单》(1993)，因为《辛德勒的名单》叙事时的肯定性太过分了（可能指对辛德勒等主人公的正面描述——译者注），而且对那些旁观者没有要求任何行动。② 根据伯纳德·申克（Bernard Schenk）的一本书改编的电影《朗读者》(2009)淡化了党卫军看守的个人责任。在由凯特·温斯莱特扮演的女主角"施米茨"（汉娜·施米茨）身上这个问题尤其显著。这个虚构的角色和赫米内·布朗斯坦纳③ 有联系，她是马伊达内克灭绝营的一个虐待狂式的女凶手。新闻界对这部电影传递的明确信息和编剧戴维·黑尔进行了一流的批判，特别是电影试图为一种道德相对主义进行争辩。这种相对主义把参与暴行的人——更普遍的情况下是战时的德国人置于受害

---

① F. 魏斯曼：《梦想目击：战后体验大屠杀的努力》(伊萨卡，纽约州，2004)。
② D. 惠勒：《戈达德的名单：为什么斯皮尔伯格和奥斯维辛位列第一》，《媒体历史》2009 年第 15 期，2000 页。
③ 赫米内·布朗斯坦纳（Hermine Braunsteiner, 1919—1999），拉文斯布吕克集中营和马伊达内克集中营的女看守。赫米内生于奥地利一个笃信天主教的劳动者家庭，做过护士。1939 年因为四倍于自己工资的薪金的吸引，她申请做了监狱看守。她从"二战"前就开始在拉文斯布吕克集中营担任看守。1942 年 10 月转到马伊达内克集中营。她的战争罪行主要发生在这里。赫米内脾气暴躁，被囚犯称为"跺脚的母驴"。有幸存者作证说她曾经用穿着长筒靴的脚踩一个老年妇女囚犯，直到把对方踩死。她还曾经把女囚犯鞭打致死，在儿童被送去毒气室前抓住头发把他们扔上卡车。1945 年，赫米内逃回家乡维也纳。后来她被逮捕并移交给英国占领军当局。一个奥地利法庭于 1947 年判决她犯有折磨和虐待囚犯、反人性和反人类等严罪，判处三年监禁。1950 年获释以后一个奥地利民事法庭批准对她免除进一步的检控。赫米内后来经加拿大移民美国，1963 年入美国籍，嫁给了一个建筑工人。1964 年，著名的纳粹猎人维森塔尔帮助《纽约时报》记者在纽约地区发现了赫米内。1971 年，美国政府取消了她的美国国籍。德国杜塞尔多夫的一个法庭起诉她对 20 万人的死亡负有连带责任。1973 年美国政府将赫米内引渡给西德，她成为历史上第一个从美国被引渡回德国的纳粹战争罪犯。她被判处终身监禁。1996 年因健康原因获释。——译者注

者旁边,把他们描述成"属于历史的不幸的小人物",从而减轻了这些人的罪责。① 《穿条纹睡衣的男孩》(*The Boy in the Striped Pyjamas*, 2008)作为把儿童引入大屠杀的一种方式,经常被称为现代的《安妮·弗兰克日记》,但是这本书被普遍认为存在严重的问题,因为它的故事情节太难以令人相信。书中甚至描写虚构的集中营指挥官家庭里的儿童不知道家人描述的事情,因为这个家庭有某种对犹太人的同情。

但是有一些电影成功地描绘了在与纳粹的勾结中发生的自我堕落现象,例如伊斯特凡·萨博(Istvan Szabo)的《梅菲斯特》(1981),对古斯塔夫·格林德根斯②这个纳粹德国艺术名流圈里的重要人物做了很好的描述。《穿金色衣服的女人》(2015)巧妙地描述了奥地利人1938年和此后在反犹主义中的角色——特别是他们从犹太人那里劫夺绘画作品,后来又很不情愿地赔偿的情况。

除了对大屠杀进行仔细的审视,大屠杀还被用来作为一种触及战时行为的途径。于是,在剧作《柏林汉诺威快车》(2009)中,爱尔兰剧作家伊恩·肯尼迪·马丁(Ian Kennedy Martin)利用他对贝尔根贝尔森集中营真实情况的了解,批评了战时爱尔兰人的中立立场。尽管许多个体的爱尔兰人有光荣可敬的举动,

---

① 例如,T. 鲍尔的著作《我和死亡营的汉娜的冲突》(《星期日泰晤士报》,2009年2月15日)和 F. 拉斐尔的著作《超乎想象的坏》,《立场》2009年第10期,54—57页。

② 古斯塔夫·格林德根斯(Gustav Gründgens,1899—1963),20世纪德国最著名的演员和剧场艺术指导。他的演艺事业在纳粹时代畅行无阻,所以关于他和纳粹合作的问题存在激烈的争论。他在歌德的剧作《梅菲斯特》中扮演的梅菲斯特被认为是对这个角色最好的诠释。——译者注

第七章 结论

但是,战时爱尔兰人的这种中立立场,对德国人的事业如果不是支持的,那么在很大程度上也是同情的。

今天的欧洲

要接受过去,一定程度上就要对现在和未来进行思考。这本书在 2007 年出版以后,许多事情已经改变了。在欧洲,反复出现了反犹主义的迹象,以及与之相伴的具体表现。这些表现的形式就是对犹太人进行骚扰,特别是那些根据服饰被判定为正统派的犹太人。还有对犹太机构和纪念物的攻击,特别是犹太人的墓碑,也有对犹太会堂的攻击。穆斯林社区成员的暴力行动所占比例异乎寻常地高。跨宗教信仰合作危机应对小组(Inter-faith collaborative crisis groups)没能起而应对这种局面,很大程度上是因为许多穆斯林社区领导人的态度。而且,西欧保卫自己的公民免受攻击的努力面临挑战,西欧的公众没有对这些挑战做出很好的反应。

反犹主义穿越了整个政治光谱。反犹主义在左翼,特别是极左翼那里最明显。这种表现部分是对以色列的批评的延伸,这些批评经常是恶意和不均衡的。此外,极右翼则是反犹主义的源头。他们的反犹主义是传统反犹主义主题的一种持续,但是在近些年变得更加劲头十足了。反犹主义远不只是一个涉及经济上的边缘者和社会上的反动分子的问题,它在英国社会,以及更普遍地在欧洲社会都传布得更广了。

反犹主义在现代世界的力量有助于使大屠杀具有比一些学术讨论所暗示的更直接的重大意义。2014 年在比利时、法国和德

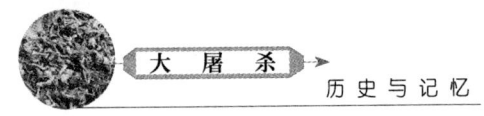

国支持巴勒斯坦的集会上，有人喊："犹太人去死！""毒死犹太人！"而且法国总理曼纽尔·瓦尔斯提到了一种"新的反犹主义"。作为对这种反犹主义的回应，离开欧洲的犹太人数量增加了：仅仅在法国，2014年就有7000名犹太人离开了。

展望未来

　　文化、政治、代际紧张和变化全都与争论中和变化中的对大屠杀的表述和理解有联系。特别是在欧洲，政治方面的一个关键因素就是左翼和右翼围绕对大屠杀的纪念发生的斗争。左翼的评论家更倾向于把焦点放在纳粹（和日本帝国主义）的野蛮、种族暴力，尤其是大屠杀，以及日本人对中国平民的大屠杀上。他们的右翼对手则试图把注意力引向极权政权进行的屠杀和阶级斗争的血腥特征。这些争论未来将怎样在公共领域里发展，会受到未来政治的性质和语境的影响。

　　人口的代际变化产生了一种不同的争论的参照系，特别是因为年轻人可能对老的方法感到不满。过去的事件变得越发遥远了。今天，有些事情仍然能引起共鸣，例如第一次世界大战和大屠杀，但是就那些事件发生的环境而言，这些共鸣越来越以一种脱离语境的形式发生了。取而代之的是，人们越来越强调那些具有典型意义的事件，无论这样做可能具有多大的误导性。于是，这些事件可能会分别成为无意义和种族主义的典型，而在实践中，这些典型很可能会误解无意义性，低估种族主义。强调典型

第七章 结论

是利用历史的一种经典方式。这种做法会受到两种相反的压力的影响：一种是"跨国家历史"或者"合并的历史"的压力；另一种是国家的或者强调各自特征的历史的压力。这些压力都和欧洲的政治有很强的联系。① 大屠杀不仅在历史上是一个关键事件，在对历史的阐释和理解中也是一个关键事件。

---

① S.麦克唐纳：《记忆之地：历史和身份认同在今天的欧洲》（阿宾顿，2013）。

"摆渡书虫"书目

书名	作者	定价
决斗	〔英〕约翰·基甸·米林根	38元
从马拉松到滑铁卢——15场世界经典战役	〔英〕爱德华·克雷西	38元
图腾与禁忌	〔奥〕弗洛伊德	36元
隐修者	〔澳〕巴里·斯通	36元
秦始皇：如何改变中国	常常	36元
曾国藩：如何改变人生	常常	32元
体罚与人性	〔英〕乔治·莱利·斯科特	36元
19-20：世纪之交的中国	〔美〕E.A.罗斯	36元
晚清河山	〔英〕乔治·N.赖特文	36元
疾病与人类文明	〔美〕亨利·欧内斯特·西格里斯特	36元
艺术的故事	〔美〕维吉尔·莫里斯·希尔耶	58元
玛雅传说与人类未来	苏晓	35元
文明的阴暗面：娼妓与西方社会	〔英〕乔治·莱利·斯科特	32元
大屠杀——历史与记忆	〔英〕杰里米·M.布莱克	46元
伪旗行动——第二次世界大战中的德国伪装舰	〔澳〕斯蒂芬·罗宾逊	48元